Henri Murger · Boheme

Henri Murger

Boheme

Szenen aus dem Pariser Künstlerleben

Mit Illustrationen
von Max Schwimmer

1988
VERLAG PHILIPP RECLAM JUN.
LEIPZIG

Aus dem Französischen
übertragen von Ernst Sander

ISBN 3-379-00364-6

Vorrede

Die Bohemiens, von denen in diesem Buche die Rede ist, stehen in keiner Beziehung zu den Bohemiens, aus denen die Boulevarddramatiker Synonyme von Gaunern und Meuchelmördern gemacht haben. Sie rekrutieren sich ebensowenig aus den Bärenführern, Degenschlukkern, Mausefallenhändlern, den Lehrern des «Jeder Wurf gewinnt», den Maklern der tiefsten Gründe des Börsenspiels noch aus den tausend andern geheimnisvollen und undefinierbaren Gewerbetreibenden, deren Hauptgewerbe darin besteht, daß sie keins haben, und die stets zu allem bereit sind, ausgenommen zum Guten.

Die Boheme, um die es sich in diesem Buche handelt, ist kein Geschlecht, das erst in unsern Tagen das Licht der Welt erblickt hat; sie hat zu allen Zeiten und allerorts bestanden, und sie kann Anspruch erheben auf erlauchte Abkunft. Schon im griechischen Altertum, ohne in dieser Genealogie höher hinaufzusteigen, gab es einen berühmten Bohemien, der von einem Tag in den andern aufs Geratewohl dahinlebte, der die Fluren des blühenden Ionien durchwanderte, das Brot des Bettlers aß und abends haltmachte, um die harmonische Leier, die «Helenas Liebesabenteuer» und «Trojas Fall» besungen hatte, am gastlichen Herde aufzuhängen. Und wenn wir die Leiter der Zeitalter hinuntersteigen, so findet die heutige Boheme ihre Ahnen in allen künstlerischen und literarischen Epochen. Im Mittelalter führen Spielleute und Improvisatoren, jene Kinder des heiteren Wissens, und all jene melodienfreudigen Vagabunden der Gefilde der Touraine die homerische Überlieferung fort, all die irrenden Musensöhne, die, das Felleisen der Notdurft und die Harfe des Troubadours auf dem Rücken, singend die Ebenen des schönen Landes durchschweiften, wo die wilde Rose der Clemence Isaure blühen sollte.

Um die Zeit, die den Übergang bildet zwischen dem ritterlichen Zeitalter und der Morgenröte der Renaissance, läuft die Boheme noch immer auf allen Landstraßen des Königreichs und auch schon ein wenig in den Gassen von Paris umher. Meister Pierre Gringoire, der Freund der Bettler und der Feind des Fastens, mager und verhungert wie nur ein Mensch, dessen Dasein nichts als eine einzige lange Fastenzeit ist, tritt das Pflaster der Stadt und wittert, die Nase in der Luft wie ein schnuppernder Hund, nach dem Geruch der Garküchen und der Bratwurststuben; seine Augen, aus denen schwelgerische Begierden lohen, lassen die Schinken abmagern, die an den Hakenstangen der Schlächter hängen, wenn er sie nur ansieht; und derweil läßt er in seiner Phantasie und, leider, nicht in seinen Taschen die zehn Taler klingen, die ihm die Herren Schöffen als Honorar für die «sehr fromme und sehr anständige Posse» versprochen haben, die er für das Theater im Saale des Justizpalastes geleistet hat. Neben diesem schmerzlichen und melancholischen Profil des Liebhabers der Esmeralda können die Chroniken der Boheme einen Gefährten von weniger asketischer Laune und von freudigerem Antlitz verzeichnen, den Meister François Villon nämlich, den Liebhaber der «Schönen, die da Helmschmiedin war». Der war ein Poet und Landstreicher durch und durch, und seine kräftig zupackende Poesie wurde, zweifellos infolge jener Vorahnungen, welche die Alten ihren *vates* zuschrieben, unaufhörlich von einer merkwürdigen Angst vor dem Galgen verfolgt, an dem besagter Villon eines Tages fast mittels eines hanfenen Halstuches aufgeknüpft worden wäre, weil er sich die Farbe der Taler des Königs allzu genau hatte ansehen wollen. Besagter Villon, der mehr als einmal die Polizeiwache, die ihm auf die Fersen gesetzt wurde, außer Atem brachte, jener lärmende Gast der Buden der Rue Pierre-Lescot, jener Tellerlecker vom Hofe des Her-

CAFE

zogs von Ägypten, jener Salvatore Rosa der Poesie, hat Elegien gereimt, deren herzzerreißender Gefühlsinhalt und deren reiner Ton die Unerbittlichsten hinreißen, so daß sie den Landstreicher, den Vagabunden und Wüstling vergessen über seiner Muse, die über und über von ihren eigenen Tränen benetzt ist.

Übrigens hat von all denen, deren wenig bekannte Werke nur von Leuten gelesen werden, für welche die französische Literatur nicht erst mit dem Tage beginnt, da «Malherbe kam», François Villon die Ehre gehabt, einer der am meisten Geplünderten zu sein, sogar von den großen Baretten des modernen Parnasses. Man hat das Feld des Armen an sich gerissen, und man hat goldenen Ruhm aus seinem demütigen Schatz geschlagen. Manche Ballade, die ein Rhapsode und Bohemien am Eckstein der Straße oder an einem bitterkalten Tage unter der Dachrinne geschrieben hat, manche Liebesstanze, die in der Kammer improvisiert wurde, wo die «Schöne, die da Helmschmiedin war», für jeden, der kam, den vergoldeten Gürtel löste, steht heute, verwandelt in vornehme Galanterieware, nach Moschus und Ambra duftend, im wappengeschmückten Album einer aristokratischen Chloris.

Nun jedoch tut sich das große Jahrhundert der Renaissance auf. Michelangelo erklimmt die Gerüste der Sixtina und betrachtet mit besorgter Miene den jungen Raffael, der die Treppe des Vatikans hinaufsteigt, die Kartons der Loggien unter dem Arm. Benvenuto sinnt über dem Perseus, Ghiberti ziseliert die Türen des Baptisteriums, und zugleich stellt Donatello auf den Arnobrükken seine Marmorstatuen auf; und während die Stadt der Mediceer an Meisterwerken mit der Stadt Leos X. und Julius' II. wetteifert, verschönern Tizian und Veronese die Stadt der Dogen; Sankt Markus wetteifert mit Sankt Peter.

Dieser Fiebertaumel der Genialität, der auf der italienischen Halbinsel plötzlich mit epidemischer Heftigkeit ausbricht, verbreitet seine glorlose Ansteckung in ganz

Europa. Die Kunst, die Rivalin Gottes, schreitet königlich einher. Karl V. bückt sich, um Tizian den Pinsel aufzuheben, und Franz I. wartet im Vorzimmer der Drukkerei, in der Etienne Dolet vielleicht die Bürstenabzüge des «Pantagruel» verbessert.

Inmitten dieser Auferstehung des Geistes fährt die Boheme wie zuvor fort, um Balzacs Ausdruck zu gebrauchen, nach Brot und Nest zu suchen. Clement Marot wird ein täglicher Gast der Vorzimmer des Louvre, und noch ehe sie die Favoritin eines Königs gewesen war, Favorit jener schönen Diana, deren Lächeln drei Regierungen leuchtete. Aus dem Boudoir der Diana von Poitiers geht die ungetreue Muse des Dichters in das der Margarete von Valois über; es war eine gefährliche Gunst, und Marot mußte sie im Kerker büßen. Fast um dieselbe Zeit kommt ein anderer Bohemien, dessen Kindheit von den Küssen einer epischen Muse am Strande von Sorrent geliebkost worden war, Tasso, an den Hof des Herzogs von Ferrara, wie Marot an den Franz' I.; allein der Dichter des «Befreiten Jerusalem», weniger glücklich als der Liebhaber Dianas und Margaretes, bezahlte seine kühne Liebe zu einer Tochter des Hauses Este mit der Vernunft und dem Verlust des Genius.

Die religiösen Kriege und die politischen Stürme, die in Frankreich den Einzug der Mediceer ankündigten, dämmten den Aufschwung der Kunst nicht zurück. Zur Zeit, da Jean Goujon, der eben den heidnischen Meißel des Phidias wiedergefunden hatte, auf den Blutgerüsten der «Unschuldigen» die Kugel traf, fand Ronsard Pindars Leier wieder und gründete gemeinsam mit seiner Plejade die große französische Lyrikerschule. Dieser Schule des «Frühlings» folgte die Reaktion Malherbes und der Seinen, die aus der Sprache aufs neue all jene exotischen Zartheiten vertrieben, die ihre Vorgänger auf dem Parnaß heimisch zu machen versucht hatten. Ein Bohemien war es, Mathurin Régnier, der als einer der letzten die Wälle der lyrischen Dichtung verteidigte, gegen welche die Phalanx der Rhetoren und Grammatiker Sturm lief, die Rabelais für barbarisch und Montaigne für dunkel erklärten. Ebendieser Mathurin Régnier, der Zyniker war es, der, indem er neue Knoten in Horazens satirische Geißel knüpfte, beim Anblick der Sitten seiner Epoche entrüstet ausrief:

Die Ehr' eine ältliche Heilige ward,
aus der man sich weiter nicht viel macht.

Im siebzehnten Jahrhundert enthält die Liste der Boheme einen Teil der Namen, welche die Literatur Ludwigs XIII. und Ludwigs XIV. darstellen; sie zählt Mitglieder unter den Schöngeistern des Salons Rambouillet, wo sie an der «Guirlande de Julie» mitarbeitet; sie hat Zutritt zum Palais Cardinal, wo sie mit dem Dichterminister, welcher der Robespierre der Monarchie wurde, bei der Tragödie «Marianne» hilft. Sie streut vor dem Bett Marion Delormes Madrigale aus und hofiert Ninon unter den Bäumen der Place Royale; sie frühstückt morgens in der Taverne der «Schlemmer» oder in der zum «Königsschwert», und abends speist sie an der Tafel des Herzogs von Joyeuse; sie schlägt sich im Zweikampf unter den Straßenlaternen für das Sonett der Urania gegen das Sonett Hiobs. Die Boheme gibt sich mit der Liebe, dem Kriege und sogar mit der Diplomatie ab; und auf ihre alten Tage bringt sie, der Abenteuer überdrüssig, das Alte und Neue Testament in Verse, zieht Nutzen aus jeder Pfründenliste und setzt sich endlich, wohlgenährt mit fetten Präbenden, auf einen Bischofsstuhl oder in einen Sessel der Akademie, die einer der Ihren gegründet hatte.

Beim Übergang vom sechzehnten zum siebzehnten Jahrhundert treten plötzlich jene beiden stolzen Genies auf, welche jedes der Völker, in deren Mitte sie lebten, in ihren Kämpfen literarischer Rivalität dem andern entgegenhielt: Molière und Shakespeare, jene illustren Bohemiens, deren Schicksale nur allzu viele Ähnlichkeiten zeigen.

Die berühmtesten Namen der Literatur des achtzehnten Jahrhunderts sind gleichfalls in den Archiven der Boheme zu finden, die unter den Ruhmvollsten dieser Epoche Jean-Jacques und d'Alembert, den Findling des Domhofs von Notre-Dame, anführen kann, und unter den weniger Berühmten Malfilâtre und Gilbert, zwei Leute von überschätztem Ruf; denn die Inspiration des einen war nur der bleiche Abglanz des bleichen Lyrismus Jean-Baptiste Rousseaus, und die Inspiration des andern die Mischung von hochmütigem Unvermögen mit einem Hasse, der nicht einmal die Entschuldigung der Initiative und der Aufrichtigkeit besaß, denn er war nichts als das bezahlte Werkzeug parteiischer Wut und Rankünе.

Wir haben unsern raschen Überblick über die Boheme in ihren verschiedenen Zeitaltern mit dieser Epoche abgeschlossen; es ist eine mit erlauchten Namen durchsäte Einleitung, die wir mit Absicht an den Anfang dieses Buches stellen, um den Leser im voraus zu warnen, daß er sich keine falsche Vorstellung macht, wenn er auf den Namen Bohemien trifft, der lange Zeit Klassen beigelegt wurde, von denen sich zu unterscheiden für diejenigen, deren Sitten und Sprache wir wiederzugeben versucht haben, Ehrensache ist.

Heute wie ehemals wird jeder, der sich ohne andere Existenzmittel als die Kunst selber der Kunst widmet, gezwungen sein, die Pfade der Boheme zu wandern. Die meisten Zeitgenossen, die mit den schönsten Wappenschildern der Kunst prunken, sind Bohemiens gewesen; und in ihrer geruhigen und mit Glücksgütern gesegneten Berühmtheit erinnern sie sich oft und vielleicht mit heimlichem Bedauern der Zeit, da sie noch den grünen Hügel der Jugend erklommen und unter der Sonne ihrer zwanzig Lenze keines Vermögens teilhaftig waren als des Mutes, jener Tugend der Jungen, und der Hoffnung, welche die Million der Armen ist.

Für den besorgten Leser, für den erschrockenen Bürger für all jene, die niemals genügend Pünktchen auf dem i einer Definition finden können, wollen wir also in Form eines Lehrsatzes wiederholen:

«Die Boheme ist die Vorstufe des Künstlerlebens, sie ist die Vorrede zur Akademie, zum Hospital oder zum Leichenschauhaus.»

Wir fügen hinzu, daß die Boheme nur in Paris existiert und nur dort möglich ist.

Wie jeder soziale Stand umfaßt die Boheme verschiedene Stufenfolgen, mehrere Arten, von denen jede wiederum in Unterabteilungen zerfällt und die nach Klassen zu ordnen nicht nutzlos ist.

Wir wollen mit der unbekannten Boheme beginnen, der zahlreichsten. Sie setzt sich zusammen aus der großen Familie der armen Künstler, die fatalerweise dem Gesetz des Inkognitos unterworfen sind, weil sie kein Eckchen der Öffentlichkeit zu finden vermögen oder zu finden verstehen, um ihr Dasein in der Kunst zu bezeugen und durch das, was sie bereits sind, nachzuweisen, was sie eines Tages sein könnten. Sie bilden ein Geschlecht der hartnäckigen Träumer, für welche die Kunst ein Glaube geblieben ist, statt ein Beruf zu werden; ein Geschlecht begeisterter, überzeugter Leute, die der bloße Anblick eines Meisterwerks fiebern läßt und deren getreues Herz allem Schönen gegenüber laut zu pochen beginnt, ohne daß sie nach dem Namen des Meisters und der Schule fragten. Die Boheme rekrutiert sich aus jenen jungen Leuten, von denen man sagt, sie wecken Hoffnungen, und auch aus denjenigen, welche die geweckten Hoffnungen erfüllen, die sich jedoch aus Sorglosigkeit, aus Schüchternheit oder aus Unkenntnis des praktischen Lebens einbilden, das letzte Wort sei gesprochen, sobald das Werk vollendet sei, und die warten, daß die öffentliche Bewunderung und der Reichtum bei ihnen einsteigen oder einbrechen. Sie leben sozusagen am Rande der Gesellschaft hin, in Vereinsamung und Trägheit. Sie versteinern in der Kunst, sie nehmen die Symbole der akademischen Dithyrambe wörtlich genau, wenn sie eine Aureole um die Stirn des Dichters legen. Und da sie überzeugt sind, daß sie in ihrem Schatten leuchten, so warten sie, daß man sie suche. Wir haben ehemals eine kleine Schule gekannt, die aus so seltsamen Typen dieser Art bestand, daß man Mühe hat, an ihr Vorhandensein zu glauben; sie nannten sich die Jünger des «l'art pour l'art». Nach Ansicht dieser Naiven bestand das «l'art pour l'art» darin, daß man sich untereinander vergötterte, daß man dem Zufall, der nicht einmal ihre Adresse kannte, niemals zu Hilfe kam und daß man wartete, bis das Piedestal sich einem unter die Füße stellte.

Das ist, wie man sieht, der Stoizismus der Lächerlichkeit. Nun, wir wiederholen es noch einmal, damit man uns glaube: Im Schoße der unbekannten Boheme existieren viele Wesen dieser Art, deren Elend teilnehmendes Mitleid erweckt, das indessen der gesunde Menschenverstand uns zu unterdrücken zwingt; denn wenn sie ruhig darauf aufmerksam gemacht werden, daß wir im neunzehnten Jahrhundert leben, daß der Taler der Kaiser der Menschheit ist und daß die Stiefel nicht fertig geputzt vom Himmel fallen, so wenden sie uns den Rükken und nennen uns «Bourgeois».

Übrigens sind sie in ihrem sinnlosen Heroismus logisch; sie erheben weder Geschrei noch Klagen und beugen sich willig dem dunklen und strengen Geschick, das sie sich selbst bereiten. Die meisten sterben, und zwar an jener Krankheit, welcher die Wissenschaft ihren wahren Namen nicht zu geben wagt, am Elend. Wenn sie nur wollten, könnten jedoch viele dieser verhängnisvollen Lösung entgehen, die ihr Leben in einem Alter jählings abschließt, da für gewöhnlich das Leben erst anhebt. Es würde genügen, daß sie den harten Gesetzen der Notwendigkeit ein paar Konzessionen machten, das heißt, daß sie ihre Natur zu doppeln, daß sie zwei Wesen in sich zu bergen verstünden: den Dichter, der stets auf hohen Gipfeln träumt, wo der Chor der inspirierenden Stimmen singt, und den Menschen, den Schmied seines Lebens, der sich das tägliche Brot zu kneten weiß.

Aber diese Dualität, die fast immer bei ausgeglichenen Naturen vorhanden ist, ja, die sogar eines der Hauptmerkmale bildet, findet sich nicht bei der Mehrzahl jener jungen Leute, welche der Stolz, ein Bastardstolz, für alle Ratschläge der Vernunft unzugänglich gemacht hat. Sie sterben daher jung und hinterlassen zuweilen ein Meisterwerk, das die Welt dann später bewundert, dem sie jedoch zweifellos früher Beifall gezollt hätte, wenn es nicht unsichtbar geblieben wäre.

In den Kämpfen der Kunst geht es fast wie im Kriege zu: Aller errungene Ruhm fällt dem Namen der Führer anheim; das Heer teilt sich als Lohn die wenigen Zeilen eines Tagesbefehls. Die Soldaten, welche der Kampf hingemäht hat, werden begraben, wo sie fielen, und eine einzige Grabschrift genügt für zwanzigtausend Tote.

So senkt auch die Menge, welche die Augen stets auf das gerichtet hält, was sich erhebt, niemals den Blick hinab bis zu der unterirdischen Welt, wo die schlichten Arbeiter sich mühen; deren Dasein vollzieht sich im Unbekannten, und oft scheiden sie aus dem Leben, ohne auch nur des Trostes, einem vollendeten Werk zulächeln zu können, teilhaftig geworden zu sein, in das Leichentuch der Gleichgültigkeit gehüllt.

Es gibt in der unbekannten Boheme sodann einen weitern Bruchteil; er setzt sich aus jungen Menschen zusammen, die getäuscht worden sind oder die sich selber täuschten. Sie halten eine Laune für eine Berufung, und getrieben von einem mörderischen Verhängnis sterben sie, die einen als Opfer unaufhörlicher Anfälle von Hochmut, die andern als Götzendiener einer Schimäre.

Und hier sei uns eine kurze Abschweifung gestattet.

Die Wege der Kunst, die schon so überfüllt und so gefährlich sind, überfüllen sich der schon vorhandenen Überfüllung und allen Hindernissen zum Trotz von Tag zu Tag mehr; und folglich war die Boheme niemals zahlreicher als gerade jetzt.

Wenn man unter all den Gründen suchen würde, welche diesen Zustrom möglicherweise veranlaßt haben, so könnte man schließlich etwa auf diesen kommen:

Viele junge Menschen haben die Deklamationen über die unglücklichen Künstler und Dichter ernst genommen. Die Namen Gilbert, Malfilâtre, Chatterton und Moreau sind zu häufig, zu unvorsichtig und vor allem zu zwecklos in die Luft geworfen worden. Aus dem Grabe dieser Unglücklichen ist eine Kanzel gemacht worden, von der herab dann das Martyrium der Kunst und der Poesie gepredigt worden ist.

Leb wohl, zu unfruchtbares Land,
du Menschengeißel, Sonne aus Eis!
Wie ein Gespenst, das einsam stand,
so scheid' ich, von dem niemand weiß.

Dieser Verzweiflungssang von Victor Escousse, der an einem Dünkel erstickte, den ihm ein künstlerischer Triumph eingeimpft hatte, wurde für eine gewisse Zeit zur Marseillaise der Freiwilligen in der Kunst, die sich ins Martyrologium der Mittelmäßigkeit einschreiben wollten.

Denn da jene Fülle von Trauerapotheosen, jenes Lobesrequiem für schwache Geister und ehrgeizige Eitelkeiten allen Anreiz des Abgrundes hatten, so dachten viele, welche diese Anziehungskraft an sich erfuhren, ein unglückliches Geschick sei schon die Hälfte des Genies; viele träumten von jenem Hospitalbett, in dem Gilbert starb, und hofften, sie würden Dichter werden, wie er eine Viertelstunde vor seinem Tode geworden war, und meinten, das Elend sei eine notwendige Etappe auf dem Wege zum Ruhm.

Unmoralische Lügen, mörderische Paradoxen dieser Art können nie zur Genüge getadelt werden; denn sie lenken viele von einem Pfade ab, auf dem sie Erfolge hätten erringen können, viele, die dann elendiglich in einer Laufbahn enden, auf der sie andere hemmen, denen allein die wahre Berufung das Eintrittsrecht verleiht.

Diese gefährlichen Predigten, diese nutzlosen, postumen Exaltationen sind es denn auch, welche das lächerliche Geschlecht der Unverstandenen haben erstehen lassen, der weinerlichen Dichter, deren Muse ewig rote Augen und schlechtgekämmte Haare hat, und all jene impotenten Mittelmäßigkeiten, die unter Ausschluß der Öffentlichkeit die Muse eine Stiefmutter und die Kunst eine Henkerin heißen.

Alle wahrhaft kräftigen Geister haben etwas zu sagen und sagen es auch früher oder später. Das Genie und das Talent sind kein unvorhergesehener Zufall in der Menschheit; sie haben ihre Daseinsberechtigung und vermögen ebendeshalb nicht ewig im Dunkeln zu verharren, denn wenn die Menge ihnen nicht vorangeht, so wissen sie ihr voranzuschreiten. Das Genie gleicht der Sonne: Alle Welt sieht es. Das Talent gleicht dem Diamanten, der lange im Schatten verborgen bleiben kann, der aber schließlich doch von irgend jemand bemerkt wird. Man tut also unrecht, wenn man sich von den Lamentationen und Redensarten dieser Klasse von Eindringlingen und Überflüssigen erweichen läßt, welche der Kunst zum Trotz in die Kunst eindrangen und welche innerhalb der Boheme eine Klasse bilden, deren sittliche Grundlage Faulheit, Ausschweifungen und Schmarotzertum bilden.

Lehrsatz: «Die unbekannte Boheme ist kein Weg, sie ist eine Sackgasse.»

In der Tat führt ein solches Leben zu nichts. Es ist ein abstumpfendes Elend, in dem die Intelligenz erlischt wie eine Lampe im luftleeren Raum; in dem das Herz in wildem Menschenhaß versteinert und die besten Naturen zu den schlimmsten werden. Wer das Unglück hat, zu lange darin zu verweilen und sich zu tief in diese Sackgasse hineinzuwagen, der kann nicht mehr ins Freie zurück; oder er entrinnt ihr durch gefährliche Breschen und verfällt einer Nachbarboheme, deren Sitten vor ein anderes Forum gehören als das der literarischen Physiologie.

Wir wollen noch eine eigenartige Spielart der Bohemiens anführen, die man die Liebhaber nennen könnte. Es sind dies nicht die wenigst merkwürdigen. Das Leben der Boheme erscheint ihnen als ein Dasein voller Verlockungen: Nicht jeden Tag zu Mittag essen, unterm schönen Sternenhimmel bei den Tränen regnerischer Nächte schlafen und im Dezember Nankinganzüge tragen, das erscheint ihnen als das Paradies irdischer Glückseligkeit, und um hineinzukommen, verlassen sie den Herd der Familie oder ein Studium, das sie zu sicherer Stellung geführt haben würde. Sie kehren einer ehrenhaften Zukunft brüsk den Rücken, um den Abenteuern eines vom Zufall abhängigen Daseins nachzulaufen. Da jedoch selbst die Kräftigsten nicht auf die Dauer an einer Lebensweise festhalten können, bei der Herkules in Person sich die Schwindsucht geholt hätte, so geben sie das Spiel bald auf; sie bitten mit ein paar Versen um den väterlichen Braten, kehren heim, heiraten ihre kleine Cousine und lassen sich als Notar in einer Stadt von dreißigtausend Seelen nieder; und abends am Kamin haben sie dann mit der Emphase eines Reisenden, der von einer Tigerjagd erzählt, die Genugtuung, von ihrem «Künstlerelend» erzählen zu können. Andere bleiben hartnäckig und setzen ihre Eitelkeit darein; wenn aber erst einmal die Hilfsquellen des Kredits versiegt sind, den die Söhne aus guter Familie immer zu genießen pflegen, dann sind sie unglücklicher als die wahren Bohemiens, die zwar niemals Hilfsquellen gehabt haben, aber doch wenigstens jene besitzen, welche die Intelligenz verleiht. Wir haben einen dieser Liebhaber-Bohemiens gekannt, der, nachdem er drei Jahre in der Boheme verblieben war und sich mit seiner Familie überworfen hatte, eines schönen Morgens starb und im Leichenwagen der Armen zum Massengrab gekarrt wurde – und dabei besaß er zehntausend Francs Rente!

Daß diese Bohemiens in keiner Hinsicht irgend etwas mit der Kunst zu schaffen haben und daß sie unter den unbekanntesten der unbekannten Boheme die obskursten sind, braucht nicht erst gesagt zu werden.

Wir kommen jetzt zur echten Boheme; zu derjenigen, welche teilweise den Gegenstand dieses Buches bildet. Die ihr angehören, sind die wahrhaft Berufenen der Kunst, und sie haben Aussicht, auch ihre Auserwählten zu werden. Diese Boheme starrt von Gefahren so gut wie die andern; denn zu beiden Seiten begrenzen sie zwei Abgründe: das Elend und der Zweifel. Aber zwischen diesen beiden Abgründen schlängelt sich doch wenigstens ein Weg, der zum Ziele führt, das die Bohemiens längst mit dem Blick zu erfassen vermögen, ehe sie es mit Händen greifen können.

Es ist die offizielle Boheme: so benannt, weil alle, die ihr angehören, ihr Dasein öffentlich konstatiert und ihre Anwesenheit im Leben anders als durch eine Eintragung ins amtliche Register kundgetan haben; und schließlich, um ein Wort ihrer Sprache zu gebrauchen, weil ihre Namen auf dem Anschlagzettel stehen, weil sie auf dem literarischen und künstlerischen Markt bekannt sind und weil die Werke, die ihre Signatur tragen, dort einen Kurs haben, wenn auch vorerst noch zu mäßigen Preisen.

Um ihr völlig klar umrissenes Ziel zu erreichen, sind ihnen alle Wege recht, und die Bohemiens wissen selbst aus unglücklichen Zufällen Nutzen zu ziehen. Regen oder Staub, Schatten oder Sonne, nichts hält diese kühnen Abenteurer auf, deren Laster sämtlich mit einer Tugend gepaart sind. Ihr Geist wird stets wachgehalten vom Ehrgeiz, der ihnen zum Angriff bläst und sie zum Sturm auf die Zukunft treibt: Ohne Unterlaß liegen sie im Kampf mit der Notwendigkeit, und ihre Erfindungsgabe, die stets mit brennender Lunte einhergeht, sprengt auf diese Weise das Hindernis, ehe es sie überhaupt zu hemmen vermochte. Jeder Tag ihrer Existenz ist ein geniales Kunststück, ist ein tagtäglich von neuem auftauchendes Problem, das zu lösen ihnen mit Hilfe verwegener Rechenkünste stets gelingt. Diese Leute würden selbst Harpagon zwingen, ihnen Geld zu leihen, und sie fänden Trüffeln auf dem Floß der «Medusa». Wenn nötig, wissen sie mit der ganzen Tugend eines Anachoreten Enthaltsamkeit zu üben; aber fällt ihnen ein wenig Geld in die Hände, so sieht man sie alsbald die kostspieligsten Launen reiten; sie lieben dann die Schönsten und Jüngsten, trinken vom Besten und Ältesten und finden nie genug Fenster, um ihr Geld hinauszuwerfen. Wenn dann ihr letzter Heller tot und begraben ist, beginnen sie wiederum am Mittagstisch des Zufalls zu speisen, wo immer er für sie gedeckt ist, und mit einer Meute von Listen wildern sie in allen Gewerben, die irgendwie mit der Kunst verwandt sind, und jagen vom Morgen bis zum Abend das wilde Tier, genannt Fünf-Francs-Stück.

Die Bohemiens wissen alles und gehen überallhin, je nachdem sie Lackstiefel tragen oder zerrissene Schuhe. Man trifft sie eines Tages, wie sie sich an den Kamin eines Salons der Gesellschaft lehnen und am Tage darauf an Tischen unter den Lauben der Tanzlokale. Sie können auf dem Boulevard keine zehn Schritte tun, ohne einem Freund zu begegnen, und nirgends dreißig, ohne auf einen Gläubiger zu stoßen.

Die Boheme spricht unter sich eine eigene Sprache, die den Ateliergesprächen, dem Kulissenjargon und den Diskussionen der Redaktionsbüros entlehnt worden ist. Alle Stilarten geben sich in diesem unerhörten Idiom ihr Stelldichein, apokalyptische Wendungen stehen neben hanebüchenem Unsinn; die Derbheit der volkstümlichen Rede vereint sich mit den ausschweifendsten Perioden, die der Form entspringen, in die Cyrano seine Tiraden goß; das Paradoxon, jenes verzogene Kind der modernen Literatur, springt mit der Vernunft um, wie in Pantomimen mit Kassandra umgesprungen wird; die Ironie hat die Gewalt der schärfsten Säuren und die Geschicklichkeit jener Schützen, die mit verbundenen Augen ins Schwarze treffen; es ist ein intelligentes Argot, obwohl es allen unverständlich bleibt, die nicht den Schlüssel dazu besitzen – ein Argot, dessen Kühnheit die der freiesten Sprachen übertrifft. Dieses Vokabularium der Boheme ist die Hölle der Rhetorik und das Paradies der Neuprägungen. So ist in Kürze jenes Bohemeleben, das die Puritaner der Welt schlecht kennen, das die Puritaner der Kunst in Verruf gebracht haben, das alle furchtsamen und eifersüchtigen Mittelmäßigkeiten schmähen – während sie doch des Zetergeschreis, der Lügen und Verleumdungen nicht genug aufbieten können, um die Stimmen und Namen derer zu ersticken, die aus diesem Vorsaal des Ruhms hervorgehen, indem sie vor ihr Talent die Kühnheit spannen.

Es ist ein Leben der Geduld und des Mutes, in dem man nur kämpfen kann, wenn man mit einem festen Panzer der Gleichgültigkeit gewappnet ist, hiebsicher gegen Dumme und Neider; wo man, wenn man unterwegs nicht straucheln will, keinen einzigen Augenblick den Stolz auf sich selber aufgeben darf, der als Wanderstab dient. Es ist ein reizendes Leben und ein entsetzliches Leben, das seine Sieger und seine Märtyrer hat und dem sich nur weihen sollte, wer von Anbeginn an entschlossen ist, sich dem ehernen Gesetz «vae victis» reuelos zu unterwerfen.

Mai 1850 H. M.

I

Wie der Bohemebund begründet wurde

Hört, wie der Zufall, den die Skeptiker den Geschäftsführer des lieben Gottes nennen, eines Tages die jungen Leute zusammenführte, deren brüderliche Vereinigung später den Bund jenes Bruchteils der Boheme bilden sollte, den der Verfasser dieser Geschichte dem Publikum bekannt zu machen versucht.

Eines Morgens (es war am 8. April) wachte Alexandre Schaunard, der die beiden freien Künste der Malerei und der Musik pflegte, jählings auf, als in der Nachbarschaft ein Hahn zu krähen begann, der ihm als Weckuhr diente.

«Donnerwetter noch mal!» rief Schaunard. «Mein gefiederter Chronometer geht vor; es kann doch unmöglich schon heute sein!»

Mit diesen Worten sprang er schnell aus einem Möbel eigener, sinnreicher Erfindung, das nachts die Rolle des Bettes spielte (ich will nichts weiter sagen, aber es spielte sie ziemlich schlecht), am Tage jedoch die aller andern Möbel, die infolge der strengen Kälte, die den vorigen Winter gekennzeichnet hatte, bis auf jenes eine sämtlich verschwunden waren, das, wie man sieht, eine Art Mädchen für alles war.

Um sich vor der Schärfe des Morgenwindes zu schützen, zog Schaunard eilends einen mit Flittersternen besäten rosa Satinunterrock an, der ihm als Pyjama diente. Diesen Staat hatte eines Nachts nach einem Maskenball eine «holde Törin» bei dem Künstler vergessen, die töricht genug gewesen war, sich von den trügerischen Versprechungen Schaunards fangen zu lassen, der, als Marquis von Mondor verkleidet, in seinen Taschen das verführerische Klingeln eines Dutzends Taler ertönen ließ;

es war leider nur Phantasiegeld gewesen, das mit dem Locheisen aus einer Blechplatte ausgestanzt und den Requisiten eines Theaters entlehnt worden war.

Als er seine Haustoilette beendet hatte, öffnete der Künstler das Fenster und den Laden. Ein Sonnenstrahl, ein Lichtpfeil, drang heftig ins Zimmer und zwang ihn, die von den Nebeln des Schlafs noch verschleierten Augen weit aufzusperren; im gleichen Augenblick schlug es von einem benachbarten Turm herab fünf Uhr.

«Aurora selber!» murmelte Schaunard. «Es ist fabelhaft. Aber», fügte er hinzu und sah in einem Kalender nach, der an einer Wand hing, «deshalb stimmt es noch lange nicht. Die Angaben der Wissenschaft versichern, um diese Jahreszeit solle die Sonne um halb sechs aufgehn; es ist erst fünf, und trotzdem ist sie schon auf den Beinen. Geradezu verbrecherischer Diensteifer! Dieses Gestirn tut etwas Unrechtes, ich werde mich auf dem Längenbüro beschweren. Jedoch», fügte er hinzu, «müßte ich nun wohl langsam beginnen, mir ein bißchen Sorge zu machen; heute ist entschieden der Tag nach gestern, und da gestern der siebente war, muß heute der achte April sein, falls der Saturn nicht zufällig den Krebsgang geht, und wenn ich dem Gewäsch auf dem Wisch hier glauben soll», sagte Schaunard, trat vor ein Kündigungsformular des Gerichtsvollziehers, das an die Wand geheftet war, und las es, «so soll ich heute Punkt zwölf Uhr diese Wohnung geräumt und meinem Hauswirt, Herrn Bernard, für drei verflossene Zahlungstermine die Summe von fünfundsiebzig Francs in die Hand gezählt haben, die er in sehr schlechter Schrift von mir fordert. Ich hatte wie stets gehofft, der Zufall werde es auf sich nehmen, die Sache ins reine zu bringen; aber anscheinend hat er keine Zeit gehabt. Nun, ich habe noch sechs Stunden vor mir; wenn ich sie gut ausnutze, werde ich vielleicht ... Also ... also los!» fügte Schaunard hinzu.

Er machte sich daran, einen Paletot anzuziehen, dessen ursprünglich langhaariger Stoff von schwerem Haarausfall befallen war, als er plötzlich wie von der Tarantel gestochen in seinem Zimmer ein choreographisches Schauspiel eigener Komposition aufzuführen begann, das ihm auf öffentlichen Bällen schon oft die Ehren der polizeilichen Eskorte eingetragen hatte.

«Schau! Schau!» rief er. «Es ist merkwürdig, wie die Morgenluft dem Geist auf die Sprünge hilft; mich dünkt, ich bin meiner Melodie auf der Spur. Also aufgepaßt ...»

Und Schaunard setzte sich halbnackt an sein Piano, weckte das schlummernde Instrument mit einem stürmischen Platzregen von Akkorden und begann, immerfort monologisierend, auf dem Klavier die Melodie zu verfolgen, die er schon so lange suchte.

«C, g, e, c, a, fis, e, d, bumm, bumm. Fis, d, e, d. Au, au! Es ist falsch wie Judas, dieses d», murmelte Schaunard und paukte mit grausamer Verzweiflung auf die Taste mit dem zweifelhaften Klang los. «Versuchen wir mal die Terz. Sie muß geschickt den Gram einer holden Jungfrau malen, die über einem blauen See ein weißes Gänseblümchen entblättert. Der Gedanke ist zwar nicht gerade mehr jungfräulich. Aber da er nun schließlich einmal Mode ist und man keinen Verleger fände, der eine Romanze zu drucken wagte, in der kein blauer See vorkommt, so muß man sich halt fügen. C, g, e, c, fis, c, d; ich bin wirklich nicht unzufrieden, das gibt eine hübsche Vorstellung von einem Gänseblümchen, besonders für Leute, die in der Botanik bewandert sind. A, fis, c, d; dies verfluchte d! Jetzt aber brauche ich etwas Feuchtes, Azurnes, Mondscheinhaftes – der Mond ist auch dabei –, um den blauen See recht klar zu machen; schau, das geht ja! Aber der Schwan darf nicht vergessen werden ... fis, e, a, g», fuhr Schaunard fort und ließ die kristallinischen Noten der höheren Oktaven erklingen. «Bleibt noch die Abschiedsklage der holden Jungfrau, die sich in den blauen See zu stürzen beschließt, um sich mit dem Geliebten zu vereinen, der unterm Schnee begraben liegt. Die Lösung ist nicht recht klar», murmelte Schaunard, «aber sie ist interessant. Man müßte etwas Zärtliches, Melancholisches haben. Es kommt, es kommt! Schon weinen ein Dutzend Takte wie Magdalena, es ist herzzerspaltend! Brr, Brr!» schüttelte Schaunard sich, denn ihn fröstelte in seinem sternenbesäten Unterrock. «Wenn es nur Holz spalten könnte! In meinem Bett steckt ein Balken, der mir sehr lästig fällt, wenn ich Besuch habe … zum Essen natürlich; ich könnte damit ein bißchen einheizen … a, a … d, e, denn ich fühle, daß meine Inspiration in Gestalt eines mächtigen Schnupfens kommt. Ah bah, um so schlimmer! Nun wollen wir erst einmal meine holde Jungfrau weiter ertränken.»

Und während seine Finger das bebende Klavier folterten, verfolgte Schaunard mit leuchtendem Auge und gespanntem Ohr seine Melodie, die gleich einer unfaßbaren Sylphide durch den Klangnebel flatterte, den die Schwingungen des Instruments im Zimmer auszulösen schienen.

«Jetzt wollen wir sehn», fuhr Schaunard fort, «wie meine Musik zu den Worten meines Dichters paßt.»

Und er trällerte mit furchtbar rauher Stimme folgendes Bruchstück einer Dichtung, wie sie eigens für komische Opern und Moritaten erfunden scheint:

Die holde blonde Jungfrau
blickt auf zum Sternenzelt,
dann legt sie ab den Mantel,
der sanft zu Boden fällt;
und in den Azurwogen
des silberweißen Sees …
. . . .

«Wie? Was?» rief Schaunard, fortgerissen von gerechter Entrüstung. «Die azurne Woge eines silberweißen Sees, das hatte ich ja noch gar nicht bemerkt! Das ist denn doch ein bißchen zu romantisch; dieser Dichter ist ein Idiot, er hat in seinem Leben weder Silber noch einen See gesehen! Übrigens ist seine Ballade Blödsinn; das Versmaß stört meine Musik; in Zukunft werde ich mir meine Texte selber machen, und zwar nicht später als gleich. Da ich sozusagen im Zuge bin, werde ich mir erst einmal eine Coupletskizze fabrizieren, der ich meine Melodie anpassen kann.»

Und Schaunard griff sich mit beiden Händen an den Kopf und nahm die ernste Haltung eines Sterblichen ein, der Beziehungen zu den Musen unterhält.

Nach einigen Minuten dieses heiligen Konkubinats hatte er eine jener Mißgeburten in die Welt gesetzt, welche die Librettoschreiber mit Recht «Monstren» nennen und mit großer Leichtigkeit aus dem Ärmel schütteln, um der Inspiration des Komponisten eine vorläufige Unterlage zu schaffen.

Nur hatte Schaunards Monstrum gesunden Menschenverstand, es drückte recht deutlich die Sorge aus, die der brutale Anbruch dieses Tages, des 8. April, in seinem Geiste heraufbeschworen hatte.

Das Couplet lautete:

Acht und acht macht sechzehn,
sechs schreib hin, eins im Sinn,
es würde mir nicht schlecht stehn,
trät' jemand vor mich hin,
und lieh' mir, arm und ehrlich,
achthundert Franken bar:
Meine Schulden wärn entbehrlich,
wär' die Zeit nur nicht so rar!

Refrain:

Und wenn's auf dem nächsten Zifferblatt
dreiviertel zwölfe würd',
dann hätt' ich brav die Miete gebracht
Herrn Bernard, dem Hauswirt.

«Teufel», sagte Schaunard, als er seine Dichtung durchlas, «‹Blatt› und ‹gebracht›, diese Reime sind sozusagen nicht gerade Millionäre, aber ich habe absolut keine Zeit, sie reicher zu machen. Jetzt wollen wir sehen, wie sich die Noten den Silben vermählen.»

Und mit jenem furchtbaren Nasalorgan, das ihm eigentümlich war, begann er von neuem seine Romanze vorzutragen. Zweifellos befriedigte Schaunard das Geleistete, denn er beglückwünschte sich mit einer Jubelgrimasse, die sich ihm wie ein accent circonflexe rittlings auf die Nase setzte, sooft er mit sich zufrieden war. Aber diese stolze Seligkeit war nicht von langer Dauer.

Vom nächsten Kirchturm schlug es elf; jeder Schlag des Klöppels drang ins Zimmer und verlor sich dort in spöttischen Klängen, die den unglücklichen Schaunard zu fragen schienen: «Bist du soweit?»

Der Künstler zuckte in seinem Stuhl zusammen.

«Die Zeit läuft wie ein Hirsch», sagte er, «jetzt bleiben mir nur noch ganze dreiviertel Stunden, um meine fünfundsiebzig Francs und eine neue Wohnung ausfindig zu machen. Damit werde ich mein Lebtag nicht zustande kommen, es gehört allzusehr in das Gebiet der Magie. Also los! Ich gewähre mir fünf Minuten Suchzeit!» Und er nahm den Kopf zwischen die Knie und stieg in die Abgründe der Überlegung hinab.

Die fünf Minuten gingen hin, und Schaunard hob den Kopf wieder in die Höhe, ohne etwas gefunden zu haben, was auch nur eine flüchtige Ähnlichkeit mit fünfundsiebzig Francs hatte.

«Um hier fortzukommen, kann ich ganz entschieden nur einen Weg einschlagen, den nämlich, mich auf ganz natürliche Weise aus dem Staube zu machen; das Wetter ist schön, und vielleicht geht mein Freund, der Zufall, im Sonnenschein spazieren. Er wird mir wohl oder übel Gastfreundschaft gewähren müssen, bis ich ein Mittel gefunden habe, meine Rechnung mit Herrn Bernard zu liquidieren.»

Nachdem Schaunard die kellertiefen Taschen seines Paletots mit allem, was sie aufnehmen konnten, angefüllt hatte, knotete er etwas Wäsche in ein Taschentuch und verließ sein Zimmer, nicht ohne mit einigen Worten von seinem Domizil Abschied zu nehmen.

Als er über den Hof ging, hielt ihn plötzlich der Portier des Hauses an, der ihm aufgelauert zu haben schien.

«Ei, Herr Schaunard», rief er und trat dem Künstler in den Weg, «denken Sie denn nicht daran? Heute ist der achte.»

«Acht und acht macht sechzehn,
sechs schreib hin, eins im Sinn»,

trällerte Schaunard; «einzig und allein daran denke ich.»

«Es ist nämlich schon ein bißchen reichlich spät für Ihren Auszug», sagte der Portier; «es ist halb zwölf, und der neue Mieter, der Ihr Zimmer genommen hat, kann jeden Augenblick kommen.»

«Also», antwortete Schaunard, «lassen Sie mich durch, ich will einen Möbelwagen holen.»

«Ja, ja, aber vor dem Umzug ist noch eine kleine Formalität zu erledigen. Ich habe Befehl, kein Haar fortzulassen, ehe Sie die drei fälligen Raten gezahlt haben. Sie sind doch wohl in der Lage?»

«Bei Gott!» sagte Schaunard und tat einen Schritt vorwärts.

«Also», erwiderte der Portier, «dann kommen Sie nur in meine Loge, ich will Ihnen die Quittungen geben.»

«Ich hole sie ab, wenn ich wiederkomme.»

«Aber warum denn nicht gleich?» fragte der Portier hartnäckig.

«Ich muß erst wechseln lassen ... Ich habe kein Kleingeld.»

«Ach so!» entgegnete der andere besorgt. «Sie wollen Kleingeld holen? Aber dann will ich Ihnen gern gefällig sein und das kleine Paket aufbewahren, das Sie da unterm Arm tragen; es könnte Ihnen lästig werden.»

«Herr Portier», sagte Schaunard würdevoll, «mißtrauen Sie mir etwa? Glauben Sie denn, ich trage meine Möbel in einem Taschentuch fort?»

«Verzeihen Sie, Herr Schaunard», erwiderte der Portier etwas weniger heftig, «ich muß es tun. Herr Bernard hat mir ausdrücklich eingeschärft, kein Haar fortzulassen, ehe Sie nicht bezahlt haben.»

«Aber sehen Sie doch», sagte Schaunard und öffnete sein Bündel, «es sind keine Haare, es sind Hemden, die ich zur Waschfrau trage; sie wohnt neben dem Wechsler, zwanzig Schritte von hier.»

«Das ist etwas anderes», sagte der Portier, nachdem er den Inhalt des Bündels geprüft hatte. «Ohne Indiskretion, Herr Schaunard, darf ich um Ihre neue Adresse bitten?»

«Ich wohne Rue de Rivoli», erwiderte der Künstler kühl; er stand schon mit einem Fuß auf der Straße und trat so schnell wie möglich ins Freie.

«Rue de Rivoli», murmelte der Portier und bohrte mit dem Finger in der Nase, «es ist doch merkwürdig, daß man ihm da eine Wohnung vermietet hat, ohne hier bei mir Erkundigungen über ihn einzuholen; das ist ja höchst merkwürdig! Nun, er wird ja seine Möbel nicht fortschaffen, bevor er bezahlt hat. Wenn nur der neue Mieter nicht gerade kommt, wenn Herr Schaunard ausziehen will! Das gäbe einen schönen Spektakel auf meinen Treppen! Habe ich's nicht gesagt?» unterbrach er sich plötzlich und steckte den Kopf durch das Klappfenster. «Da kommt er natürlich gerade, der neue Mieter!»

Begleitet von einem Dienstmann, der unter seiner Last nicht gerade zusammenzubrechen schien, trat tatsächlich soeben ein junger Mann mit weißem Louis-XIII.-Hut in das Vestibül.

«Herr Portier», fragte er den Alten, der ihm entgegenkam, «ist meine Wohnung frei?»

«Noch nicht, mein Herr, aber gleich. Der Herr, der drin wohnt, holt eben den Möbelwagen. Übrigens könnte der Herr ja inzwischen seine Möbel auf den Hof stellen lassen.»

«Ich fürchte, es gibt Regen», antwortete der junge

Mann, indem er ruhig an einem Veilchenbouquet kaute, das er zwischen den Zähnen hielt; «meine Möbel könnten leiden. Dienstmann», fügte er hinzu, indem er sich an den Träger wandte, der hinter ihm stehengeblieben war und dessen Last aus Gegenständen bestand, über deren Natur der Portier sich nicht klarwerden konnte, «stellen Sie das im Vestibül unter, gehen Sie wieder in meine alte Wohnung und holen Sie, was Sie noch an kostbaren Möbeln und Kunstgegenständen finden.»

Der Dienstmann stellte an der Wand entlang mehrere sechs oder sieben Fuß hohe Klapprahmen auf, deren Flügel, die momentan übereinandergelegt waren, sich scheinbar nach Belieben entfalten ließen.

«Sehen Sie», sagte der junge Mann zum Gepäckträger, indem er einen der Flügel halb aufschlug und ihm einen Riß in der Leinwand zeigte, «da haben wir das Malheur! Sie haben mir meinen großen venezianischen Spiegel zerschlagen; passen Sie auf und seien Sie bei Ihrer zweiten Expedition vorsichtiger; vor allem haben Sie acht auf meine Bibliothek!»

«Was meint er bloß mit seinem venezianischen Spiegel?» brummte der Portier und ließ einen unruhigen Blick über die an die Wand gelehnten Kulissen schweifen. «Ich sehe keinen Spiegel; aber er hat vielleicht einen Witz gemacht, ich sehe nur einen Wandschirm; nun, wir werden ja sehen, was er beim zweitenmal bringt.»

«Wird Ihr Mieter mir nicht bald Platz machen? Es ist halb eins, und ich möchte einziehen», sagte der junge Mann.

«Er wird schon gleich kommen», erwiderte der Portier; «es ist ja nicht so schlimm, Ihre Möbel sind ja noch nicht da», fügte er hinzu und betonte nachdrücklich die letzten Worte.

Der junge Mann wollte eben antworten, als ein Dragoner im Ordonnanzanzug in den Hof trat.

«Herr Bernard?» fragte er und zog einen Brief aus der großen Ledertasche, die ihm an der Seite hing.

«Wohnt hier», erwiderte der Portier.

«Ich habe einen Brief für ihn», sagte der Dragoner, «quittieren Sie mir»; und er reichte dem Portier eine Empfangsbestätigung, die dieser in seiner Loge unterschrieb.

«Entschuldigen Sie, wenn ich Sie hier stehen lasse», sagte der Portier zu dem jungen Mann, der ungeduldig auf dem Hof umherging; «aber hier ist eben ein Brief aus dem Ministerium für Herrn Bernard, unseren Hauswirt, gekommen, ich will ihn schnell hinaufbringen.»

Als der Portier eintrat, war Herr Bernard gerade beim Rasieren.

«Was wollen Sie, Durand?»

«Gnädiger Herr», antwortete dieser und nahm die Mütze ab, «diesen Brief hat eben eine Ordonnanz für Sie abgegeben, er kommt aus dem Ministerium.»

Und er überreichte Herrn Bernard das Schriftstück, dessen Umschlag das Siegel des Kriegsministeriums trug.

«Ach du lieber Gott!» rief Herr Bernard; er war so erregt, daß er sich fast mit dem Rasiermesser geschnitten hätte. «Vom Kriegsministerium! Sicher ist das meine Ernennung zum Ritter der Ehrenlegion, um die ich schon so lange nachgesucht habe; endlich findet meine Gesinnung ihren Lohn! Kommen Sie, Durand», sagte er und suchte in seiner Westentasche. «Sie kriegen einen Taler, trinken Sie auf mein Wohl! Ach, ich habe mein Portemonnaie nicht bei mir, ich gebe Ihnen das Geld gleich, warten Sie!»

Der Portier war ob dieses Anfalls von Freigebigkeit, der ganz und gar nicht zu den Gewohnheiten seines Hauswirts gehörte, dermaßen gerührt, daß er seine Mütze wieder aufsetzte.

Doch Herr Bernard, der solch einen Verstoß gegen die Gesetze sozialer Hierarchie zu anderer Zeit streng gerügt haben würde, schien ihn diesmal nicht zu bemerken. Er setzte die Brille auf, erbrach den Briefumschlag mit der ehrfurchtsvollen Miene eines Wesirs, der einen Ferman des Sultans empfängt, und begann das Schriftstück zu lesen. Allein bereits bei den ersten Zeilen grub eine schreckliche Grimasse dunkelrote Falten in die Fettmasse seiner Mönchsbacken, und seine kleinen Augen schleuderten Blitze, die fast die Locken seiner Perücke auf dem Stock in Brand gesetzt hätten.

Kurz, all seine Züge waren in solcher Verwirrung, daß man hätte meinen können, sein Gesicht sei von einem Erdbeben heimgesucht worden.

Folgendes war der Inhalt des Sendschreibens, das auf Papier mit dem Vordruck des Kriegsministeriums geschrieben und von einem Ordonnanz-Eilboten bestellt worden war und für das Herr Durand der Regierung eine Quittung ausgestellt hatte:

Hochzuverehrender Herr und Hauswirt!

Die Politik, die, wenn man der Mythologie glauben darf, die Ahnfrau der guten Sitten ist, zwingt mich, Ihnen kundzutun, daß ich mich in die grausame Notlage versetzt sehe, der Gewohnheit, Miete zu zahlen, zumal wenn man sie schuldig ist, nicht entsprechen zu können. Bis heute morgen hatte ich mir mit der Hoffnung geschmeichelt, ich würde diesen schönen Tag dadurch festlich begehen können, daß ich die drei Quittungen für meinen Mietzins einlöste. Schimäre, Illusion, Ideal! Während ich auf dem Kopfkissen der Sicherheit schlummerte, vernichtete das Pech, griechisch «Ananke» benannt, vernichtete das Pech alle meine Hoffnungen. Die Zahlungen, auf deren Eingang ich rechnete – o Gott, wie liegt der Handel im argen! –, sind nicht erfolgt, und von den beträchtlichen Summen, die ich beizutreiben gedachte, habe ich erst drei Francs erhalten, und auch die nur auf Pump; ich biete sie Ihnen nicht an. Bessere Tage werden für unser schönes Frankreich und auch für mich kommen, zweifeln Sie nicht daran, Hochzuverehrender! Sobald sie angebrochen sind, werde ich auf Windesflügeln nahen, es Ihnen vermelden und mir die Kostbarkeiten abholen, die ich in Ihrem Hause zurückgelassen habe und die ich bis dahin unter Ihren Schutz und unter den des Gesetzes stelle, das Ihnen untersagt, vor Ablauf eines Jahres damit Handel zu treiben, falls Sie etwa versuchen sollten, auf diese Weise in den Besitz der Summen zu gelangen, die Ihnen in den Kontobüchern meiner Ehrlichkeit gutgeschrieben sind. Insbesondere empfehle ich Ihnen mein Piano und den großen Rahmen, in dem sich sechzig Locken befinden, deren verschiedene Farben die ganze Tonleiter der Haarnuancen durchlaufen und die mit Amors Skalpell von der Stirn der Grazien geschnitten worden sind.

Sie können also, hochzuverehrender Herr und Hauswirt, frei verfügen über das Dachgetäfel, unter dem ich wohnte. Ich gebe Ihnen meine Erlaubnis, die ich nachfolgend mit eigenhändiger Unterschrift bestätige.

Alexandre Schaunard.

Als Herr Bernard diese Epistel gelesen, die der Künstler im Büro eines beim Kriegsministerium angestellten Freundes geschrieben hatte, zerknitterte er sie voller Entrüstung; als sein Blick auf den alten Durand fiel, der noch immer auf das versprochene Trinkgeld wartete, fragte er ihn brutal, was er denn nun noch wolle.

«Ich warte, gnädiger Herr.»

«Worauf?»

«Nun, die großmütige Gabe, die der Herr ... von wegen der guten Nachricht!» stotterte der Portier.

«raus! Was, Sie Schafskopf! Sie behalten in meiner Gegenwart die Mütze auf dem Kopf?»

«Aber gnädiger Herr ...»

«Halten Sie den Mund! Keine Widerrede! 'raus! Oder nein, bleiben Sie da! Wir wollen 'rauf in das Zimmer dieses Lumpen von Künstler, der auszieht, ohne zu bezahlen.»

«Was», fragte der Portier. «Herr Schaunard? ...»

«Ja», fuhr der Hauswirt fort, dessen Wut sich unablässig steigerte. «Und wenn er mir das Geringste mitgenommen hat, so schmeiß' ich Sie 'raus, verstehn Sie mich? Schmeiß' – ich – Sie – 'raus!»

«Aber das ist ja ein Ding der Unmöglichkeit», murmelte der arme Portier. «Herr Schaunard ist ja noch gar nicht ausgezogen; er ist weggegangen, um Kleingeld zu holen, damit er seine Miete bezahlen kann, und um den Wagen für seine Möbel zu bestellen.»

«Wagen – Möbel!» rief Herr Bernard. «Machen Sie rasch, sicher ist er noch dabei; er hat Ihnen eine Falle gestellt, um Sie aus Ihrer Loge fortzubringen und seinen Streich auszuführen, Sie Esel!»

«Ach, mein Gott, ich Esel!» rief der alte Durand, und er zitterte vor dem olympischen Zorn seines Brotherrn, der ihn mit sich auf die Treppe hinauszog.

Auf dem Hofe wurde der Portier von dem jungen Mann mit dem weißen Hut angehalten.

«He! Sie da! Portier!» rief er. «Kann ich nun bald in meine Wohnung? Ist heute nicht der achte April? Habe ich etwa hier nicht gemietet, und habe ich Ihnen kein Trinkgeld gegeben, ja oder nein?»

«Verzeihung, mein Herr, Verzeihung», sagte der Hauswirt, «ich stehe sofort zu Diensten. Durand», fügte er hinzu, indem er sich nach seinem Portier umdrehte, «ich werde dem Herrn die Sache selbst auseinandersetzen. Laufen Sie schnell hinauf, dieser Lump, dieser Schaunard, der ist gewiß wieder da, um zu packen; schließen Sie ihn ein, wenn Sie ihn abpassen, und dann machen Sie und holen Sie die Polizei!»

Der alte Durand verschwand auf der Treppe.

«Verzeihung, mein Herr», sagte der Hauswirt mit einer Verbeugung, als er mit dem jungen Mann allein war; «mit wem habe ich die Ehre?»

«Ich bin Ihr neuer Mieter; ich habe in diesem Hause im sechsten Stock ein Zimmer gemietet, und ich werde jetzt so langsam ungeduldig, weil die Wohnung nicht frei ist.»

«Ich bin untröstlich», erwiderte Herr Bernard; «zwischen mir und einem meiner Mieter, gerade dem, an dessen Stelle Sie treten, ist eine kleine Differenz entstanden.»

«Herr Bernard, Herr Bernard!» rief der alte Durand aus einem Fenster im obersten Stockwerk des Hauses herab. «Herr Schaunard ist nicht da … aber sein Zimmer ist da … ich Esel, ich meine natürlich, er hat nichts mitgenommen, gnädiger Herr, kein Haar!»

«Gut, 'runterkommen», erwiderte Herr Bernard. «Mein Gott», wandte er sich von neuem an den jungen Mann, «bitte gedulden Sie sich noch einen Augenblick. Der Portier wird die Möbel aus dem Zimmer meines insolventen Mieters in den Keller bringen, und in einer halben Stunde können Sie einziehen; übrigens sind Ihre Möbel ja noch nicht da.»

«Bitte schön!» erwiderte der junge Mann ruhig.

Herr Bernard blickte um sich und sah nichts als die großen Wandschirme, die schon seinem Portier zu schaffen gemacht hatten.

«Wieso? Bitte schön … wieso? …» murmelte er. «Ich sehe nichts.»

«Da», antwortete der junge Mann, klappte die Kulissen auseinander und enthüllte den Blicken des verdutzten Hauswirtes das prunkvolle Innere eines Schlosses mit Jaspissäulen, Flachreliefs und Gemälden großer Meister.

«Aber Ihre Möbel?» fragte Herr Bernard.

«Hier», antwortete der junge Mann und wies auf das luxuriöse Mobiliar, das in den «Palast» gemalt war; er hatte ihn gerade erst im Hôtel Bullion erstanden, wo er bei der Versteigerung von Dekorationen eines Liebhabertheaters ausgeboten worden war …

«Mein Herr», entgegnete der Hauswirt, «hoffentlich haben Sie echtere Möbel als die da …»

«Wieso denn? Reinstes Rokoko!»

«Ich muß doch Sicherheiten für meine Miete haben, verstehen Sie.»

«Zum Henker! Ein Palast genügt Ihnen nicht als Sicherheit für die Miete einer Dachstube?»

«Nein, mein Herr, ich will Möbel, wirkliche Mahagonimöbel.»

«Oh, mein lieber Herr, nicht Gold noch Mahagoni machen uns glücklich, hat irgendein alter Dichter gesagt. Und dann kann ich es nicht leiden, es ist ein albernes Holz, jeder hat heutzutage Möbel daraus.»

«Aber schließlich, mein Herr, müssen Sie doch irgendwelches Mobiliar haben?»

«Nein, es nimmt mir im Zimmer zu viel Platz weg; wenn man Stühle hat, weiß man nicht mehr, worauf man sich setzen soll.»

«Aber wenigstens ein Bett werden Sie doch haben! Worauf schlafen Sie denn?»

«Auf meinem guten Gewissen, mein Herr!»

«Verzeihung, noch etwas», sagte Herr Bernard, «Ihr Beruf, wenn ich fragen darf?»

In ebendiesem Augenblick kehrte der Dienstmann des jungen Mannes von seinem zweiten Gang zurück und trat in den Hof. Unter den Sachen, die er trug, war eine Staffelei.

«Ach, Herr Bernard», rief der alte Durand erschrocken und zeigte dem Hausbesitzer die Staffelei. «Er ist Maler!»

«Künstler, das hab' ich mir gleich gedacht!» rief Herr Bernard seinerseits, und vor Entsetzen sträubten sich die Haare seiner Perücke. «Maler!!! Aber haben Sie denn keine Auskünfte über den Herrn eingeholt?» wandte er sich an den Portier. «Wußten Sie denn nicht, was er treibt?»

«Gott», erwiderte der arme Mann, «er hatte mir fünf Francs Trinkgeld gegeben; konnte ich denn ahnen ...»

«Wann sind Sie nun endlich fertig?» fragte der junge Mann.

«Mein Herr», erwiderte Herr Bernard und setzte sich die Brille mit Nachdruck auf die Nase, «Sie haben keine Möbel und können deshalb nicht einziehen. Das Gesetz erlaubt, einen Mieter, der keine Sicherheiten mitbringt, zurückzuweisen.»

«Und mein Wort?» fragte der Künstler würdevoll.

«Das ersetzt keine Möbel ... Suchen Sie sich nur anderswo eine Wohnung. Durand wird Ihnen das Trinkgeld wiedergeben.»

«Nanu?» fragte der Portier verblüfft. «Ich habe es schon in meine Sparbüchse gesteckt.»

«Aber verehrter Herr», erwiderte der junge Mann, «so schnell kann ich doch keine andere Wohnung finden. Gewähren Sie mir wenigstens auf einen Tag Gastfreundschaft.»

«Gehn Sie ins Hotel!» erwiderte Herr Bernard. «Doch da fällt mir ein», setzte er nach einer schnellen Überlegung rasch hinzu, «wenn Sie wollen, kann ich Ihnen ja das Zimmer, das Sie bewohnen sollten und in dem die Möbel meines insolventen Mieters stehen, möbliert vermieten. Aber es ist Ihnen ja bekannt, daß bei dieser Art der Vermietung die Miete im voraus bezahlt wird.»

«Es käme ganz darauf an, was Sie für die Rumpelkammer verlangen», sagte der Künstler, der sich wohl oder übel fügen mußte.

«Nun, die Wohnung ist sehr anständig, die Miete soll, wie die Dinge nun einmal liegen, nur fünfundzwanzig Francs im Monat betragen. Im voraus zahlbar.»

«Das haben Sie schon einmal gesagt; diese Phrase verdient die Ehren des Dakapo nicht», sagte der junge Mann und griff in die Tasche.

«Können Sie fünfhundert Francs wechseln?»

«Was?» fragte der Hausbesitzer verdutzt. «Wie meinen Sie?»

«Nun, die Hälfte von Tausend! Haben Sie so etwas noch nie gesehen?» fügte der Künstler hinzu und hielt dem Hausbesitzer und dem Portier, die bei diesem Anblick das Gleichgewicht zu verlieren schienen, die Banknote unter die Augen.

«Ich werde Ihnen herausgeben lassen», erwiderte Herr Bernard achtungsvoll; «es macht nur noch zwanzig Francs, Durand wird Ihnen das Trinkgeld zurückgeben.»

«Er soll es behalten», sagte der Künstler, «jedoch unter der Bedingung, daß er allmorgendlich kommt und mir

Tag und Monatsdatum, Mondphase, Wetterstand und die Regierungsform meldet, unter der wir gerade leben.»

«Ach, gnädiger Herr», rief der alte Durand und knickte zu einem Winkel von neunzig Grad zusammen.

«Es ist gut, edler Alter, Sie sollen mir als Kalender dienen. Helfen Sie mittlerweile meinem Dienstmann beim Einräumen.»

«Mein Herr», sagte der Hausbesitzer, «ich werde Ihnen Ihre Quittung schicken.»

Am selben Abend noch war der neue Mieter des Herrn Bernard, der Maler Marcel, in dem Zimmer des durchgebrannten Schaunard eingerichtet, das in einen Palast verwandelt worden war.

Besagter Schaunard zog währenddessen in Paris umher und rührte sozusagen die Geldtrommel.

Schaunard hatte das Pumpen zur Höhe einer Kunst erhoben. Für den Fall, das er einmal Ausländer werde «anzapfen» müssen, hatte er gelernt, in allen Sprachen der Erde um fünf Francs zu bitten. Er hatte von Grund auf das ganze Repertoire der Listen studiert, die das Metall anwendet, um denen zu entgehen, die nach ihm jagen; und weit besser als ein Lotse die Stunden von Ebbe und Flut, kannte er den Zeitpunkt, da das Wasser hoch oder tief stand, das heißt die Tage, an denen seine Freunde und Bekannten Geld zu bekommen pflegten. Aus diesem Grunde sagte man denn auch in manchem Hause, wenn er frühmorgens erschien, nicht mehr: «Sieh, da kommt Herr Schaunard» – sondern: «Heute ist der Erste oder der Fünfzehnte.» Um die Eintreibung des Tributs zu erleichtern, den er erhob, sobald die Not ihn dazu zwang, und um ihn zugleich gerechter auf die Leute zu verteilen, welche die Mittel hatten, ihm den Zehnten darzubringen, hatte Schaunard eine alphabetisch geordnete Liste nach Stadtvierteln und Bezirken angelegt, welche die Namen aller seiner Freunde und Bekannten enthielt. Jedem Namen gegenüber war das Maximum der Summe eingetragen, um welche er den Betreffenden dessen Vermögensstand entsprechend anpumpen konnte, und auch die Zeit, zu der er bei Kasse war, ferner die Stunde der Mahlzeit samt dem gewöhnlichen Küchenzettel des Haushalts. Außer dieser Liste hatte Schaunard noch eine völlig geordnete kleine Buchhaltung, in der er die ihm geliehenen Summen bis zu den kleinsten Bruchteilen notierte, denn er wollte nicht über eine bestimmte Ziffer hinausgehen, die jedoch einstweilen noch in Händen eines normannischen Onkels war, den er beerben sollte. Sobald er jemand zwanzig Francs schuldete, schloß Schaunard dessen Konto ab, und er beglich es ohne Abzug auf einen Hieb, wenn er auch, um das zu können, wiederum diejenigen anpumpen mußte, denen er weniger schuldig war. Auf diese Art erhielt er sich auf dem Markt stets einen gewissen Kredit, den er seine schwebende Schuld zu nennen beliebte; und da man wußte, daß es zu seinen Gewohnheiten gehörte, zurückzuzahlen, sobald seine Hilfsquellen es ihm möglich machten, erwies man sich ihm gern gefällig, soweit man dazu fähig war.

Nun hatte er jedoch seit elf Uhr morgens, seit er aus seiner Wohnung fortgezogen war, um zu versuchen, ob er die nötigen fünfundsiebzig Francs beitreiben könne, erst drei Francs zusammenbekommen, und zwar unter Mitarbeit der Buchstaben M, V und R seiner berühmten Liste, das ganze übrige Alphabet hatte wie er selber Miete zu zahlen und ihm daher seine Bitte abschlagen müssen.

Um sechs Uhr läutete ein heftiger Appetit in seinem Magen zum Diner; er befand sich gerade an der Barrière du Maine, wo Buchstabe U wohnte. Schaunard stieg zum Buchstaben U hinauf, wo er seinen Serviettenring hatte, wenn es gerade Servietten gab.

«Zu wem will der Herr?» fragte der Portier und hielt ihn im Gang zurück.

«Zu Herrn U ...», erwiderte der Künstler.

«Der ist nicht zu Hause.»

«Und Frau U ...?»

«Auch nicht; sie haben mich aber beauftragt, einem

ihrer Freunde, der heute abend zu ihnen kommen sollte, zu sagen, sie seien zum Essen in die Stadt gegangen; falls», sagte der Portier, «Sie der sind, den sie erwarten, dann ist hier die Adresse, die sie hinterlassen haben», und er reichte Schaunard ein Stück Papier, auf das sein Freund U ... geschrieben hatte: «Wir gehn zum Essen zu Schaunard; Rue ... Nr. ...; kommt auch hin!»

«Wundervoll», sagte Schaunard im Fortgehen, «wenn der Zufall sich einmischt, fabriziert er die seltsamsten Lustspiele.»

Dann fiel ihm ein, daß er zwei Schritt entfernt von einer kleinen Kneipe sei, wo er zwei- oder dreimal für nicht zu teures Geld gegessen hatte, und er lenkte die Schritte auf dieses Lokal zu, das auf der Chaussée du Maine lag und in den niederen Schichten der Boheme unter dem Namen der «Mère Cadet» bekannt war. Es ist dieses ein Speisehaus, dessen gewöhnliche Kundschaft aus den Fuhrleuten der Straße von Orléans, aus den Sängerinnen des Montparnasse und den jungen Liebhabern des Babinothcaters besteht. In der schönen Jahreszeit kommen auch die Farbenkleckser der zahlreichen Ateliers in der Umgegend des Luxembourg, die Verfasser nie erschienener Bücher, die Reporter mysteriöser Zeitungen in hellen Haufen zum Essen zur «Mère Cadet», die durch ihre Kaninchenfrikassees, ihr echtes Sauerkraut und einen weißen Landwein berühmt ist, der nach Feuerstein riecht.

Schaunard setzte sich in den Garten: So hieß bei der «Mère Cadet» das spärliche Laubwerk zweier oder dreier rachitischer Bäume, deren kränkliches Grün zu einem Dach gezogen worden war.

«Na ja, es hilft halt nichts», sagte Schaunard, «ich werde mich jetzt ordentlich vollfuttern und mir ein Sologastmahl geben.»

Und eins, zwei, drei bestellte er sich eine Suppe, eine halbe Portion Sauerkraut und zwei halbe Kaninchenfrikassees; er hatte festgestellt, daß man, wenn man die

Portion halbierte, mindestens ein Viertel auf das Ganze gewann.

Die Bestellung dieser pompösen Speisenfolge zog ihm die Blicke eines jungen Mädchens in einem weißen Kleid, einem Hut mit Orangenblüten und Ballschuhen zu; ein nach einer Imitation imitierter Schleier wallte über Schultern, die besser ihr Inkognito bewahrt hätten. Es war eine Sängerin vom Théâtre Montparnasse, dessen Kulissen sozusagen in die Küche der «Mère Cadet» hineinreichten. Sie war während einer Pause der «Lucia» gekommen, um zu Abend zu essen, und beendete gerade ein ausschließlich aus Artischockensalat bestehendes Diner mit einer kleinen Tasse Kaffee.

«Zwei Kaninchenfrikassees, alle Achtung», sagte sie leise zu der Kellnerin, «der junge Mann lebt gut! Was habe ich zu zahlen, Adèle?»

«Artischocken vier, Kaffee vier und Brot ein Sou, zusammen neun.»

«Da», sagte die Sängerin, ging fort und trällerte dabei:

«Diese Glut, die Gott mir schenket!»

«Schau, schau, sie gibt das a an», sagte eine mysteriöse Persönlichkeit, die mit Schaunard am gleichen Tische saß und zur Hälfte hinter einer Büchermauer versteckt war.

«Sie gibt es?» fragte Schaunard. «Ich glaube eher, sie behält es bei sich. So etwas ist noch nicht dagewesen», fügte er hinzu und zeigte mit dem Finger auf den Teller, von dem Lucia von Lammermoor ihre Artischocke gegessen hatte: «Die mariniert sich ihr Falsett mit Essig!»

«Das ist tatsächlich eine starke Säure», fügte die Persönlichkeit hinzu, die schon gesprochen hatte. «Die Stadt Orléans produziert eine Sorte, die sich mit Recht großen Rufes erfreut.»

Schaunard betrachtete aufmerksam den Herrn, der ihm in dieser Weise den Angelhaken der Plauderei hinwarf. Der feste Blick seiner großen blauen Augen, die immerfort etwas zu suchen schienen, gab seinem Gesicht den Ausdruck verklärter Seelenruhe, wie man sie bei Zöglingen katholischer Konvikte bemerkt. Seine Gesichtsfarbe war wie der Ton alten Elfenbeins, bis auf die Backen, die ziegelrote Tupfen zeigten. Sein Mund schien von einem Elementarschüler gezeichnet, den man dabei am Ellbogen gestoßen hatte. Die negerartig aufgeworfenen Lippen ließen Jagdhundzähne sehen, und sein Kinn ruhte mit zwei Falten auf einer weißen Krawatte, deren eines Ende die Sterne bedrohte, während das andere sich in die Erde bohren zu wollen schien. Unter einem kahlen Filzhut mit ungeheuerlich breitem Rande quoll sein Haar in blonden Kaskaden hervor. Er trug einen nußbraunen Pelerinenmantel, dessen fadenscheiniger Stoff die Rauheit einer Raspel besaß. Aus den klaffenden Taschen dieses Mantels schauten Bündel von Papieren und Broschüren heraus. Ohne sich um die Prüfung zu kümmern, deren Gegenstand er war, genoß er eine Portion Sauerkraut mit Beilage, wobei er häufig vernehmliche Laute der Zufriedenheit entschlüpfen ließ. Während er aß, las er in einem offen vor ihm liegenden Schmöker, in dem er von Zeit zu Zeit mit einem Bleistift, den er sonst hinterm Ohr stecken hatte, Anmerkungen machte.

«Nanu!» rief Schaunard plötzlich, indem er mit dem Messer an sein Glas klopfte. «Wo bleibt denn mein Kaninchenfrikassee?»

«Mein Herr», antwortete die Kellnerin, die, einen Teller in der Hand, herbeigeeilt kam, «es ist keins mehr da; dies ist das letzte, und das hat der Herr hier bestellt», fügte sie hinzu und stellte den Teller vor den Schmökermenschen.

«Verdammt!» rief Schaunard.

Und es lag in diesem «Verdammt» so viel melancholische Enttäuschung, daß der Schmökermensch bis ins Herz hinein davon gerührt wurde. Er schob die Büchermauer, die sich zwischen ihm und Schaunard erhob, beiseite, rückte den Teller in die Mitte und sagte, die sanftesten Saiten seiner Stimme anschlagend: «Mein Herr, darf ich Sie bitten, mit mir zu teilen?»

«Mein Herr», erwiderte Schaunard, «ich will Sie nicht berauben.»

«Dann wollen Sie mich also des Vergnügens berauben, Ihnen gefällig zu sein?»

«Wenn die Dinge so stehen ...» Und Schaunard schob seinen Teller hin.

«Gestatten Sie mir, Ihnen nicht den Kopf anzubieten», sagte der Fremde.

«Oh», rief Schaunard, «das kann ich nicht annehmen!»

Als er jedoch seinen Teller wieder zu sich hinzog, bemerkte er, daß der Fremde ihm gerade den Teil gegeben hatte, den er angeblich für sich behalten wollte.

«Ja, weshalb renommiert er denn da erst mit seiner Höflichkeit!» brummte Schaunard in sich hinein.

«Der Kopf ist zwar beim Menschen der edelste Teil», sagte der Fremde, «allein beim Kaninchen ist er der unangenehmste. Daher können ihn so viele Leute nicht ausstehen. Bei mir ist es umgekehrt, ich schwärme dafür.»

«Dann», sagte Schaunard, «bedaure ich auf das lebhafteste, daß Sie sich um meinetwillen beraubt haben.»

«Wieso? ... Verzeihen Sie», rief der Schmökermann, «ich habe ja doch den Kopf behalten. Ich hatte sogar die Ehre, Sie darauf hinzuweisen, daß ...»

«Erlauben Sie», sagte Schaunard und hielt ihm seinen Teller unter die Nase. «Was für ein Stück habe ich denn hier?»

«Gerechter Himmel! Was muß ich sehen? Ihr Götter! Es ist ein bikephales Kaninchen!» rief der Fremde.

«Ein bike ...», sagte Schaunard.

«... phales. Das kommt aus dem Griechischen. Tatsächlich, Buffon, der sich Manschetten anzog, wenn er schreiben wollte, zitiert Beispiele für diese Eigentümlichkeit. Nun, wahrhaftig, ich freue mich, daß ich einmal etwas Phänomenales gegessen habe.»

Dank diesem Zwischenfall war die Unterhaltung nun endgültig im Gange. Schaunard, der an Höflichkeit nicht nachstehen wollte, bestellte noch einen Liter. Der Schmökermensch seinerseits ließ einen weiteren kommen. Schaunard bot Salat an. Der Schmökermensch Dessert. Um acht Uhr abends standen zehn geleerte Literflaschen auf dem Tisch. Während des Geplauders hatte die vom Rotwein bewässerte Offenheit beide getrieben, einander ihre Lebensgeschichte zu erzählen, und sie kannten sich bereits, als seien sie zusammen groß geworden. Als der Schmökermensch Schaunards Bekenntnisse angehört hatte, verriet er ihm seinen Namen: Gustave Colline; er übte den Beruf eines Philosophen aus und lebte vom Stundengeben in Mathematik, Scholastik, Botanik und noch mehreren anderen Wissenschaften.

Das wenige Geld, das Colline durch seine Privatstunden verdiente, gab er für Bücherkäufe wieder aus. Sein nußbrauner Überzieher war allen Antiquaren des Quais vom Pont de la Concorde bis zum Pont Saint-Michel wohlbekannt. Was er mit all diesen Büchern machte, deren er so viele besaß, daß das Leben eines Menschen nicht genügt hätte, sie zu lesen, das wußte niemand, und er selbst wußte es womöglich noch weniger. Doch diese Eigentümlichkeit hatte bei ihm das Ausmaß einer Leidenschaft angenommen; und wenn er abends nach Hause kam, ohne einen neuen Schmöker mitzubringen, so wandte er auf sich das Wort des Titus an und sagte: «Ich habe einen Tag verloren.» Seine gewinnenden Umgangsformen und seine Sprache, die ein Mosaik aus allen Stilen darstellte, ferner die furchtbaren Kalauer, die er in seine Unterhaltung einzuflechten liebte, hatten Schaunard bestrickt, und er bat Colline auf der Stelle um die Erlaubnis, seinen Namen denen der berühmten Liste beifügen zu dürfen, von der wir gesprochen haben.

Sie gingen um neun Uhr abends von der «Mère Cadet» fort; beide waren ziemlich blau und schwankten einher mit dem Schritt jener Leute, die mit den Flaschen Zwiesprache gepflogen haben.

Colline lud Schaunard zum Kaffee ein, und dieser nahm an unter der Bedingung, daß die Liköre auf seine

Rechnung kämen. Sie stiegen hinauf in ein Café in der Rue Saint-Germain-l'Auxerrois, das «Momus», den Gott der Spiele und des Lachens, zum Wahrzeichen hatte.

Als sie das Lokal betraten, hatte sich gerade zwischen zwei Stammgästen ein sehr lebhafter Disput entsponnen. Der eine war ein junger Mann, dessen Gesicht sich in dem ungeheuren Gebüsch eines vielfarbigen Bartes verlor. Sozusagen als Antithese zu dieser Haarfülle am Kinn hatte frühzeitige Kahlheit seine Stirn entblößt, die nun aussah wie ein Knie, und ein Büschel spärlicher Haare, die man hätte zählen können, bemühte sich vergeblich, ihre Nacktheit zu verdecken. Er trug einen schwarzen Rock mit Tonsuren an den Ellbogen, und wenn er den Arm zu hoch hob, erschienen am Einsatz der Ärmel praktisch angebrachte Ventilationen. Seine Hose war möglicherweise einmal schwarz gewesen, allein seine Stiefel, die niemals neu gewesen waren, schienen an den Füßen des ewigen Juden schon mehrere Male eine Reise um die Welt gemacht zu haben.

Schaunard hatte bemerkt, daß sein Freund Colline und der vollbärtige junge Mann sich grüßten.

«Sie kennen den Herrn?» fragte er den Philosophen.

«Dieses nun zwar nicht», war die Anwort, «ich treffe ihn nur ab und zu in der Bibliothek. Ich glaube, er ist Literat.»

«Angezogen ist er wenigstens danach», entgegnete Schaunard.

Die Persönlichkeit, mit der jener junge Mann disputierte, war ein etwa vierzig Jahre altes, dem Schlagfluß nahes Individuum; das ließ der dicke Kopf erkennen, der unmittelbar und ohne das Zwischenglied des Halses auf den Schultern saß. Auf seiner niedrigen Stirn, auf der er eine kleine schwarze Kappe trug, stand in Majuskeln das Wort «Idiotismus» geschrieben. Er hieß Mouton und war Beamter am Rathaus des IV. Arrondissements, wo er das Sterberegister führte.

«Herr Rodolphe», rief er mit Eunuchenstimme und schüttelte den jungen Mann, den er an einem Rock-

knopf gefaßt hielt, «soll ich Ihnen meine Meinung sagen? Alle Zeitungen sind keinen Pfifferling wert. Sehen Sie, ich meine, ich bin Familienvater, oder bin ich das vielleicht nicht? … Schön … Ich gehe ins Café und will meine Partie Domino spielen. Jetzt passen Sie mal genau auf.»

«Weiter, weiter», sagte Rodolphe.

«Also», fuhr der gute Mouton fort, wobei er jeden Satz durch einen Faustschlag skandierte, so daß die Schoppen und Gläser auf dem Tisch klirrten. «Na ja, ich hole mir also ein paar Zeitungen her, schön … Und was seh' ich da? Der eine sagt weiß, der andere sagt schwarz und tatatiti und tatitata. Das ist doch meine Sache nicht! Ich bin ein guter Familienvater, und ich komme hierher und will …»

«Die Partie Domino spielen», sagte Rodolphe.

«Jeden Abend», fuhr Herr Mouton fort. «Also ich meine: verstehen Sie …»

«Vollkommen!» sagte Rodolphe.

«Ich lese einen Artikel, der anderer Meinung ist als ich. Ich werde wütend, und das zehrt mir am Blut, denn sehen Sie doch man bloß mal an, Herr Rodolphe, alle Zeitungen lügen. Ja, lügen tun sie bloß!» heulte er in den höchsten Tönen seiner Fistelstimme. «Und die Journalisten sind Banditen und Schmierfinken.»

«Immerhin, Herr Mouton …»

«Ja, Banditen», fuhr der Beamte fort. «Sie sind bloß schuld an allem Unglück in der Welt, sie haben die Revolution gemacht und das Papiergeld; Beweis: Murat.»

«Verzeihung», sagte Rodolphe, «Sie meinen Marat.»

«Aber nein doch, aber nein doch», erwiderte Herr Mouton; «Murat! Ich habe doch sein Begräbnis gesehn, als ich noch klein war …»

«Aber seien Sie ganz sicher, daß …»

«Und sogar ein Stück haben sie auf ihn im Zirkus gespielt … Jawohl!»

«Nun allerdings», sagte Rodolphe, «das ist Murat.»

«Aber das habe ich Ihnen ja doch schon stundenlang

gesagt!» rief der hartnäckige Mouton. «Murat, der in einem Keller arbeitete, nicht wahr? Also, ich meine: war es nicht ganz recht, daß die Bourbonen ihn haben köpfen lassen, weil er ein Verräter war?»

«Wen? Köpfen lassen? Verräter! An wem?» rief Rodolphe aus, und er faßte nun seinerseits Herrn Mouton am Knopf seines Gehrocks.

«Nun, Marat natürlich.»

«Aber nein doch, nein doch, Herr Mouton, Murat. Wir müssen uns doch verständigen, zum Teufel!»

«Aber ganz sicher. Marat, die Canaille. Er hat achtzehnhundertfünfzehn den Kaiser verraten. Und darum und deshalb sage ich, alle Zeitungen bleiben sich gleich», fuhr Herr Mouton fort und kam damit auf den Kernpunkt dessen, was er eine Erklärung zu nennen beliebte. «Wissen Sie denn nun, was ich möchte, Herr Rodolphe? Also ich meine ... Ich möchte eine gute Zeitung ... Oh, keine große ... eine gute, eine, die keine Phrasen drischt ... Na ja.»

«Sie sind anspruchsvoll», unterbrach ihn Rodolphe. «Eine Zeitung ohne Phrasen!»

«Ja natürlich! Denken Sie sich da mal 'rein.»

«Ich versuche es.»

«Eine Zeitung, die ganz einfach vom Befinden des Königs und von den Gütern der Erde berichtet. Denn wozu dient denn das alles, das mit euren Zeitungen, wenn man nicht klug daraus wird? Also ich meine: wie ich hier stehe, sitze ich auf dem Rathaus, nicht wahr? Ich führe mein Register, schön! Nun, das ist gerade, als käme einer an und sagte mir: Herr Mouton, Sie protokollieren die Sterbefälle, nun, tun Sie dies, tun Sie das. Jawohl, was? Was! Das? Was! Das? Was! Das? Und so ist es mit den Zeitungen ganz genau», fügte er als Abschluß hinzu.

«Gewiß!» sagte ein Nachbar, der ihn verstanden hatte. Und nachdem Herr Mouton die Glückwünsche einiger Stammgäste entgegengenommen hatte, die seiner Meinung waren, nahm er seine Partie Domino wieder auf.

«Dem habe ich aber mal ordentlich den Kopf gewaschen», sagte er und deutete auf Rodolphe, der sich umgedreht und an Schaunards und Collines Tisch gesetzt hatte.

«Welch heilige Einfalt!» sagte er zu den beiden jungen Leuten und wies auf den Schreiber.

«Er hat einen fabelhaften Kopf, mit seinen Kutschenverdecken von Wimpern und seinen Lottosteinen von Augen», sagte Schaunard und zog einen wundervoll angerauchten Nasenwärmer aus der Tasche.

«Alle Achtung», sagte Rodolphe, «Sie haben eine recht hübsche Pfeife.»

«Oh, meine andere ist noch schöner, aber die rauche ich nur, wenn ich in Gesellschaft gehe», erwiderte Schaunard nachlässig. «Geben Sie mir doch ein bißchen Tabak, Colline.»

«Oh weh», rief der Philosoph, «meiner ist alle.»

«Gestatten Sie mir, Ihnen anzubieten», sagte Rodolphe, zog ein Päckchen Tabak aus der Tasche und legte es auf den Tisch.

Diese Liebenswürdigkeit glaubte Colline damit beantworten zu müssen, daß er zu einer Runde einlud.

Rodolphe nahm an. Die Unterhaltung wandte sich der Literatur zu. Als Rodolphe nach seinem Beruf gefragt wurde, den freilich sein Rock schon verraten hatte, gestand er seine Beziehungen zu den Musen und bestellte eine zweite Runde. Als der Kellner die Flasche wieder mit fortnehmen wollte, bat ihn Schaunard, er möge sie nur gleich stehenlassen. Er hatte in einer von Collines Taschen das silberne Duett zweier Fünf-Francs-Stücken klingeln hören. Rodolphe hatte bald den Grad der Ausgelassenheit erreicht, in der sich die beiden Freunde befanden, und tischte ihnen nun ebenfalls seine Bekenntnisse auf.

Zweifellos hätten sie die ganze Nacht im Café verbracht, wenn sie nicht gebeten worden wären, sich zu entfernen. Sie hatten auf der Straße noch keine zehn Schritte getan, wozu sie, beiläufig gesagt, eine halbe

Stunde brauchten, als ein gießbachähnlicher Platzregen sie überraschte. Colline und Rodolphe wohnten ausgerechnet an den beiden entgegengesetzten Enden von Paris, der eine auf der Ile-Saint-Louis und der andre in Montmartre.

Schaunard, der völlig vergessen hatte, daß er ohne Heim war, bot ihnen Gastfreundschaft an.

«Kommt zu mir», sagte er, «ich wohne hier in der Nähe; wir wollen die Nacht hinbringen im Gespräch über die Literatur und die schönen Künste.»

«Du machst Musik, und Rodolphe wird uns ein paar von seinen Gedichten rezitieren», sagte Colline.

«Aber natürlich, ja», fügte Schaunard hinzu, «gelacht muß werden, man lebt nur einmal in der Welt.»

Vor seinem Haus, das Schaunard erst nach einigen Schwierigkeiten erkannte, setzte er sich kurze Zeit auf eine Türschwelle und wartete auf Rodolphe und Colline, die in eine noch offene Weinstube gegangen waren, um die Grundbestandteile eines Soupers einzukaufen. Als sie endlich kamen, pochte Schaunard mehrmals an die Tür, denn er entsann sich dunkel, daß der Pförtner ihn gewöhnlich warten ließ. Schließlich tat sich die Tür auf, und der alte Durand, versunken in die Wonnen des ersten Schlafes, dachte gar nicht daran, daß Schaunard nicht mehr sein Mieter war, und ließ sich absolut nicht stören, als dieser ihm durch das Klappenfenster seinen Namen zugerufen hatte.

Als sie alle drei oben auf der Treppe angekommen waren, deren Ersteigung ebenso langwierig wie mühevoll gewesen war, stieß der vorausgehende Schaunard einen Ruf des Staunens aus, denn er fand seinen Zimmerschlüssel im Türschloß steckend.

«Was ist los?» fragte Rodolphe.

«Ich verstehe das nicht», murmelte er, «da steckt der Schlüssel in der Tür, und dabei habe ich ihn doch heute morgen mitgenommen! Nun, wir werden ja sehen. Ich habe ihn doch in die Tasche gesteckt. Ja, wahrhaftig, da ist er noch!» rief er und zeigte den Schlüssel.

«Das ist Magie!»

«Phantasmagorie», sagte Colline.

«Phantasie», fügte Rodolphe hinzu.

«Aber», hub Schaunard wieder an, und seine Stimme verriet beginnendes Entsetzen, «hört ihr es?»

«Was?»

«Mein Klavier, das spielt ganz allein, c, a, e, d, c, a, fis, g, d, das elende d! Das ist und bleibt falsch!»

«Das ist kaum bei Ihnen», sagte Rodolphe und flüsterte Colline, auf den er sich schwer stützte, leise ins Ohr: «Mensch, ist der duhn!»

«Das glaube ich auch. Erst einmal ist es kein Klavier, sondern eine Flöte.»

«Mann Gottes, Sie auch, Sie sind auch duhn, mein Lieber», antwortete der Dichter dem Philosophen, der sich auf den Flur gesetzt hatte.

«Das ist doch eine Violine.»

«Eine Vio ... Pah! Sag doch, Schaunard», stammelte Colline und zog seinen Freund an den Beinen. «Das ist gut! Der Herr da behauptet, daß es eine Vio ...»

«Zum Donnerwetter noch 'mal!» rief Schaunard im höchsten Entsetzen. «Mein Klavier spielt immer noch; das ist Magie.»

«Phantasma...gorie», brüllte Colline und ließ eine der Flaschen fallen, die er in der Hand hielt.

«Phantasie», japste Rodolphe hinterdrein.

Während dieses Heidenlärms tat sich plötzlich die Zimmertür auf, und auf der Schwelle erschien eine Persönlichkeit, die einen dreiarmigen Leuchter mit brennenden rosa Wachskerzen in der Hand hielt.

«Was wünschen Sie, meine Herren?» fragte er, indem er die drei Freunde höflich grüßte.

«Um des Himmels willen, was habe ich da angerichtet? Ich habe mich geirrt! wohne hier gar nicht», rief Schaunard.

«Mein Herr», fügten Colline und Rodolphe hinzu, indem sie sich dem Individuum zuwandten, das ihnen geöffnet hatte, «entschuldigen Sie bitte unseren Freund; er ist voll wie eine Strandkanone.» Plötzlich durchzuckte ein Blitzstrahl Schaunards Rausch; er hatte auf seiner Tür ein paar Worte erblickt, die mit Kreide darauf geschrieben waren, sie lauteten:

«Ich war dreimal hier und wollte mein Weihnachtsgeschenk holen. Phémie.»

«Doch, doch, wahrhaftig, ich bin doch zu Hause!» rief er. «Da ist noch die Visitenkarte, die Phémie mir zu Neujahr gebracht hat; es ist unbedingt meine Tür!»

«Mein Gott», sagte Rodolphe, «bei mir geht alles durcheinander.»

«Glauben Sie mir», fügte Colline hinzu, «ich bin an der Verwirrung meines Freundes mächtig beteiligt.»

Der junge Mann konnte sich das Lachen nicht länger verbeißen.

«Wenn Sie einen Augenblick zu mir hereinkommen wollen», erwiderte er, «dann wird Ihr Freund, wenn er das Zimmer gesehen hat, zweifellos seinen Irrtum erkennen.»

«Gern.»

Dichter und Philosoph nahmen Schaunard je bei einem Arm und führten ihn in Marcels Zimmer oder vielmehr in den Palast, den der Leser wohl bereits wiedererkannt hat.

Schaunard schaute mit unsicheren Blicken umher und murmelte: «Es ist merkwürdig, wie mein Wohnsitz sich verschönert hat!»

«Nun, bist du jetzt überzeugt?» fragte Colline.

Aber Schaunard hatte das Piano bemerkt, stürzte darauf zu und spielte ein paar Läufe.

«He, Herrschaften, nun hört mir das mal an», rief er und ließ die Akkorde erklingen ... «Seht ihr wohl! Das Tierchen hat seinen Herrn erkannt: fis, a, g, fis, e, d! Au, das Biest von einem d! Du bleibst dir ewig gleich! Ich habe doch gleich gesagt, daß es mein Klavier ist!»

«Er bleibt dabei», sagte Colline zu Rodolphe.

«Er bleibt dabei», wiederholte Rodolphe zu Marcel.

«Und das da», fügte Schaunard hinzu und zeigte auf den sternenbesäten Unterrock, der auf einem Stuhl lag, «ist das etwa auch nicht mein Prunkgewand? He?»

Und er blickte Marcel unter die Nase.

«Und das hier», fuhr er fort und nahm die gerichtliche Kündigung von der Wand, die schon früher erwähnt worden ist, und begann zu lesen: «Demgemäß ist Herr Schaunard gehalten, am achten April, vor zwölf Uhr mittags, die Örtlichkeit zu räumen und sie in gutem Stand zur Wiedervermietung zur Verfügung zu stellen. Gegenwärtiger Befehl, dessen Kosten fünf Francs betragen, ist ihm persönlich eingehändigt worden. – Ei! Ei! Also bin ich nicht Herr Schaunard, dem durch den Gerichtsvollzieher gekündigt wird, und zwar mit den Ehren des Stempels, dessen Kosten fünf Francs betragen? Und dann das hier», fuhr er fort, als er seine Pantoffeln an Marcels Füßen erkannte, «sind das etwa nicht meine Babuschen, mir verehrt von teurer Hand? – An Ihnen ist es, werter Herr», sagte er zu Marcel, «Ihre Anwesenheit im Bereich meiner Laren zu erklären!»

«Meine Herren», antwortete Marcel, der sich insbesondere an Colline und Rodolphe wandte, «der Herr», und er zeigte auf Schaunard, «der Herr ist hier zu Hause, das gebe ich zu.»

«Ach!» rief Schaunard. «Gott sei Dank!»

«Aber», fuhr Marcel fort, «ich bin hier auch zu Hause.»

«Wenn jedoch», unterbrach Rodolphe, «unser Freund ...»

«Ja», fuhr Colline fort, «wenn jedoch unser Freund ...»

«Und wenn Sie Ihrerseits sich gleichfalls entsinnen ...», fügte Rodolphe hinzu, «wie kommt es dann ...»

«Ja», echote Colline, «wie kommt es dann ...»

«Wollen Sie bitte Platz nehmen, meine Herren», entgegnete Marcel, «ich werde Ihnen das Geheimnis erklären.»

«Und wenn wir die Erklärung nun ein bißchen an feuchteten?» warf Colline ein.

«Indem wir einen Happen dazu äßen?» fügte Rodolphe hinzu.

Die vier jungen Leute setzten sich an den Tisch und berannten im Sturmangriff ein Stück kalten Kalbsbratens, das der Weinhändler ihnen überlassen hatte.

Marcel setzte nun auseinander, was morgens zwischen ihm und dem Hauswirt sich ereignet hatte, als er einziehen wollte.

«Also», sagte Rodolphe, «hat der Herr ganz recht, wir sind bei ihm.»

«Tun Sie, als wenn Sie bei sich wären», sagte Marcel höflich.

Es bedurfte indessen einer enormen Arbeit, um Schaunard verständlich zu machen, was vorgegangen war. Ein heiterer Zwischenfall komplizierte die Sache noch mehr. Schaunard wollte etwas im Buffet suchen und entdeckte dabei das Kleingeld, das Marcel auf seine Fünfhundert-Francs-Note von Herrn Bernard herausbekommen hatte.

«Ach, ich habe es doch gewußt», rief er, «daß mich der Zufall nicht im Stiche lassen würde! Jetzt fällt es mir ein … ich bin heute morgen fortgegangen, um ihm nachzulaufen. Und nun ist er wegen der Miete gekommen, während ich fort war. Wir haben uns ganz einfach gekreuzt. Wie gut, daß ich den Schlüssel im Schubfach habe steckenlassen!»

«Holder Wahn!» murmelte Rodolphe, als er sah, wie Schaunard die Geldstücke in gleichhohen Säulchen aufbaute.

«Traum, Lüge, das ist das Leben», fügte der Philosoph hinzu.

Marcel lachte.

Eine Stunde später waren alle vier eingeschlafen.

Am nächsten Tage gegen Mittag erwachten sie und waren offensichtlich zunächst sehr erstaunt, sich so versammelt zu finden: Schaunard, Colline und Rodolphe erkannten einander kaum wieder, wie es schien, und redeten sich mit «Herr» an. Marcel mußte sie erst daran erinnern, daß sie am Abend zuvor gemeinsam zu ihm gekommen seien.

In diesem Augenblick trat der alte Durand ins Zimmer.

«Gnädiger Herr», sagte er zu Marcel, «heute ist der neunte April achtzehnhundertsoundsoviel, auf der Straße liegt Schmutz, und S. M. Louis-Philippe ist noch immer König von Frankreich und Navarra. Herrje», fuhr er fort, als er seines früheren Mieters ansichtig wurde, «Herr Schaunard! Wie sind Sie denn hier hereingekommen?»

«Per Telegraph», erwiderte Schaunard.

«Nun sieh mal einer an», erwiderte der Pförtner, «Sie sind noch immer der alte Spaßvogel, Sie ...»

«Durand», sagte Marcel, «ich mag es nicht, wenn sich die Livree in meine Unterhaltung mischt; Sie gehen jetzt ins nächste Restaurant und lassen für vier Personen Frühstück bringen. Hier ist die Karte», fügte er hinzu und gab ihm einen Zettel, auf den er die Speisenfolge geschrieben hatte. «Beeilen Sie sich!»

«Meine Herren», wandte sich Marcel an die drei jungen Leute, «Sie haben mich gestern abend zum Souper eingeladen, gestatten Sie mir, Sie heute morgen zum Frühstück einzuladen, nicht bei mir allerdings, sondern bei Ihnen», setzte er hinzu, indem er Schaunard die Hand bot.

Gegen Ende des Frühstücks bat Rodolphe ums Wort.

«Meine Herren», sagte er, «erlauben Sie mir nunmehr, daß ich Sie verlasse ...»

«O nein», sagte Schaunard gefühlvoll, »wir wollen niemals auseinandergehen.»

«Das stimmt schon, es ist wunderhübsch hier», fügte Colline hinzu.

«Sie auf einen Augenblick verlasse», fuhr Rodolphe fort; «morgen erscheint die ‹Schärpe der Iris›, ein Modejournal, dessen Chefredakteur ich bin; ich muß meine Bürstenabzüge durchsehen; in einer Stunde bin ich wieder da.»

«Den Teufel auch!» sagte Colline. «Dabei fällt mir ein,

daß ich einem indischen Prinzen eine Stunde geben muß, der nach Paris gekommen ist, um Arabisch zu lernen.»

«Gehen Sie morgen hin», sagte Marcel.

«O nein!» erwiderte der Philosoph. «Der Prinz muß mich heute bezahlen. Und dann will ich euch nur sagen, daß dieser ganze schöne Tag mir verdorben wäre, wenn ich nicht eine kleine Runde auf dem Büchermarkt machte.»

«Aber du kommst doch wieder?» fragte Schaunard.

«Mit der Geschwindigkeit eines von sicherer Hand abgeschossenen Pfeiles», erwiderte der Philosoph, der exzentrische Bilder liebte.

Und er ging mit Rodolphe hinaus.

«Wahrhaftig», sagte Schaunard, als er mit Marcel allein war, «wie wäre es, wenn ich, statt mich auf dem Kissen des dolce far niente zu verzärteln, ein wenig Geld aufzuspüren versuchte, um Herrn Bernards Habgier zu stillen?»

«Aber», sagte Marcel voller Unruhe, «wollen Sie denn noch immer ausziehen?»

«Zum Teufel», erwiderte Schaunard, «ich muß wohl oder übel, weil ich vom Gerichtsvollzieher hinausgeworfen worden bin, was fünf Francs kostete.»

«Aber», fuhr Marcel fort, «wenn Sie nun ausziehen, werden Sie dann Ihre Möbel mitnehmen?»

«Die Absicht habe ich allerdings; kein Haar werde ich hier lassen, wie Herr Bernard sagt.»

«Zum Teufel! Das kommt mir aber ungelegen», rief Marcel, «ich habe ja Ihr Zimmer möbliert gemietet.»

«Schau, schau! Das ist wahr, freilich!» entgegnete Schaunard. «Ach was», fügte er melancholisch hinzu, «woher weiß ich denn, daß ich die fünfundsiebzig Francs heute oder morgen oder später auftreiben werde?»

«Warten Sie mal!» rief Marcel. «Mir fällt etwas ein.»

«Heraus damit!» sagte Schaunard.

«Die Sache ist die: Von Rechts wegen gehört diese

Wohnung mir, da ich auf einen Monat im voraus bezahlt habe.»

«Die Wohnung, ja; aber die Möbel nehme ich, wenn ich bezahle, von Rechts wegen mit; und wenn möglich nähme ich sie sogar von Unrechts wegen mit», sagte Schaunard.

«Auf diese Weise also», fuhr Marcel fort, «haben Sie Möbel und keine Wohnung, und ich habe eine Wohnung und keine Möbel.»

«Sehr richtig», sagte Schaunard.

«Mir gefällt die Wohnung hier», fuhr Marcel fort.

«Und mir», fügte Schaunard hinzu, «und mir gefiel sie nimmer mehr.»

«Wie meinen Sie?»

«Nimmer ... mehr. Oh, unsere Sprache kenne ich.»

«Nun, das können wir ins reine bringen», erwiderte Marcel. «Bleiben Sie bei mir, ich liefere die Wohnung, Sie liefern die Möbel.»

«Und die Miete?» fragte Schaunard.

«Heute habe ich Geld, also zahle ich; das nächste Mal kommen Sie dran. Überlegen Sie sich's!»

«Ich überlege nie, und vor allem dann nicht, wenn mir ein Vorschlag gemacht wird, der mir gefällt; ich nehme ihn unverzüglich an – schließlich sind ja Malerei und Musik Schwestern.»

«Schwägerinnen», sagte Marcel.

In diesem Augenblick traten Rodolphe und Colline wieder ein, die sich unterwegs getroffen hatten.

Marcel und Schaunard teilten ihnen ihren Vertrag mit.

«Meine Herren», rief Rodolphe und ließ seine Tasche erklingen, «ich lade alle Anwesenden zum Mittagessen ein.»

«Mir eben diese Ehre zu gewähren, wollte ich gerade bitten», sagte Colline, zog ein Goldstück aus der Tasche und klemmte es ins Auge. «Mein Prinz hat mir ein Goldstück anvertraut, damit ich eine hindostanisch-arabische Grammatik kaufe, und ich habe sie eben für ganze sechs Sous erstanden.»

«Und ich», sagte Rodolphe, «ich habe mir vom Kassierer der ‹Schärpe der Iris› dreißig Francs Vorschuß geben lassen unter dem Vorwand, ich müsse mich impfen lassen.»

«Ist denn heute allgemeiner Zahltag?» fragte Schaunard. «Ich bin der einzige, der noch kein Handgeld hat, und das ist demütigend.»

«Mittlerweile», sprach Rodolphe weiter, «bestehe ich nach wie vor auf meiner Einladung zum Mittagessen.»

«Und ich auf meiner», sagte Colline.

«Nun», sagte Rodolphe, «dann wollen wir losen und sehen, wer bezahlt.»

«Nein», rief Schaunard, «ich weiß ein besseres, ein unendlich viel besseres Mittel, um euch aus der Verlegenheit zu helfen.»

«Also schieß los!»

«Rodolphe zahlt das Mittagessen, und Colline lädt uns zum Abendbrot ein.»

«Ein wahrhaft salomonisches Urteil!» rief der Philosoph.

«Schlimmer als bei Camachos Hochzeit», fügte Marcel hinzu.

Das Mittagessen fand in einem provenzalischen Restaurant der Rue Dauphine statt, das wegen seiner literarisch gebildeten Kellner berühmt ist. Da für das Abendbrot Platz gelassen werden mußte, aßen und tranken sie mäßig. Die am Vorabend zwischen Colline und Schaunard angeknüpfte Bekanntschaft, die sich später auch auf Marcel ausgedehnt hatte, wurde intimer; jeder der vier jungen Leute hißte das Banner seiner künstlerischen Überzeugung; alle vier erkannten, daß sie des gleichen Mutes und der gleichen Hoffnung teilhaftig waren. Beim Plaudern und Diskutieren stellten sie fest, daß sie gemeinsame Sympathien hegten, daß sie alle gleich gewandt waren in der komischen Fechtkunst, die heiter macht, ohne zu verwunden, und daß all die schönen Vorzüge der Jugend kein leeres Plätzchen in ihren Herzen gelassen hatten, die durch den Anblick oder den Bericht von etwas Schönem leicht höher schlugen. Alle vier waren vom selben Punkt ausgegangen und strebten dem gleichen Ziel zu, und so dachten sie denn, in ihrer Vereinigung zeige sich Bedeutungsvolleres als das banale Quiproquo des Zufalls, und es sei möglich, daß die Vorsehung selber, die natürliche Beschützerin der Verlassenen, ihre Hände ineinandergelegt und ihnen ganz leise den Spruch aus dem Evangelium ins Ohr geflüstert habe, welcher der Menschheit oberstes Gesetz sein sollte: «Helfet und liebet einander!»

Am Schluß der Mahlzeit, die mit einer gewissen Feierlichkeit zu Ende ging, erhob sich Rodolphe, um einen Toast auf die Zukunft auszubringen, und Colline antwortete ihm mit einer kleinen Rede, die keinem Schmöker entnommen war, in keiner Weise durch stilistische Schönheiten glänzte, sondern ganz einfach den gutherzigen Dialekt der Naivität sprach, der so klar verständlich macht, was er so schlecht ausdrückt.

«Der Philosoph ist doch ein gemeiner Kerl!» murmelte Schaunard, der die Nase ins Glas gesteckt hatte. «Da zwingt er mich, Wasser in meinen Wein zu tun!»

Nach dem Essen gingen sie zum Kaffeetrinken zum «Momus», wo sie auch schon den vergangenen Abend verbracht hatten. Von diesem Tage an wurde das Café für die andern Stammgäste unbetretbar.

Nach dem Kaffee und den Likören kehrte der Bohemebund, der somit endgültig gegründet war, in Marcels Wohnung zurück, die nunmehr den Namen «Schaunards Elysium» erhielt. Während Colline fortging und das versprochene Abendbrot bestellte, verschafften die andern sich Frösche, Raketen und sonstige Feuerwerkskörper; und bevor sie sich zu Tisch setzten, wurde aus den Fenstern heraus ein prachtvolles Feuerwerk abgebrannt, welches das ganze Haus auf den Kopf stellte und währenddem die vier Freunde aus vollem Halse sangen:

> Feiern wollen wir,
> feiern wollen wir,
> feiern diesen wunderschönen Tag!

Am folgenden Morgen fanden sie sich wiederum beieinander, aber diesmal, ohne sich darüber zu wundern. Ehe jeder einzelne seiner Beschäftigung nachging, nahmen sie gemeinsam ein frugales Frühstück im Café «Momus» ein, wo sie sich für den Abend verabredeten und wo man sie in der Folgezeit beharrlich jeden Tag antreffen konnte.

Dieses also sind die Hauptgestalten, die in den kleinen Geschichten immer wieder auftreten werden, aus denen dieser Band besteht; er ist nämlich kein Roman; er erhebt keinen Anspruch darauf, etwas anderes zu sein, als was auf seinem Titel zu lesen ist. Die Szenen aus der Boheme sind in der Tat nichts als Sittenstudien, deren Helden einer bisher falsch beurteilten Klasse angehören. Ihr einziger Fehler ist ihr Mangel an Ordnungsliebe, und auch in diesem Punkte können sie noch als Entschuldigung anführen, daß selbst die Unordnung zu den Notwendigkeiten gehört, die ihnen das Leben auferlegt.

II

Ein Gesandter der Vorsehung

Schaunard und Marcel, die sich schon früh am Morgen tapfer ans Werk gemacht hatten, stellten ihre Tätigkeit plötzlich ein.

«Donnerwetter noch mal, habe ich einen Hunger!» sagte Schaunard; und nachlässig fügte er hinzu: «Wird eigentlich heute gar nicht gefrühstückt?»

Marcel schien ob dieser Frage sehr erstaunt zu sein, sie kam ihm ungelegener denn je.

«Seit wann wird zwei Tage hintereinander gefrühstückt?» fragte er. «Gestern war Donnerstag.»

Und zur Vervollständigung seiner Antwort wies er mit seinem Malstock auf das Kirchengebot:

Am Freitag sollst kein Fleisch du essen,
und auch was ähnlich ist vergessen.

Schaunard fand keine Entgegnung und machte sich wieder an sein Gemälde, das eine Ebene darstellte, auf der ein roter und ein blauer Baum sich kräftig die Zweige drückten. Es war dies eine durchsichtige Anspielung auf die Wonnen der Freundschaft, die zweifellos außerordentlich philosophisch war.

In diesem Augenblick klopfte der Portier an die Tür. Er brachte einen Brief für Marcel.

«Macht drei Sous», sagte er.

«Wissen Sie das auch ganz genau?» erwiderte der Künstler. «Gut, dann bleiben Sie uns nur das Geld schuldig!»

Und er warf ihm die Tür vor der Nase zu.

Marcel hatte den Brief hingenommen und das Siegel aufgebrochen. Gleich nach den ersten Worten fing er an,

im Atelier Akrobatensprünge auszuführen und folgende berühmte Romanze zu singen, die bei ihm den Gipfelpunkt des Entzückens andeutete:

«Es waren einmal vier junge Leut,
die waren so krank – nanu?!
Da schaffte man sie ins Krankenhaus.
U! U! U!»

«Na, denn man zu», sagte Schaunard und fuhr fort:

«Sie wurden in 'n großes Bett gepackt,
zwei unten und oben zwei.»

«Das kennen wir schon!»

Marcel fing wieder an:

«Und dann kam 'ne Krankenschwester dazu.
Ei! Ei! Ei!»

«Wenn du jetzt nicht still bist», sagte Schaunard, der schon die Symptome einer Gehirnerweichung spürte, «dann spiele ich dir das Allegro aus meiner Symphonie über ‹die Wirkung des Blauen in den Künsten› vor.»

Und schon trat er an sein Klavier.

Die Drohung wirkte wie ein Tropfen kalten Wassers, der in eine kochende Flüssigkeit fällt.

Marcel beruhigte sich, wie von einem Zauberstab berührt.

«Hier!» sagte er und hielt seinem Freunde den Brief hin. «Lies!»

Es war eine Einladung zum Essen; sie kam von einem Abgeordneten, einem aufgeklärten Beschützer der Künste und insbesondere Marcels, denn dieser hatte ihm sein Landhaus gemalt.

«Sie ist für heute», sagte Schaunard; «aber unglücklicherweise gilt sie nicht für zwei. Aber, da fällt mir ein, dein Abgeordneter ist ja dem Minsterium ergeben, du kannst, du darfst nicht annehmen: Deine Prinzipien verbieten dir, Brot zu essen, das Frucht vom Schweiße des Volkes ist.»

«Bah», sagte Marcel, «mein Abgeordneter ist linkes Zentrum; neulich hat er gegen die Regierung gestimmt. Übrigens muß er mir einen Auftrag verschaffen, und er hat mir versprochen, mir gesellschaftlich weiterzuhelfen; und dann, siehst du, mag es Freitag sein, soviel es will, ich fühle eine geradezu ugolinosche Gier in mir, und ich will heute essen, also!»

«Es sind da noch ein paar andere Hindernisse», erwiderte Schaunard, der auf das Glück seines Freundes eifersüchtig war, ob er wollte oder nicht. «Du kannst doch nicht in roter Bluse und Lastträgermütze zu einem Diner in die Stadt gehn.»

«Ich werde mir von Rodolphe und Colline einen Anzug leihen.»

«O törichter Jüngling! Vergißt du, daß der zwanzigste schon vorüber ist und daß um diese Zeit die Anzüge besagter Herren Hebräisch lernen?»

«Ich werde doch bis fünf Uhr zumindest einen schwarzen Rock aufgabeln», sagte Marcel.

«Ich habe drei Wochen dazu gebraucht, als ich zur Hochzeit meines Vetters gehen wollte; und das war Anfang Januar!»

«Nun, dann geh' ich eben, wie ich bin», erwiderte Marcel und lief mit großen Schritten auf und ab. «Mich soll doch nicht eine elende Etikettenfrage von meinem ersten Schritt in die Gesellschaft zurückhalten!»

«Übrigens», unterbrach ihn Schaunard, dem es viel Spaß machte, seinen Freund zu quälen, «und wie steht es denn mit den Stiefeln?»

Marcel stürzte in einem Zustand der Aufregung davon, der sich unmöglich beschreiben läßt. Nach zwei Stunden kam er zurück, unter der Last eines Kragens keuchend.

«Das ist alles, was ich habe auftreiben können», sagte er kläglich.

«Deswegen hättest du doch nicht so zu laufen brauchen», antwortete Schaunard; «wir haben doch hier Papier genug, um ein Dutzend Kragen zu schneiden.»

«Aber», sagte Marcel, indem er sich die Haare raufte, «wir müssen doch noch Sachen haben, zum Teufel!»

Und er begann in allen Winkeln der beiden Zimmer eine Haussuchung abzuhalten. Nach einer Stunde eifrigen Suchens hatte er ein folgendermaßen zusammengesetztes Kostüm zustande gebracht:

eine schottische Hose,
einen grauen Hut,
eine rote Krawatte,
einen ehemals weißen Handschuh,
einen schwarzen Handschuh.

«Das ergibt für den Notfall zwei schwarze Handschuhe», sagte Schaunard. «Aber wenn du angezogen bist, wirst du aussehn wie das Sonnenspektrum. Jedoch, wozu ist man denn eigentlich Kolorist?»

Währenddessen probierte Marcel die Stiefel an.

O grausames Geschick! Sie waren beide vom selben Fuß! Da wurde der verzweifelte Künstler eines alten Stiefels ansichtig, der in einer Ecke stand und in den er die leeren Tuben zu werfen pflegte. Er bemächtigte sich seiner.

«Vom Regen in die Traufe», sagte sein ironischer Gefährte, «der eine ist spitz, der andere ist breit.»

«Das sieht man nicht, ich lackiere sie.»

«Herrlicher Gedanke! Also fehlt dir nur noch der obligate schwarze Rock.»

«Oh», sagte Marcel und biß sich auf die Finger, «zehn Jahre meines Lebens und meine rechte Hand gäbe ich darum, wenn ich einen hätte, siehst du.»

Da hörten sie, wie es abermals an die Tür klopfte. Marcel öffnete.

«Herr Schaunard?» fragte ein Fremder, der auf der Schwelle stehenblieb.

«Bitte sehr», antwortete der Maler, indem er den Fremden zum Nähertreten aufforderte.

«Herr Schaunard», sagte der Unbekannte, eines jener treuherzigen Gesichter, die den Provinzler charakterisieren, «mein Vetter hat mir viel von Ihrer Begabung für das Porträt erzählt; und da ich unmittelbar vor einer Reise in die Kolonien stehe, wohin mich die Zuckerfabrikanten der Stadt Nantes senden, möchte ich meiner Familie ein Andenken dalassen. Und deshalb bin ich gekommen.»

«O heilige Vorsehung! ...» murmelte Schaunard. «Marcel, gib einen Stuhl her für Herrn ...»

«Blancheron», ergänzte der Fremde; «Blancheron aus Nantes, Delegierter der Zuckerindustrie, ehemaliger Bürgermeister von V..., Hauptmann der Nationalgarde und Verfasser einer Broschüre über die Zuckerfrage.»

«Ehrt mich außerordentlich, daß Sie gerade zu mir gekommen sind», sagte der Künstler, indem er sich vor dem Delegierten der Zuckerfabrikanten verneigte. «Welcher Art soll Ihr Porträt sein?»

»In Miniatur, so wie das da», erwiderte Herr Blancheron und zeigte auf ein Ölporträt; denn für den Delegierten war wie für viele andere alles außer dem Hausanstreichen Miniaturmalerei; dazwischen lag nichts.

Diese Naivität gab Schaunard sogleich den Maßstab für die Beurteilung des Biedermanns, mit dem er es zu tun hatte; besonders, als dieser noch hinzufügte, sein Porträt solle mit feinen Farben gemalt werden.

«Andere verwende ich überhaupt nicht», sagte Schaunard. «Wie groß wünscht der Herr sein Porträt?»

«So groß wie das da», erwiderte Herr Blancheron und wies auf eine Leinwand. «Aber wie teuer wird das werden?»

«Fünzig bis sechzig Francs; fünfzig ohne die Hände, sechzig mit.»

«Teufel noch mal! Mein Vetter sprach mir von dreißig Francs.»

«Das kommt auf die Jahreszeit an», sagte der Maler; «in gewissen Monaten sind die Farben viel teurer.»

«Ach, das ist ja ganz wie beim Zucker.»

«Ganz genauso.»

«Also sagen wir fünfzig Francs«, fuhr Herr Blancheron fort.

«Das rate ich Ihnen nicht; für zehn Francs mehr hätten Sie auch die Hände, und dahinein gebe ich Ihnen Ihre Broschüre über die Zuckerfrage, das wäre doch ein feiner Effekt!»

«Ja, aber natürlich, da haben Sie recht!»

«Um des Himmels willen», sagte Schaunard zu sich selbst, «wenn das so weitergeht, platze ich noch heraus und stoße ihn damit vor den Kopf.»

«Hast du gesehen?» flüsterte ihm Marcel ins Ohr.

«Was denn?»

«Er hat einen schwarzen Rock.»

«Ich verstehe und werde es schon machen. Laß mich nur!»

«Nun, Herr Schaunard», sagte der Delegierte, «wann wollen wir denn anfangen? Allzu lange dürfte es nicht dauern, ich reise demnächst ab.»

«Ich muß selber auch eine kleine Reise machen; übermorgen gehe ich von Paris fort. Wenn Sie also wollen, fangen wir sofort an. Eine tüchtige Sitzung fördert die Arbeit.»

«Aber es wird bald dunkel, und bei Licht können Sie doch nicht malen«, wandte Herr Blancheron ein.

«Mein Atelier ist so eingerichtet, daß ich zu jeder Tageszeit malen kann», erwiderte der Maler. «Wenn Sie also Ihren Rock ausziehen und die Stellung einnehmen wollen, dann können wir gleich anfangen.»

«Meinen Rock ausziehen? Wozu denn?»

«Haben Sie mir nicht gesagt, das Bild sei für Ihre Familie bestimmt?»

«Ja, allerdings.»

«Nun, dann müssen Sie in Ihrem Hauskostüm dargestellt werden, im Schlafrock. Das ist übrigens so üblich.»

«Aber ich habe doch keinen Schlafrock bei mir.»

«Aber ich habe einen. Dergleichen Fälle sind vorgesehen», sagte Schaunard und bot seinem Modell einen Lappen an, der ganz mit Farbenklecksen übersät war, so daß der biedere Provinzler zunächst zögerte.

«Das ist ein recht merkwürdiges Kleidungsstück», sagte er.

«Und ein kostbares», entgegnete der Maler. «Ein türkischer Wesir hat es Horace Vernet zum Geschenk gemacht, und von dem habe ich es. Ich bin nämlich sein Schüler.»

«Sie sind ein Schüler von Vernet?» fragte Blancheron.

«Ja, und ich bin stolz darauf ... O Schrecken», murmelte er in sich hinein, «ich verleugne meine Götter.»

«Da haben Sie auch allen Grund, junger Mann», erwiderte der Delegierte und zog den Schlafrock an, der so edlen Ursprungs war.

«Hänge den Rock des Herrn an den Garderobenhalter», sagte Schaunard mit bedeutungsvollem Augenzwinkern zu seinem Freunde.

«Hör mal», flüsterte Marcel, ergriff seine Beute und deutete auf Blancheron, «der kann so bleiben! Wenn du von dem ein Stückchen dabehalten könntest?»

«Ich will's versuchen! Aber darauf kommt es jetzt nicht an; zieh dich schnell um, und dann mach, daß du fortkommst! Sei um zehn wieder da, so lange halte ich ihn fest. Vor allem steck dir was für mich in die Tasche.»

«Ich bringe dir eine Ananas mit», sagte Marcel und brachte sich in Sicherheit.

Er zog sich in aller Hast an, und der Rock saß ihm wie angegossen. Dann schlüpfte er durch die Nebentür des Ateliers hinaus.

Schaunard hatte sich an die Arbeit gemacht. Als es fast ganz dunkel war, hörte Herr Blancheron es sechs Uhr schlagen, und da fiel ihm ein, daß er noch nicht gegessen habe. Er sagte es dem Maler.

«Mir geht es ganz genauso; aber um Ihretwillen will ich heute auf mein Diner verzichten! Ich war allerdings in einem Hause der Vorstadt Saint-Germain eingeladen;

aber wir können die Arbeit jetzt nicht unterbrechen, darunter würde die Ähnlichkeit leiden.»

Er machte sich von neuem ans Werk.

«Im Notfall», sagte er plötzlich, «könnten wir übrigens auch essen, ohne uns zu unterbrechen. Unten ist ein ausgezeichnetes Restaurant, aus dem wir uns heraufbringen lassen können, was wir wollen.»

Und Schaunard wartete auf die Wirkung seine Trios von Pluralen.

«Ich bin ganz Ihrer Ansicht», sagte Herr Blancheron, «und ich hoffe, daß Sie bei dieser Gelegenheit mein Gast sein werden.»

Schaunard verneigte sich.

«Wahrhaftig», sagte er zu sich selber, «er ist ein guter Kerl, wirklich ein Gesandter der Vorsehung. Wollen Sie die Speisenfolge zusammenstellen?« fragte er seinen Amphitryon.

«Ich wäre Ihnen dankbar, wenn Sie mir das abnehmen würden», gab dieser höflich zur Antwort.

«Das sollst du bereuen!» trällerte der Maler, als er in großen Sätzen die Treppe hinabsprang. Er eilte zu dem Wirt, setzte sich an einen Tisch und stellte eine Speisenfolge zusammen, bei deren Lektüre der Kochkünstler erblaßte.

«Gewöhnlichen Bordeaux dazu.»

«Und wer bezahlt?»

«Ich natürlich nicht», sagte Schaunard, «aber mein Onkel, der oben sitzt, ein Feinschmecker! Also geben Sie sich Mühe; in einer halben Stunde muß es serviert werden! Und vor allem auf Porzellan!»

Um acht Uhr spürte Herr Blancheron das Bedürfnis, seine Gedanken über die Zuckerindustrie in den Busen eines Freundes zu gießen, und er sagte Schaunard die Broschüre her, die er geschrieben hatte.

Der begleitete ihn dazu auf dem Klavier.

Um zehn Uhr tanzten Herr Blancheron und sein Freund Galopp miteinander, sie duzten sich bereits. Um elf Uhr schwuren sie, sich niemals zu verlassen, und beide setzten ein Testament auf, in dem sie sich gegenseitig ihr Vermögen vermachten. Um Mitternacht, als Marcel nach Hause kam, hielten sie sich mit den Armen umschlungen; sie schwammen in Tränen. Im Atelier stand das Wasser schon einen halben Zoll hoch. Marcel stolperte gegen den Tisch und sah die prachtvollen Reste des pompösen Festmahls. Er untersuchte die Flaschen, aber sie waren völlig leer.

Er wollte Schaunard wecken, aber der sagte, er würde ihn morden, wenn er ihm Herrn Blancheron raube, den er als Kopfkissen benutzte.

«Der Undankbare!» sagte Marcel und zog eine Handvoll Haselnüsse aus der Rocktasche. «Und das zu mir, der ich ihm noch zu essen mitgebracht habe!»

III

Fastenliebe

Eines Abends während der Fastenzeit ging Rodolphe in der Absicht zu arbeiten, früh nach Hause. Doch kaum hatte er sich an den Tisch gesetzt und die Feder ins Tintenfaß getaucht, als ein sonderbares Geräusch ihn ablenkte; und als er nun das Ohr an die indiskrete Holzwand legte, die ihn von dem Nachbarzimmer trennte, hörte und verstand er ganz deutlich einen Dialog, der mit Küssen und andern Liebesonomatopöien abwechselte.

‹Teufel noch mal!›, dachte Rodolphe und blickte auf seine Uhr, ‹es ist noch nicht allzu spät ... und meine Nachbarin ist eine Julia, die ihren Romeo für gewöhnlich bis spät nach dem Sang der Lerche dabehält. Unter diesen Umständen werde ich heute nacht kaum arbeiten können.› Und er nahm seinen Hut und ging fort.

Als er den Schlüssel in der Loge abgeben wollte, sah er die Frau des Portiers halb von den Armen eines Galans umstrickt. Die arme Frau war so verstört, daß sie mehr als fünf Minuten lang außerstande war, die Schnur zu ziehen.

‹Wahrhaftig›, dachte Rodolphe, ‹es gibt im Menschenleben Augenblicke, da Pförtnerinnen wieder Weiber werden.›

Als er die Tür öffnete, sah er im Winkel einen Feuerwehrmann und eine beurlaubte Köchin, die sich bei der Hand hielten und das Aufgeld der Liebe tauschten. «Mord und Brand», sagte Rodolphe mit einer Anspielung auf den Tapfern und seine robuste Gefährtin, «diese Ketzer denken absolut nicht daran, daß wir in der Fastenzeit stehen.»

Und er trat auf die Straße, um einen seiner Freunde aufzusuchen, der in der Nachbarschaft wohnte.

«Wenn Marcel zu Hause ist», sagte er sich, «dann wollen wir uns den Abend damit vertreiben, daß wir über Colline herziehen. Man muß sich doch mit irgend etwas beschäftigen ...«

Als er donnernd klopfte, tat sich die Tür ein wenig auf, und im Spalt erschien ein nur mit Kneifer und Hemd bekleideter junger Mann.

«Ich kann dich nicht hereinlassen», sagte er zu Rodolphe.

«Warum denn nicht?» fragte dieser.

«Schau», antwortete Marcel und zeigte auf einen weiblichen Kopf, der gerade hinter einem Vorhang auftauchte, «nimm das als Antwort.»

«Schön ist sie nicht», versetzte Rodolphe, als ihm die Tür vor der Nase zuschlug. «Na ja», sagte er, als er wieder auf der Straße war, «was fange ich nun an? Ob ich zu Colline gehe? Wir könnten uns die Zeit damit vertreiben, daß wir über Marcel herziehen.»

Als er die Rue de l'Ouest entlangging, die für gewöhnlich dunkel und wenig belebt ist, gewahrte Rodolphe einen Schatten, der melancholisch auf und ab schritt und zwischen den Zähnen Reime kaute.

«Ei, ei!» sagte Rodolphe. «Wer ist denn dieses wandelnde Sonett?»

«Sieh da! Rodolphe! Wohin des Weges?»

«Zu dir.»

«Mich wirst du kaum zu Hause finden.»

«Was treibst du denn hier?»

«Ich warte.»

«Und worauf?»

«Ach», sagte Colline mit spöttischem Pathos, «worauf kann man wohl warten, wenn man zwanzig Jahre alt ist, wenn Sterne am Himmel funkeln und Lieder durch die Lüfte wehen?»

«Sprich in Prosa!»

«Ich warte auf eine Dame.»

«Guten Abend», sagte Rodolphe und setzte seinen Weg monologisierend fort. «Oha», sagte er, «ist denn heute Sankt-Kupidos-Tag, so daß man keinen Schritt tun kann, ohne auf ein Liebespaar zu stoßen? Das ist unmoralisch und erregt öffentliches Ärgernis. Wo bleibt die Polizei?»

Da der Luxembourg-Garten noch offen war, ging Rodolphe hinein, um seinen Weg abzukürzen. Inmitten der einsamen Allee sah er mehrmals, als scheuche das Geräusch seiner Schritte sie auf, geheimnisvoll verschlungene Paare vor sich fliehen, die, wie ein Dichter sagt, «des Schweigens und des Schattens zwiefache Wollust» suchten.

«Diesen Abend», sagte Rodolphe, «hat irgendwer aus einem Roman abgeschrieben.» Dennoch setzte er sich, wider Willen von einem sehnsüchtigen Zauber umsponnen, auf eine Bank und blickte schmachtend zum Mond auf.

Nach einiger Zeit geriet er ganz unter den Zwang eines visionären Fiebers. Ihm schien, als ob die Marmorgötter ihre Piedestale verließen, um ihren Nachbarinnen, den Göttinnen und Heroinen, den Hof zu machen; ja, er hörte deutlich, wie der große Herkules der Velleda ein Madrigal aufsagte, deren Tunika ihm plötzlich auffallend kurz erschien.

Von der Bank, auf der er saß, sah er, wie selbst der Schwan des Wasserbeckens auf eine Nymphe am Ufer zuschwamm.

‹Gar nicht so übel!› dachte Rodolphe, der diese ganze Mythologie für wirklich nahm. ‹Da geht Jupiter zum Stelldichein mit Leda. Wenn nur der Parkwächter sie nicht überrascht!›

Dann legte er den Kopf in die Hände und bohrte sich den Hagedorn der Empfindsamkeit noch tiefer in die wunde Brust. Aber in diesem schönen Augenblick der Träumerei weckte ihn plötzlich ein Wächter, der zu ihm trat und ihm auf die Schulter klopfte.

«Es wird geschlossen, Herr», sagte er.

‹Ein Glück!› dachte Rodolphe. ‹Wäre ich noch fünf Minuten länger hier geblieben, so würde ich mehr Vergißmeinnicht im Herzen haben, als an den Ufern des Rheins oder in den Romanen Alphonse Karrs erblühen.›

Und er brach abermals auf und verließ den Luxembourg-Garten in aller Eile, wobei er mit leiser Stimme eine sentimentale Romanze summte, die für ihn die Marseillaise der Liebe war.

Eine halbe Stunde darauf war er, Gott weiß wie, im «Prado» angelangt, er saß vor einem Glas Punsch und plauderte mit einem langaufgeschossenen Burschen, der seiner Nase wegen berühmt war; denn diese war infolge eines merkwürdigen Privilegs im Profil eine Adlernase und von vorn gesehen eine Stumpfnase; er war ein Nasenkönig, dem es nicht an Geist mangelte und der genügend galante Abenteuer hinter sich hatte, um einem Freund in seiner Not einen guten Rat erteilen und nützlich sein zu können.

«Also», sagte Alexandre Schaunard, der Besitzer der Nase, «Sie sind verliebt!»

«Ja, mein Lieber ... die Krankheit hat mich jetzt eben ganz plötzlich überfallen; wie ein großer Zahnschmerz im Herzen ist sie.»

«Geben Sie mir doch bitte ein bißchen Tabak!» sagte Alexandre.

«Denken Sie sich», fuhr Rodolphe fort, «seit zwei Stunden begegne ich nur noch Liebespaaren, Männern und Frauen selig vereint. Mir kam der Gedanke, in den Luxembourg-Garten zu gehen, und dort habe ich denn alle möglichen Phantasmagorien gesehn, die mir merkwürdig ans Herz gegriffen haben; Elegien sprießen daraus hervor, ich blöke und gurre; ich mache eine Metamorphose durch, halb zum Lamm und halb zur Taube. Schaun Sie doch mal nach, ich muß schon Wolle und Federn tragen!»

«Was haben Sie eigentlich getrunken?» fragte Alexandre ungeduldig. «Sie lassen mich warten, als stände ich Modell.»

«Ich versichere Ihnen, ich bin kühl bis ans Herz hinan», sagte Rodolphe. «Oder vielleicht doch nicht.

Aber ich will es Ihnen nur sagen: Ich muß unbedingt irgend etwas umarmen. Sehen Sie, Alexandre, es ist nicht gut, wenn der Mensch allein ist: Kurz und gut, Sie müssen mir zu einem Mädchen verhelfen ... Wir wollen auf irgendeinen Ball gehen, und der ersten besten, die ich Ihnen zeige, der müssen Sie sagen, daß ich sie liebe.»

«Weshalb gehen Sie nicht selber hin und sagen es ihr?» erwiderte Alexandre mit seinem prachtvollen Nasalbaß.

«Ach, mein Lieber», sagte Rodolphe, «ich habe ganz bestimmt vollkommen vergessen, wie man es anfängt, dergleichen zu sagen. Zu all meinen Liebesromanen haben meine Freunde die Einleitung geschrieben und manche sogar das Schlußwort. Ich habe niemals anfangen können.»

«Es genügt, wenn man Schluß machen will», sagte Alexandre; «aber ich kann mich in Ihre Lage versetzen. Ich habe ein junges Mädchen kennengelernt, das die Oboe liebt; vielleicht gefallen Sie ihr.»

«Ach», versetzte Rodolphe, «hoffentlich hat sie weiße Handschuhe und blaue Augen.»

«Auch das noch! Blaue Augen, davon will ich nichts sagen ... aber die Handschuhe ... Alles auf einmal kann man doch nicht haben ... Aber kommen Sie nur mit in das aristokratische Viertel!»

«Sehen Sie», sagte Rodolphe, als sie den Salon betraten, in dem die eleganteren Damen sich aufhielten, «da sehe ich eine, die ganz niedlich aussieht ...», und er deutete auf ein ziemlich elegant gekleidetes junges Mädchen, das in einer Ecke stand.

«Gut», antwortete Alexandre, «halten Sie sich im Hintergrund; ich werde ihr an Ihrer Statt den Funken der Leidenschaft zuwerfen. Wenn Sie anschwirren können ... werde ich Sie rufen!»

Zehn Minuten lang unterhielt sich Alexandre mit dem jungen Mädchen, von Zeit zu Zeit lachte sie lustig, und schließlich warf sie Rodolphe ein Lächeln zu, das deutlich genug verkündete: ‹Kommen Sie nur, Ihr Anwalt hat den Prozeß gewonnen!›

«Jetzt los», sagte Alexandre, «der Sieg ist unser; die Kleine ist ganz sicher nicht spröde, aber setzen Sie für den Anfang eine naive Miene auf.»

«Das brauchen Sie mir nicht erst auf die Seele zu binden!»

«Schön, dann geben Sie mir ein bißchen Tabak», sagte Alexandre, «und setzen Sie sich zu ihr.»

«Mein Gott», sagte das junge Mädchen, als Rodolphe neben ihr Platz genommen hatte, «wie komisch Ihr Freund ist! Seine Stimme klingt wie ein Waldhorn.»

«Dafür ist er aber auch Musiker«, antwortete Rodolphe.

Zwei Stunden später standen Rodolphe und seine Gefährtin vor einem Hause der Rue Saint-Denis.

«Hier wohne ich», sagte das junge Mädchen.

«Nun, geliebte Louise, wann und wo sehe ich Sie wieder?»

«Bei Ihnen morgen abend um acht.»

«Ganz bestimmt?»

«Ich verspreche es hiermit», antwortete Louise und hielt Rodolphe die frischen Wangen hin, der in diese schönen, von Jugend und Gesundheit reifen Früchte hineinbiß.

Rodolphe ging berauscht vor Glück nach Hause.

«Ach», sagte er, indem er mit großen Schritten sein Zimmer durchmaß, «so kann ich darüber nicht hinweggehen! Ich muß Verse machen.»

Am folgenden Morgen fand der Portier des Hauses so ungefähr dreißig Bogen Papier im Zimmer, auf denen sich oben majestätisch ein einsamer Alexandreiner spreizte:

O Liebe! Liebe! Du der Jugend Königin!

An ebendiesem Morgen war Rodolphe seiner Gewohnheit entgegen sehr früh erwacht, und obwohl er nur wenig geschlafen hatte, sprang er sogleich aus dem Bett.

«Ach», rief er, «heute also ist der große Tag ... Aber zwölf Stunden des Wartens ... Womit soll ich diese zwölf Ewigkeiten ausfüllen? ...»

Und als sein Blick auf den Schreibtisch fiel, schien seine Feder zu tanzen; sie sah aus, als riefe sie ihm zu: Arbeite!

«Ach ja, arbeite! Der Henker hole die Prosa! ... Hier kann ich nicht bleiben! Hier riecht es nach Tinte!»

Er ging in ein Café, wo er sicher war, keine Freunde zu treffen.

‹Sie würden natürlich merken, daß ich verliebt bin›, dachte er, ‹und mit ihm voraus mein Ideal analysieren.›

Nach einer sehr bescheidenen Mahlzeit lief er zum Bahnhof und stieg in einen Zug.

In einer halben Stunde war er in den Wäldern von Ville-d' Avray.

Rodolphe ging den ganzen Tag lang spazieren und schweifte durch die verjüngte Natur; erst bei Einbruch der Dunkelheit kehrte er nach Paris zurück.

Nachdem Rodolphe den Tempel, der seine Göttin aufnehmen sollte, hatte in Ordnung bringen lassen, machte er der Gelegenheit angemessene Toilette und bedauerte sehr, daß er sich nicht ganz weiß anziehen konnte.

Von sieben bis acht tobte das heftige Fieber der Erwartung in ihm, ein langsames Martyrium, das ihn an seine Jugendtage und an seine früheren Liebesabenteuer erinnerte, die den Zauber jener Zeit ausgemacht hatten. Dann träumte er seiner Gewohnheit gemäß von einer großen Leidenschaft, einer Liebe in zehn Bänden, einem echten lyrischen Gedicht mit Mondschein, Abendröte, Stelldicheins unter Weidenbäumen, von Eifersucht, Seufzern und allem Zubehör. Und so war es jedesmal, wenn der Zufall ein Mädchen an seine Tür führte; und keine hatte ihn jemals verlassen, ohne über der Stirn eine Aureole und um den Hals ein Tränengeschmeide mitzunehmen.

«Ein Hut oder ein Paar Stiefel wären ihnen lieber gewesen», sagten seine Freunde.

Aber Rodolphe blieb hartnäckig, und bislang hatten ihn seine zahlreichen bitteren Erfahrungen nicht zu heilen vermocht. Er harrte noch immer der Frau, die als Idol Modell stehen wollte, eines Engels im Samtgewand, an den er auf Weidenblätter geschriebene Sonette richten konnte, wie es ihm gefiel.

Endlich hörte Rodolphe die «heilige Stunde» schlagen; und als der letzte Ton auf dem metallenen Rund verhallte, war ihm, als sähe er, wie «Amor und Psyche» über seiner Uhr die Alabasterleiber aneinanderpreßten. In diesem Augenblick klopfte es zweimal schüchtern an die Tür.

Rodolphe öffnete; es war Louise.

«Ich halte Wort», sagte sie, «sehen Sie wohl!»

Rodolphe zog die Vorhänge zu und zündete eine neue Kerze an.

Unterdessen hatte die Kleine Hut und Schal abgenommen und beides aufs Bett gelegt. Die blendende Weiße der Laken entlockte ihr ein Lächeln und fast ein Erröten.

Louise war eher graziös als hübsch; ihr frisches Gesicht zeigte eine reizvolle Mischung von Naivität und Mutwillen. Es sah aus wie ein Motiv von Greuze, das von Gavarni überarbeitet worden war. Die ganze lockende Jugend des jungen Mädchens war geschickt unterstrichen durch eine Toilette, die trotz ihrer Einfachheit von jener angeborenen Wissenschaft der Koketterie zeugte, der alle Frauen von den Windeln an bis zum Hochzeitskleid teilhaftig sind. Louise schien außerdem die Theorie der Stellungen gründlich studiert zu haben, und sie nahm vor Rodolphe, der sie mit Künstleraugen musterte, eine Menge verführerischer Posen ein, deren Manieriertheit anmutiger war als das Natürliche: Ihre Füße in den feinen Schuhen waren von befriedigender Kleinheit ... selbst für einen Romantiker, der für andalusische oder chinesische Miniaturen schwärmt. Was ihre Hände betraf, so zeugte deren Zartheit für ihren Müßiggang. In der Tat brauchten sie seit einem halben Jahr keine Nadelstiche mehr zu fürchten. Um alles zu sagen:

Louise war eines jener flüchtigen und leichten Vögelchen, die aus Laune und oft aus Not auf einen Tag oder vielmehr auf eine Nacht ihr Nest in den Dachstuben des Studentenviertels suchen und oft gern einige Tage bleiben, wenn man sie durch eine Caprice oder durch Seidenbänder zu fesseln weiß.

Nachdem Rodolphe eine Stunde lang mit Louise geplaudert hatte, zeigte er ihr die Gruppe «Amor und Psyche» als nachahmenswertes Beispiel.

«Sind das Paul und Virginie?» fragte sie.

«Ja», antwortete Rodolphe, da er sie nicht gleich durch Widerspruch kränken wollte.

«Sind die aber gut nachgemacht», antwortete Louise.

‹Oha›, dachte Rodolphe und sah sie an, ‹von Literatur versteht das arme Kind kaum allzuviel. Sicherlich begnügt sie sich mit der Orthographie des Herzens! Ich werde ihr wohl eine Grammatik kaufen müssen.›

Da Louise indessen klagte, ihre Schuhe drückten, half er ihr zuvorkommend beim Aufschnüren.

Plötzlich erlosch das Licht.

«Nanu», rief Rodolphe, «wer hat denn die Kerze ausgepustet?»

Ein schelmisches Lachen gab ihm Antwort …

Ein paar Tage später traf Rodolphe einen seiner Freunde auf der Straße.

«Was treibst du eigentlich?» fragte ihn dieser. «Man sieht dich ja überhaupt nicht mehr.»

«Ich treibe Hauspoesie», antwortete Rodolphe.

Der Unglückliche sagte die Wahrheit. Er hatte mehr von Louise gewollt, als das arme Kind ihm zu geben vermochte. Sie war Musette, ein Dudelsack also, und verfügte nicht über die Klänge einer Leier. Sie sprach sozusagen das Platt der Liebe, und Rodolphe wollte durchaus Schriftsprache mit ihr treiben. Und daher verstanden sie sich nicht allzu gut.

Acht Tage darauf traf Louise auf ebendem Ball, auf dem Rodolphe sie kennengelernt hatte … einen blonden jungen Mann, der ein paarmal mit ihr tanzte und sie schließlich mit nach Hause nahm.

Er war ein Student im vierten Semester; er sprach die Prosa des Genusses sehr geläufig, hatte hübsche Augen und klingende Taschen.

Louise bat ihn um Papier und Tinte und schrieb an Rodolphe einen Brief, der also lautete:

«Zele mann nich mehr auf mich ich umarme dich zum letztenmahl. Attchö. Louise.»

Als Rodolphe abends nach Hause kam und jenes Zettelchen las, ging ganz plötzlich sein Licht aus.

«Sieh da», sagte Rodolphe sinnend, «das ist die Kerze, die ich an dem Abend angezündet habe, als Louise kam: Sie muß nun mit unserer Liebe sterben. Hätte ich das gewußt, so hätte ich eine längere genommen», fügte er halb trotzig, halb bedauernd hinzu und legte den Brief seiner Geliebten in ein Kommodenfach, das er manchmal seine Liebeskatakombe nannte.

Als Rodolphe eines Tages bei Marcel war, hob er ein Blatt Papier vom Boden auf, um seine Pfeife anzuzünden, und da erkannte er Louises Handschrift und Orthographie.

«Ich», sagte er zu seinem Freund, «ich besitze ein Autogramm von der gleichen Hand; nur stehen zwei Fehler weniger darin als in dem hier. Ist das nicht ein Beweis, daß sie mich mehr als dich geliebt hat?»

«Es ist ein Beweis, daß du ein Esel bist», antwortete Marcel. «Weiße Schultern und weiße Arme brauchen die Grammatik nicht zu kennen!»

IV

Ali-Rodolphe oder der Türke wider Willen

Rodolphe war von einem ungastlichen Hauswirt mit dem Ostrazismus belegt worden und lebte seit einiger Zeit unsteter als die Wolken; er vervollkommnete sich nach Kräften in der Kunst zu Bett zu gehen, ohne zu Abend gegessen zu haben, oder zu Abend zu essen, ohne zu Bett zu gehen; sein Koch war der Zufall, und oft übernachtete er bei Mutter Grün.

Indessen gab es zwei Dinge, die Rodolphe nie verließen, auch nicht inmitten dieser mühseligen Irrfahrten: seine gute Laune und das Manuskript des «Rächers», eines Dramas, das schon in allen Theaterbüros von Paris längeren Aufenthalt genommen hatte.

Eines Tages, als er wegen eines allzu naturalistischen Totentanzes auf die Wache gebracht wurde, sah er sich unerwartet einem Onkel gegenüber, dem Herrn Monetti, einem Ofenfabrikanten und Sergeanten der Nationalgarde, den er seit einer Ewigkeit nicht mehr zu Gesicht bekommen hatte.

Von dem Unglück seines Neffen gerührt, versprach ihm Onkel Monetti, seine Lage zu verbessern, und wir werden gleich sehen, wie er das anfing, wenn der Leser nicht davor zurückschreckt, sechs Stockwerke hoch zu klettern.

Fassen wir also das Treppengeländer und steigen wir hinauf. Uff, hundertfünfundzwanzig Stufen. Endlich sind wir oben. Noch einen Schritt weiter, und wir sind im Zimmer; noch einen, und wir wären nicht mehr darin. Es ist klein, aber dafür um so höher; im übrigen ist gute Luft und schöne Aussicht.

Das Mobiliar besteht aus mehreren Kanonenöfen, zwei Stubenöfen, Sparherden, die namentlich dann sparsam sind, wenn sie nicht geheizt werden, einem Dutzend Rohre aus rotem Ton oder Blech und einer Menge anderer Heizapparate; erwähnen wir ferner noch, um das Inventar zu vervollständigen, eine Hängematte, die an zwei in die Wand geschlagenen Nägeln hing, einen Gartenstuhl mit amputiertem Bein, einen Leuchter mit Einsatz und verschiedene weitere Kunst- und Phantasiegegenstände.

Was nun den zweiten Raum betrifft, den Balkon, so verwandeln ihn während der schönen Jahreszeit zwei in Töpfen wachsende Zwergzypressen in einen Park.

In dem Augenblick unseres Eintritts beendet der Insasse der Wohnung, ein junger Mann, der wie der Türke aus einer komischen Oper gekleidet ist, eine Mahlzeit, mit der er schamlos das Gesetz des Propheten verletzt, was zur Genüge bezeugt wird durch die Anwesenheit von Schinkenresten und einer einstmals vollen Weinflasche. Nach beendeter Mahlzeit streckte der junge Türke sich nach orientalischer Weise auf dem Boden aus und begann nachlässig ein Nargileh mit dem Fabrikstempel I. G. zu rauchen, das also nicht weit her war. Während er sich seiner asiatischen Glückseligkeit hingab, strich er von Zeit zu Zeit mit der Hand über den Rücken eines prachtvollen Neufundländers, der seine Liebkosungen ohne Zweifel erwidert haben würde, wäre er nicht aus Terrakotta gewesen.

Plötzlich wurde im Gang ein Geräusch von Schritten laut, die Tür ging auf, und es erschien eine Persönlichkeit, die, ohne ein Wort zu sagen, stracks auf einen Ofen zuging, der als Sekretär dienen mußte, die Tür der Wärmeröhre öffnete, eine Rolle Papier herauszog und sie eingehend studierte.

«Wie», rief er mit stark piemontesischem Akzent, «du hast das Zugröhrenkapitel noch immer nicht fertig?»

«Erlaube, lieber Onkel», erwiderte der Türke, «das Zugröhrenkapitel ist eines der interessantesten deines Werkes und will mit Sorgfalt studiert sein. Ich studiere es gerade.»

«Elender, du kommst mir immer wieder mit der Ausrede! Und wie weit bist du mit meinem Ofenmantelkapitel?»

«Den Ofenmänteln geht es ganz vorzüglich. Aber da fällt mir ein, Onkel, wenn du mir ein bißchen Holz heraufschicktest, dann wäre mir das gar nicht so unlieb. Hier oben ist ein kleines Sibirien. Mich friert so sehr, daß das Thermometer unter Null fiele, wenn ich es nur ansähe.»

«Was? Du hast dein Holzbündel schon verfeuert?»

«Erlaube mal, Onkel, es gibt Bündel und Bündel, und deines war recht klein!»

«Ich werde dir einen Sparziegel schicken. Der hält die Wärme fest.»

«Deshalb gibt er sie eben nicht wieder her.»

«Nun», sagte der Piemontese im Abgehen, «ich werde dir ein bißchen Holz heraufschicken. Aber ich will morgen mein Ofenmantelkapitel haben.»

«Wenn ich Feuer habe, wird auch die Inspiration nicht ausbleiben», sagte der Türke, als er sorgfältig eingeschlossen worden war.

Wenn wir eine Tragödie schrieben, so wäre jetzt der Augenblick gekommen, um den Vertrauten auftreten zu lassen. Er müßte Nureddin oder Osman heißen, sich mit diskreter Gönnermiene unserem Helden nähern und ihm mit Hilfe folgender Verse geschickt auch seinerseits Verse aus der Nase ziehen:

Welch abgrundtiefer Gram bedrücket Euch, o Herr?
Warum ist Eure Stirn so bleich, Erhabener?
Will Allah nicht wie Ihr? Ist feindlich Euren Plänen?
Hat Ali etwa gar, erratend Euer Wähnen,
gemessenen Befehls nach fernem Strand entführt,
der Wilde, jenes Weib, das Euer Herz gerührt?

Aber wir schreiben ja keine Tragödie, und so nötig wir auch einen Vertrauten hätten, wir müssen ohne ihn auszukommen suchen.

Unser Held ist durchaus nicht, was er scheint; der Turban macht den Türken nicht. Jener junge Mann ist unser Freund Rodolphe, den sein Onkel bei sich aufgenommen hat, für den er gegenwärtig ein Handbuch «Der vollkommene Ofenfabrikant» verfaßt. In der Tat hatte nämlich Herr Monetti, der von seiner Kunst begeistert war, der Vervollkommnung der Ofenfabrikation seine Tage gewidmet. Dieser würdige Piemontese hatte für seinen Hausgebrauch einen Satz aufgestellt, der ungefähr ein Gegenstück zu dem des Cicero bildet; und in schönen Augenblicken der Begeisterung rief er aus: «Nascuntur poë ... liers.» Eines Tages war ihm eingefallen, zum Nutzen kommender Generationen einen theoretischen Kodex der Prinzipien jener Kunst zu verfassen, in deren Praxis er glänzte; und wie wir gesehen haben, hatte er seinen Neffen dazu erlesen, den Kern seiner Ideen in eine verständliche Form zu kleiden. Rodolphe erhielt Kost, Bett, Wohnung und so weiter ... und sollte bei Vollendung des Handbuchs ein Honorar von hundert Talern erhalten.

In den ersten Tagen hatte Monetti seinem Neffen, um ihn zur Arbeit anzufeuern, edelmütig einen Vorschuß von fünfzig Francs gewährt. Allein Rodolphe, der seit nahezu einem Jahr keine solche Summe mehr gesehen hatte, war halb wahnsinnig fortgegangen in Begleitung seiner Taler, und drei Tage blieb er fort: Am vierten kam er wieder – jedoch allein!

Monetti, der sein Handbuch möglichst schnell beenden wollte, denn er gedachte sich damit ein Patent zu erobern, fürchtete neue Streiche seines Neffen, und um ihn zur Arbeit zu zwingen, indem er ihn am Ausgehen hinderte, nahm er seine Kleider in Verwahrung und gab ihm statt dessen jenes Kostüm, in welchem wir ihn eben gesehen haben.

Indessen ging's darum mit dem berühmten Handbuch nicht weniger «piano piano», denn es fehlte Rodolphe absolut an Begabung für diese Art Literatur. Der Onkel rächte sich für diese träge Gleichgültigkeit bezüglich der

Öfen dadurch, daß er seinem Neffen eine Fülle der Leiden auferlegte. Bald kürzte er ihm seine Mahlzeiten, bald entzog er ihm den Tabak.

Eines Sonntags, als Rodolphe über dem berühmten Zugröhrenkapitel Blut und Tinte geschwitzt hatte, zerbrach er seine Feder, die ihm in den Händen brannte, und ging in seinem Park spazieren.

Aber wie um ihn zu ärgern und seinen Neid noch mehr zu erregen, konnte er keinen einzigen Blick in die Runde tun, ohne an jedem Fenster das Gesicht eines Rauchers zu bemerken.

Auf dem bronzierten Balkon eines neuen Hauses kaute ein «Salonlöwe» im Schlafrock zwischen den Zähnen eine aristokratische Havanna. Ein Stockwerk darüber stieß ein Künstler eine duftende Wolke türkischen Tabaks in die Luft, der in einer Pfeife mit Bernsteinmundstück glomm. Am Fenster einer Kneipe ließ ein dicker Deutscher sein Bier schäumen und blies mit mechanischer Regelmäßigkeit undurchsichtige Wolken aus einer Cudmer-Pfeife. Auf einer anderen Seite zogen Gruppen von Arbeitern vorüber, die den «Nasenwärmer» zwischen den Zähnen hielten und singend zum Tor hinauspilgerten. Auch alle andern Fußgänger, von denen die Straße wimmelte, rauchten.

«O ja», seufzte Rodolphe neidisch, «außer mir und den Kaminen meines Onkels raucht zu dieser Stunde alles in der Schöpfung.»

Und Rodolphe stützte die Stirn auf das Balkongitter und dachte darüber nach, wie bitter doch das Leben sei.

Plötzlich wurde unter ihm ein klingendes und lang andauerndes Lachen laut. Rodolphe beugte sich ein wenig vor, um zu sehen, woher diese Rakete lauter Freude kam, und er «bemerkte», daß er von der Mieterin des untern Stockwerks «bemerkt» worden war: Es war Fräulein Sidonie, die jugendliche Liebhaberin vom Théâtre du Luxembourg.

Fräulein Sidonie trat an das Gitter ihres Balkons, während sie mit kastilianischer Fertigkeit zwischen den Fingern hellgelben Tabak, den sie einem gestickten Samtsäckchen entnahm, in ein Blättchen Papier einrollte.

«Oh, der hübsche Tabaksbeutel», murmelte Rodolphe in kontemplativer Anbetung.

‹Wer ist denn dieser Ali-Baba?› dachte Fräulein Sidonie ihrerseits. Und ganz leise erdachte sie einen Vorwand, um mit Rodolphe, der seinerseits desgleichen tat, ein Gespräch anzuknüpfen.

«Ach, mein Gott», rief Fräulein Sidonie, als spräche sie mit sich selber, «wie gräßlich, ich habe keine Streichhölzer!»

«Gnädiges Fräulein, darf ich mir gestatten, Ihnen welche anzubieten?» fragte Rodolphe und ließ zwei oder drei in Papier gewickelte Streichhölzer auf den Balkon fallen.

«Tausend Dank», antwortete Sidonie und zündete ihre Zigarette an.

«Mein Gott, gnädiges Fräulein ...», fuhr Rodolphe fort, «dürfte ich es wohl wagen, für den kleinen Dienst, den ‹mein guter Engel› Ihnen zu leisten mir ermöglichte, eine Bitte an Sie zu richten? ...»

‹Nanu? Er richtet schon Bitten an dich›, dachte Sidonie und musterte Rodolphe aufmerksamer. «Oh», murmelte sie, »diese Türken! Sie sollen flatterhaft sein, aber recht angenehm ... Schießen Sie los», fuhr sie fort und schaute zu Rodolphe auf, «was wünschen Sie?»

«Mein Gott, gnädiges Fräulein, ich möchte Sie um die milde Gabe einer Kleinigkeit Tabak bitten. Seit zwei Tagen habe ich nicht mehr geraucht. Nur eine Pfeife ...»

«Aber gewiß doch, gern ... Allein, wie fangen wir das an? ... Wollen Sie sich um ein Stockwerk herunterbemühen?»

«Das geht leider nicht ... Ich bin nämlich eingeschlossen; aber ich weiß ein sehr einfaches Mittel», sagte Rodolphe.

Und er band seine Pfeife an einen Bindfaden und ließ sie auf den Balkon herab, wo Fräulein Sidonie sie eigenhändig reichlich stopfte. Dann zog Rodolphe seine Pfeife wieder empor, langsam und vorsichtig, und sie langte wirklich ohne Unfall bei ihm an.

«Ach, gnädiges Fräulein», sagte er zu Sidonie, «wieviel besser würde mir diese Pfeife schmecken, wenn ich sie am Feuer Ihrer Augen entzünden könnte!«

Dieser liebenswürdige Scherz erreichte damit mindestens die hundertste Auflage; aber Fräulein Sidonie fand ihn darum nicht minder prachtvoll.

«Sie schmeicheln mir!» glaubte sie antworten zu müssen.

«Ach, gnädiges Fräulein, seien Sie sicher, daß Sie schön sind wie die drei Grazien!»

‹Entschieden›, dachte Sidonie, ‹ist dieser Ali-Baba recht galant› ... «Sind Sie wirklich Türke?» fragte sie Rodolphe.

«Nicht von Beruf», antwortete der, «nur gezwungenermaßen; ich bin Dramatiker, Gnädigste ...»

«Und ich Schauspielerin», erwiderte Sidonie.

Dann fügte sie hinzu: «Herr Nachbar, wollen Sie mir die Ehre erweisen, bei mir zu essen und den Abend hier zu verbringen?»

«Ach, mein verehrtes gnädiges Fräulein! Obwohl Ihr Vorschlag mir den Himmel öffnet, kann ich ihn unmöglich annehmen. Wie ich die Ehre hatte, Ihnen schon einmal zu sagen, hat mich mein Onkel, der Herr Monetti, der Ofenfabrikant, hier eingeschlossen; ich bin augenblicklich sein Sekretär.»

«Deshalb können Sie aber doch mit mir essen», erwiderte Sidonie; «hören Sie zu: Ich werde in mein Zimmer gehen und an die Decke klopfen. Dort, wo ich klopfe, müssen Sie den Fußboden untersuchen, und Sie werden die Spuren eines ‹Judas› finden, der dort einmal gewesen, dann aber zugenagelt worden ist; versuchen Sie das Brett wegzunehmen, mit dem das Loch verdeckt ist, und wenn dann auch jeder hübsch in seinem Zimmer bleibt, werden wir doch fast beieinander sein.»

Rodolphe machte sich sogleich ans Werk. Nach fünf

Minuten Arbeit war eine Verbindung zwischen beiden Zimmern hergestellt.

«Ach», sagte Rodolphe, «das Loch ist zwar klein, aber doch weit genug, um Ihnen mein Herz hindurchzureichen.»

«Jetzt», sagte Sidonie, «wollen wir essen ... Decken Sie oben, ich werde Ihnen die Schüsseln zureichen!»

Rodolphe ließ seinen Turban, den er an einem Bindfaden befestigt hatte, in das Zimmer hinab und zog ihn mit Speisen beladen wieder herauf; und dann begannen Dichter und Künstlerin, jeder in seinem Zimmer, zusammen zu speisen. Rodolphe verschlang mit den Zähnen die Pastete, mit den Augen Fräulein Sidonie.

«Ach, gnädiges Fräulein», sagte Rodolphe nach beendigter Mahlzeit, «dank Ihrer Güte ist mein Magen jetzt befriedigt. Würden Sie nicht auch den Heißhunger meines Herzens stillen, das schon so lange fastet?»

«Sie armer Kerl!» sagte Sidonie.

Und sie stieg auf einen Stuhl und hielt ihre Hand an Rodolphes Lippen, worauf dieser sie mit Küssen bedeckte.

«Ach», rief der junge Mann, «welch ein Unglück, daß ich es nicht machen kann wie Sankt Dionys, der seinen Kopf in der Hand tragen durfte!»

Nach dem Essen begann eine verliebt-literarische Unterhaltung. Rodolphe erwähnte den «Rächer», und Fräulein Sidonie bat ihn, ihr das Drama vorzulesen. Über den Rand des Loches geneigt, hub nun Rodolphe an, der Schauspielerin sein Werk vorzulesen; um besser hören zu können, setzte sie sich mit ihrem Sessel auf eine Kommode. Fräulein Sidonie erklärte den «Rächer» für ein Meisterwerk; und da sie in ihrem Theater die erste Geige spielte, versprach sie Rodolphe, sein Drama anzubringen.

Gerade im zärtlichsten Augenblick der Unterhaltung jedoch ließ Onkel Monetti auf dem Gang seinen Schritt vernehmen, der schwer war wie der des «steinernen Gastes». Rodolphe hatte gerade noch Zeit, den «Judas» zu schließen.

«Da», sagte Monetti zu seinem Neffen, «hier ist ein Brief gekommen, der dir seit einem Monat nachläuft.»

«Zeig her!» sagte Rodolphe ... «Ach, liebster Onkel», rief er, «liebster Onkel, ich bin reich! In dem Brief steht, daß ich von der Akademie der Blumenspiele einen Preis von dreihundert Francs erhalten habe. Schnell meinen Mantel und meinen Kram, auf daß ich meine Lorbeeren pflücke! Ich werde auf dem Kapitol erwartet!»

«Und mein Zugröhrenkapitel?« fragte Monetti kalt.

«Ach, Onkel, darum handelt es sich doch überhaupt! Gib mir meinen Kram! Ich kann doch nicht in diesem Aufzug ausgehn ...»

«Du wirst nicht eher ausgehen, als bis mein ‹Handbuch› fertig ist», sagte der Onkel und schloß Rodolphe doppelt ein.

Als Rodolphe allein war, schwankte er nicht lange, welchen Weg er einzuschlagen hatte ... Er befestigte an seinem Balkon eine Bettdecke, aus der er eine Knotenschnur gemacht hatte, und ungeachtet der Gefahr seines Unterfangens stieg er mit Hilfe dieser improvisierten Leiter auf Fräulein Sidonies Balkon hinab.

«Wer ist denn da?» rief diese, als sie Rodolphe an ihre Scheiben klopfen hörte.

«Leise!» erwiderte er. «Machen Sie auf ...»

«Was wollen Sie? Wer sind Sie denn?»

«Welche Frage! Ich bin der Dichter des ‹Rächers›, und ich suche mein Herz, das durch den ‹Judas› in Ihr Zimmer gefallen ist.»

«Unglücklicher junger Mann!» sagte die Schauspielerin. «Sie hätten sich zu Tode fallen können!»

«Hören Sie nur, Sidonie ...», fuhr Rodolphe fort und zeigte ihr den eben erhaltenen Brief. «Sie sehen, Glück und Ruhm lächeln mir ... Möge die Liebe das gleiche tun!» ...

Am folgenden Morgen konnte Rodolphe mit Hilfe eines Herrenanzugs, den Sidonie ihm besorgt hatte, aus dem Hause seines Onkels entschlüpfen ... Er lief zum Sekretär der Akademie der Blumenspiele, um eine goldene Rose im Werte von hundert Talern in Empfang zu nehmen, und diese lebten ungefähr so lange, wie Rosen eben leben.

Einen Monat danach erhielt Herr Monetti von seinem Neffen ein Billett für die Erstaufführung des «Rächers». Dank Fräulein Sidonies Talent erlebte das Stück siebzehn Aufführungen, die seinem Verfasser ganze vierzig Francs einbrachten.

Einige Zeit darauf, es war in der schönen Jahreszeit, wohnte Rodolphe in der Avenue de Saint-Cloud im dritten Baum links, wenn man vom Bois de Boulogne kommt, auf dem fünften Ast.

V

Der Karlstaler

Gegen Ende Dezember trug das Personal des Oberpostdirektors Bidault etwa hundert Exemplare eines Schriftstücks aus, das wir hier abdrucken und dessen Kopie wir als genau und authentisch beglaubigen.

Herrn ......

Die Herren Rodolphe und Marcel bitten Sie um die Ehre, am nächsten Sonnabend den Heiligen Abend bei ihnen zu verbringen. Es gibt zu lachen!

P. S. – Man lebt nur einmal in der Welt!

FESTPROGRAMM
Erster Teil

Sieben Uhr: Eröffnung des Salons; lebhafte und angeregte Unterhaltung.

Acht Uhr: Einzug und Umzug der geistreichen Verfasser des «Kreißenden Berges», einer vom Théâtre de l'Odéon abgelehnten Komödie, in und durch die Salons.

Halb neun Uhr: Herr Alexandre Schaunard, der ausgezeichnete Künstler, trägt auf dem Piano die Programmsymphonie «Die Wirkung des Blauen in den Künsten» vor.

Neun Uhr: Erste Lektüre der Denkschrift über die Abschaffung der Menschheitsgeißel «Tragödie».

Halb zehn Uhr: Gustave Colline, der hyperphysische Philosoph, disputiert mit Herrn Schaunard über vergleichende Philosophie und Metapolitik. Um jede Kollision zwischen den beiden Gegnern zu vermeiden, werden beide gefesselt.

Zehn Uhr: Herr Tristan, Literat, erzählt von seiner ersten Liebe. Klavierbegleitung Herr Alexandre Schaunard.

Halb elf Uhr: Zweite Lektüre der Denkschrift über die Abschaffung der Menschheitsgeißel «Tragödie».

Elf Uhr: Schilderung einer Kasuarjagd, von einem ausländischen Prinzen.

Zweiter Teil

Zwölf Uhr: Herr Marcel, Historienmaler, läßt sich die Augen verbinden und improvisiert mit Kreide die Zusammenkunft Napoleons und Voltaires in den Champs-Élysées. Herr Rodolphe wird gleichfalls eine Parallele zwischen dem Verfasser der «Zaïre» und dem Verfasser der «Schlacht von Austerlitz» improvisieren.

Halb eins: Herr Gustave Colline ahmt, dezent entkleidet, die athletischen Spiele der vierten Olympiade nach.

Ein Uhr morgens: Dritte Lektüre der Denkschrift über die Abschaffung der Menschheitsgeißel «Tragödie» und Sammlung zugunsten der Tragödiendichter, die eines Tages ohne Beschäftigung sein werden.

Zwei Uhr: Beginn der Gesellschaftsspiele und Organisierung der Quadrillen, die sich bis zum Morgen hinziehen.

Sechs Uhr: Sonnenaufgang und Schlußchor.

Während der ganzen Dauer des Festes werden Ventilatoren im Gange sein.

NB. Jeder, der Verse zu lesen oder zu rezitieren versucht, wird sofort aus den Salons geworfen und der Polizei übergeben; es wird ferner gebeten, keine Kerzenreste mitzunehmen.

Zwei Tage später waren alle Exemplare dieses Briefes in den untersten Regionen der Literatur und der bildenden Künste in Umlauf und entfesselten eine tiefe Erregung.

Indessen wagten einige der Eingeladenen, an der von den beiden Freunden versprochenen Pracht zu zweifeln.

«Ich traue dem Frieden nicht«, sagte einer dieser

Skeptiker; «ich bin ein paarmal mittwochs bei Rodolphe gewesen, Rue de la Tour d'Auvergne, da konnte man sich nur moralisch setzen, und getrunken wurde schlechtfiltriertes Wasser aus eklektischen Tongefäßen.»

«Diesmal», sagte ein anderer, «wird es ernst. Marcel hat mir den Festplan gezeigt, und der verspricht magische Effekte.»

«Werden Damen kommen?»

«Ja, Phémie Teinturière hat darum gebeten, Festkönigin zu sein, und Schaunard soll Damen der Gesellschaft mitbringen.»

Die Vorgeschichte dieses Festes, das in der Bohemewelt jenseits der Brücken so großes Staunen weckte, war in Kürze folgende: Seit etwa einem Jahr hatten Marcel und Rodolphe ein pompöses Gastmahl angekündigt, das immer «nächsten Sonnabend» stattfinden sollte; aber ein feindliches Geschick hatte ihr Versprechen zu einer Reise durch zweiundfünfzig Wochen gezwungen, so daß sie schließlich keinen Schritt mehr tun konnten, ohne auf die feine Ironie ihrer Freunde zu stoßen, unter denen einige sogar indiskret genug waren, energische Proteste zu erheben. Die Sache begann den Charakter einer «Zwickmühle» anzunehmen, und so beschlossen die beiden Freunde, ihr durch Erfüllung der eingegangenen Verpflichtung ein Ende zu machen. Sie hatten deshalb die obige Einladung versandt.

«Jetzt», hatte Rodolphe gesagt, «könne wir nicht mehr zurück, wir haben unsere Schiffe verbrannt; uns bleiben noch acht Tage, um die hundert Francs aufzutreiben, die wir unbedingt brauchen, wenn wir die Sache anständig inszenieren wollen.»

«Wir brauchen sie, also werden wir sie finden», hatte Marcel geantwortet. Und mit ihrem unverschämten Vertrauen auf den Zufall schliefen die beiden Freunde in der Überzeugung ein, ihre hundert Francs seien schon unterwegs auf der Straße des Unmöglichen. Als jedoch zwei Tage vor dem Fest noch immer nichts eingetroffen war, dachte Rodolphe, es sei vielleicht sicherer, dem Zufall unter die Arme zu greifen; sonst mochte man sich wohl gar zu der Stunde, da es galt, die Leuchter anzuzünden, schmählich im Stich gelassen sehen. Um sich die Sache leichter zu machen, verminderten die beiden Freunde nach und nach immer mehr den luxuriösen Aufwand des Programms, das sie aufgestellt hatten.

Und nachdem Änderung zu Änderung gekommen, nachdem über den Artikel «Gebäck» ein strenges Deleatur ausgesprochen und der Artikel «Erfrischungen» sorgfältig gesichtet und eingeschränkt war, schmolz die Gesamtsumme der Unkosten auf fünfzehn Francs zusammen.

Das Problem war damit zwar vereinfacht, jedoch nicht gelöst.

«Komm, komm», sagte Rodolphe, «wir müssen jetzt ganz schweres Geschütz auffahren; diesmal können wir keinen Rückzieher machen.»

«Unmöglich», erwiderte Marcel.

«Wie lange ist es her, daß ich den Bericht der Schlacht bei Studzianka habe über mich ergehen lassen?»

«Fast zwei Monate.»

«Zwei Monate, gut. Das ist eine ganz anständige Frist, mein Onkel kann sich wahrhaftig nicht beklagen. Ich werde morgen zu ihm gehen und mir die Schlacht bei Studzianka erzählen lassen; das macht fünf Francs, die sind uns sicher.»

«Und ich», sagte Marcel, «ich werde dem alten Médicis ein ‹Verlassenes Schloß› verschachern. Das bringt auch fünf Francs. Wenn ich Zeit genug habe, drei Türmchen und eine Mühle anzubringen, bringt es vielleicht sogar zehn Francs, dann hätten wir unser Budget zusammen.»

Und die beiden Freunde legten sich vertrauensvoll aufs Ohr und träumten, die Prinzessin von Belgiojoso bäte sie, ihre Empfangstage zu verlegen, um ihr nicht ihre Gäste zu entführen.

Marcel erwachte sehr früh, nahm eine Leinwand vor und begann eifrig mit der Konstruktion eines «Verlassenen Schlosses», eines Handelsartikels, den ein Trödler der Place du Carrousel besonders gern von ihm kaufte. Rodolphe seinerseits ging aus, um seinen Onkel Monetti zu besuchen, der in der Schilderung des Rückzugs aus Rußland glänzte und dem Rodolphe fünf- oder sechsmal im Jahre, bei ernsten Anlässen, die Genugtuung verschaffte, daß er ihn von seinen Feldzügen erzählen ließ, hernach pflegte er ihn dann anzupumpen; der Ofen fabrizierende Veteran sträubte sich meist nicht allzusehr, wenn Rodolphe nur genügend Begeisterung aufzubringen vermochte, während er seinen Schwadronaden lauschte.

Gegen zwei Uhr traf Marcel, der gesenkten Kopfes eine Leinwand unterm Arm trug, auf der Place du Carrousel Rodolphe, der von seinem Onkel kam; seine Haltung verkündigte, daß er schlechte Nachrichten brachte.

«Nun», sagte Marcel, «hast du Glück gehabt?»

«Nein, mein Onkel ist ausgerechnet heute ins Versailler Museum gegangen. Und du?»

«Dieses Biest von Médicis will keine ‹Schloßruinen› mehr; er verlangte ein ‹Bombardement von Tanger›.»

«Unser guter Ruf ist hin, wenn wir unser Fest nicht geben», murmelte Rodolphe. «Was soll unser Freund, der einflußreiche Kritiker, denken, wenn er sich für nichts und wieder nichts seine weiße Krawatte umbindet und gelbe Handschuhe anzieht?»

Und beide kehrten ins Atelier zurück, von schweren Gedanken gequält.

In diesem Augenblick schlug die Uhr eines Nachbars vier.

«Wir haben noch drei Stunden Galgenfrist», sagte Rodolphe.

«Aber», rief Marcel und trat auf seinen Freund zu, «bist du denn auch sicher, ganz sicher, daß wir hier nicht noch irgendwo Geld haben? ... He?»

«Weder hier noch sonstwo. Woher auch?»

«Wenn wir mal unter den Möbeln nachsähen ... in den Sesseln? Es wird doch behauptet, die Emigranten hätten zur Zeit Robespierres ihre Schätze versteckt. Wer weiß! ... Unser Sessel hat vielleicht einem Emigranten gehört; und er ist so hart, daß ich mir schon oft gedacht habe, es müsse Metall darin sein. Willst du nicht eine Leichenöffnung an ihm vornehmen?»

«Das gehört in eine Posse», erwiderte Rodolphe in einem Ton, dessen Nachsicht sich mit Strenge paarte.

Plötzlich stieß Marcel, der seine Nachforschungen in allen Winkeln des Ateliers fortsetzte, ein lautes Triumphgeheul aus.

«Wir sind gerettet!» rief er. «Ich wußte ja, daß noch Wertgegenstände dasein müßten ... Hier sieh!» Und er zeigte Rodolphe ein talergroßes Geldstück, das halb von Rost und Grünspan zerfressen war.

Es war eine karolingische Münze von einigem Sammlerwert. Auf der glücklicherweise erhaltenen Inschrift war das Datum der Regierung Karls des Großen zu lesen.

«Das, das ist doch höchstens dreißig Sous wert», sagte Rodolphe und warf einen verächtlichen Blick auf den Fund seines Freundes.

«Dreißig Sous, gut angelegt, tun viel», antwortete Marcel. «Mit zwölfhundert Mann hat Bonaparte zehntausend Österreicher gezwungen, die Waffen zu strecken. Geschicklichkeit gleicht Zahlenunterschiede aus. Ich gehe gleich los und wechsle den Karlstaler beim alten Médicis. Haben wir denn nicht noch etwas zu verkaufen? Hurra! Wie wär's, wenn ich den Schienbeinabguß Jakonowskis, des russischen Tambourmajors, mitnähme? Das gäbe doch eine ganze Masse!»

«Nimm das Schienbein! Aber es ist jammervoll, wir behalten keinen einzigen Kunstgegenstand.»

Während Marcels Abwesenheit suchte Rodolphe, der fest entschlossen war, das Fest auf jeden Fall zu geben, seinen Freund Colline auf, den hyperphysischen Philosophen, der zwei Schritt von ihm entfernt wohnte.

«Du mußt mir helfen», sagte er. «In meiner Eigenschaft als Hausherr muß ich unbedingt einen schwarzen

Frack haben, und … ich habe keinen … Leih mir deinen!»

«Aber», sagte Colline zögernd, «in meiner Eigenschaft als Eingeladener muß ich doch auch einen haben.»

«Du darfst im Gehrock kommen.»

«Ich habe noch nie einen Gehrock gehabt, das weißt du doch ganz genau!»

«Na, hör mal, das kann auch anders gedreht werden. Im Notfall kannst du wegbleiben und mir deinen Frack leihen.»

«Das ist eine scheußliche Geschichte; ich stehe doch auf dem Programm, deshalb kann ich nicht fehlen.»

«Es werden noch eine ganze Menge anderer Dinge fehlen», sagte Rodolphe. «Leih mir deinen Frack, und wenn du mit aller Gewalt kommen willst, komm wie du kannst … in Hemdsärmeln … man wird dich für den treuen Diener halten.»

«O nein», sagte Colline errötend. «Ich werde einfach meinen nußbraunen Paletot anziehen. Aber eine scheußliche Geschichte ist es dennoch.» Und als er sah, daß Rodolphe sich des berühmten Fracks bereits bemächtigt hatte, rief er: «Aber so warte doch! … Es stekken noch ein paar Kleinigkeiten darin!»

Collines Frack verdient schon ein paar Worte der Schilderung. Zunächst war besagtes Kleidungsstück vollständig blau, und Colline sagte nur aus Gewohnheit: «mein schwarzer Rock». Und da er damals der einzige des Bundes war, der einen Frack besaß, so hatten seine Freunde sich gleichfalls angewöhnt, wenn sie von dem Gesellschaftsanzug des Freundes sprachen, »Collines schwarzer Rock» zu sagen. Außerdem hatte dieses berühmte Kleidungsstück eine besondere Form, und zwar die wunderlichste von der Welt: Die sehr langen Schöße, die an einem sehr kurzen Leibstück saßen, enthielten zwei Taschen, wahre Schlünde, in denen Colline für gewöhnlich einige dreißig Bände unterbrachte, die er unausgesetzt bei sich trug; daher sagten seine Freunde, während der Bibliotheksferien könnten die Gelehrten

und Literaten sich ihre Auskünfte in den Schößen von Collines Frack holen, einer Bibliothek, welche den Lesern stets geöffnet sei.

An diesem Tag enthielt Collines Frack ausnahmsweise nur einen Quartband von Bayle, einen Traktat über die hyperphysischen Kräfte in drei Bänden, einen Band Condillac, zwei Bände Swedenborg und den «Versuch über den Menschen» von Pope. Als er diese Taschenbibliothek zutage gefördert hatte, erlaubte er Rodolphe, ihn anzuziehen.

«Halt!» sagte dieser. «Die linke Tasche ist noch immer reichlich schwer; du hast etwas drin steckenlassen.»

«Ach», sagte Colline, «du hast recht, ich habe die fremdsprachliche Tasche vergessen.» Und er entnahm ihr zwei arabische Grammatiken, ein malaiisches Wörterbuch und einen «Vollkommenen Ochsenzüchter» in chinesischer Sprache, seine Lieblingslektüre.

Als Rodolphe nach Hause kam, fand er Marcel schon vor; er spielte auf dem Boden mit Fünf-Francs-Stücken, und zwar waren es drei. Im ersten Augenblick stieß Rodolphe die Hand, die ihm sein Freund hinhielt, zurück; er fürchtete ein Verbrechen.

«Schnell, schnell!» sagte Marcel. «Wir haben die fünfzehn Francs … Woher? Höre zu: Ich habe bei Médicis einen Sammler getroffen. Als der meine Münze sah, wurde er fast ohnmächtig – es war die einzige, die noch in seiner Sammlung fehlte. Er hat, um diese Lücke zu füllen, schon in allen Ländern der Welt nachsuchen lassen und schon jede Hoffnung aufgegeben. Als er meinen Karlstaler genau untersucht hatte, besann er sich keinen Augenblick, mir fünf Francs dafür zu bieten. Médicis stieß mich an; alles andere sagte sein Blick. Der hieß soviel wie: Machen wir halbpart, und ich überbiete; wir haben es wirklich bis zu dreißig Francs gebracht. Ich habe dem Juden fünfzehn abgegeben, und hier ist der Rest! Jetzt können unsere Gäste kommen, jetzt sind wir in der Lage, sie zu blenden. Was, du hast einen schwarzen Rock?»

«Ja», sagte Rodolphe, «von Colline.» Und als er in der

Tasche nach seinem Taschentuch wühlte, fiel ein kleiner Band «Mandschu» heraus, der in der fremdsprachlichen Tasche vergessen worden war.

Auf der Stelle machten sich die beiden Freunde an die Vorbereitungen. Das Atelier wurde aufgeräumt, und im Ofen wurde Feuer gemacht; ein Keilrahmen wurde, mit Kerzen besetzt, als Leuchter an die Decke gehängt, ein Schreibtisch als Rednertribüne in die Mitte des Raumes gerückt; davor wurde der einzige Sessel gesetzt für den einflußreichen Kritiker, und alle Bücher kamen auf einen Tisch: Romane, Gedichte und Feuilletons, deren Verfasser das Fest mit ihrer Gegenwart beehren sollten. Um jede Kollision zwischen den verschiedenen Körperschaften der Literatur zu vermeiden, wurde das Atelier außerdem in vier Abteilungen geteilt, und am Eingang einer jeden stand ein in aller Eile fabriziertes Schild mit der Inschrift:

Dichterecke	Romantiker
Prosaistenecke	Klassizisten

Für die Damen war in der Mitte Platz frei gelassen worden. «Recht schön und gut, aber es fehlen Stühle», sagte Rodolphe.

«Oh», rief Marcel, «auf dem Treppenflur stehen ein paar Stühle, aber die sind an der Wand befestigt. Wenn wir die einfach losschraubten?»

«Natürlich müssen wir sie losschrauben», sagte Rodolphe, und sie gingen hinaus und beschlagnahmten die Stühle, die irgendeinem Nachbarn gehörten.

Es schlug sechs Uhr; die beiden Freunde gingen in aller Eile essen und kamen dann wieder, um nunmehr zur Beleuchtung des Salons zu schreiten. Sie waren selber ganz geblendet. Um sieben Uhr langte Schaunard in Begleitung dreier Damen an, die ihre Diamanten und ihre Hüte zu Hause gelassen hatten. Die eine trug einen roten, schwarzgefleckten Schal. Schaunard machte Rodolphe ganz besonders auf sie aufmerksam.

«Das ist eine Dame comme il faut», sagte er, «eine Engländerin, die der Sturz der Stuarts ins Exil getrieben hat; sie lebt bescheiden von englischen Stunden, die sie erteilt. Ihr Vater ist unter Cromwell Kanzler gewesen, wie sie mir sagte; du mußt höflich gegen sie sein; duze sie nicht zu oft.»

Zahlreiche Schritte wurden auf der Treppe laut; die Gäste kamen; sie schienen erstaunt, als sie Feuer im Ofen sahen.

Rodolphes Frack ging den Damen entgegen und küßte ihnen mit einer Anmut die Hand, die ganz den Stil der Régence atmete; und als ungefähr zwanzig Personen da waren, fragte Schaunard, ob es nicht bald irgendeine Runde gäbe.

«Gleich», sagte Marcel; «wir müssen mit dem Punsch warten, bis der einflußreiche Kritiker kommt.»

Um acht waren alle Gäste da, und die Durchführung des Programms begann. Nach jeder Darbietung wurde etwas herumgereicht; was – das hat man nie erfahren.

Gegen zehn erschien die weiße Weste des einflußreichen Kritikers; aber er blieb nur eine Stunde und trank sehr mäßig.

Als gegen Mitternacht kein Holz mehr da war und strenge Kälte herrschte, losten diejenigen Gäste, die Sitzplätze hatten, wer seinen Stuhl ins Feuer werfen sollte.

Um eins standen alle.

Nichtsdestoweniger herrschte liebenswürdige Heiterkeit unter den Geladenen. Kein Unfall brauchte bedauert zu werden, außer daß die fremdsprachliche Tasche in Collines Frack einen Riß bekam und daß Schaunard der Urenkelin von Cromwells Kanzler eine Ohrfeige gab.

Dieser denkwürdige Abend blieb acht Tage lang Gesprächsgegenstand im Studentenviertel, und Phémie Teinturière, die Festkönigin gewesen war, sagte bei jeder Gelegenheit zu ihren Freundinnen: «Es war wunderschön; sie hatten sogar Wachskerzen, meine Liebe!»

VI

Musette

Musette war ein hübsches Mädchen von zwanzig Jahren, das bald nach seiner Ankunft in Paris geworden war, was hübsche Mädchen eben werden, wenn sie eine zierliche Figur, viel Koketterie, etwas Ehrgeiz und so gut wie gar keine Orthographie ihr eigen nennen. Nachdem sie lange Zeit die Freude der Soupers des Studentenviertels gewesen war, bei denen sie stets mit frischer Stimme, wenn auch nicht allzu richtig, eine Menge ländlicher Lieder sang, die ihr jenen Namen eintrugen, unter welchem die erlesensten Reimschmiede sie seither gefeiert haben, verließ Fräulein Musette ganz plötzlich die Rue de la Harpe, um in die kytherischen Höhen des Quartier Bréda zu ziehen.

Sie wurde bald eine der Löwinnen der Aristokratie des Genusses und kam nach und nach auf den Weg zu jener Berühmtheit, die darin besteht, daß man in den Pariser Zeitungen genannt oder für die Kunsthandlungen lithographiert wird.

Indessen bildete Musette eine Ausnahme unter den Damen, in deren Mitte sie lebte. Sie war eine instinktiv elegante und poetische Natur, wie es alle wahrhaft frauenhaften Frauen sind, und liebte den Luxus und alle Genüsse, die er verschafft; ihre Koketterie empfand glühendes Verlangen nach allem, was schön und vornehm war; dieses Mädchen aus dem Volk wäre inmitten der Pracht eines Königshofes nicht fehl am Platze gewesen. Allein Musette, die jung war und schön, hätte niemals eingewilligt, die Geliebte eines Mannes zu werden, der nicht jung und schön wie sie gewesen wäre. Einmal war es geschehen, daß sie tapfer die verführerischen Anerbietungen eines Greises abwies, der so reich war, daß man ihn den Krösus der Chaussée-d'Antin nannte, und der allen Launen Musettes goldene Brücken gebaut hätte. Klug und geistreich wie sie war, verabscheute sie die Dummen und Tröpfe, wie auch immer ihr Alter, ihr Titel und ihr Name sein mochte.

Musette war also ein braves und schönes Mädchen, das sich in der Liebe die Hälfte jenes berühmten Aphorismus von Chamfort zu eigen machte: «Die Liebe ist der Austausch zweier Launen.» Daher wurden ihre Liebschaften auch nie mit jenem schmählichen Schacher eingeleitet, der heutzutage das Liebesspiel entehrt. Wie sie selber sagte, spielte Musette offen und ehrlich und verlangte, daß man ihr mit gleicher Münze zahle.

Aber wenn ihre Launen auch lebhaft waren und unmittelbar aus dem Herzen kamen, so dauerten sie doch nie lange genug, um sich bis zur Höhe einer Leidenschaft zu steigern. Und die außerordentliche Sprunghaftigkeit ihrer Launen, die geringe Sorgfalt, mit der sie auf die Börse und die Stiefel derer achtete, die ihr ihr Herz antrugen, brachten große Unruhe in ihr Dasein, das beständig zwischen dem herrenschaftlichen Wagen und dem Omnibus schwankte, zwischen dem Erdgeschoß und dem fünften Stock, zwischen Seidenkleidern und Kleidern aus Kattun. O reizendes Mädchen, leibhaftiges Gedicht der Jugend, mit klingendem Lachen und freudigem Lied! Mitleidiges Herz, das unter halbgeöffnetem Brusttuch für jeden schlägt, o Musette! Sie, die Schwester Bernerettes und Mimi Pinsons! Es bedürfte der Feder Alfred de Mussets, um würdig von ihrer sorglosen Wanderfahrt durch die Blütengefilde der Jugend zu berichten; und ganz sicher würde er sie auch gefeiert haben, wenn er sie, wie ich, mit ihrer hübschen falschen Stimme die ländliche Strophe aus einem ihrer Lieblingslieder hätte singen hören:

Es war ein Tag so frühlingszart,
als ich meine Lieb hab' offenbart,
meine Liebe zu der Braunen,

mit dem Herz voll Kupidolaunen;
ihre Haube bewegte gelinde
Schmetterlingsflügel im Winde.

Die Geschichte, die wie hier erzählen wollen, ist eine der reizendsten Episoden aus dem Leben dieser reizenden Abenteurerin, die sich über so viele Dinge hinweggesetzt hat.

Zu einer Zeit, als sie die Geliebte eines jungen Staatsrats war, der ihr galant den Schlüssel zu seinem Erbteil in die Hand gegeben hatte, pflegte Musette einmal jede Woche in ihrem hübschen kleinen Salon in der Rue de la Bruyère eine Abendgesellschaft zu geben. Diese Gesellschaften waren wie die meisten in Paris, jedoch mit dem Unterschied, daß man sich dort amüsierte; wenn nicht genügend Platz vorhanden war, setzte man sich einander auf den Schoß, und oft geschah es, daß zwei aus einem Glas trinken mußten. Rodolphe, der Musettes Freund war und nie mehr wurde als ihr Freund (warum, das wußten sie beide nicht), Rodolphe also bat Musette eines Tages, seinen Freund, den Maler Marcel, bei ihr einführen zu dürfen. «Der Bursche hat Talent», sagte er, «die Zukunft hält für ihn einen Sitz in der Akademie bereit.»

«Bringen Sie ihn nur mit!» erwiderte Musette.

An dem Abend, als sie zusammen zu Musette gehen wollten, stieg Rodolphe zu Marcel hinauf, um ihn abzuholen. Der Maler war gerade bei der Toilette.

«Nanu», sagte Rodolphe, «du willst mit einem farbigen Hemd Besuche machen?»

«Verstößt das gegen den Anstand?» fragte Marcel seelenruhig.

«Na und ob! Bis aufs Blut, Unglücklicher!»

«Teufel!» sagte Marcel und betrachtete sein Hemd, das auf blauem Grund Vignetten zeigte, die von einer Meute verfolgte Eber darstellten. «Ich habe kein anderes hier. Ach was! Kommt nicht darauf an! Ich nehme einen weißen Kragen, und da ‹Methusalem› sich bis an den

Hals zuknöpfen läßt, sieht man die Farbe meiner Wäsche nicht.»

«Um des Himmels willen», sagte Rodolphe mit Unruhe, «du willst ‹Methusalem› anziehen?»

«Ach», seufzte Marcel, «ich muß schon; Gott will es und mein Schneider ebenfalls; übrigens hat er eine Garnitur neuer Knöpfe, und ich habe ihn neulich erst mit Frankfurter Schwarz aufgefrischt.»

«Methusalem» war ganz einfach Marcels Rock. Er nannte ihn so, weil er in seiner Garderobe Alterspräsident war. «Methusalem» war vor vier Jahren nach neuester Mode gemacht worden und außerdem aus schreiend grünem Stoff; aber bei Licht, behauptete Marcel, wirke er schwarz.

Innerhalb fünf Minuten war Marcel angezogen; seine Kleidung war von vollendet schlechtem Geschmack: die Kleidung des Farbklecksers eben, der in Gesellschaft geht.

Herr Casimir Bonjour wird nicht so erstaunt sein, wenn man ihm eines Tages seine Wahl ins Institut mitteilt, wie Marcel und Rodolphe es waren, als sie bei Musette ankamen. Der Grund ihres Staunens war folgender: Musette, die sich seit einiger Zeit mit ihrem Liebhaber, dem Staatsrat, überworfen hatte, war von diesem in einem sehr ernsten Augenblick im Stich gelassen worden. Ihre Gläubiger und ihr Hauswirt waren hinter ihr her; ihre Möbel waren gepfändet und auf den Hof hinuntergeschafft worden, um am folgenden Tage fortgefahren und verkauft zu werden. Trotz dieses Zwischenfalls dachte Musette nicht einen Augenblick daran, sich aus dem Staube zu machen oder die Soiree abzusagen. Sie ließ mit vollkommenem Ernst den Hof zum Salon herrichten, legte einen Teppich aufs Pflaster, machte alles wie gewöhnlich bereit, kleidete sich zum Empfang an und lud alle Mieter des Hauses zu dem kleinen Fest, zu dessen Glanz der liebe Gott in seiner Güte durch Illuminationen beizusteuern geruhte.

Dieser Scherz hatte einen ungeheuren Erfolg: Nie war

eine von Musettes Soireen so schwungvoll und so ausgelassen gewesen; es wurde noch getanzt und gesungen, als die Träger kamen und Möbel, Teppiche und Ottomanen abholten; da mußte die Gesellschaft sich wohl oder übel zurückziehen.

Musette geleitete alle ihre Gäste hinaus und sang dabei:

«Noch lange werdet ihr sprechen, la ri ra,
von meinem Donnerstagfest;
ihr werdet noch lang davon sprechen, la ri ri.»

Marcel und Rodolphe blieben mit Musette allein zurück, die in ihrer Wohnung hinaufgegangen war, in der nur noch das Bett stand.

«Ach ja», sagte Musette, «eigentlich ist mein Abenteuer gar nicht so lustig; ich werde bei Mutter Grün logieren müssen. Ich kenne dieses Hotel; es zieht dort wahnsinnig.»

«Ach, gnädiges Fräulein», sagte Marcel, «wenn ich die Fähigkeiten des Plutus hätte, so würde ich Ihnen einen Tempel anbieten, schöner als der Salomons, aber …»

«Sie sind zwar nicht Plutus, lieber Freund. Einerlei, ich bin Ihnen dankbar für die gute Absicht … Ach was», fügte sie hinzu und durchlief ihre Wohnung mit einem Blick, «hier ist es langweilig; und dann waren auch die Möbel schon so alt. Ich habe sie fast ganze sechs Monate gehabt. Aber, es ist nicht das allein; nach dem Ball pflegt man doch zu soupieren. Ich verkonsumierte ganz gern etwas.»

«Los! Wir wollen konsoupieren», sagte Marcel, der an Kalauersucht litt, besonders gegen Morgen, wo er geradezu entsetzlich war.

Da Rodolphe während der Nacht beim Kartenspiel einiges Geld gewonnen hatte, führte er Musette und Marcel in ein Restaurant, das gerade seine Pforten auftat.

Nach dem Frühstück kam den drei Gästen, die keineswegs Lust hatten, zu Bett zu gehen, der Gedanke, den Tag auf dem Lande zu verbringen, und da sie in der Nähe des Bahnhofs waren, so stiegen sie in den ersten besten Zug, der zur Abfahrt bereitstand, und fuhren nach Saint-Germain.

Den ganzen Tag über durchstreiften sie die Wälder, und erst um sieben Uhr abends kehrten sie nach Paris zurück; Marcel behauptete allerdings, es könne erst halb eins sein, und wenn es dunkel sei, so liege das einzig am bedeckten Himmel.

Während der ganzen Festnacht und während des ganzen nächsten Tages hatte Marcel, dessen Herz aus Salpeter bestand und durch einen einzigen Blick hell aufflammen konnte, sich immer mehr in Musette verliebt, und er hatte ihr «in allen Farben» den Hof gemacht, wie er es Rodolphe gegenüber nannte. Er hatte dem schönen Mädchen sogar vorgeschlagen, ihr eine noch schönere Einrichtung als die alte zu kaufen, und zwar von dem Erlös seines berühmten Gemäldes «Der Zug durchs Rote Meer». So sah denn der Künstler mit Schmerzen den Augenblick herannahen, da er sich von Musette trennen mußte; sie aber ließ sich zwar die Hände, den Hals und noch manches andere küssen, beschränkte sich jedoch darauf, ihn sanft zurückzudrängen, wenn er in ihr Herz einbrechen wollte.

Als sie in Paris ankamen, ließ Rodolphe seinen Freund mit dem jungen Mädchen allein, und sie bat den Künstler, sie nach Haus zu begleiten.

«Darf ich Sie einmal besuchen?» fragte Marcel. «Ich möchte Sie malen.»

«Mein Lieber», sagte das hübsche Mädchen, «ich kann Ihnen keine Adresse geben, denn morgen habe ich vielleicht keine mehr; aber ich werde Sie besuchen und Ihnen Ihren Rock flicken. Er hat ein Loch, durch das man ausziehen könnte, ohne die Miete zu bezahlen.»

«Ich werde Ihrer harren wie des Messias», sagte Marcel.

«So lange lieber nicht», lachte Musette.

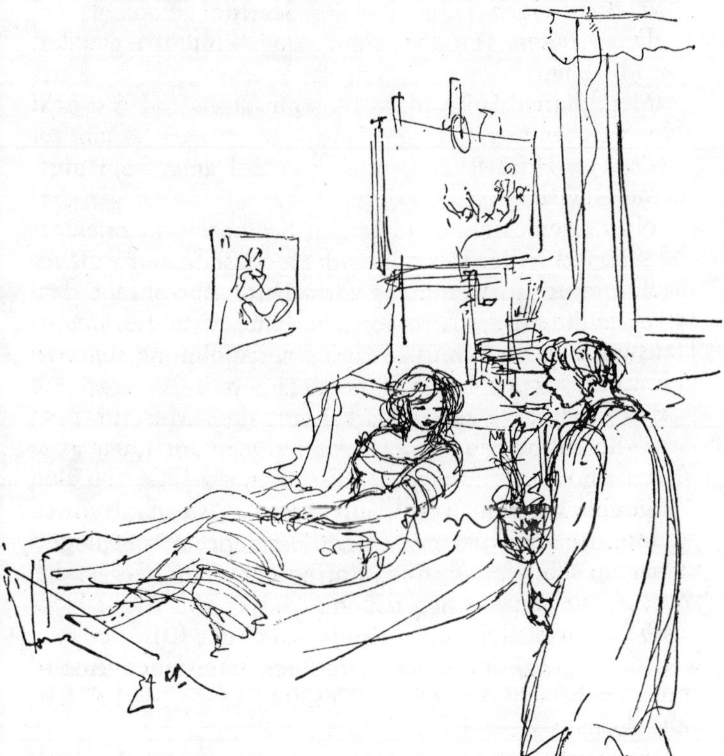

«Welch reizendes Mädchen!» sagte Marcel, als er langsam davonging. «Sie ist die Göttin der Heiterkeit. Ich werde mir noch ein zweites Loch in den Rock reißen müssen.»

Er hatte noch keine dreißig Schritte getan, als er fühlte, wie eine Hand sich auf seine Schulter legte: Es war Musette.

«Mein lieber Herr Marcel», sagte sie, «sind Sie ein französischer Kavalier?»

«Das bin ich: Rubens und meine Dame, so lautet meine Devise.»

«Nun also, vernehmet meinen Schmerz und erleidet ihn mit, wohledler Herr», erwiderte Musette, auf welche die Literatur ein wenig abgefärbt hatte, obwohl sie der Grammatik blutige Bartholomäusnächte bereitete; «mein Hauswirt hat den Schlüssel zu meiner Wohnung abgezogen, und es ist elf Uhr nachts: Verstehn Sie?»

«Ich verstehe», sagte Marcel und bot Musette den Arm. Er führte sie in sein Atelier, das am Quai aux Fleurs lag.

Musette taumelte vor Müdigkeit, aber sie hatte noch gerade die Kraft, um mit einem Händedruck zu Marcel zu sagen: «Sie werden doch hoffentlich nicht vergessen, was Sie mir versprochen haben.»

«O Musette! Reizendes Kind!» sagte der Künstler mit leichtbewegter Stimme. «Sie sind hier unter einem gastlichen Dach; schlafen Sie in Frieden! Gute Nacht! Ich gehe fort.»

«Weshalb denn?» fragte Musette mit schon fast geschlossenen Augen. «Ich habe keine Angst, ganz sicher nicht; und dann haben Sie ja doch zwei Zimmer, ich lege mich auf Ihr Sofa.»

«Mein Sofa ist zu hart, als daß Sie darauf schlafen könnten, es scheint mit Kieselsteinen gepolstert zu sein. Ich gewähre Ihnen Gastfreundschaft, und ich werde einen Freund, der hier im gleichen Stockwerk wohnt, um den gleichen Freundesdienst bitten; das ist schon besser», sagte er. «Meist halte ich mein Wort; aber ich bin zweiundzwanzig Jahre alt, und Sie sind achtzehn, Musette ... ich gehe fort. Gute Nacht!»

Am folgenden Morgen um acht kehrte Marcel mit einem Blumentopf, den er auf dem Markt gekauft hatte, in sein Atelier zurück. Er fand Musette, die sich in ihren Kleidern aufs Bett geworfen hatte, noch schlafend. Bei dem Lärm, den er machte, erwachte sie und streckte ihm die Hand entgegen.

«Lieber Kerl!» sagte sie.

«Lieber Kerl?» wiederholte Marcel. «Heißt das nicht: du Dummer?»

«Oh», rief Musette, «wie können Sie das sagen? Das ist nicht nett; statt mir Bosheiten zu sagen, schenken Sie mir lieber den Blumentopf.»

«Ich habe ihn einzig zu diesem Zwecke erstanden», sagte Marcel. «Nehmen Sie ihn also, und singen Sie mir für meine Gastfreundschaft eines von Ihren schönen Liedern; das Echo meines Dachstübchens behält vielleicht ein wenig von Ihrer Stimme zurück; dann werde ich Sie noch hören, wenn Sie längst wieder auf und davon sind.»

«Ach, Sie wollen mich also vor die Tür setzen?» fragte Musette. «Und wenn ich nun nicht fortgehen will? Hören Sie mal zu, Marcel, ich mache weiter keine Umschweife, ehe ich sage, was ich denke. Ich mag Sie, und Sie mögen mich. Es ist nicht gerade Liebe, aber vielleicht der Keim dazu. Also gut, ich gehe nicht fort; ich bleibe hier, und ich werde hierbleiben, solange die Blumen, die Sie mir geschenkt haben, nicht welken.»

«Ach», rief Marcel, «die sind schon in zwei Tagen welk! Hätte ich das gewußt, so würde ich Immortellen genommen haben!»

Vierzehn Tage lang wohnten Musette und Marcel zusammen und führten, wiewohl sie häufig kein Geld hatten, das reizendste Leben von der Welt. Musette empfand für den Künstler eine Zärtlichkeit, die von ihren früheren Leidenschaften sich merklich unterschied, und

Marcel begann Angst zu bekommen, er werde sich ernsthaft in seine Geliebte verlieben. Da er nicht wußte, daß die gleiche Sorge auch sie quälte, schaute er allmorgendlich nach, in welchem Zustand die Blumen waren, deren Tod das Ende ihres Bundes zur Folge haben sollte; und es wurde ihm schwer, sich ihre an jedem Tage neue Frische zu erklären. Aber schließlich fand er den Schlüssel zu dem Geheimnis: Als er eines Nachts erwachte, erblickte er Musette nicht neben sich. Er stand auf, lief in das Zimmer und sah die Geliebte, die allnächtlich seinen Schlummer wahrnahm, um die Blumen zu begießen, damit sie nicht starben.

VII

Die Fluten des Paktolus

Es war am 19. März ... Und wenn er das Alter Raoul-Rochettes erreichte, der bekanntlich dabei war, als Ninive erbaut wurde, nie wird Rodolphe dieses Datum vergessen, denn an ebendiesem Tag, dem Sankt-Josephs-Tag, kam unser Freund um drei Uhr nachmittags aus einer Bankfiliale, bei welcher er in klingenden und kursfähigen Münzen die Summe von fünfhundert Francs ausgezahlt erhalten hatte.

Der erste Gebrauch, den Rodolphe von diesem Stückchen Peru machte, das ihm in die Tasche gefallen war, bestand darin, daß er seine Schulden nicht bezahlte. Er hatte sich gelobt, sparsam zu sein, und wollte sich in keinerlei unnötige Ausgaben stürzen. Er hatte übrigens in dieser Beziehung äußerst genau durchdachte Grundsätze und behauptete, ehe man an das Überflüssige denke, müsse man sich an das Notwendige halten. Daher bezahlte er seine Gläubiger nicht, sondern kaufte sich eine türkische Pfeife, die er seit langem begehrte.

Mit dieser bewaffnet, begab er sich in die Wohnung seines Freundes Marcel, der ihn seit einiger Zeit beherbergte. Als er in des Künstlers Atelier trat, läuteten Rodolphes Taschen wie der Kirchturm eines Dorfes an einem hohen Festtag. Als er das ungewohnte Geräusch vernahm, meinte Marcel, es rühre von einem seiner Nachbarn her, einem fanatischen Baissespekulanten, der seine Börsengewinste Revue passieren ließe, und er murmelte: «Wieder dieser Intrigant von nebenan mit seinen Epigrammen! Wenn das noch lange dauert, kündige ich! Bei solchem Lärm kann man unmöglich arbeiten. Da bekommt man fast Lust, den armen Künstler an den Nagel zu hängen und die vierzig Räuber zu werden.» Und ohne im geringsten zu ahnen, daß sein Freund Rodolphe die Metamorphose in einen Krösus durchgemacht hatte, machte Marcel sich wieder an sein Gemälde, den «Zug durchs Rote Meer», das seit bald drei Jahren auf der Staffelei stand.

Rodolphe, der noch kein Wort gesagt hatte, da er über ein Experiment nachsann, das er mit seinem Freund anstellen wollte, sprach bei sich selber: «Gleich werden wir lachen; ei, soll das heiter werden, bei Gott!» Und er ließ ein Fünf-Francs-Stück zu Boden fallen.

Marcel hob die Augen und sah Rodolphe an, der jedoch ernst blieb wie ein Artikel in der «Revue des Deux Mondes».

Der Maler klaubte mit sehr zufriedener Miene das Geldstück auf und bereitete ihm einen anmutigen Empfang; denn obwohl er Farbenkleckser war, hatte er doch Lebensart und war gegen Fremde sehr höflich. Da er übrigens wußte, daß Rodolphe ausgegangen war, um Geld zu suchen, so beschränkte Marcel, als er sah, daß sein Freund bei seinem Unternehmen Glück gehabt hatte, sich darauf, das Ergebnis zu bewundern, und fragte nicht weiter, mit Hilfe welcher Mittel er dazu gekommen sei.

Er nahm also wortlos seine Arbeit wieder auf und ertränkte einen Ägypter vollends in den Fluten des Roten Meeres. Als er mit diesem Vorschlag fertig war, ließ Rodolphe ein zweites Fünf-Francs-Stück fallen, und indem er das Gesicht des Malers beobachtete, begann er in seinen Bart hineinzulachen, der, wie jedermann weiß, dreifarbig war.

Beim hellen Klang des Metalls sprang Marcel in die Höhe, als habe er einen elektrischen Schlag erhalten, und rief: «Nanu? Noch eine zweite Strophe?»

Ein drittes Stück rollte auf den Boden, dann ein viertes, dann ein fünftes, und schließlich tanzte eine ganze Talerquadrille im Zimmer.

Marcel begann sichtliche Spuren der Geisteszerrüttung zu zeigen, und Rodolphe lachte wie das Parterre des Théâtre Français bei der Erstaufführung der «Johanna von Flandern». Plötzlich und ohne weitere Rücksichtnahme griff Rodolphe mit vollen Händen in die Taschen, und die Taler begannen ein fabelhaftes Hinderniswrennen. Es war die Überschwemmung des Paktolus, das Bacchanal Jupiters mit der Danae.

Marcel stand reglos da, stumm, mit starrem Auge; das Staunen bewirkte bei ihm eine ähnliche Metamorphose wie diejenige, deren Opfer einst Lots Weib ihrer Neugier wegen wurde, und als Rodolphe seine letzte Hundert-Francs-Rolle auf den Boden warf, war die eine Seite des Malers schon ganz zu Salz geworden.

Rodolphe lachte noch immer. Und neben dieser stürmischen Heiterkeit wären die Donner des Saxschen Orchesters nur wie das Lallen eines Kindes an der Mutterbrust erschienen.

Geblendet, erdrosselt, erstarrt vor Aufregung, glaubte Marcel, daß er träume; und um den Alp, der ihn beklemmte, zu verjagen, biß er sich bis aufs Blut in den Zeigefinger, so daß der wütende Schmerz ihn aufschreien ließ.

Da merkte er denn, daß er vollkommen wach war; und als er sah, daß er das Geld mit Füßen trat, rief er wie in der Tragödie aus: «Soll ich meinen Augen trauen?»

Dann nahm er Rodolphes Hand in die seine und fügte hinzu: «Erkläre mir dieses Geheimnis!»

«Wenn ich es erkläre, würde es ja keins mehr sein!»

«Ja, aber wieso denn?»

«Dies Gold ist die Frucht meines Schweißes», sagte Rodolphe, indem er das Geld sammelte und auf dem Tisch aufstapelte, worauf er ein paar Schritte zurücktrat, voller Hochachtung auf die in Säulchen aufgeschichteten fünfhundert Francs blickte und dachte: ‹Jetzt also kann ich meine Träume verwirklichen?›

«Es müssen an die sechstausend Francs sein», sagte Marcel und betrachtete die Taler, die auf dem Tisch zitterten. «Ich habe einen Gedanken. Rodolphe muß mir meinen ‹Zug durchs Rote Meer› abkaufen.»

Plötzlich jedoch nahm Rodolphe eine Theaterpose ein, und mit feierlicher Gebärde und Stimme sprach er also zu dem Künstler: «Höre mich an, Marcel; das Vermögen, das da vor deinen Blicken strahlt, ist nicht das Resultat niedriger Machenschaften; ich habe meine Feder nicht verschachert; ich bin reich, aber ehrlich; dieses Gold hat mir eine hochherzige Hand gespendet, und ich habe geschworen, es zu benutzen, um durch Arbeit eine eines tugendhaften Menschen würdige Stellung zu erringen. Die Arbeit ist die heiligste der Pflichten.»

«Und das Pferd das edelste der Tiere», sagte Marcel, indem er Rodolphe unterbrach. «Ach», fügte er hinzu, «worauf willst du eigentlich hinaus, und von wannen kommt dir diese Prosa? Ohne Zweifel doch aus den Steinbrüchen des gesunden Menschenverstandes?»

«Unterbrich mich nicht und gebiete deinen Spöttereien Waffenruhe», sagte Rodolphe; «übrigens würden sie zerbrechen am Panzer des unverwundbaren Willens, den ich in Zukunft tragen werde.»

«Komm, laß es mit diesem Prolog jetzt bitte genug sein. Worauf willst du hinaus?»

«Höre also meine Pläne: Der materiellen Nöte des Lebens ledig, will ich ernsthaft arbeiten; ich werde meine ‹große Maschine› beenden und mich unerschütterlich in die Öffentlichkeit setzen. Zunächst verzichte ich auf die Boheme, ich kleide mich wie alle anderen, ich will einen Frack haben und die Salons besuchen. Willst du mit mir meines Weges ziehen, so werden wir auch in Zukunft zusammenwohnen, aber dann mußt du dich meinem Programm anpassen. Die strengste Sparsamkeit wird unseres Daseins waltende Göttin sein. Wenn wir uns einzurichten wissen, so haben wir drei Monate gesicherten Schaffens ohne jede Sorge um das Notwendige vor uns. Aber Sparsamkeit tut not.»

«Mein Freund», sagte Marcel, «die Sparsamkeit ist eine Wissenschaft, die nur den Reichen zugänglich ist; also kennen weder du noch ich ihre Grundelemente. Wenn wir jedoch einen Vorschuß von sechs Francs anlegen, so können wir die Werke des Jean-Baptiste Say erstehen, der ein ausgezeichneter Nationalökonom ist, und vielleicht vermag er uns zu lehren, wie man diese Kunst in die Tat umsetzen kann ... Hallo, du hast ja eine türkische Pfeife?»

«Ja», sagte Rodolphe, «die habe ich mir gekauft. Fünfundzwanzig Francs hat sie gekostet.»

«Was!? Du gibst fünfundzwanzig Francs für eine Pfeife aus ... und du sprichst von Sparsamkeit?»

«Es ist wirklich eine Ersparnis», antwortete Rodolphe, «ich habe jeden Tag eine Pfeife für zwei Sous zerbrochen: am Ende des Jahres ergibt das eine bedeutend höhere Ausgabe, als ich sie mir eben geleistet habe ... Es ist also wirklich Sparsamkeit.»

«Wahrhaftig», sagte Marcel, «du hast recht, darauf wäre ich nicht gekommen.»

In diesem Augenblick schlug es von einem nahen Kirchturm sechs Uhr.

«Laß uns schnell essen», sagte Rodolphe, «ich will schon heute abend den Anfang machen! Aber da wir gerade vom Essen reden, fällt mir etwas ein, cinc Überlegung: Wir verlieren tagtäglich kostbare Zeit mit dem Kochen; und da nun die Zeit der Reichtum des Arbeiters ist, muß mit ihr gespart werden. Von heute an werden wir außer Haus essen.»

«Ja», sagte Marcel, «so ungefähr zwanzig Schritt die Straße hinab liegt ein ausgezeichnetes Restaurant; es ist zwar ein bißchen teuer, aber dafür ist der Weg um so kürzer. Wir gleichen es also durch Zeitersparnis wieder aus.»

«Heute können wir ja mal hingehen», sagte Rodolphc, «aber morgen oder übermorgen müssen wir versuchen, uns noch sparsamer einzurichten ... Statt ins Restaurant zu gehen, wollen wir uns eine Köchin nehmen.»

«Nein, nein», unterbrach Marcel, «da nehmen wir uns lieber einen Diener, der gleichzeitig unser Koch ist. Bedenke doch, welche ungeheuren Vorteile daraus erwachsen! Zunächst einmal ist unser Haushalt immer in Ordnung: er putzt uns die Stiefel, er wäscht mir die Pinsel, er macht für uns Besorgungen; ich werde sogar versuchen, ihm Geschmack an den schönen Künsten beizubringen, dann kann er schließlich einmal mein Gehilfe werden. Auf diese Art sparen wir beide mindestens sechs Stunden täglich an Arbeit und Wirtschaftssorgen, und die werden unserem Schaffen zugute kommen.»

«Oh», rief Rodolphe, «ich habe noch einen Gedanken ... aber wir wollen lieber erst essen gehen.»

Fünf Minuten später saßen die beiden Freunde in einem Zimmer des nahen Restaurants und setzten ihr Gespräch über die Sparsamkeit fort.

«Also, paß auf, was mir vorhin eingefallen ist: Wenn wir nun statt eines Dieners eine Geliebte nähmen?» schlug Rodolphe vor.

«Eine Geliebte für zwei», rief Marcel entsetzt, «das hieße den Geiz bis zur Verschwendung treiben, und wir würden unsere Ersparnisse für Messer ausgeben, um uns gegenseitig den Hals abzuschneiden. Da ziehe ich doch den Diener vor; vor allem verleiht der uns Ansehen.»

«Ja, ja», sagte Rodolphe, «wir werden uns einen intelligenten Burschen nehmen; und wenn er von der Orthographie eine Ahnung hat, so muß er mir Korrekturen lesen.»

«Dann hat er für seine alten Tage einen Gelderwerb», sagte Marcel und zählte die einzelnen Posten der Rechnung zusammen, die fünfzehn Francs betrug. «Na, billig ist es nicht gerade! Für gewöhnlich haben wir zusammen für einsfünfzig gegessen.»

«Ja», erwiderte Rodolphe, «aber dann haben wir schlecht gespeist und mußten abends noch einmal essen. Alles in allem ist es also doch eine Ersparnis!»

«Du bist der Stärkere», murmelte der durch diesen Beweis überzeugte Künstler, «du hast immer recht. Wollen wir eigentlich heute abend arbeiten?»

«Nein, wahrhaftig nicht! Ich gehe zu meinem Onkel», sagte Rodolphe, «der ist ein feiner Kerl, ich werde ihm von meiner neuen Stellung erzählen, und er wird mir

gute Ratschläge geben. Und du, was fängst du an, Marcel?»

«Ich gehe zum alten Médicis und frage, ob er mir nicht ein paar Bilderrestaurationen anvertrauen will. Bei dieser Gelegenheit könntest du mir eigentlich fünf Francs pumpen.»

«Wozu?»

«Will über den Pont des Arts gehen.»

«Oh, das ist eine ganz überflüssige Ausgabe, und trotz ihrer geringen Höhe verstößt sie gegen unser Prinzip.»

«Freilich, ich habe unrecht, ich werde über den Pont-Neuf gehn ... Aber dann nehme ich eine Droschke.»

Und die beiden Freunde trennten sich, jeder schlug einen anderen Weg ein, doch ein seltsamer Zufall führte sie bald darauf an ein und demselben Orte zusammen.

«Schau, hast du denn deinen Onkel nicht getroffen?» fragte Marcel.

«Hast du denn Médicis nicht gesprochen?» fragte Rodolphe.

Und beide brachen in Gelächter aus.

Indessen gingen sie sehr früh nach Hause ... freilich erst am folgenden Morgen.

Zwei Tage später waren Rodolphe und Marcel vollständig verwandelt. Wie junge Ehemänner der obersten Klasse waren sie in ihren neuen Anzügen so schön, so glänzend, so elegant, daß sie sich nicht gleich erkannten, wenn sie einander auf der Straße trafen.

Ihr Sparsystem stand übrigens in voller Kraft, aber die Organisation der Arbeit wollte sich nur mit großer Mühe durchführen lassen. Sie hatten einen Diener genommen. Es war ein langer Kerl von vierunddreißig Jahren, ein Schweizer von Geburt und von einer Intelligenz, die an die Jokrissens erinnerte. Übrigens war er nicht zum Diener geboren, und wenn ihm einer seiner Herren ein etwas auffälliges Paket zu tragen gab, so wurde Baptiste vor Entrüstung rot und ließ den Gang von einem Dienstmann besorgen. Indessen hatte Baptiste auch seine guten Eigenschaften; wenn man ihm beispielsweise einen Hasen gab, so machte er im Notfall Hasenklein daraus. Da er überdies, bevor er Diener wurde, Destillateur gewesen war und seiner Kunst heiße Liebe bewahrt hatte, so stahl er einen großen Teil der Zeit, die er seinen Herren schuldete, um einen neuen Magenbitter zusammenzubrauen, der seinen Namen tragen sollte; auch wußte er einen vorzüglichen Nußlikör zu bereiten. In einer Beziehung jedoch blieb Baptiste ohne jeden Rivalen, in der Kunst nämlich, Marcels Zigarren zu rauchen und sie mit Rodolphes Manuskripten anzuzünden.

Eines Tages jedoch sollte Baptiste Marcel im Pharaokostüm für sein Gemälde «Der Zug durchs Rote Meer» Modell stehen. Auf diese Zumutung antwortete Baptiste mit einem schroffen Nein und verlangte seine Abrechnung.

«Gut», sagte Marcel, «Ihre Abrechnung werde ich heute abend regeln.»

Als Rodolphe nach Hause kam, erklärte ihm sein Freund, Baptiste müsse entlassen werden. «Er nützt uns absolut nichts», sagte er.

«Das ist schon richtig», antwortete Rodolphe, «er ist ein lebendiger Kunstgegenstand.»

«Er ist so dumm wie Bohnenstroh.»

«Faul ist er auch.»

«Er muß fort.»

«Also schicken wir ihn fort.»

«Aber er hat schließlich auch seine guten Seiten. Sein Hasenklein ist vorzüglich!»

«Und erst sein Nußlikör! Er ist der Raffael des Nußlikörs.»

«Ja, aber zu etwas anderem taugt er nicht, und das kann auch uns nicht genügen. Wir verschwenden unsere ganze Zeit in Diskussionen mit ihm.»

«Er hindert uns an der Arbeit.»

«Er ist schuld, daß ich meinen ‹Zug durchs Rote Meer› für den ‹Salon› nicht fertig bekomme. Er will mir für den Pharao nicht Modell stehen.»

«Ihm danke ich es, daß ich die Arbeit nicht habe beenden können, die bei mir bestellt war. Er wollte nicht auf die Bibliothek gehen und mir die Notizen holen, die ich brauchte.»

«Er ruiniert uns.»

«Entschieden, wir können ihn nicht behalten.»

«Also muß er fort … Aber dann müssen wir ihn bezahlen.»

«Dann bezahlen wir ihn eben, aber 'raus muß er! Gib mir Geld, dann rechne ich mit ihm ab.»

«Wie? Geld! Aber ich führe doch die Kasse nicht! Das tust du doch.»

«Ganz und gar nicht, du hast sie! Du hast die General-Intendantur übernommen», sagte Rodolphe.

«Aber ich schwöre dir, ich habe keinen roten Heller!» rief Marcel.

«Sollte unser Geld schon verbraucht sein? Ausgeschlossen! Man kann doch nicht in acht Tagen fünfhundert Francs ausgeben, besonders dann nicht, wenn man, wie wir, in der strengsten Sparsamkeit lebt und sich strikt auf das Notwendigste beschränkt!» (Strikt aufs Überflüssigste hätte er sagen sollen.) «Wir müssen die Rechnungen nachsehen, dann werden wir den Irrtum schon finden.»

«Ja», sagte Marcel, «aber nicht das Geld. Doch das ist einerlei, wir wollen die Ausgabenbücher nachsehn.»

Hier eine Probe aus dieser Buchführung, die unter den Auspizien der heiligen Ökonomie begonnen war:

«Den 19. März: Einnahmen 500 Frs. Ausgaben: eine türkische Pfeife 25 Frs.; Diner 15 Frs.; verschiedene Ausgaben 40 Frs.»

«Was sind denn das für verschiedene Ausgaben?» sagte Rodolphe zu Marcel, der las.

«Du weißt es ganz genau», antwortete dieser, «das war der Abend, als wir erst morgens nach Hause kamen. Übrigens haben wir dadurch Holz und Kerzen gespart.»

«Und dann? Weiter!»

«Den 20. März. Frühstück 1 Frs. 50 cts.; Tabak 20 cts.; Diner 2 Frs.; ein Lorgnon 2 Frs. 50 cts. Oh», sagte Marcel, «das kommt auf deine Rechnung, das Lorgnon! Wozu brauchtest du ein Lorgnon! Du siehst doch ausgezeichnet ...»

«Du weißt doch recht gut, daß ich für die ‹Schärpe der Iris› eine Besprechung des ‹Salon› zu machen hatte. Man kann unmöglich ohne Lorgnon Bilder kritisieren; es war also eine berechtigte Ausgabe. Und dann ...?»

«Ein Spazierstock ...»

«Ah, der geht auf deine Rechnung», sagte Rodolphe, «was brauchtest du einen Spazierstock?»

«Das sind alle Ausgaben vom 20.», sagte Marcel, ohne zu antworten. «Am 21. haben wir dann in der Stadt gefrühstückt und diniert und soupiert auch.»

«Da haben wir dann also wohl nicht so viel ausgegeben.»

«Nein, ziemlich wenig ... kaum dreißig Francs.»

«Aber wofür denn in aller Welt?»

«Das weiß ich nicht mehr», sagte Marcel, «es ist unter der Rubrik ‹Verschiedenes› eingetragen.»

«Ein unbestimmter und niederträchtiger Titel!» unterbrach Rodolphc.

«Den 22. Das ist der Tag, an dem Baptiste kam; wir haben ihm 5 Frs. Anzahlung auf seinen Lohn gegeben; für die Drehorgel 50 cts., für den Loskauf von vier kleinen Chinesenkinder, die von unglaublich barbarischen Eltern in den Gelben Fluß geworfen zu werden verurteilt waren 2 Frs. 50 cts.»

«Halt», sagte Rodolphe, «erkläre mir das bitte mal ein bißchen genauer! Wenn du schon der Drehorgel was gibst, warum stößst du dich dann an verdrehten Eltern? Und lag übrigens irgendeine Notwendigkeit vor, die kleinen Chinesen loszukaufen?»

«Ich bin von Natur großmütig», erwiderte Marcel.

«Weiter, los; bis jetzt haben wir uns noch sehr wenig vom Prinzip der Sparsamkeit entfernt.»

«Am 23. ist nichts eingetragen. Am 24. idem – Das sind zwei feine Tage. Am 25. Baptiste auf seinen Lohn 3 Frs. Vorschuß gegeben.»

«Mich dünkt, wir geben ihm recht oft Geld», fügte Marcel nachdenklich ein.

«Um so weniger sind wir ihm schuldig», antwortete Rodolphe. «Also weiter.»

«Am 26. März verschiedene und vom Standpunkt der Kunst aus nützliche Ausgaben, 36 Frs. 40 cts.»

«Was haben wir eigentlich so Nützliches gekauft?» sagte Rodolphe. «Ich entsinne mich nicht! 36 Frs. 40 cts., was mag das nur sein?»

«Was? Das hast du schon vergessen? ... Das ist der Tag, als wir auf die Türme der Notre-Dame gestiegen sind, um Paris aus der Vogelperspektive zu sehn ...»

«Aber die Besteigung der Türme kostet doch nur acht Sous», sagte Rodolphe.

«Ja; aber als wir herunterkamen, haben wir in Saint-Germain gegessen.»

«Diese Buchführung sündigt durch Klarheit.»

«Am 27. ist nichts eingetragen.»

«Gut! Da sind wir sparsam gewesen.»

«Am 28. Baptiste auf seinen Lohn 6 Frs. gezahlt.»

«Oh, jetzt bin ich sicher, daß wir Baptiste nichts mehr schulden. Vielleicht kriegen wir sogar noch etwas von ihm ... Wir müssen mal nachrechnen.»

«Den 29. Sieh, der 29. ist nicht eingetragen; statt der Ausgaben steht der Anfang zu einer Abhandlung über die Sitten da.

Den 30. Ah, da hatten wir Tischgäste: eine mächtige Ausgabe, 30 Frs. 55 cts. Den 31., das heißt heute, haben wir noch nichts ausgegeben. Du siehst», schloß Marcel, »es ist sehr genau Buch geführt worden. Die Gesamtsumme beträgt noch längst keine 500 Frs.»

«Dann also muß noch Geld in der Kasse sein.»

«Ich kann ja mal nachsehn», sagte Marcel und öffnete ein Schubfach. «Nein», sagte er, «es ist nichts mehr darin. Nur eine Spinne.»

«Spinne am Morgen: Kummer und Sorgen», sagte Rodolphe.

«Wo zum Teufel ist denn nur all das Geld geblieben?»

entgegnete Marcel niedergeschmettert, als er die leere Kasse sah.

«Donnerwetter, das ist doch ganz einfach», sagte Rodolphe, «wir haben eben den ganzen Rest Baptiste gegeben.»

«Warte!» rief Marcel und griff in das Schubfach, in dem er ein Papier liegen sah. «Die letzte Mietsquittung!» rief er.

«Bah», sagte Rodolphe, «wie ist denn die dahin gekommen?»

«Und noch dazu quittiert», fügte Marcel hinzu; «du hast also den Hauswirt bezahlt?»

«Ich? Ist dir nicht wohl?» sagte Rodolphe.

«Aber was bedeutet ...»

«Sei sicher ...»

«Erkläret dies Geheimnis mir!» sangen sie gemeinsam nach der Melodie des Finale der «Weißen Dame».

Baptiste, der die Musik liebte, kam daraufhin herbeigelaufen.

Marcel zeigte ihm die Quittung.

«Ach ja», sagte Baptiste nachlässig, «ich hatte vergessen Ihnen das zu sagen: Der Hauswirt kam heut morgen, als Sie fort waren! Ich habe ihn bezahlt, damit er nicht noch mal zu kommen brauchte.»

«Wie sind Sie denn zu dem Gelde gekommen?»

«Ach, gnädiger Herr», sagte Baptiste, «das habe ich aus dem offenen Schubfach genommen; ich dachte, die Herren hätten es in dieser Absicht aufgelassen, und ich sagte mir: Als meine Herren gingen, haben sie mir zu sagen vergessen: ‹Baptiste, der Hauswirt wird kommen, um sich die Miete zu holen, bezahlen Sie ihn›; und da hab' ich getan, als wenn Sie es mir befohlen hätten ..., ohne daß Sie es mir befohlen hatten.»

«Baptiste», sagte Marcel in hellem Zorn, «Sie haben unsere Gebote übertreten; von heute an gehören Sie nicht mehr zu unserem Hause. Baptiste, geben Sie ihre Livree zurück.» Baptiste nahm die Wachstuchmütze ab, die seine Livree war, und reichte sie Marcel.

«Gut», sagte dieser, «jetzt können Sie gehn ...»

«Und mein Lohn?»

«Was sagen Sie, Sie komischer Kerl? Sie haben mehr erhalten, als Ihnen zustand. Ich habe Ihnen in kaum vierzehn Tagen vierzehn Francs gegeben. Was machen Sie eigentlich mit all dem Geld? Sie halten wohl eine Tänzerin aus?»

«Eine Seiltänzerin?» fügte Rodolphe hinzu.

«Ich werde also verstoßen», sagte der unglückliche Diener, «ohne ein Dach, mein Haupt darunter zu bergen?»

«Nehmen Sie Ihre Livree zurück», sagte Marcel, den diese Worte wider Willen rührten.

Und er gab Baptiste seine Mütze wieder.

«Dieser Unglückliche hat also unser Vermögen vergeudet», sagte Rodolphe, als er den armen Baptiste abschieben sah. «Wo wollen wir nun heute essen?»

«Das werden wir morgen wissen», antwortete Marcel.

VIII

Was ein Fünf-Francs-Stück kostet

Eines Samstags gegen Abend, in jener Zeit, da er noch nicht mit Fräulein Mimi zusammenlebte, die der Leser bald wird auftreten sehen, machte Rodolphe an seinem Mittagstisch die Bekanntschaft einer Putzmacherin namens Laure. Als sie erfuhr, daß Rodolphe Chefredakteur der «Schärpe der Iris» und des «Castor» sei, zweier Modezeitschriften, begann die Modistin, in der Hoffnung, für ihre Produkte Reklame machen zu können, eine Reihe bedeutsamer Sticheleien. Diese Lockungen beantwortete Rodolphe mit einem Feuerwerk von Madrigalen, das Benserade, Voiture und all die Ruggieris des galanten Stils hätte eifersüchtig machen können; und als Fräulein Laure am Schluß der Mahlzeit erfahren hatte, daß Rodolphe außerdem noch Dichter sei, gab sie ihm deutlich zu verstehen, sie sei gar nicht abgeneigt, ihn zu ihrem Petrarca zu erwählen. Sie gewährte ihm sogar ohne Umschweife auf den folgenden Tag ein Stelldichein.

«Donnerwetter», sagte Rodolphe bei sich, als er Fräulein Laure nach Hause brachte, «das ist ja eine ganz reizende kleine Person! Sie scheint nur wenig Grammatik, dafür aber recht anständige Garderobe zu haben. Ich bin durchaus geneigt, sie glücklich zu machen.»

Als sie vor ihrer Haustür angelangt waren, ließ Fräulein Laure Rodolphes Arm los und dankte ihm dafür, daß er sie in ein so entlegenes Viertel begleitet habe.

«Oh, meine Gnädigste», antwortete Rodolphe und verneigte sich bis zum Boden, «ich wünschte, Sie wohnten in Moskau oder auf den Sundainseln, damit ich des Vergnügens, Ihr Kavalier zu sein, noch länger teilhaftig gewesen wäre.»

«Es wäre ein bißchen weit», antwortete Laure geziert.

«Wir wären über die Boulevards gegangen, meine Gnädigste», sagte Rodolphe. «Erlauben Sie mir, Ihnen in Gestalt Ihrer Wange die Hand zu küssen», fuhr er fort und küßte seine Begleiterin auf die Lippen, ehe Laure hätte Widerstand leisten können.

«Oh», rief sie, «Sie machen zu schnell.»

«Um schneller zum Ziel zu kommen», sagte Rodolphe. «In der Liebe muß man die ersten Etappen im Galopp zurücklegen.»

‹Ein komischer Kerl›, dachte die Modistin, als sie in ihr Haus eintrat.

«Ein reizendes Geschöpf!» sagte Rodolphe, als er davonging.

Zu Hause legte er sich a tempo ins Bett und träumte die süßesten Träume. Er sah sich mit Fräulein Laure am Arm auf Bällen, Promenaden und in Theatern, und sie trug prachtvollere Toiletten, als die kokette Heldin im Märchen von der Eselshaut sie sich wünschte.

Am folgenden Tage stand Rodolphe seiner Gewohnheit gemäß um elf auf. Sein erster Gedanke galt Fräulein Laure.

«Ein Prachtweib!» murmelte er. «Ich bin überzeugt, sie ist in Saint-Denis erzogen worden. Endlich also werde ich das Glück kennenlernen, eine Geliebte zu haben, die nicht ärmlich aussieht. Entschieden muß ich ihr dafür ein Opfer bringen. Ich gehe zur ‹Schärpe der Iris›, hebe mein Geld ab, kaufe Handschuhe und gehe mit Laure zum Essen in ein Restaurant, wo es Servietten gibt. Mein Rock ist ja nicht gerade sehr schön», sagte er, als er sich anzog, «aber bah, Schwarz kleidet so gut»!

Und er ging fort, um sich zur Redaktion der «Schärpe der Iris» zu begeben.

Als er die Straße überquerte, sah er einen Omnibus, vor dessen Scheiben ein Plakat hing, auf dem zu lesen stand:

HEUTE SONNTAG
WASSERKÜNSTE IN VERSAILLES

Ein Blitz aus heiterem Himmel hätte auf Rodolphe keinen tieferen Eindruck gemacht als der Anblick dieses Plakates.

«Heute Sonntag! Das hatte ich ja ganz vergessen», rief er, «nun werde ich nirgends Geld bekommen. Heute Sonntag!!! Da ist ja alles, was Beine hat in Paris, unterwegs nach Versailles.»

Indessen lief er, getrieben von einer jener Fabelhoffnungen, an die der Mensch sich stets zu klammern pflegt, ins Büro, denn er rechnete darauf, daß ein glücklicher Zufall den Kassierer dorthin geführt habe.

Herr Boniface war tatsächlich auf einen Augenblick dagewesen, aber gleich wieder gegangen.

«Er wollte nach Versailles fahren», sagte der Bürodiener zu Rodolphe.

«O weh», murmelte Rodolphe, «es ist aus ...» – ‹Aber immerhin›, dachte er, ‹mein Stelldichein ist erst heute abend. Es ist zwölf, ich habe also noch fünf Stunden Zeit, um fünf Francs aufzutreiben, einen Franc pro Stunde, wie die Pferde im Bois de Boulogne! Also weiter!›

Da in dem Stadtviertel, in dem er sich gerade befand, ein Journalist wohnte, den er den «einflußreichen Kritiker» nannte, gedachte er, bei diesem den ersten Versuch zu machen.

«Ich treffe ihn ganz sicher, denn», sagte er, als er die Treppe hinaufstieg, «heute ist sein Feuilletontag; da ist keine Gefahr, daß er ausgeht. Ich werde ihn um fünf Francs anpumpen.»

«Ah! Sieh da!» sagte der Literat, als er Rodolphe erblickte. «Sie kommen gerade recht, Sie können mir einen kleinen Gefallen tun.»

‹Wie sich das trifft›, dachte der Redakteur der «Schärpe der Iris».

«Waren Sie gestern im Odéon?»

«Ich bin immer im Odéon.»

«Dann haben Sie also das neue Stück gesehen?»

«Wer hätte es sonst gesehen? Ich bin das Publikum des Odéon.»

«Nun ja», sagte der Kritiker, «Sie sind eine der Karyatiden dieses Theaters. Es geht sogar das Gerücht, Sie seien es, der die Subvention bezahle. Nun, um was ich Sie eben bitten wollte – um eine Besprechung des neuen Stücks.»

«Das ist einfach; ich habe ein Gedächtnis wie ein Manichäer.»

«Von wem ist eigentlich das Stück?» fragte der Kritiker, während Rodolphe schrieb.

«Von irgendeinem Herrn.»

«Dann wird es nicht gerade stark sein!»

«Ganz sicher weniger stark als ein Türke.»

«Dann ist es nicht allzu robust. Die Türken, sehn Sie, stehn mit Unrecht im Ruf der Kraft, sie können niemals Savoyarden werden.»

«Und warum nicht?»

«Alle Savoyarden sind Auvergnaten, und die Auvergnaten sind Lastträger. Und dann gibt es keine Türken mehr, außer auf Vorstadtmaskenbällen und in den Champs-Élysées, wo sie Datteln verkaufen. Der Türke ist ein Vorurteil. Ich habe einen Freund, der den Orient kennt, und er hat mir versichert, alle Orientalen seien in der Rue Coquenard zur Welt gekommen.»

«Allerliebst, was Sie da sagen», meinte Rodolphe.

«Finden Sie?» fragte der Kritiker. «Ich werde es in mein Feuilleton hineinverarbeiten.»

«Hier meine Analyse; sie ist famos geschrieben», erwiderte Rodolphe.

«Ja, aber sie ist reichlich kurz.»

«Wenn Sie Gedankenstriche dazwischen streuen und Ihre kritische Meinung entwickeln, so füllt sie immerhin einigen Raum.»

«Dazu werde ich kaum Zeit haben, mein Lieber, und dann ist meine kritische Meinung auch nicht sehr umfangreich.»

«Fügen Sie doch bei jedem dritten Wort ein Adjektiv ein!»

«Könnten Sie nicht in Ihre Analyse eine kurze oder besser eine lange Kritik des Stücks einschmuggeln, ja?» fragte der Kritiker.

«Teufel», sagte Rodolphe, «ich habe zwar meine Gedanken über die Tragödie, aber ich warne Sie! Ich habe Sie schon dreimal im ‹Castor› und in der ‹Schärpe der Iris› gedruckt.»

«Das ist gleich; wieviel Zeilen werden Ihre Gedanken ergeben?»

«Vierzig.»

«Allerhand, Achtung! Haben Sie aber lange Ideen! Schön, leihen Sie mir Ihre vierzig Zeilen.»

‹Gut›, dachte Rodolphe, ‹wenn ich ihm für zwanzig Francs Manuskript mache, kann er mir fünf Francs nicht abschlagen.› – «Ich muß Sie nochmals warnen», sagte er zu dem Kritiker; «meine Ideen sind nicht völlig neu. Sie sind am Ellbogen leicht abgeschabt. Bevor ich sie druckte, habe ich sie in allen Cafés von Paris ausposaunt; es gibt keinen Kellner, der sie nicht wörtlich hersagen könnte.»

«Oh, das macht mir nichts aus! ... Sie kennen mich doch! Alles ist schon dagewesen, außer der Tugend.»

«Hier», sagte Rodolphe, als er fertig war.

«Himmel und Hölle! Es fehlen immer noch zwei Spalten ... Womit soll man diesen Abgrund füllen!» rief der Kritiker aus. «Da Sie nun einmal hier sind, geben Sie mir schnell noch ein paar Paradoxe.»

«Ich habe keine bei mir», sagte Rodolphe; «aber ich kann Ihnen trotzdem ein paar leihen; nur sind sie nicht von mir; ich habe sie für fünfzig Centimes von einem Freunde gekauft, dem es gerade sehr schlecht ging. Sie sind noch fast ganz neu.»

«Schön!» sagte der Kritiker.

‹Herrlich!› sagte sich Rodolphe und begann von neuem zu schreiben. ‹Ich werde ihn lieber um zehn Francs bitten; heutzutage sind Paradoxe so teuer wie

Rebhühner.› Und er schrieb ungefähr dreißig Zeilen, in denen Redensarten über Klaviere, Goldfische, die Schule des gesunden Menschenverstandes und den Rheinwein zu lesen waren, welch letzterer ein Toilettenwein genannt wurde.

«Recht hübsch», sagte der Kritiker; «tun Sie mir doch den Gefallen und schreiben Sie hinzu, das Zuchthaus sei der Ort, wo man die meisten anständigen Leute treffe.»

«Nanu? Warum denn?»

«Damit es zwei Zeilen mehr werden. Gut, erledigt», sagte der einflußreiche Kritiker und rief seinen Diener, um das Feuilleton in die Druckerei tragen zu lassen.

«Und jetzt», sagte Rodolphe vor sich hin, «jetzt vollende ich's. Die Gelegenheit ist günstig!» Und er trug feierlich seine Bitte vor.

«Oh, mein Lieber», sagte der Kritiker, «ich habe selbst keinen Sou im Hause. Lolotte richtet mich zugrunde; eben hat sie mich bis auf den letzten Heller ausgeplündert, um nach Versailles zu gehn und die Nereiden und Erzungeheuer flüssige Strahlen speien zu sehn.»

«Nach Versailles?» sagte Rodolphe. «Das ist ja eine wahre Epidemie!»

«Wozu brauchen Sie übrigens Geld?»

«Vernehmt das Gedicht», antwortete Rodolphe. «Ich habe heute abend um fünf eine Verabredung mit einer Dame der Gesellschaft, einer großen Frau, die immer im Omnibus fährt. Ich möchte mein Schicksal auf ein paar Tage an das ihre ketten, und es scheint mir nur angemessen, wenn ich sie die Freuden des Lebens kosten lasse. Diner, Ball, Promenaden und so weiter, und so weiter. Ich brauche unbedingt fünf Francs; wenn ich sie nicht auftreibe, ist die französische Literatur in meiner Person entehrt.»

«Weshalb borgen Sie die Summe nicht von der Dame selber?» rief der Kritiker.

«Beim erstenmal geht das doch nicht gut. Nur Sie können mir aushelfen.»

«Bei allen Mumien Ägyptens, ich schwöre Ihnen auf

großes Ehrenwort, in diesem Hause ist nicht Geld genug, um eine Soupfeife oder eine Virginia zu kaufen. Aber ich habe da ein paar Schmöker, die Sie schwimmen lassen können.»

«Heute, am Sonntag, ausgeschlossen! Mama Mansut, Lebigre und alle Buden auf den Quais und in der Rue Saint-Jacques haben zu. Um was für Schmöker handelt es sich denn? Gedichtbände, mit dem Porträt des bebrillten Verfassers? Aber so etwas kauft doch kein Mensch.»

«Wenn er nicht gerichtlich dazu verurteilt wird», sagte der Kritiker. «Warten Sie, hier habe ich noch ein paar Romanzen und Konzertbilletts. Wenn Sie es geschickt anfangen, können Sie sie zu Geld machen.»

«Etwas anderes wäre mir lieber, zum Beispiel eine Hose.»

«Wo denken Sie hin», sagte der Kritiker, «nehmen Sie noch diesen Bossuet und die Gipsbüste Odilon Barrots; auf Ehrenwort, es ist das Scherflein der Witwe.»

«Ich sehe, Sie sind guten Willens», sagte Rodolphe. «Ich nehme die Schätze mit; aber wenn ich einsfünfzig herausschlage, so ist das die dreizehnte Arbeit des Herkules.»

Nachdem er nahezu vier Stunden unterwegs gewesen war, gelang es Rodolphe mit Hilfe einer Beredsamkeit, derer er sich bei allen großen Gelegenheiten bediente, von seiner Waschfrau zwei Francs zu borgen, und zwar gegen Hinterlegung der Gedichtbände, der Romanzen und der Barrotbüste. «Mut!» sagte er, als er wieder über die Brücke ging. «Die Soße ist da, jetzt heißt es, den Braten finden. Wenn ich einmal zu meinem Onkel ginge?»

Eine halbe Stunde darauf war er bei Onkel Monetti, der seinem Neffen an der Nase ansah, um was es sich handelte. Er war also auf der Hut und beugte jeder Bitte durch eine Reihe von Klagen vor: «Die Zeiten sind hart, das Brot ist teuer, die Gläubiger zahlen nicht, die Miete ist fällig, der Handel liegt in den letzten Zügen!» usw. usw., all die heuchlerischen Litaneien der Kaufleute.

«Glaubst du mir», sagte der Onkel, «daß ich von meinem Verkäufer habe Geld leihen müssen, um einen Wechsel zu bezahlen?»

«Du hättest zu mir schicken sollen», sagte Rodolphe. «Ich hätte dir gern Geld geliehen; ich habe gerade vor drei Tagen zweihundert Francs bekommen.»

«Danke, mein Junge», sagte der Onkel, «aber du hast dein Geld selber nötig ... Aber da du nun einmal hier bist, könntest du mir mit deiner schönen Handschrift eigentlich ein paar Rechnungen abschreiben, die ich einkassieren will.»

«Die fünf Francs kommen mich teuer zu stehn», sagte Rodolphe und machte sich an die Arbeit; aber er kürzte sie ab.

«Mein lieber Onkel», sagte er zu Monetti, «ich weiß, wie gern du Musik hörst, und ich bringe dir ein paar Konzertbilletts.»

«Du bist sehr liebenswürdig, mein Junge. Willst du zum Abendessen bleiben?»

«Danke, lieber Onkel, ich bin im Faubourg Saint-Germain eingeladen; ich bin sogar in Verlegenheit, weil ich keine Zeit mehr habe, um nach Hause zu gehn und mir Geld zu holen, ich muß mir vorher noch Handschuhe kaufen.»

«Du hast keine Handschuhe? Soll ich dir meine leihen?» sagte der Onkel.

«Danke, wir haben nicht dieselbe Größe; aber du tätest mir einen Gefallen, wenn du mir ...»

«Einsfünfundvierzig liehest, um welche zu kaufen? Gewiß, mein Junge, hier hast du ... Wenn man in Gesellschaft geht, muß man gut angezogen sein. Besser Neid erwecken als Mitleid, sagte deine Tante. Nun, ich sehe, du kommst weiter, das freut mich ... Ich hätte dir gern mehr gegeben», fuhr er fort, «aber ich hatte weiter nichts in der Kasse; ich müßte nach oben gehn, und ich kann den Laden nicht allein lassen; alle Augenblicke kommen Kunden.»

«Du sagtest doch, das Geschäft ginge nicht?»

Onkel Monetti tat, als hätte er nichts gehört, und sagte

zu seinem Neffen, der die neunundzwanzig Sous einsteckte: «Du brauchst sie mir so bald nicht wiederzugeben.»

«Der Geizkragen!» sagte Rodolphe und schlüpfte hinaus. ‹Ach ja›, dachte er, ‹nun fehlen noch einundreißig Sous. Wo soll ich sie finden? Aber da fällt mir ein: Ich werde auf den Platz der Vorsehung gehn.›

So nannte Rodolphe den Mittelpunkt von Paris, nämlich das Palais-Royal; einen Ort, wo man unmöglich zehn Minuten stehen kann, ohne zehn Bekannte und besonders Gläubiger zu treffen. Rodolphe stellte sich also auf der Treppe des Palais-Royal auf die Lauer. Diesmal ließ die Vorsehung lange auf sich warten. Endlich sah Rodolphe sie kommen. Sie trug einen weißen Hut, einen grünen Mantel und einen Spazierstock mit Goldkrücke ..., eine recht elegante Vorsehung also.

Es war ein liebenswürdiger und reicher, wenn auch etwas geschwätziger junger Herr.

«Ich bin entzückt, Sie zu treffen», sagte er zu Rodolphe, «kommen Sie doch ein wenig mit, wir wollen plaudern.»

«Wehe, ich muß mich der Wortfolter unterziehen», murmelte Rodolphe und ließ sich von dem weißen Hut fortziehen, der ihn denn auch tatsächlich fast totredete.

Als sie sich dem Pont des Arts näherten, sagte Rodolphe zu seinem Begleiter: «Ich muß mich verabschieden, ich habe kein Geld für den Brückenzoll.»

«Lassen Sie doch», sagte der andere, nahm Rodolphe am Arm und war dem Invaliden zwei Sousstücke hin.

‹Der Augenblick ist gekommen›, dachte der Redakteur der «Schärpe der Iris», als sie über die Brücke gingen. Und drüben, vor der Institutsuhr, blieb Rodolphe plötzlich stehen, zeigte mit verzweifelter Geste auf das Zifferblatt und rief: «Donnerwetter! Viertel vor fünf! Ich bin verloren!»

«Was ist?» fragte der andere erstaunt.

«Nur dieses», rief Rodolphe, «daß ich durch Ihre

Schuld, denn Sie haben mich bis hierher mitgeschleppt, eine Verabredung versäume!»

«Ist sie wichtig?»

«Allerdings! Ich sollte um fünf Uhr Geld abholen, in Batignolles ..., ich komme viel zu spät ... Verdammt! Was fange ich an?»

«Lieber Gott», sagte der Totredner, «ganz einfach, gehn Sie mit zu mir, ich leihe Ihnen.»

«Ausgeschlossen! Sie wohnen in Montrouge, und ich habe um sechs Uhr auf der Chaussée-d'Antin zu tun ... Scheußliches Pech! ...»

«Ein paar Sous habe ich bei mir», sagte die Vorsehung schüchtern, «aber sehr wenig.»

«Wenn ich wenigstens so viel hätte, daß ich einen Wagen nehmen könnte, käme ich vielleicht noch rechtzeitig nach Batignolles.»

«Hier haben Sie den Rest meines Portemonnaies, mein Lieber, einunddreißig Sous.»

«Geben Sie her, schnell, geben Sie her, ich muß laufen!» sagte Rodolphe, der die fünfte Stunde schlagen hörte; und er lief eilends zum Ort seines Rendezvous.

«Das hat wahrhaftig schwergehalten», sagte er, als er sein Geld zählte. «Hundert Sous, vollwertig wie Gold. Nun, ich bin bereit, und Laure soll sehn, daß sie mit einem Mann von Welt zu tun hat. Heute abend will ich keinen Heller wieder mit nach Hause bringen. Es gilt, die Literatur zu rehabilitieren und zu beweisen, daß ihr, um reich zu sein, nichts fehlt als Geld.»

Rodolphe fand Fräulein Laure am Ort des Stelldicheins bereits vor.

«Schön!» sagte er. «Der Pünktlichkeit nach ist sie ein weiblicher Bréguet.»

Er verbrachte den Abend mit ihr und schmolz die fünf Francs im Tiegel der Verschwendung wacker ein. Fräulein Laure war entzückt von seiner Lebensart und geruhte erst zu bemerken, daß Rodolphe sie nicht in ihre Wohnung geleitete, als er ihr die Tür seines Zimmers öffnete.

«Ich tue etwas Unrechtes», sagte sie. «Hoffentlich habe ich es nicht zu bereuen, denn das Erbteil Ihres Geschlechts ist der Undank.»

«Meine Gnädige», sagte Rodolphe, «ich bin berühmt wegen meiner Beständigkeit. Sie geht so weit, daß alle meine Freunde sich über meine Treue wundern und mich deshalb den General Bertrand der Liebe nennen.»

IX

Die weißen Veilchen

Rodolphe war zu jener Zeit sehr in seine Cousine Angèle verliebt, die ihn nicht leiden konnte; es war Winter, und das Thermometer des Physikers Chevalier zeigte zwölf Grad unter Null.

Fräulein Angèle war die Tochter des Herrn Monetti, des Ofenfabrikanten, von dem zu sprechen wir schon verschiedentlich Gelegenheit hatten. Fräulein Angèle war achtzehn Jahre alt und kam aus Burgund, wo sie fünf Jahre bei einer Verwandten gelebt hatte, die ihr später ihr Vermögen hinterlassen sollte. Diese Verwandte war eine alte Dame und nie jung oder schön gewesen, dafür aber um so boshafter, obwohl (oder weil) sie fromm war. Angèle, die, als sie abreiste, ein reizendes Kind gewesen war, das schon den Keim zu einer ebenso reizenden Jungfrau ahnen ließ, hatte sich, als sie nach fünf Jahren heimkehrte, in ein schönes, aber kaltes, trockenes und gleichgültiges Wesen verwandelt. Das einsame Provinzleben, die übertriebenen Andachtsübungen und eine Erziehung auf Grund engherziger Prinzipien hatten ihren Geist mit vulgären und absurden Vorurteilen erfüllt, ihre Phantasie verkrüppelt und aus ihrem Herzen ein Organ gemacht, das sich darauf beschränkte, seine Funktion als Blutumlaufsregulator zu erfüllen. Angèle hatte sozusagen statt des Blutes Weihwasser in den Adern. Bei ihrer Rückkehr begegnete sie ihrem Vetter mit eisiger Zurückhaltung, und es war verlorene Zeit, sooft er in ihr die zarte Saite der Erinnerung zum Schwingen zu bringen versuchte, der Erinnerung an die Zeit, da sie jene Liebelei nach Art Pauls und Virginies angeknüpft hatten, wie das zwischen Vetter und Base so üblich ist. Indessen war Rodolphe schrecklich verliebt in seine Cousine Angèle, die ihn nicht leiden konnte; und als er eines Tages erfuhr, daß das junge Mädchen in nächster Zeit zur Hochzeit einer Freundin eingeladen worden sei, hatte er die Kühnheit besessen, Angèle für diesen Ball einen Veilchenstrauß zu versprechen. Und nachdem sie die Erlaubnis ihres Vaters erbeten hatte, nahm sie die Galanterie ihres Vetters an, allein sie bestand darauf, daß es weiße Veilchen sein müßten.

Rodolphe war ganz glücklich über die Liebenswürdigkeit seiner Cousine und sprang und sang, als er wieder auf seinen «Saint-Bernard» stieg. So nämlich nannte er seine Wohnung. Weshalb, wird man sogleich sehen. Als er durch das Palais-Royal ging und an dem Laden der Frau Provost, der berühmten Blumenhändlerin, vorüberkam, sah Rodolphe weiße Veilchen im Schaufenster, und aus Neugier trat er ein, um zu fragen, was sie kosteten. Ein präsentabler Strauß kostete nicht weniger als zehn Francs, aber manche waren noch weit teurer.

«Den Teufel auch», sagte Rodolphe, «zehn Francs, und mir bleiben nur acht Tage, um diese Million aufzubringen. Das wird Mühe kosten; aber gleichviel, meine Cousine soll ihren Strauß haben. Ich habe schon eine Idee.»

Dieses Abenteuer ereignete sich in Rodolphes literarischer Genesis. Er hatte damals kein festes Einkommen außer einer Pension von fünfzehn Francs monatlich, die ihm einer seiner Freunde ausgesetzt hatte, ein großer Dichter, der nach langem Aufenthalt in Paris mit Hilfe von Protektionen Schulmeister in der Provinz geworden war. Rodolphe, bei dem die Verschwendung Pate gestanden hatte, gab seine Pension stets in vier Tagen aus; und da er den heiligen und wenig einträglichen Beruf des elegischen Dichters nicht aufgeben wollte, lebte er die übrige Zeit von jenem Zufallsmanna, das langsam aus dem Füllhorn der Vorsehung rieselt. Doch diese Fastenzeit schreckte ihn nicht; er durchlebte sie heiter, dank seiner stoischen Nüchternheit und dank den Phantasieschätzen, die er täglich verschwendete, bis daß er

am Ersten des Monats anlangte, jenem Ostertag, der seiner Passionszeit ein Ende setzte. Rodolphe wohnte in der Rue Contrescarpe-Saint-Marcel in einem großen Gebäude, das ehedem «Palais der grauen Eminenz» hieß, weil angeblich Pater Joseph, Richelieus verdammte Seele, darin gewohnt hatte. Rodolphe hauste ganz oben in diesem Gebäude, einem der höchsten, die es in Paris gibt. Sein Zimmer war eine Art Aussichtsturm und ein köstlicher Aufenthalt während des Sommers, aber vom Oktober bis zum April war es ein kleines Kamtschatka. Die vier Kardinalwinde, die durch die vier Fenster eindrangen, deren Scheiben fast alle zerbrochen waren, führten darin während der ganzen schlimmen Jahreszeit ungestüme Quartette auf. Wie die leibhaftige Ironie stand auch noch ein Kamin darin, dessen ungeheure Öffnung einer Ehrenpforte für Boreas und sein ganzes Gefolge glich. Beim ersten Frost hatte Rodolphe zu einem merkwürdigen Heizsystem gegriffen; er hatte die wenigen Möbel, die er besaß, regelrecht abgeholzt, und nach acht Tagen hatte sein Mobiliar sich schon beträchtlich verringert: Es blieben ihm nur noch das Bett und zwei Stühle; diese Möbel waren freilich aus Eisen und also von Natur gegen Feuer versichert. Rodolphe nannte diese Art des Heizens «durch den Schornstein ausziehen».

Es war also Januar, und das Thermometer auf dem Quai des Lunettes, das zwölf Grad Kälte wies, würde zwei oder drei Grad mehr gezeigt haben, hätte man es in den Aussichtsturm gebracht, den Rodolphe den «Saint-Bernard», «Spitzbergen» und «Sibirien» benannt hatte.

An jenem Abend, an dem er seiner Cousine die weißen Veilchen versprochen hatte, packte Rodolphe, als er nach Hause kam, großer Zorn: Die vier Kardinalwinde hatten beim Spiel in den vier Winkeln des Zimmers zum Überfluß noch eine Scheibe zerbrochen. Das war seit vierzehn Tagen der dritte Schaden dieser Art. Rodolphe erschöpfte sich in wütenden Flüchen gegen Äolus und seine ganze Familie. Nachdem er die neue Bresche mit dem Bilde eines seiner Freunde geschlossen hatte, legte Rodolphe sich mit allen Kleidern zwischen die beiden gehobelten Bretter, die er seine Matratzen nannte, und die ganze Nacht lang träumte er von weißen Veilchen.

Nach Verlauf von fünf Tagen hatte Rodolphe noch keinerlei Mittel gefunden, mit deren Hilfe er seinen Traum hätte verwirklichen können, und in zwei Tagen sollte er seiner Cousine den Strauß überreichen. Inzwischen war das Thermometer noch mehr gefallen, und der unglückliche Dichter verzweifelte fast bei dem Gedanken, die Veilchen könnten noch teurer geworden sein. Schließlich hatte die Vorsehung Mitleid mit ihm, und folgendermaßen kam sie ihm zu Hilfe.

Eines Morgens ging Rodolphe aufs Geratewohl zum Frühstück zu seinem Freund, dem Maler Marcel, und er fand ihn im Gespräch mit einer Dame in Trauer. Es war eine Witwe aus der Nachbarschaft; sie hatte kürzlich ihren Gatten verloren und wollte fragen, wie teuer es sei, wenn Marcel auf das Grabmal, das sie dem Verstorbenen hatte errichten lassen, eine Männerhand malen würde, unter der stehen sollte: «Ich harre deiner, geliebte Gattin.» Damit es billiger würde, gab sie dem Künstler zu bedenken, daß er dereinst, wenn Gott sie wieder mit ihrem Manne vereine, eine zweite Hand zu malen habe, ihre eigene Hand, mit einem Armband geschmückt und einer neuen Unterschrift: «Nun endlich haben wir uns wieder.»

«Ich werde darüber eine Klausel in mein Testament setzen lassen und bestimmen, daß die Arbeit Ihnen anvertraut wird.»

«Wenn die Sache so liegt, gnädige Frau», erwiderte der Künstler, «nehme ich den Preis an, den Sie mir vorschlagen … Aber wie gesagt, nur in Erwartung des ‹Handschlags›. Vergessen Sie mich nicht in Ihrem Testament!»

«Ich möchte, daß Sie mir die Hand so schnell wie möglich malen», sagte die Witwe, «aber nehmen Sie sich die nötige Zeit, und vergessen Sie nicht die Narbe am Daumen. Ich will, daß die Hand recht ähnlich wird.»

«Sie wird sprechend werden, gnädige Frau, seien Sie unbesorgt», sagte Marcel und geleitete die Witwe hinaus. Doch auf der Schwelle drehte sie sich nochmals um.

«Ich möchte Sie noch um eine Auskunft bitten, Herr Maler. Ich hätte gern einen Vers für das Grabmal meines Mannes, in dem über sein makelloses Leben und seine letzten Worte berichtet werden soll, die er auf dem Totenbett gesprochen hat. Ist das vornehm?»

«Sehr vornehm ist das, man nennt das ein Epitaph, es ist sehr vornehm!»

«Kennen Sie nicht jemand, der mir solch ein Gedicht billig liefern würde? Ich könnte es zwar von meinem Nachbarn, Herrn Guérin, der ein Büro für so etwas hat, bekommen, aber er verlangt mir die Butter vom Brot.»

Da warf Rodolphe dem Maler einen Blick zu, den dieser auf der Stelle verstand.

«Gnädige Frau», sagte der Künstler und zeigte auf Rodolphe, «ein glücklicher Zufall hat gerade den hergeführt, der Ihnen unter diesen schmerzlichen Umständen helfen kann. Der Herr ist ein bedeutender Dichter, und Sie können keinen besseren finden.»

«Es muß aber recht traurig sein», sagte die Witwe, «und dann dürfen keine orthographischen Fehler drin vorkommen.»

«Gnädige Frau», erwiderte Marcel, «mein Freund kennt die Orthographie in- und auswendig: auf der Schule bekam er stets alle Preise.»

«Oh», sagte die Witwe, «mein Neffe hat auch schon einen Preis, und dabei ist er erst sieben Jahre alt.»

«Dann ist er aber ein recht frühreifes Kind», erwiderte Marcel.

«Aber», sagte die Witwe nochmals, «kann der Herr auch traurige Verse machen?»

«Besser als irgend jemand sonst, gnädige Frau, er hat viel Kummer in seinem Leben gehabt. Mein Freund zeichnet sich gerade durch seine traurigen Verse aus, und die Zeitungen machen ihm das stets zum Vorwurf.»

«Ach nein», rief die Witwe, «die Zeitungen schreiben über ihn? Dann ist er ebenso gelehrt wie Herr Guérin, der das Büro hat?»

«Oh, viel gelehrter! Wenden Sie sich nur an ihn, gnädige Frau, Sie werden es nicht bereuen!»

Nachdem sie dann dem Dichter den Sinn der Inschrift auseinandergesetzt hatte, die sie auf ihres Mannes Grab setzen lassen wollte, erklärte sich die Witwe einverstanden, Rodolphe zehn Francs zu geben, wenn sie zufrieden sei; aber sie wolle die Verse sehr schnell haben. Der Dichter versprach, sie ihr schon am nächsten Tag durch seinen Freund zu schicken.

«O gute Fee Artemisia», rief Rodolphe, als die Witwe fort war, «ich verspreche dir, daß du zufrieden sein sollst; ich werde dir ein gerüttelt Maß von Trauerlyrik fabrizieren, und die Orthographie soll besser sein als die einer Herzogin. O gute Alte, möge der Himmel dir zum Lohne siebenhundert Jahre des Lebens, wie guten Branntwein, schenken!»

«Ich protestiere!» rief Marcel aus.

«Ja, allerdings», sagte Rodolphe, «ich vergaß, daß du noch eine Hand malen mußt, wenn sie tot ist, und daß du durch ein so langes Leben Geld verlörest.» Und er hob die Hände und sprach: «Himmel, erhöre meine Bitte nicht! Ach, ich habe ein Glück, daß ich gerade heute hergekommen bin», fügte er hinzu.

«Ja, weshalb bist du denn eigentlich gekommen?» fragte Marcel.

«Richtig, jetzt fällt es mir ein, und jetzt, nun ich gezwungen bin, die Nacht hindurch zu wachen und dieses Gedicht zu reimen, kann ich weniger denn je entbehren, um was ich dich bitten wollte: erstens mit mir zu essen, zweitens Tabak und eine Kerze und drittens dein Eisbärkostüm.»

«Willst du auf einen Maskenball? Richtig, heute abend ist ja der erste.»

«Nein, aber wie du mich hier siehst, bin ich erfroren wie die große Armee auf dem Rückzug aus Rußland. Ich habe ja allerdings einen hübschen Mantel aus grünem Lasting und eine schöne Hose aus schottischem Merino, aber die sind zu frühlingshaft, und man kann sie nur gebrauchen, wenn man unter dem Äquator wohnt; aber wenn man am Pol haust wie ich, ist ein Eisbärkostüm schon passender; ich möchte eigentlich sogar behaupten: unentbehrlich.»

«Nimm den Petz», sagte Marcel, «das ist gar kein übler Gedanke; er ist brühwarm, und du wirst dir darin vorkommen wie ein Brot im Backofen.»

Rodolphe war schon in die Haut des Pelztieres geschlüpft.

«Jetzt», sagte er, «wird das Thermometer sich wütend ärgern.»

«Willst du in diesem Aufzug über die Straße gehen?» fragte Marcel, nachdem sie aus Töpfen, die den Preisstempel «fünf Centimes» trugen, ein etwas undefinierbares Diner genossen hatten.

«Zum Henker», sagte Rodolphe, «was die Leute denken, darauf pfeife ich! Außerdem ist heute Karnevalsanfang.» Und er ging in der gravitätischen Haltung des Vierfüßlers, dessen Pelz er trug, durch ganz Paris. Als er vor dem Thermometer des Physikers Chevalier vorbeikam, machte er ihm eine lange Nase.

Nachdem er zu Hause angelangt war und dem Portier einen tüchtigen Schrecken eingejagt hatte, zündete der Dichter seine Kerze an und umgab sie sorgsam mit durchsichtigem Papier, um den Bosheiten des Nordwindes vorzubeugen; dann machte er sich stracks an die Arbeit. Bald jedoch merkte er, daß, wenn auch sein Körper einigermaßen gegen Kälte geschützt waren, es seine Hände darum noch lange nicht waren; und er hatte keine zwei Verse seines Epitaphs geschrieben, als ihn der Frost so wild in die Finger biß, daß ihm die Feder aus der Hand fiel.

«Der Mutigste kann nicht gegen die Elemente kämpfen», sagte Rodolphe und sank vernichtet in seinen Stuhl. «Cäsar hat den Rubikon überschritten, aber über die Beresina wäre er nie gekommen.»

Plötzlich stieß der Dichter aus dem Grunde seiner Bärenbrust einen Freudenschrei aus und sprang so jäh in die Höhe, daß er einen Teil der Tinte über das Weiß seines Pelzes verschüttete: Er hatte einen Einfall gehabt, der allerdings von Chatterton stammte.

Rodolphe kramte unter seinem Bett einen beträchtlichen Haufen von Papieren vor, unter denen einige zehn ungeheure Manuskripte seines berühmten Dramas «Der Rächer» sich befanden. Dieses Drama, an dem er zwei Jahre gearbeitet hatte, war so oft geschrieben, ausgestrichen und neu geschrieben worden, daß die vereinigten Manuskripte ein Gewicht von sieben Kilogramm ergaben. Rodolphe legte die letzte Fassung beiseite und schleppte die andern vor den Kamin.

«Ich wußte doch, daß ich es noch würde gebrauchen können», rief er. «Nur Geduld muß man haben! Es ist ein hübsches Prosabündel. Ach, hätte ich geahnt, wie es kommen würde, dann hätte ich auch noch einen Prolog gedichtet; auf diese Weise hätte ich heute mehr Brennmaterial ... Aber bah, an alles kann man nicht vorher denken!» Und er entzündete in seinem Kamin ein paar Blätter des Manuskripts, an deren Flamme er sich die Hände auftaute. Nach fünf Minuten war der erste Akt des «Rächers» «gespielt», und Rodolphe hatte drei Verse seines Epitaphs geschrieben.

Niemand in der Welt hätte das Staunen malen können, mit dem die vier Kardinalwinde das Feuer im Kamin wahrnahmen. «Es ist eine Täuschung», blies der Nordwind, der sich damit amüsierte, Rodolphes Pelz zu bürsten.

«Wenn wir in den Schornstein bliesen», sagte ein anderer Wind, «dann würde der Kamin rauchen.» Aber als sie anfangen wollten, den armen Rodolphe zu ärgern, erblickte der Südwind Herrn Arago an einem Fenster des

Observatoriums, wo der Gelehrte dem Quartett der Winde mit dem Finger drohte.

Da rief der Südwind seinen Brüdern zu: «Schnell fort! Der Kalender schreibt für heute nacht ruhiges Wetter vor; wir stehen im Widerspruch zu den Vorschriften des Observatoriums, und wenn wir um Mitternacht nicht zu Hause sind, so wird Herr Arago uns mit Arrest bestrafen.»

Währenddessen verbrannte der zweite Akt des «Rächers» mit größtem Erfolge. Und Rodolphe hatte zehn weitere Verse geschrieben. Aber während des dritten Aktes brachte er nur zwei weitere zu Papier.

«Ich habe mir doch schon immer gedacht, daß dieser Akt zu kurz ist», murmelte Rodolphe; «aber man merkt die Fehler erst bei der Aufführung. Zum Glück wird dieser hier länger dauern: Er hat dreiundzwanzig Szenen, darunter die Thronszene, die meinen Ruhm begründen sollte ...» Und als die letzte Tirade der Thronszene in Flämmchen aufging, hatte Rodolphe nur noch eine Stanze zu schreiben.

«Der vierte Akt möge beginnen», sagte er feurig. «Der wird gut fünf Minuten dauern, es sind lauter Monologe.» Die Katastrophe nahte; sie flammte nur einen Augenblick auf und verlosch dann. Aber in diesem Augenblick umrahmte Rodolphe die letzten Worte des Verstorbenen, zu dessen Ehre er gearbeitet hatte, mit einem prachtvollen lyrischen Aufschwung. «Es bleibt noch genug für eine zweite Vorstellung», sagte er und warf den Rest der Manuskripte wieder unter das Bett.

Am folgenden Abend hielt Fräulein Angèle um acht Uhr ihren Einzug in den Ballsaal, in der Hand trug sie einen prachtvollen Strauß weißer Veilchen, in deren Mitte zwei gleichfalls weiße Rosen prangten. Während der ganzen Nacht trug dieser Strauß dem jungen Mädchen die Komplimente der Damen und die Madrigale der Herren ein. Aus diesem Grunde wußte auch Angèle ihrem Vetter im stillen ein wenig Dank, denn ihm dankte sie ja doch schließlich all diese kleinen Befriedigungen der Eitelkeit; und wären nicht die galanten Bemühungen eines Verwandten der Braut gewesen, der mehrmals mit ihr getanzt hatte, so würde sie vielleicht auch mehr an ihn gedacht haben. Es war ein blonder junger Herr, und er trug einen jener prachtvollen hochgedrehten Schnurrbärte, die nun einmal die Angelhaken sind, an denen junge Herzen hängenbleiben. Der junge Herr hatte Angèle bereits gebeten, ihm die beiden weißen Rosen zu geben, die allein noch von dem Strauß übrig waren, den alle entblättert hatten ... Aber Angèle hatte sie ihm verweigert, aber dann später, am Schluß des Balls, die beiden Blumen auf einem Stuhl vergessen, von dem der blonde junge Herr sie sich eiligst holte.

In diesem Augenblick herrschten in Rodolphes Aussichtsturm vierzehn Grad Kälte; er selbst stand ans Fenster gelehnt und blickte in der Richtung von Barrière du Maine zu den Lichtern des Ballsaals hinab, wo seine Cousine Angèle tanzte, die ihn nicht leiden konnte.

X

Das Kap der Stürme

In all den Monaten, mit denen eine neue Jahreszeit beginnt, gibt es furchtbare Epochen: Gewöhnlich handelt es sich um den Ersten oder Fünfzehnten. Rodolphe, der keins dieser Daten ohne Grauen nahen sah, nannte sie das «Kap der Stürme». An diesem Tage öffnet nicht Aurora die Pforten des Aufgangs, sondern Gläubiger, Hauswirte, Gerichtsvollzieher und andere Geldsackleute besorgen das. Dieser Tag beginnt mit einem Regen von Mahnschreiben, Quittungen, Wechseln, und er schließt mit einem Hagel von Protesten – Dies irae!

Am Morgen eines solchen 15. April schlief Rodolphe indessen sehr friedlich ... und er träumte, einer seiner Onkel vermache ihm testamentarisch eine ganze Provinz von Peru, die Peruanerinnen eingeschlossen.

Während er also behaglich in einem imaginären Paktolus plätscherte, unterbrach das Geräusch eines Schlüssels, der sich im Schlüsselloch drehte, den Präsumtiverben genau im glänzendsten Augenblick seines goldenen Traumes.

Rodolphe richtete sich im Bett auf, und schlaftrunken schaute er umher.

Da erblickte er ganz verschwommen mitten in seinem Zimmer einen Menschen, der gerade eingetreten war, und was für einen Menschen!

Der morgendliche Fremde trug einen grauen Dreispitz; auf dem Rücken hatte er eine Ledertasche, in der Hand eine große Aktenmappe; er war in einen leinengrauen französischen Rock gekleidet und schien vom Ersteigen der fünf Stockwerke ganz außer Atem. Sein Benehmen war sehr liebenswürdig, und sein klingender

Schritt glich etwa dem eines Wechseltisches, der in Bewegung geraten ist.

Rodolphe fühlte sich einen Augenblick beängstigt, und in Anbetracht des Dreispitzes und des Rockes fürchtete er, einen Stadtsoldaten vor sich zu haben.

Aber der Anblick der ganz passabel gefüllten Ledertasche klärte ihn über seinen Irrtum auf.

‹Ach, jetzt habe ich es›, dachte er, ‹Es ist eine Anzahlung auf meine Erbschaft. Dieser Herr kommt aus Westindien … Aber warum ist er dann kein Neger?!›

Und er gab dem Fremden einen Wink, deutete auf die Tasche und sagte: «Ich weiß schon Bescheid. Legen Sie es nur dahin! Danke.»

Der Mann war ein Bote der Französischen Bank. Rodolphes Aufforderung beantwortete er, indem er ihm ein kleines, mit vielfarbigen Ziffern und Zeichen hieroglyphisch übersätes Papier unter die Nase hielt.

«Sie wollen eine Quittung», sagte Rodolphe. «Geben Sie mir mal Feder und Tinte! Da, auf dem Tisch.»

«Nein, ich komme», antwortete der Kassenbote, «um die Summe von einhundertundfünfzig Francs einzuziehen. Heute ist der fünfzehnte April.»

«Ach!» erwiderte Rodolphe und überflog den Wechsel … «An die Order Birmann. Das ist mein Schneider … Ach ja!» seufzte er melancholisch und ließ den Blick abwechselnd über einen aufs Bett geworfenen Gehrock und den Zahlungsbefehl hinschweifen. «Die Ursachen schwinden, aber die Wirkungen kehren wieder. Wie kommt das nur? Heute ist der fünfzehnte April? Merkwürdig! Ich habe doch noch keine Erdbeeren gegessen!»

Der Kassenbote, der sich über diese Umschweife ärgerte, ging hinaus und sagte dabei: «Bis vier Uhr müssen Sie bezahlt haben!»

«Dem Ehrlichen schlägt keine Stunde», antwortete Rodolphe. «Der Intrigant», fügte er bedauernd hinzu, indem er dem Finanzmann im Dreispitz mit den Augen folgte, «seine Geldtasche hat er wieder mitgenommen.»

Rodolphe zog die Vorhänge seines Bettes zu und versuchte, den Weg zu seiner Erbschaft wiederzufinden; aber er verfehlte die Richtung und trieb mit vollen Segeln in einen Traum, in welchem der Direktor des Théâtre Français entblößten Hauptes auf ihn zutrat, um für seine Bühne ein Drama von ihm zu ergattern; und Rodolphe, der die Gebräuche kannte, verlangte einen Vorschuß. Aber genau in dem Augenblick, als der Direktor in den sauren Apfel beißen zu wollen schien, wurde der Schläfer durch das Eintreten einer neuen Persönlichkeit abermals halb geweckt, wiederum eine Kreatur des 15. April.

Es war Herr Benoît, fälschlicherweise so benannt, der Wirt des Logierhauses, in dem Rodolphe wohnte. Herr Benoît war zugleich Hauswirt, Schumacher und Wucherer für seine Mieter; an diesem Morgen roch Herr Benoît furchtbar nach Fusel und nach fälligen Rechnungen. In der Hand hielt er einen leeren Beutel.

‹Teufel›, dachte Rodolphe, ‹das ist ja gar nicht der Direktor des Theaters … der trägt eine weiße Krawatte … und sein Beutel wäre voll.›

«Guten Tag, Herr Rodolphe!» sagte Herr Benoît und trat näher an das Bett heran.

«Herr Benoît … guten Tag! Was in aller Welt verschafft mir die Ehre Ihres Besuches?»

«Nun, heute ist doch der fünfzehnte April.»

«Schon? Wie schnell die Zeit vergeht! Ganz merkwürdig ist das; ich werde mir einen Nankingmantel kaufen müssen. Der fünfzehnte April! Ach, mein Gott, ohne Sie hätte ich daran nie gedacht, Herr Benoît. Ich bin Ihnen dafür vielen Dank schuldig.»

«Ja, und außerdem noch hundertzweiundsechzig Francs», erwiderte Herr Benoît, «und es wird Zeit, daß wir dieses kleine Rechnungchen erledigen.»

«Es drängt durchaus nicht … Tun Sie sich keinen Zwang an, Herr Benoît. Ich gebe Ihnen Zeit … das kleine Rechnungchen wird schon größer werden …»

«Aber», sagte der Hauswirt, «Sie haben mich nun schon so oft vertröstet.»

«Also erledigen wir sie, erledigen wir sie, Herr Benoît, mir ist es ganz gleich, ob heute oder morgen ... Sterben müssen wir ja alle mal ... Erledigen wir sie.»

Ein liebenswürdiges Lächeln erhellte das runzlige Gesicht des Hauswirts, und selbst sein leerer Beutel schwoll freudig auf vor Hoffnung.

«Wieviel schulde ich Ihnen eigentlich?» fragte Rodolphe.

«Zunächst drei Monate Miete zu fünfundzwanzig Francs macht fünfundsiebzig Francs.»

«Irrtum vorbehalten», sagte Rodolphe. «Weiter!»

«Ferner drei Paar Stiefel zu je zwanzig Francs.»

«Einen Augenblick, einen Augenblick, Herr Benoît, wir dürfen das nicht durcheinanderbringen; jetzt handelt es sich nicht mehr um den Hauswirt, sondern um den Schuhmacher ..., ich verlange getrennte Rechnung. Ziffern sind eine ernste Angelegenheit, da darf man nicht konfus werden.»

«Gut», sagte Herr Benoît, milder gestimmt durch die Hoffnung endlich ein «Dankend erhalten» unter seine Rechnungen setzen zu können. «Hier haben Sie eine besondere Rechnung für die Stiefel. Drei Paar Stiefel zu zwanzig Francs, macht sechzig Francs.»

Rodolphe warf einen Blick des Mitleids auf ein Paar lebensmüder Stiefel.

‹Ach›, dachte er, ‹wenn sie der Ewige Jude getragen hätte, könnten sie nicht schlimmer aussehen. Und doch hat sie nur die Jagd nach Marie so mitgenommen› ... «Bitte weiter, Herr Benoît ...»

«Wir hatten sechzig Francs», fuhr dieser fort. «Ferner in bar geliehen siebenundzwanzig Francs.»

«Halt, Herr Benoît! Wir hatten ausgemacht, jeder Heilige solle seine eigene Nische haben. Als Freund haben Sie mir das Geld geliehen. Also bitte, nun wollen wir einmal das Gebiet der Schuhmacherei verlassen und das Gebiet des Vertrauens und der Freundschaft betreten, das eine eigene Buchführung verlangt. Wie hoch ist Ihre Freundschaft für mich?»

«Siebenundzwanzig Francs.»

«Siebenundzwanzig Francs! Sie haben einen billigen Freund, Herr Benoît. Nun, das wären also: fünfundsiebzig, sechzig und siebenundzwanzig ... Das macht zusammen?»

«Hundertzweiundsechzig Francs», sagte Herr Benoît und präsentierte die drei Rechnungen.

«Hundertzweiundsechzig Francs», wiederholte Rodolphe, «das ist wirklich erstaunlich! Das Rechnen ist doch eine feine Sache! Nun, Herr Benoît, nun ist ja die Abrechnung erledigt, jetzt können wir beide ruhig sein, wir wissen, woran wir uns zu halten haben. Im Laufe des nächsten Monats werde ich Sie gelegentlich um Ihre Quittung bitten, und da Ihr Vertrauen und Ihre Freundschaft für mich während dieser Zeit nur wachsen können, so werden sie mir nötigenfalls eine neue Frist gewähren. Wenn jedoch Hauswirt und Schuhmacher allzu ungeduldig werden sollten, müßte ich den Freund bitten, sie zur Vernunft zu bringen. Es ist merkwürdig, Herr Benoît, aber so oft ich an Ihren dreifachen Charakter als Hausbesitzer, Schuhmacher und Freund denke, packt mich die Versuchung, an die Dreieinigkeit zu glauben.»

Während Rodolphe also sprach, war der Hauswirt zugleich rot, grün, gelb und weiß geworden; und bei jeder neuen Spötterei seines Mieters wurden die Farben dieses Zornregenbogens auf seinem Gesicht intensiver.

«Mein Herr», sagte er, «ich kann nicht leiden, wenn man sich über mich lustig macht. Ich habe lange genug gewartet! Ich kündige Ihnen, und wenn Sie mir heute abend kein Geld gegeben haben ... dann werde ich sehn, was ich zu tun habe.»

«Geld, Geld! Will ich denn von Ihnen Geld haben?» sagte Rodolphe. «Und übrigens, wenn ich auch welches hätte, würden Sie keins bekommen ... Freitags bringt das Unglück.»

Herr Benoîts Zorn wuchs zum Orkan an; und wäre das Mobiliar nicht sein Eigentum gewesen, er würde ohne Zweifel jedem Sessel die Glieder zerschlagen haben. Statt dessen ging er mit Drohworten davon.

«Sie vergessen Ihren Beutel!» rief Rodolphe ihm nach.

«Was für ein Beruf!» murmelte der unglückliche junge Mann, als er wieder allein war. «Ich möchte lieber Löwenbändiger sein. Aber», fuhr Rodolphe fort, sprang aus dem Bett und zog sich eilig an, «hier kann ich nicht länger bleiben. Die Invasion der Alliierten wird weiterdauern. Ich muß fliehen, ich muß sogar frühstücken. Hallo! Wenn ich zu Schaunard ginge? Ich werde ihn um ein Gedeck bitten und ihn um ein paar Sous anpumpen. Hundert Francs genügten ... Auf also zu Schaunard!»

Als er die Treppe hinabstieg, begegnete Rodolphe Herrn Benoît, der bei seinen andern Mietern neue Niederlagen erlitten hatte, wie sein leerer Beutel, dieser Luxusgegenstand, bezeugte.

«Solltc jemand nach mir fragen, so sagen Sie, ich sei auf dem Lande ... in den Alpen», sagte Rodolphe. «Oder nein, sagen Sie lieber, ich wohne nicht mehr hier.»

«Dann werde ich nur die Wahrheit sagen», murmelte Herr Benoit, und er verlieh scinen Worten einen höchst bedeutsamen Nachdruck.

Schaunard wohnte auf dem Montmartre. Ganz Paris mußte also durchlaufen werden. Diese Pilgerfahrt war für Rodolphe in hohem Maße gefährlich.

«Heute», sagte er sich, «sind die Straßen mit Gläubigern gepflastert.»

Dennoch ging er keineswegs über die äußern Boulevards, wie er es gern getan hätte. Eine phantastische Hoffnung trieb ihn sogar, im Gegenteil gerade die gefährlichen Straßen des Pariser Zentrums einzuschlagen. Rodolphe dachte, an einem Tage, da die Millionen auf dem Rücken der Kassenboten öffentlich umherspazieren, könne es recht gut möglich sein, daß ein Tausend-Francs-Schein vergessen am Wege seines Vincent de Paul harrte. Daher ging er ganz langsam, mit züchtig gesenktem Blick. Aber er fand nur zwei Haarnadeln.

Nach zwei Stunden kam er bei Schaunard an.

«Ach, du bist es!» sagte der Musiker.

«Ja, ich möchte dich zum Frühstück abholen.»

«Ach, mein Lieber, das triffst du aber schlecht; eben ist meine Geliebte gekommen, und ich habe sie seit vierzehn Tagen nicht mehr gesehn; wenn du nur zehn Minuten früher gekommen wärst ...»

«Aber kannst du mir nicht vielleicht hundert Francs leihen?» fuhr Rodolphe fort.

«Was? Du auch», antwortete Schaunard in höchstem Staunen. «Du kommst und verlangst Geld von mir! Du begibst dich in das Lager meiner Feinde!»

«Du bekommst sie am Montag zurück.»

«Oder am Jüngsten Tage. Mein Lieber, vergißt du, welches Datum wir haben? Ich kann dir nicht helfen. Aber verzweifle nicht, der Tag ist noch nicht vorbei. Noch kannst du der Vorsehung begegnen, sie steht nie vor zwölf auf.»

«Ach», erwiderte Rodolphe, «die Vorsehung hat zuviel mit den kleinen Vögeln zu tun. Ich werde lieber zu Marcel gehn.»

Marcel wohnte damals in der Rue de Bréda. Rodolphe fand ihn sehr traurig und in Betrachtungen versunken vor seinem großen Gemälde sitzen, das den «Zug durchs Rote Meer» darstellen sollte.

«Was hast du denn?» fragte Rodolphe beim Eintreten. «Du siehst ganz bekümmert aus.»

«Ach», sagte der Maler mit einer allegorischen Wendung, «ich stecke schon seit vierzehn Tagen in der Karwoche.»

Für Rodolphe war diese Antwort klar wie ein Bergquell.

«Salzheringe und schwarze Rettiche! Wunderschön. Ich kenne das.»

In der Tat hatte Rodolphe noch immer einen salzigen Geschmack auf der Zunge, wenn er der Zeit gedachte, wo er ausschließlich diesen Fisch zu essen gezwungen war. «Teufel! Teufel!» sagte er. «Es wird ernst! Ich wollte hundert Francs von dir borgen.»

«Hundert Francs!» rief Marcel. «Du schwebst also noch immer in höheren Regionen. Von mir solch eine mythologische Summe zu verlangen! Und das zu einer Zeit, da man stets unter dem Äquator der Not steht! Du hast Haschisch gegessen.»

«Ach», sagte Rodolphe, «ich habe noch gar nichts gegessen.»

Und er ließ seinen Freund an den Ufern des Roten Meeres allein.

Von zwölf bis vier Uhr nachmittags lief Rodolphe durch alle Häuser seiner Bekannten; er durchstreifte alle achtundvierzig Stadtviertel und legte etwa acht Meilen zurück, aber ohne jeden Erfolg. Überall machte sich der Einfluß des 15. April mit gleicher Strenge bemerkbar; und unterdessen nahte die Essensstunde. Aber es hatte nicht den Anschein, als nahe mit der Stunde auch das Essen, und Rodolphe war ungefähr zumute, als schwimme er auf dem Floß der «Medusa».

Als er über den Pont-Neuf ging, fiel ihm etwas ein.

«Aha!» sagte er und machte kehrt. «Der fünfzehnte April! Der fünfzehnte April! ... Aber ich habe doch für heute eine Einladung.»

Und er griff in seine Tasche und zog eine bedruckte Karte folgenden Inhalts daraus hervor:

BARRIÈRE DE LA VILETTE
ZUM GROSSEN SIEGER

300 Gedecke

Jubiläumsbankett
zu Ehren der Geburt des
MESSIAS DER MENSCHHEIT

am 15. April 18...

Für eine Person gültig

NB. Diese Karte berechtigt nur zu einer halben Flasche Wein

«Ich teile zwar die Meinung der Jünger dieses Messias nicht», sagte sich Rodolphe, «aber ihre Speisen will ich gern teilen.» Und mit der Geschwindigkeit eines Vogels verschlang er die Entfernung, die ihn von der Barrière de la Villette trennte.

Als er in die Salons des «Großen Siegers» trat, fand er eine ungeheure Menschenmenge vor ... In dem Saal mit den dreihundert Gedecken wimmelten fünfhundert Gäste. Vor Rodolphes Blick entrollte sich ein ungeheurer Horizont von Kalbfleisch und Karotten.

Endlich wurde die Suppe aufgetragen.

Aber als die Gäste gerade den Löffel zum Munde führten, betraten fünf oder sechs Personen in Zivil und mehrere Polizisten den Saal, geführt von einem Kommissar.

«Meine Herren», sagte der Kommissar, «auf höheren Befehl kann das Bankett nicht stattfinden. Ich fordere Sie auf, auseinanderzugehen.»

«Oh», sagte Rodolphe, als er mit all den andern hinausging, «oh, das Verhängnis hat mir die Suppe verschüttet!!»

Traurig schlug er den Weg nach Hause ein, wo er um elf Uhr abends eintraf.

Herr Benoît erwartete ihn.

«Ach, da sind Sie ja», sagte der Hauswirt. «Haben Sie auch an das gedacht, was ich Ihnen heute morgen sagte? Bringen Sie mir Geld?»

«Ich soll heute nacht noch welches bekommen; ich gebe es Ihnen dann morgen früh», antwortete Rodolphe und suchte in dem Fach nach Schlüssel und Leuchter. Er fand nichts.

«Herr Rodolphe», sagte Herr Benoît, «es tut mir sehr leid, aber ich habe Ihr Zimmer anderweitig vermietet, und ein zweites habe ich nicht mehr frei. Sie müssen sich anderswo umsehen.»

Rodolphe hatte eine große Seele, und eine Nacht im Freien schreckte ihn durchaus nicht. Übrigens konnte er, falls es schlechtes Wetter gab, in einer Proszeniums-

loge des Odéon schlafen; das wäre nicht das erstemal gewesen. Er forderte daher von Herrn Benoît «seine Sachen», die in nichts als einem Bündel Papier bestanden.

«Richtig», sagte der Hauswirt, «ich habe kein Recht, Ihnen Ihre Sachen vorzuenthalten; sie sind im Sekretär geblieben. Kommen Sie mit hinauf! Wenn die Dame, die jetzt in Ihrem Zimmer wohnt, sich noch nicht schlafen gelegt hat, können wir hinein.»

Das Zimmer war im Laufe des Tages an ein junges Mädchen vermietet worden, das Mimi hieß und mit dem Rodolphe früher einmal ein Zärtlichkeitsduett begonnen hatte.

Beide erkannten sich sofort. Rodolphe flüsterte Mimi leise ein paar Worte ins Ohr und drückte ihr sanft die Hand.

«Sehen Sie nur, wie es regnet», sagte er und machte sie auf ein heftiges Gewitter aufmerksam, das gerade losbrach.

Fräulein Mimi ging auf Herrn Benoît zu, der in einer Zimmerecke wartete.

«Mein Herr», sagte sie, indem sie auf Rodolphe zeigte, «diesen Herrn erwartete ich heute abend ... Ich bin jetzt für niemand mehr zu Hause.»

«Oh!» sagte Benoît mit einer Grimasse. «Das ist ja reizend!»

Während Fräulein Mimi in aller Hast ein improvisiertes Abendbrot bereitete, schlug es Mitternacht.

‹Ach›, sagte Rodolphe bei sich, ‹der fünfzehnte April ist vorbei, ich habe endlich mein Kap der Stürme umschifft.› – «Liebe Mimi», rief der junge Mann, zog das schöne Mädchen in seine Arme und küßte ihr den Nakken. «Sie hätten es nicht übers Herz gebracht, mich vor die Tür setzen zu lassen. Sie sind nun eben mal gastfreundlich!»

XI

Ein Bohemecafé

Hier der Bericht, infolge welcher Umstände Carolus Barbemuche, ein Literat und platonischer Philosoph, im vierundzwanzigsten Jahre seines Lebens Mitglied des Bohemebundes wurde.

Zu jener Zeit verkehrten Gustave Colline, der große Philosoph, Marcel, der große Maler, Schaunard, der große Musiker, und Rodolphe, der große Dichter, wie sie sich untereinander zu nennen pflegten, als Stammgäste im Café «Momus», wo man sie, weil sie stets beisammen waren, die «Vier Musketiere» getauft hatte. In der Tat kamen sie zusammen, gingen zusammen, spielten zusammen und bezahlten zuweilen ihre Zeche nicht, und auch das in einem Zusammenspiel, das des Orchesters des Konservatoriums würdig gewesen wäre.

Sie hatten für ihre Versammlungen einen Raum gewählt, in dem vierzig Personen bequem hätten Platz finden können; aber sie blieben stets allein, denn schließlich hatten sie diesen Raum für alle übrigen Gäste unmöglich gemacht.

Der zufällige Besucher, der sich in diese Höhle wagte, wurde vom Augenblick seines Eintritts an ein Opfer des wildwütigen Quartetts, und meist machte er sich davon, ohne seine Zeitung und sein Täßchen Kaffee, dem unerhörte Aphorismen über Kunst, Gefühl und Nationalökonomie die Sahne sauer machten, zu Ende zu bringen. Die Unterhaltungen der vier Genossen waren derart, daß der Kellner, der sie bediente, in der Blüte seiner Jahre zum Idioten wurde.

Schließlich jedoch erreichten die Dinge einen solchen Grad der Willkür, daß der Wirt des Cafés endlich die

Geduld verlor und eines Abends mit ernster Miene hinaufstieg, um folgende Beschwerden vorzubringen:

1. Herr Rodolphe komme schon morgens zum Frühstück und trage alle Zeitungen des Lokals in «sein» Zimmer; er treibe seine Ansprüche sogar so weit, daß er ärgerlich werde, wenn er die Kreuzbänder schon abgerissen finde; daher blieben die anderen Stammgäste der Organe der öffentlichen Meinung beraubt und bis zum Diner in Sachen der Politik unwissend wie die Karpfen. Die Gesellschaft Bosquet kenne bisher kaum die Namen der Mitglieder des letzten Kabinetts.

Herr Rodolphe habe das Café sogar gezwungen, den «Castor» zu abonnieren, dessen Chefredakteur er sei. Der Besitzer des Etablissements habe sich zunächst geweigert; aber da Herr Rodolphe und seine Gesellschaft jede Viertelstunde den Kellner riefen und mit lauter Stimme schrien: «Den ‹Castor›! Bringen Sie uns den ‹Castor›!», hätten einige andere Stammgäste, deren Neugier durch diese hartnäckige Bestellung geweckt worden sei, gleichfalls den «Castor» verlangt. Man habe also den «Castor» abonniert, ein monatlich erscheinendes Hutmodenblatt, geschmückt mit einer Vignette und einem philosophischen Artikel (unter dem Titel «Vermischtes») von Gustave Colline.

2. Besagter Herr Colline und sein Freund Herr Rodolphe erholten sich von der geistigen Arbeit, indem sie von morgens zehn Uhr bis Mitternacht Tricktrack spielten, und da das Lokal nur ein Tricktrackbrett besitze, seien die anderen Gäste in ihrer Spielleidenschaft geschädigt, zumal sich jene hartnäckigen Herren, sooft sie darum gebeten würden, auf die Antwort beschränkten: «Das Tricktrack wird gelesen, kommen Sie morgen wieder!»

Die Gesellschaft Bosquet sehe sich also genötigt, von ihren ersten Liebesabenteuern zu sprechen und Pikett zu spielen.

3. Herr Marcel habe vergessen, daß ein Café ein öffentliches Lokal sei, und sich erlaubt, seine Staffelei, sei-

nen Malkasten und alle Werkzeuge seiner Kunst dort aufzubauen. Er treibe die Unschicklichkeit sogar so weit, daß er Modelle beiderlei Geschlechts dorthin berufe.

Darunter müsse die Sittlichkeit der Gesellschaft Bosquet empfindlich leiden.

4. Dem Beispiel seines Freundes folgend, spreche Herr Schaunard davon, sein Klavier in das Café zu schaffen, und er habe sich nicht gescheut, ebendort im Chor ein Motiv aus seiner Symphonie «Die Wirkung des Blauen in der Kunst» singen zu lassen. Herr Schaunard sei sogar noch weiter gegangen: Er habe in die Laterne, die dem Café als Aushängeschild diene, ein Transparent geschoben, auf dem man lese:

UNENTGELTLICHER KURSUS
IN VOKAL- UND INSTRUMENTALMUSIK
FÜR PERSONEN BEIDERLEI GESCHLECHTS
Auskunft am Buffet

Die Folge davon sei, daß besagtes Buffet jeden Abend von Leuten in nachlässiger Kleidung belagert werde, die sich erkundigen wollten, «wo man könne».

Außerdem habe Herr Schaunard hier mit einer Dame namens Phémie Teinturière Zusammenkünfte, und diese Dame habe stets ihren Hut vergessen.

Herr Bosquet junior habe aus diesem Grunde bereits erklärt, er setze keinen Fuß mehr in ein Lokal, wo man so wider die Natur sündige.

5. Nicht zufrieden damit, daß sie eine an sich schon sehr mäßige Zeche machten, hätten die Herren versucht, sich noch mehr einzuschränken. Unter dem Vorwand, sie hätten den Mokka des Lokals beim Ehebruch mit der Zichorie ertappt, hätten sie einen Spirituskocher mitgebracht und sich ihren Kaffee selber bereitet, und sie süßten ihn mit irgendwo anders billig gekauftem Zucker, was eine Beschimpfung der Küche des Hauses bedeute.

6. Verdorben durch die Reden der Herren, habe der Kellner Bergami (so benannt wegen seines Backenbar-

tes), ungeachtet seiner niedrigen Geburt und jeder Zurückhaltung zum Hohn, sich erlaubt, an die Buffetdame ein Gedicht zu richten, in welchem er sie aufreize, ihre Pflichten als Gattin und Mutter zu vergessen; an dem wirren Stil habe man erkannt, daß dieser Brief unter dem verderblichen Einfluß des Herrn Rodolphe und seiner Literatur geschrieben worden sei.

Infolgedessen und ohngeachtet des Bedauerns, das er dabei empfinde, sehe der Direktor des Etablissements sich in die Notwendigkeit versetzt, die Gesellschaft Colline zu bitten, sich für ihre revolutionären Konferenzen ein anderes Lokal zu suchen.

Gustave Colline, welcher der Cicero des Bundes war, ergriff das Wort und bewies dem Wirt des Cafés a priori, seine Beschwerden seien lachhaft und schlecht begründet; sie täten ihm eine große Ehre an, wenn sie sein Lokal erwählten, um es zu einem Treffpunkt der Intelligenz zu machen; sein und seiner Freunde Fortbleiben würde den Ruin des Hauses herbeiführen, das durch ihren Besuch auf das Niveau eines Literaten- und Künstlercafés gehoben worden sei.

«Aber», sagte der Wirt, «Sie und die Leute, die Sie hier aufsuchen, verzehren doch fast nichts.»

«Diese Nüchternheit, über welche Sie sich beschweren, ist ein Argument zugunsten unserer Sitten», erwiderte Colline. «Übrigens liegt es nur an Ihnen, unsere Ausgaben zu steigern; es genügt, wenn Sie uns ein Konto eröffnen.»

«Wir werden das Kontobuch liefern», sagte Marcel.

Der Wirt tat, als sei er schwerhörig, und verlangte Aufklärung über den Brandbrief, den Bargami an seine Frau gerichtet hatte. Rodolphe, der beschuldigt wurde, dieser unerlaubten Leidenschaft als Sekretär gedient zu haben, verteidigte sich mit Feuereifer.

«Übrigens», fügte er hinzu, «war die Tugend der Dame eine sichere Schranke ...»

«Oh», sagte der Wirt und lächelte stolz, «meine Frau ist auch in Saint-Denis erzogen.»

Kurz, Colline verwickelte ihn ganz und gar in die Falten seiner heimtückischen Beredsamkeit, und alles kam durch das Versprechen der vier Freunde in Ordnung, daß sie sich künftig ihren Kaffee nicht mehr selbst bereiten wollten, daß das Lokal den «Castor» in Zukunft umsonst erhalten sollte, daß Phémie Teinturière einen Hut aufsetzen würde, daß das Tricktrack sonntags von zwölf bis zwei der Gesellschaft Bosquet zur Verfügung stünde, und vor allem, daß kein neuer Kredit verlangt werden würde.

Ein paar Tage lang ging alles gut.

Am Weihnachtsabend kamen die vier Freunde in Begleitung ihrer «Gattinnen» in das Café.

Es waren das Fräulein Musette, Fräulein Mimi, Rodolphes neue Geliebte, ein entzückendes Geschöpf, dessen volltönende Stimme wie Zimbeln klang, und Phémie Teinturière, Schaunards Idol. An jenem Abend trug Phémie Teinturière einen Hut. Fräulein Colline, die man niemals zu sehen bekam, war wie gewöhnlich zu Hause geblieben, wo sie sich damit beschäftigte, die Kommata in die Manuskripte unserer Ehepaare zu setzen. Nach dem Kaffee, den ausnahmsweise ein Bataillon Likörgläschen eskortierte, wurde Punsch verlangt. Der Kellner, der ein so großartiges Auftreten nicht gewohnt war, ließ sich die Bestellung zweimal wiederholen. Phémie, die noch nie in einem Café gewesen war, geriet ganz außer sich vor Entzücken, weil sie aus Fußgläsern trinken sollte. Marcel zankte sich mit Musette eines neuen Hutes wegen, dessen Herkunft ihm verdächtig vorkam. Mimi und Rodolphe standen noch in den Flitterwochen und führten eine stumme Plauderei, die von seltsamen Geräuschen unterbrochen wurde. Colline ging von Dame zu Dame und zählte mit herzförmig gespitztem Mund all die galanten Stilblüten her, die er der Sammlung des Musenalmanachs entlehnt hatte.

Während jene lustige Gesellschaft sich so dem Spiel und dem Lachen hingab, beobachtete ein hinten im Zimmer an einem einsamen Tisch sitzender Fremder das lebhafte Schauspiel, das sich vor ihm abrollte, mit seltsam blickenden Augen.

Seit etwa vierzehn Tagen saß er allabendlich so da; er war von allen Gästen der einzige, der dem furchtbaren Lärm, den die Bohemiens vollführten, Widerstand zu leisten vermocht hatte. Die wildesten Sticheleien fanden ihn unerschütterlich; er blieb den ganzen Abend da, rauchte mit mathematischer Regelmäßigkeit seine Pfeife, seine Augen blickten starr, als hüteten sie einen Schatz, und sein Ohr lauschte gespannt auf alles, was um ihn her gesprochen wurde. Übrigens schien er sanft und wohlhabend zu sein, denn er besaß eine Uhr, die mittels einer goldenen Kette in der Sklaverei gehalten wurde. Und eines Tages, als Marcel sich mit ihm am Buffet traf, hatte er ihn dabei ertappt, wie er, um seine Zeche zu bezahlen, ein Goldstück wechselte. Von diesem Augenblick an bezeichneten die vier Freunde ihn als den «Kapitalisten».

Plötzlich machte Schaunard, der ausgezeichnete Augen hatte, darauf aufmerksam, daß die Gläser leer seien.

«Zum Donnerwetter», sagte Rodolphe, «heute ist Weihnachtsabend; wir sind alle gute Christen, da müssen wir etwas Besonderes tun.»

«Wahrhaftig, ja», sagte Marcel, «wir wollen uns einmal ganz übernatürliche Dinge bestellen.»

«Colline», fügte Rodolphe hinzu, «klingle doch mal nach dem Kellner!»

Colline klingelte wie ein Besessener.

«Was wollen wir nun bestellen?» fragte Marcel.

Colline krümmte sich wie ein Bogen zusammen und sagte mit einem Blick auf die Damen: «Es ist Sache der Damen, Art und Reihenfolge der Erfrischungen zu bestimmen.»

«Ich», sagte Musette und schnalzte mit der Zunge, «ich hätte gar keine Angst vor Champagner.»

«Bist du verrückt?» rief Marcel. «Champagner? Das ist ja nicht einmal Wein!»

«Um so schlimmer! Ich mag ihn, er knallt.»

«Ich», sagte Mimi und streichelte Rodolphe mit einem Blick, «ich möchte lieber Beaune in einer kleinen Korbflasche.»

«Hast du den Kopf verloren?» rief Rodolphe.

«Nein», antwortete Mimi, «das soll erst noch kommen»; denn Beaune übte eine ganz besondere Wirkung auf sie aus. Ihr Liebhaber war durch diese Worte wie vom Donner gerührt.

«Ich», sagte Phémie Teinturière und ließ sich auf der Polsterbank auf und nieder schnellen, «ich möchte Parfait Amour. Das ist so gut für den Magen.»

Schaunard artikulierte mit nasaler Stimme einige Worte, über die Phémie auf ihrer Basis erzitterte.

«Ach was», sagte Marcel als erster, «wir lassen hunderttausend Francs springen, einmal ist keinmal.»

«Und dann», fügte Rodolphe hinzu, «beschwert das Buffet sich ja auch immer, daß wir nicht genug verzehren. Wir müssen sie einmal in Erstaunen setzen.»

«Ja», sagte Colline, «wir wollen ein großartiges Fest feiern; übrigens sind wir unseren Damen den passivsten Gehorsam schuldig, die Liebe lebt von der Hingabe, der Wein ist der Saft der Lust, die Lust ist die Pflicht der Jugend, Frauen sind Blumen, man muß sie begießen. Wir wollen sie einmal begießen! Herr Ober, Herr Ober!»

Und Colline hing sich mit fieberhafter Begeisterung an die Glockenschnur.

Der Kellner kam mit Windeseile herbei.

Als er von Champagner, von Beaune und verschiedenen Likören reden hörte, führte sein Gesicht alle Tonleitern der Überraschung aus.

«Ich habe ein Loch im Magen», sagte Mimi, «ich möchte gern Schinken essen.»

«Und ich Ölsardinen mit Butter», fügte Musette hinzu.

«Und ich Radieschen», rief Phémie, «mit etwas Fleisch drumherum ...»

«Dann sagt doch gleich, daß ihr soupieren wollt», erwiderte Marcel.

«Das wäre uns allerdings sehr angenehm», riefen die Damen.

«Herr Ober, bringen Sie uns, was zu einem anständigen Souper gehört!» sagte Colline gravitätisch.

Der Kellner war vor Überraschung dreifarbig geworden.

Er ging langsam zum Buffet hinunter und teilte dem Wirt mit, was für außerordentliche Dinge bei ihm bestellt worden seien.

Der Wirt glaubte, es handele sich um einen Scherz; aber auf ein neues Alarmzeichen der Glocke stieg er selber hinauf und wandte sich an Colline, vor dem er eine gewisse Achtung hatte. Colline erklärte ihm, sie wollten bei ihm Weihnachten feiern, und er möge freundlichst auftragen lassen, was bestellt worden sei.

Der Wirt antwortete nichts; er ging rückwärts hinaus und drehte Knoten in seine Serviette. Eine Viertelstunde lang beratschlagte er mit seiner Frau, und dank der liberalen Erziehung, die sie in Saint-Denis genossen hatte, bestimmte jene Dame, die eine Schwäche für die schönen Künste und Wissenschaften hatte, ihren Mann, das Souper servieren zu lassen.

«Möglicherweise», sagte der Wirt, «können sie ja zufällig einmal Geld haben.» Und er gab dem Kellner Befehl, hinaufzutragen, was bestellt wurde. Dann vertiefte er sich mit einem alten Stammgast in eine Partie Pikett. Verhängnisvolle Unvorsichtigkeit!

Von zehn Uhr bis Mitternacht lief der Kellner unausgesetzt treppauf, treppab. Alle Augenblicke wurden Ergänzungen bestellt. Musette ließ sich à l'anglaise servieren und wechselte nach jedem Gang das Gedeck; Mimi trank aus allen Gläsern von allen Weinen; Schaunard trug eine unverwüstliche Sahara in der Kehle; Colline führte mit den Augen Kreuzfeuer aus, und während er die Serviette mit den Zähnen zerzupfte, kniff er das Tischbein, das er für Phémies Knie hielt. Was indessen

Marcel und Rodolphe betraf, so verloren sie die Steigbügel der Kaltblütigkeit nicht, und sie sahen nicht ohne Unruhe die Stunde der Katastrophe herannahen.

Der Fremde jedoch betrachtete diese Szene mit ernster Neugier; von Zeit zu Zeit konnte man bemerken, wie sich sein Mund öffnete, als ob er lächeln wolle; dann wurde ein Geräusch laut, wie wenn ein Fenster beim Schließen knarrt. Das war der Fremde, der innerlich lachte.

Um Viertel vor zwölf schickte die Buffetdame die Rechnung. Sie hatte die schwindelhafte Höhe von 25 Frs. 75 cts.

«Scherz beiseite», sagte Marcel, «wir wollen losen, wer mit dem Wirt unterhandeln soll. Die Sache wird ernst!»

Sie nahmen ein Dominospiel und zogen um die höchste Nummer.

Unglücklicherweise traf das Los Schaunard, der auf diese Weise zum Unterhändler wurde. Schaunard war ein ausgezeichneter Virtuose, aber ein schlechter Diplomat. Er ging ausgerechnet in dem Augenblick ans Buffet, da der Wirt das Spiel mit seinem alten Stammgast verloren hatte. Von der Schmach dreier Hineinfälle gebeugt, war Momus mörderischer Laune, und gleich nach Schaunards ersten Präliminarien geriet er in wilde Wut. Schaunard war ein guter Musiker, aber ein bemitleidenswerter Charakter. Er antwortete mit doppelt kräftigen Unverschämtheiten. Der Streit wurde immer heftiger, und der Wirt stieg nach oben und machte den Gästen klar, sie müßten zahlen, sonst würde er sie nicht hinauslassen. Colline versuchte mit seiner maßvollen Beredsamkeit einzugreifen; als jedoch der Wirt die Serviette erblickte, die der Philosoph zu Scharpie zerzupft hatte, wuchs sein Zorn ins Grenzenlose, und um sich zu sichern, wagte er sogar, eine profane Hand an Collines nußbraunen Paletot und die Mäntel der Damen zu legen.

Ein Schützenfeuer von Beleidigungen entspann sich zwischen den Bohemiens und dem Wirt.

Die drei Damen sprachen währenddessen von Liebeleien und Moden.

Der Fremde trat aus seiner Unbeweglichkeit hervor; ganz langsam hatte er sich erhoben, hatte erst einen Schritt getan, dann einen zweiten, und nun ging er wie ein natürliches Wesen; er trat an den Wirt heran, nahm ihn beiseite und sprach leise auf ihn ein. Rodolphe und Marcel folgten ihm mit den Blicken. Schließlich ging der Wirt davon und sagte zu dem Fremden: «Aber natürlich bin ich einverstanden, Herr Barbemuche, aber natürlich, setzen Sie sich nur mit ihnen auseinander.»

Herr Barbemuche kehrte an seinen Tisch zurück, nahm seinen Hut, setzte ihn auf den Kopf, machte eine Schwenkung nach rechts, war mit drei Schritten bei Rodolphe und Marcel, hob den Hut, verbeugte sich vor den Herren, sandte einen Gruß zu den Damen hinüber, zog das Taschentuch, schneuzte sich und ergriff dann mit schüchterner Stimme das Wort.

«Verzeihen Sie, meine Herren, die Indiskretion, die ich zu begehen im Begriff bin», sagte er. «Schon lange brenne ich vor Begierde, Ihre Bekanntschaft zu machen, aber ich habe bislang keine günstige Gelegenheit gefunden, um in Beziehungen zu Ihnen zu treten. Gestatten Sie mir, die zu ergreifen, die sich heute bietet?»

«Gewiß, gewiß», sagte Colline, der den Fremden hatte kommen sehen.

Rodolphe und Marcel grüßten schweigend.

Schaunards allzu großes Taktgefühl hätte beinahe noch alles verdorben.

«Erlauben Sie, Verehrtester», sagte er lebhaft, «Sie haben nicht die Ehre, uns zu kennen, und die Schicklichkeit verbietet, daß … Ach, geben Sie mir doch bitte ein bißchen Tabak! … Im übrigen schließe ich mich der Meinung meiner Freunde an.»

«Meine Herren», entgegnete Barbemuche, «ich bin wie Sie ein Jünger der Kunst. Soweit ich das Ihren Unterhaltungen habe entnehmen können, ist unser Geschmack der gleiche; ich hege das lebhafte Verlangen, Ihr Freund

zu werden und hier allabendlich mit Ihnen zusammen sein zu dürfen ... Der Besitzer des Etablissements ist ein Grobian, aber ich habe mit ihm gesprochen, und Sie können ungehindert gehn ... Ich wage zu hoffen, Sie werden mir nicht die Möglichkeit nehmen, Sie an dieser Stätte gelegentlich wiederzusehen, indem Sie diesen kleinen Dienst annehmen, welch ...»

Die Röte der Entrüstung stieg Schaunard ins Gesicht.

«Er spekuliert auf unsere Not», sagte er, «wir können das nicht annehmen. Er hat unsere Rechnung bezahlt! Ich will mit ihm um die fünfundzwanzig Francs Billard spielen und ihm einige Points vorgeben.»

Barbemuche nahm den Vorschlag an und war einsichtig genug, zu verlieren; und dieser schöne Zug gewann ihm die Achtung der Boheme.

Als sie auseinandergingen, verabredeten sie sich auf den nächsten Tag.

«Auf diese Weise», sagte Schaunard zu Marcel, «schulden wir ihm nichts; unsere Würde ist gerettet.»

«Und wir können eigentlich noch ein Abendbrot verlangen», fügte Colline hinzu.

XII

Eine Aufnahme in die Boheme

An jenem Abend, als Carolus im Café die Rechnung für das von den Bohemiens verzehrte Souper aus seiner Privatschatulle bezahlte, hatte er es einzurichten gewußt, daß Gustave Colline ihn begleitete. Seit er in dem Lokal, in dem er ihnen aus der Verlegenheit geholfen hatte, den Zusammenkünften der vier Freunde beiwohnte, war Carolus besonders Colline aufgefallen, und er empfand bereits herzliche Sympathie für diesen Sokrates, dessen Plato er später werden sollte. Aus diesem Grund hatte er ihn von Anfang an für seine Einführung in den Bund als Vermittler erkoren. Unterwegs lud Barbemuche Colline ein, in einem noch offenen Café noch ein Gläschen zu trinken. Colline lehnte nicht nur ab, sondern beschleunigte sogar die Schritte, als sie an besagtem Café vorübergingen, und er schob sich seinen hyperphysischen Filzhut tief ins Gesicht.

«Weshalb wollen Sie nicht mitkommen?» fragte Barbemuche und suchte ihn mit der Höflichkeit des guten Geschmacks zu nötigen.

«Ich habe meine Gründe», erwiderte Colline. «In diesem Lokal sitzt nämlich eine Kassendame, die sich viel mit den exakten Wissenschaften beschäftigt, und ich könnte einer langen Diskussion mit ihr nicht entgehen; was ich zu vermeiden suche, indem ich niemals weder um Mittag noch zu irgendeiner anderen Tageszeit durch diese Straße gehe. – Oh, die Sache ist ganz einfach», fügte Colline naiv hinzu, «ich habe mit Marcel in dieser Gegend gewohnt.»

«Ich hätte Sie so gern zu einem Glas Punsch eingeladen und einen Augenblick mit Ihnen geplaudert. Kennen Sie denn nicht in der Nähe ein Lokal, in das

Sie gehen können, ohne daß Sie auf ... mathematische Schwierigkeiten stoßen?» setzte Barbemuche hinzu, der es für angebracht hielt, ungeheuer geistreich zu sein.

Colline besann sich einen Augenblick.

«Dort ist ein kleines Lokal, wo meine Stellung eindeutiger ist», sagte er. Und er wies auf eine Weinstube.

Barbemuche zog eine Grimasse und schien zu zögern.

«Ist es da auch anständig?» fragte er.

In Anbetracht seiner eisigen und reservierten Haltung, seiner sparsamen Worte, seines diskreten Lächelns und vor allem in Anbetracht seiner Berlockkette und seiner goldenen Uhr hatte Colline die Vorstellung, Barbemuche sei irgendein Gesandtschaftsbeamter, und er glaubte, er fürchte sich zu kompromittieren, wenn er in ein Kabarett gehe.

«Es hat keine Gefahr, daß wir gesehen werden», sagte er. «Um diese Stunde liegt das ganze diplomatische Corps im Bett.»

Barbemuche entschloß sich, mitzugehen; aber im Grunde seines Herzens wünschte er sich wenigstens eine falsche Nase. Der größeren Sicherheit halber verlangte er ein Séparée und hing sorgfältig eine Serviette vor die Scheiben der Glastür. Nach dieser Vorsichtsmaßregel schien seine Besorgnis zu schwinden, und er bestellte Punsch. Der Genuß des warmen Getränks regte ihn an. Barbemuche wurde mitteilsamer; und nachdem er einige Einzelheiten über sich selber erzählt hatte, wagte er die Hoffnung auszusprechen, offiziell in die Bohemegesellschaft aufgenommen zu werden, und er bat Colline um Hilfe für das Gelingen dieses ehrgeizigen Planes. Colline antwortete, er seinerseits stehe Barbemuche ganz zur Verfügung, mit absoluter Sicherheit könne er jedoch nichts sagen.

«Ich verspreche Ihnen meine Stimme», sagte er, «aber ich kann es nicht auf mich nehmen, über meiner Kameraden zu verfugen.»

«Nun», sagte Barbemuche, «aus welchem Grunde sollten sie sich denn weigern, mich in ihren Kreis aufzunehmen?»

Colline stellte das Glas, das er gerade hatte zum Mund führen wollen, auf den Tisch und sprach mit sehr ernster Miene zu dem verwegenen Carolus etwa diese Worte:

«Sie pflegen die schönen Künste?» fragte Colline.

«Ich bebaue bescheiden diese edlen Felder der Intelligenz», erwiderte Carolus, der Wert darauf legte, die Farben seines Stils kundzutun.

Colline fand diese Phrase wohlgesetzt und verneigte sich.

«Ich habe Kontrabaß gespielt.»

«Das ist ein philosophisches Instrument – es gibt tiefernste Töne von sich. Also, wenn Sie etwas von Musik verstehen, so werden Sie dieses wissen: Man kann nicht, ohne die Gesetze der Harmonik zu verletzen, einen fünften Spieler in ein Quartett aufnehmen; sonst hört es nämlich auf, ein Quartett zu sein.»

«Es wird dann ein Quintett», antwortete Carolus.

«Wie meinten Sie?» fragte Colline.

«Quintett.»

«Sehr richtig; genauso ist es, wenn Sie der Dreieinigkeit, diesem göttlichen Dreieck, eine vierte Persönlichkeit beigeben: Dann ist es keine Dreieinigkeit mehr, es ist ein Quadrat, und sofort ist die Religion in ihrem Prinzip gespalten.»

«Erlauben Sie», sagte Carolus, dessen Verständnis in den Ranken der Gedankengänge Collines zu straucheln begann, «ich sehe nicht recht …»

«Passen Sie genau auf und folgen Sie meinem Gedankengang …», fuhr Colline fort. «Verstehen Sie etwas von Astronomie?»

«Ein bißchen; ich bin Bakkalaureus.»

«Darüber gibt es ein Lied», sagte Colline. «‹Lisettens Bakkalaureus …› Die Melodie habe ich vergessen … Also dann werden Sie wissen, daß es vier Himmelsrichtungen gibt. Wenn nun also eine fünfte Himmelsrichtung auftauchte, so wäre die ganze Harmonie der Natur über den Haufen geworfen. Das nennt man eine Sintflut. Verstehen Sie?»

«Ich warte auf die Schlußfolgerung.»

«Sehr richtig, die Schlußfolgerung ist das Ende der Rede, wie der Tod das Ende des Lebens und die Heirat das Ende der Liebe ist. Also, mein guter Herr, ich und meine Freunde, wir sind gewohnt, zusammen zu leben, und wir befürchten, durch die Einführung eines Neuen werde die Harmonie, die in unserem Sitten-, Meinungs-, Geschmacks- und Charakterkonzert herrscht, gestört werden. Wir werden eines Tages die vier Himmelsrichtungen zeitgenössischer Kunst bedeuten; das sage ich Ihnen ohne alle Umstände; und da wir an diesen Gedanken gewöhnt sind, so wäre es uns unangenehm, wenn eine fünfte Himmelsrichtung ...»

«Aber wenn man zu viert ist, kann man doch auch zu fünft sein», warf Carolus auf gut Glück ein.

«Ja, aber dann ist man eben nicht mehr zu viert.»

«Das ist ein ziemlich nichtiger Einwand.»

«Nichts in der Welt ist unbedeutend, alles liegt in allem, die kleinen Bäche machen die großen Ströme, die kleinen Silben machen die Alexandriner, und die Berge bestehen aus Sandkörnern; das steht in der ‹Weisheit der Völker›; auf dem Quai liegt ein Exemplar aus.»

«Sie glauben also, die Herren würden Schwierigkeiten machen, mich der Ehre eines vertrauteren Umgangs teilhaftig werden zu lassen?»

«Das fürchte ich beinahe und beiferne», sagte Colline, der sich diesen Witz niemals entgehen ließ.

«Wie meinten Sie ...?» fragte Carolus erstaunt.

«Verzeihung ... das ist ein Witz!» Und Colline fuhr fort: «Sagen Sie mir, mein guter Herr, welches ist auf den edlen Gefilden die Furche, die Sie mit besonderer Vorliebe ackern?»

«Die großen Philosophen und die guten klassischen Autoren sind meine Muster; ich nähre mich von ihrem Studium. Der ‹Telemach› hat mir zuerst die Leidenschaft eingeflößt, die mich verzehrt.»

«Der ‹Telemach› ist auf dem Quai ziemlich häufig», sagte Colline. «Man findet ihn jederzeit. Ich habe ihn für fünf Sous gekauft, es war nämlich ein Gelegenheitskauf; ich gebe ihn jedoch gern her, wenn ich Ihnen einen Gefallen damit tun kann. Übrigens ein tüchtiges Werk und für seine Zeit recht brav geschrieben.»

«Ja, die hohe Philosophie und die gesunde Literatur, das ist meine Atmosphäre. Meiner Meinung nach ist die Kunst ein Priestertum.»

«Ja, ja, ja …», sagte Colline, «darüber gibt es auch ein Lied.» Und er begann zu singen:

> «Ja, die Kunst ist priesterlich,
> man muß nur wissen, wie's gemacht wird.»

«Ich glaube, es ist aus ‹Robert dem Teufel›», fügte er hinzu.

«Ich sagte also, da die Kunst ein heiliges Amt ist, so müssen die Schriftsteller unausgesetzt …»

«Verzeihen Sie, Hochzuverehrender», unterbrach Colline, der eine vorgerückte Stunde schlagen hörte, «es ist morgen früh, und ich fürchte, einem mir teuren Wesen Sorge zu machen. – Übrigens», murmelte er vor sich hin, «hatte ich ihr versprochen, früh nach Hause zu kommen … sie hat Geburtstag.»

«Allerdings, es ist spät», sagte Carolus. «Dann wollen wir aufbrechen!»

«Wohnen Sie weit von hier?» fragte Colline.

«Ich wohne Rue Royale-Saint-Honoré 10 …»

Colline war früher einmal bei irgendeiner Gelegenheit in dieses Haus gekommen, und er besann sich dunkel, daß es ein Prachtbau war.

«Ich werde mit den Herren über Sie sprechen», sagte er zu Carolus, als sie sich verabschiedeten, «und seien Sie sicher, daß ich all meinen Einfluß geltend machen werde, um sie Ihnen günstig zu stimmen … Ach, erlauben Sie mir noch, Ihnen einen Rat zu geben.»

«Bitte sehr, bitte sehr!» sagte Carolus.

«Seien Sie liebenswürdig und galant gegen die Damen

Mimi, Musette und Phémie; diese Damen haben Einfluß auf meine Freunde, und wenn Sie die Gunst ihrer Geliebten zu gewinnen wissen, werden Sie von Marcel, Schaunard und Rodolphe viel leichter erlangen, was Sie wünschen.»

«Ich werde mir Mühe geben», sagte Carolus.

Am folgenden Morgen platzte Colline mitten in die Bohemeversammlung: Es war zur Frühstücksstunde, und mit der Stunde war diesmal auch das Frühstück da. Die drei Haushaltungen saßen bei Tisch und feierten Orgien in Artischocken mit Pfeffersauce. «Alle Achtung», sagte Colline, «ihr lebt gut, das kann nicht lange dauern. Ich komme», fuhr er fort, «als Gesandter des großherzigen Sterblichen, den wir gestern abend hier im Café getroffen haben.»

«Will er das Geld, das er uns vorgestreckt hat, jetzt schon wiederhaben?» fragte Marcel.

«Oh», rief Fräulein Mimi, «das hätte ich nicht von ihm gedacht, er sieht so fein aus!»

«Nicht darum handelt es sich», erwiderte Colline. «Dieser junge Mann möchte zu uns gehören, er will Aktien unserer Gesellschaft kaufen und am Gewinn teilhaben, wohlverstanden.»

Die drei Bohemiens hoben den Kopf und blickten einander an.

«Also», schloß Colline, «die Debatte ist eröffnet!»

«Sag mal, welche soziale Stellung nimmt dein Schützling ein?» fragte Rodolphe.

«Er ist nicht mein Schützling» entgegnete Colline. «Gestern abend, als wir uns verabschiedet hatten, batet ihr mich, ihm nachzugehen; er seinerseits lud mich ein, ihn zu begleiten; das traf sich ausgezeichnet. Ich folgte ihm also, und er hat mir einen Teil der Nacht mit Aufmerksamkeiten und feinen Schnäpsen vertrieben, aber ich habe meine Unabhängigkeit bewahrt.»

«Schön», sagte Schaunard.

«Skizziere uns bitte mal einige seiner Hauptcharakterzüge!» sagte Marcel.

«Seelengröße und Sittenstrenge, hat Abitur, Angst, in Weinstuben zu gehen, Opfer der Offenheit, spielt Kontrabaß, Natur, die zuweilen fünf Francs wechselt.»

«Ausgezeichnet», sagte Schaunard.

«Was will er eigentlich von uns?»

«Das habe ich ja schon gesagt, sein Ehrgeiz kennt keine Grenzen; er möchte uns duzen.»

«Das heißt, er will uns ausbeuten», erwiderte Marcel. «Er will gesehen werden, wenn er in unsere Wagen steigt.»

«In welcher Kunst macht er?» fragte Rodolphe.

«Ja», fuhr Marcel fort, «was spielt er?»

«Seine Kunst?» sagte Colline. «Was er spielt? Literatur und Philosophie gemischt.»

«Und seine philosophischen Kenntnisse?»

«Er treibt Provinzialphilosophie. Er nennt die Kunst ein Priestertum.»

«‹Priestertum› sagt er?» rief Rodolphe entsetzt.

«Ja, freilich.»

«Und welcher literarischen Richtung gehört er an?»

«Er gibt sich ab mit … dem ‹Telemach›.»

«Ausgezeichnet!» sagte Schaunard, der Artischockenblätter kaute.

«Wieso ausgezeichnet, du Kamel?» unterbrach ihn Marcel.

«Sag mir das ja nicht auf der Straße!»

Schaunard, den diese Zurechtweisung ärgerte, gab unter dem Tisch Phémie einen Fußtritt, weil er sie bei einem Übergriff in seine Sauce ertappt hatte.

«Nochmals», sagte Rodolphe, «welche Stellung hat er in der Welt? Wovon lebt er? Wie heißt er? Wo wohnt er?»

«Seine Stellung ist anständig: Er ist Lehrer aller möglichen Dinge im Schoße einer reichen Familie. Er heißt Carolus Barbemuche, verzehrt seine Einkünfte in luxuriösen Gewohnheiten und wohnt Rue Royale in einem fabelhaften Hause.»

«Einem Logierhaus?»

«Nein, er hat eigene Möbel.»

«Ich bitte ums Wort», sagte Marcel. «Für mich steht fest, daß Colline bestochen ist: Er hat seine Stimme im voraus um irgendeine Anzahl kleiner Gläschen verkauft! Unterbrich mich nicht», schnauzte Marcel, als er sah, daß der Philosoph aufstand, um gegen diesen Vorwurf Verwahrung einzulegen, «du kannst gleich antworten! Colline, diese käufliche Seele, hat euch diesen Fremden in zu günstigem Lichte dargestellt, als daß sein Bild der Wahrheit entsprechen könnte. Ich sagte ja schon, ich durchschaue die Absichten dieses Fremden. Er will auf uns spekulieren! Er hat sich gesagt: Diese Burschen machen Karriere; ich muß mich in ihre Tasche stecken, dann komme ich mit ihnen in den Hafen des Ruhmes.»

«Ausgezeichnet!» sagte Schaunard. «Ist keine Sauce mehr da?»

«Nein», antwortete Rodolphe, «die Auflage ist vergriffen.»

«Andererseits», fuhr Marcel fort, «strebt dieser hinterlistige Sterbliche, den Colline begönnert, vielleicht nur mit Hintergedanken nach der Ehre unserer Intimität. Wir sind hier nicht allein, meine Herren», fuhr der Redner fort und warf einen sprechenden Blick auf die Damen, «und wenn Collines Schützling sich unter dem Mantel der Literatur an unseren Herd schleicht, so könnte er dennoch sehr wohl nichts als ein arglistiger Verführer sein. Überlegt! Ich meinerseits stimme gegen die Zulassung.»

«Ich bitte ums Wort, nur zu einer Berichtigung», sagte Rodolphe. «In seiner bemerkenswerten Improvisation hat Marcel gesagt, besagter Carolus wolle sich mit der Absicht, uns zu entehren, unter dem Mantel der Literatur bei uns einschleichen.»

«Das war ein parlamentarisches Bild», sagte Marcel.

«Ich tadle dieses Bild; es ist falsch! Die Literatur bemäntelt nichts.»

«Da ich als Referent fungiere», sagte Colline und stand auf, «so werde ich jetzt den Schluß meines Berichtes liefern. Die Eifersucht, die ihn verzehrt, zerrüttet den Verstand unseres Freundes Marcel, der große Künstler ist nämlich verrückt …»

«Zur Ordnung!» brüllte Marcel.

«… verrückt, und zwar bis zu einem Grade, daß er, der gute Zeichner, ein Bild in seine Rede flicht, dessen Unrichtigkeit der geistreiche Redner, der mir auf dieser Tribüne veranging, mit Recht beanstandet hat.»

«Colline ist ein Idiot!» rief Marcel und tat mit der Faust einen heftigen Schlag auf den Tisch, was unter den Tellern tiefe Sensation hervorrief. «Colline versteht nichts von Herzensangelegenheiten, in dieser Frage ist er inkompetent; er trägt an Stelle des Herzens einen alten Schmöker!» (Anhaltendes Gelächter bei Schaunard.)

Während dieses Tumults verströmte Colline ernsthaft die Sturzbäche der Beredsamkeit, die hinter den Falten seiner weißen Krawatte schlummerten. Als der Lärm sich gelegt hatte, fuhr er in seiner Rede fort: «Meine Herren, ich werde mit einem einzigen Wort all die chimärischen Ängste entkräften, die Marcels Argwohn gegen Carolus in Ihrem Geist geweckt haben mag.»

«Versuche doch, sie zu entkräften!» sagte Marcel spöttisch.

«Das dürfte nicht schwerer sein als dies», erwiderte Colline und blies das Streichholz aus, mit dem er seine Pfeife angesteckt hatte.

«Rede! Rede!» riefen Rodolphe, Schaunard und die Damen, für die der Dichter großes Interesse besaß, im Chor.

«Meine Herren», sagte Colline, «obwohl ich in diesem Kreise persönlich und heftig angegriffen worden bin, obwohl ich beschuldigt worden bin, den Einfluß, den ich vielleicht unter Ihnen besitze, für Spirituosen verschachert zu haben, so werde ich doch nicht auf die

Angriffe antworten, die man gegen meine Ehrenhaftigkeit, meinen Anstand, meine Moral gerichtet hat, denn mein Gewissen ist ruhig.» (Bewegung.) «Aber etwas gibt es, dem ich Achtung erzwingen will.» (Der Redner schlägt sich zweimal mit der Faust auf den Bauch.) «Das ist meine Ihnen wohlbekannte Klugheit, die man hat in Zweifel ziehen wollen. Ich bin beschuldigt worden, ich wolle in Ihren Kreis einen Sterblichen einführen, der die Absicht hat, dem Glück Ihrer ... Gefühle gegenüber eine feindliche Stellung einzunehmen. Diese Annahme schlägt der Tugend dieser Damen und obendrein ihrem guten Geschmack ins Gesicht. Carolus Barbemuche ist sehr häßlich!» (Sichtlicher Widerspruch in den Zügen von Phémie Teinturière. Gepolter unter dem Tisch. Schaunard korrigiert die kompromittierende Offenheit seiner jungen Freundin mit Fußtritten.)

«Aber», fuhr Colline fort, «was das elende Argument, aus dem mein Gegner unter Ausnutzung Ihres ersten Schreckens sich eine Waffe gegen Carolus schmiedet, zu Staub zermalmen wird, das ist der Umstand: besagter Carolus ist ein ‹Jünger Platos›.» (Sensation auf der Bank der Herren, Tumult auf der Bank der Damen.)

«Ein Jünger Platos? Was ist denn das?» fragte Phémie.

«Ach, das sind so Männer, die keine Frau zu umarmen wagen», sagte Mimi; «ich habe mal einen Liebhaber gehabt, der auch so war, es hat aber nur zwei Stunden gedauert.»

«Albernheit, was?» rief Fräulein Musette.

«Du hast recht, Geliebte», sagte Marcel. «Der Platonismus in der Liebe ist Wasser im Wein, weiß du. Wir trinken unseren Wein lieber unvermischt!»

«Und hoch die Jugend!» fügte Musette hinzu.

Collines Erklärung hatte eine Reaktion zu Carolus' Gunsten zur Folge. Der Philosoph wollte die gute Regung ausnutzen, die seine beredte und geschickte Anschuldigung verursacht hatte.

«Jetzt sehe ich nicht mehr ein», fuhr er fort, «welches

die Einwände wären, die noch gegen diesen jungen Sterblichen erhoben werden könnten, der uns schließlich doch einen Dienst geleistet hat. Was mich angeht, der ich beschuldigt worden bin, ich habe unbesonnen gehandelt, als ich ihn in unseren Kreis einführen wollte, so sehe ich diese Meinung als ein Attentat auf meine Würde an. Ich habe in dieser Sache gehandelt mit der Klugheit einer Schlange; und wenn mir nicht ein begründetes Vertrauensvotum diese Klugheit beläßt, reiche ich meine Demission ein.»

«Willst du die Kabinettsfrage stellen?» fragte Marcel.

«Ich stelle sie», antwortete Colline.

Die drei Bohemiens berieten sich, und einstimmig kamen sie überein, dem Philosophen den Charakter hoher Klugheit zuzusprechen, den er verlangte. Colline überließ daraufhin Marcel das Wort, der bereits ein wenig von seinen Vorurteilen hatte fallenlassen, und erklärte, er werde möglicherweise zugunsten der Schlüsse des Referenten stimmen. Aber ehe sie zur definitiven Beschlußfassung übergingen, die Carolus den intimen Verkehr mit der Boheme erschließen sollte, ließ Marcel über folgende Zusatzakte abstimmen:

«Da die Einführung eines neuen Mitglieds in den Bund eine ernste Sache ist und ein Fremder Elemente der Zwietracht säen kann, weil er die Sitten, Charaktere und Anschauungen seiner Kameraden nicht kennt, so hat jedes der Mitglieder je einen Tag mit besagtem Carolus zu verbringen und über sein Leben, seine Neigungen, seine literarische Begabung und seine Garderobe eine Untersuchung vorzunehmen. Alsdann werden die Bohemiens sich gegenseitig ihre besonderen Eindrücke mitteilen, und erst dann werden sie über Abweisung oder Zulassung Beschlüsse fassen; außerdem muß Carolus vor der Aufnahme eine Probezeit von einem Monat durchmachen, das heißt, vor Ablauf dieser Frist hat er nicht das Recht, sie zu duzen und auf der Straße unterzuhaken. Am Tage der Aufnahme wird auf Kosten des Aufzunehmenden ein glänzendes Fest gegeben. Das

Budget dieser Genüsse muß sich auf mindestens zwölf Francs belaufen.»

Diese Zusatzakte wurde angenommen mit einer Majorität von drei Stimmen gegen eine, die Collines nämlich. Colline meinte, man vertraue ihm nicht genügend, und diese Zusatzakte vergehe sich von neuem gegen seine Klugheit.

Am gleichen Abend ging Colline besonders früh ins Café, um Carolus vor den andern zu sehen.

Er wartete nicht lange. Carolus kam sehr bald; er hielt drei ungeheure Rosensträuße in der Hand.

«Hallo», sagte Colline verwundert, «was wollen Sie mit diesem Garten anfangen?»

«Ich bin Ihrem gestrigen Rat gefolgt. Ihre Freunde werden zweifellos mit den Damen kommen, und für diese habe ich diese Blumen mitgebracht; sie sind sehr schön.»

«Wahrhaftig! Sie haben mindestens fünfzehn Sous gekostet.»

«Wo denken Sie hin?» erwiderte Carolus. «Im Dezember! Wenn Sie wenigstens fünfzehn Francs gesagt hätten!»

«O Himmel», rief Colline, «ein Trio von Fünf-Francs-Stücken für diese einfachen Gaben Floras, welche Torheit! Sind Sie vielleicht mit den Kordilleren verwandt? Nun, Hochzuverehrender, da müssen wir fünfzehn Francs zum Fenster hinauswerfen.»

«Wie? Was wollen Sie damit sagen?»

Colline erzählte nun von dem eifersüchtigen Verdacht, den Marcel in seinen Freunden erweckt hatte, und berichtete Carolus von der heftigen Debatte, welche über die Möglichkeit seiner Aufnahme in den Bund stattgefunden hatte. «Ich habe beteuert, Ihre Absichten seien makellos», sagte Colline; «aber die Opposition ist darum nicht minder lebhaft gewesen. Hüten Sie sich also, den eifersüchtigen Argwohn, den man gegen Sie hegt, durch allzu große Zuvorkommenheit gegenüber den Damen von neuem zu beleben, und zu-

nächst wollen wir erst einmal diese Sträuße beseitigen!»

Und Colline nahm die Rosen und versteckte sie in einem Schrank, in den alles mögliche geworfen wurde.

«Aber das ist noch nicht alles», fuhr er fort. «Die Herren wünschen, ehe sie sich intimer mit Ihnen einlassen, eine Untersuchung über Ihren Charakter, Ihren Geschmack und so weiter anzustellen, und zwar jeder für sich.» Und damit Barbemuche bei seinen Freunden keinen zu starken Anstoß erregte, entwarf Colline rasch ein Bild von jedem der drei Bohemiens. «Versuchen Sie», fügte der Philosoph hinzu, «sich mit jedem einzelnen zu verständigen, und Sie werden am Ende alle für sich haben.»

Carolus war mit allem zufrieden.

Bald darauf kamen auch die drei Freunde, von ihren «Gattinnen» begleitet.

Rodolphe war höflich gegen Carolus, Schaunard wurde familiär, Marcel blieb kühl. Carolus bemühte sich, gegen die Herren heiter und herzlich zu sein, während er sich den Damen gegenüber sehr gleichgültig verhielt.

Als sie abends auseinandergingen, lud Barbemuche Rodolphe für den nächsten Tag zum Diner ein. Nur bat er ihn, schon um Mittag zu ihm zu kommen.

Der Dichter nahm an.

‹Gut›, sagte er bei sich, ‹ich also beginne die Untersuchung.›

Am folgenden Tage begab Rodolphe sich um die verabredete Stunde zu Carolus. Barbemuche wohnte tatsächlich in einem sehr schönen Haus in der Rue Royale, und er hatte ein Zimmer inne, in dem ein gewisser Komfort herrschte. Nur war Rodolphe erstaunt, obwohl heller Tag war, die Läden geschlossen, die Vorhänge zugezogen und auf einem Tisch zwei brennende Kerzen zu finden. Er fragte Barbemuche, was das zu bedeuten habe.

«Das Studium ist die Tochter des Geheimnisses und der Stille», antwortete dieser.

Sie setzten sich und plauderten. Nach einer Stunde der Unterhaltung wußte Carolus mit unendlicher Geduld und oratorischer Geschicklichkeit eine Wendung herbeizuführen, die trotz ihrer bescheidenen Form nichts Geringeres war als eine Aufforderung an Rodolphe, ein kleines Werk anzuhören, welches die Frucht der Nachtwachen des besagten Carolus war.

Rodolphe begriff, daß er gefangen war! Da er Neugierde spürte, Barbemuches Stil kennenzulernen, so verneigte er sich höflich und versicherte, er sei entzückt darüber, daß ...

Carolus wartete den Schluß dieses Satzes nicht erst ab. Er lief zur Tür und schob den Riegel vor, drehte den Schlüssel im Schloß und kehrte zu Rodolphe zurück. Dann nahm er ein kleines Heft zur Hand, dessen schmales Format und geringe Dicke ein Lächeln der Befriedigung auf des Dichters Lippen hervorriefen.

«Ist das das Manuskript Ihres Werkes?» fragte er.

«Nein», antwortete Carolus, «nur der Katalog meiner Manuskripte. Ich suche die Nummer desjenigen, das ich Ihnen mit Ihrer gütigen Erlaubnis vorlesen werde ... Ah, da: ‹Don López, oder das Verhängnis›, Nummer vierzehn. Im dritten Fach», sagte Carolus und öffnete einen kleinen Schrank, in dem Rodolphe zu seinem Entsetzen eine große Menge von Manuskripten bemerkte. Carolus griff eines heraus, verschloß den Schrank und nahm dem Dichter gegenüber Platz.

Rodolphe warf einen Blick auf eins der vier Hefte, aus denen das Werk bestand, das auf Bogen von der Größe des Marsfeldes geschrieben war.

‹Nun›, sagte er sich, ‹es sind wenigstens keine Verse ... aber es heißt ‚Don López'!›

Carolus ergriff das erste Heft und begann seine Vorlesung also: «In einer kalten Winternacht ritten zwei Reiter, gehüllt in die Falten ihrer Mäntel, auf trägen Maultieren Seite an Seite auf einem jener Felsenpfade hin, welche durch die schreckensvolle Einöde der Wüsten der Sierra Morena führen ...»

‹Wo bin ich!› dachte Rodolphe, den dieser Anfang niederschmetterte. Carolus fuhr in der Vorlesung des ersten Kapitels fort, das durchweg im gleichen Stil geschrieben war.

Rodolphe hörte oberflächlich hin und sann auf Mittel zur Flucht.

‹Ein Fenster ist ja allerdings da›, sagte er sich, ‹aber erstens ist es geschlossen und zweitens sind wir im vierten Stock. Ah, jetzt verstehe ich all diese Vorsichtsmaßregeln!›

«Was sagen Sie zu meinem ersten Kapitel?» fragte Carolus. «Ich flehe Sie an, schonen Sie mich nicht in Ihrer Kritik!»

Rodolphe glaubte sich zu erinnern, daß er Fetzen phrasenreicher Philosophie über den Selbstmord gehört habe, vorgetragen von besagtem López, dem Helden des Romans, und er sagte aufs Geratewohl: «Die gewaltige Gestalt des López ist gewissenhaft durchgeführt; das Ganze erinnert an das ‹Glaubensbekenntnis des savoyischen Vikars›; die Schilderung von Don Alvars Maulesel gefällt mir ganz außerordentlich, sie erinnert sozusagen an eine Skizze Géricaults. Die Landschaft hat schöne Linien; was die Ideen betrifft, so ist das Jean-Jacques Rousseaus Saat auf Lesages Acker gesät. Nur erlauben Sie mir eine Bemerkung: Sie setzen zu viel Kommas, und Sie treiben Mißbrauch mit dem Wort ‹hinfüro›; es ist ein ganz hübsches Wort, das sich von Zeit zu Zeit gut macht, es gibt Farbe, aber man darf es nicht mißbrauchen.»

Carolus nahm sein zweites Heft und las nochmals den Titel: «Don López oder das Verhängnis».

«Ich habe einmal einen Don López gekannt», sagte Rodolphe, «er verkaufte Zigaretten und Bayonner Schokolade; vielleicht war der irgendwie mit Ihrem verwandt ... Aber lesen Sie nur weiter ...»

Am Schluß des zweiten Kapitels unterbrach der Dichter den lesenden Carolus: «Tut Ihnen der Kehlkopf weh?»

«Kein bißchen», antwortete Carolus; «jetzt sollen Sie die Geschichte der Inesilla hören.»

«Ich bin sehr gespannt ... Aber wenn Sie müde sind», sagte der Dichter, «dann sollten Sie sich lieber nicht ...»

«Kapitel drei!» sagte Carolus mit klarer Stimme.

Rodolphe beobachtete Carolus aufmerksam und stellte fest, daß sein Hals sehr kurz war und seine Gesichtsfarbe sehr rot. ‹Ein süßer Trost ist mir geblieben›, dachte der Dichter, als er diese Entdeckung gemacht hatte, ‹ein Schlaganfall.›

«Wir gehen zum vierten Kapitel über. Sie werden so liebenswürdig sein und mir sagen, was Sie von der Liebesszene halten!» Und Carolus nahm seine Vorlesung wieder auf.

Als er zufällig einmal aufblickte, um sich von der Wirkung seines Dialogs auf Rodolphe zu überzeugen, merkte Carolus, daß der Dichter, der zusammengekrümmt auf seinem Stuhle saß, den Kopf vorstreckte, wie jemand, der auf ferne Klänge lauscht.

«Was haben Sie denn?» fragte er.

«Still!» sagte Rodolphe. «Hören Sie nichts? Ich glaube, es rief jemand ‹Feuer›! Wollen wir mal nachsehen?»

Carolus lauschte einen Augenblick, aber er hörte nichts.

«Mir hat vielleicht das Ohr geklungen», sagte Rodolphe. «Lesen Sie weiter! Don Alvar interessiert mich ganz gewaltig; er ist ein edler junger Mann.»

Carolus las weiter und legte alle Musik seines Organs in folgende Worte des jungen Don Alvar hinein: «O Inesilla, wer Ihr auch seiet, Engel oder Dämon, und welches Eure Heimat sei, mein Leben ist das Eure, und ich werde Euch folgen, sei es zum Himmel, sei es zur Hölle!»

In diesem Augenblick klopfte es an der Tür, und von draußen fragte eine Stimme nach Carolus.

«Das ist mein Portier», sagte er, stand auf und öffnete die Tür ein wenig.

Es war tatsächlich der Portier; er brachte einen Brief;

Carolus riß ihn eilig auf. «Wie ärgerlich!» rief er. «Wir müssen die Vorlesung ein andermal zu Ende führen; ich bekomme da eben eine Nachricht, die mich zwingt, sogleich fortzugehen.»

‹Oh›, dachte Rodolphe, ‹der Brief fällt vom Himmel; ich erkenne das Siegel der Vorsehung.›

«Wenn es Ihnen recht ist», erwiderte Carolus, «können wir zusammen fortgehen, und wenn ich meine Besorgung erledigt habe, gehn wir zum Essen.»

«Ich stehe zu Diensten», sagte Rodolphe. – –

Abends, als er in den Kreis seiner Freunde trat, wurde der Dichter mit Fragen über Barbemuche bestürmt.

«Bist du mit ihm zufrieden? Hat er dich gut bewirtet?» fragten Marcel und Schaunard.

«Ja, aber ich habe es teuer bezahlen müssen», sagte Rodolphe.

«Nanu? Hat Carolus etwa dich bezahlen lassen?» fragte Schaunard mit steigender Entrüstung.

«Er hat mir einen Roman vorgelesen, in dessen Verlauf man Don López und Don Alvar heißt und in dem die jugendlichen Liebhaber ihre Geliebte ‹Engel› oder ‹Dämon› nennen.»

«O Grauen!» riefen die Bohemiens im Chor.

«Aber sonst», sagte Colline, «Literatur beiseite, was hältst du sonst von Carolus?»

«Er ist ein braver Jüngling. Übrigens werdet ihr eure Beobachtungen selber machen können: Carolus hat vor, uns einen nach dem andern zu bewirten. Für morgen ist Schaunard zum Frühstück geladen. Nur», fügte Rodolphe hinzu, «wenn ihr zu Barbemuche geht, nehmt euch in acht vor dem Manuskriptschrank, der ist ein gefährliches Möbel.»

Schaunard fand sich pünktlich zum Stelldichein ein und stellte eine Untersuchung an, wie ein Taxator und Gerichtsvollzieher, der eine Beschlagnahme vornimmt. Als er abends nach Hause kam, hatte er den Kopf voll von Notizen; er hatte Carolus unter dem Gesichtspunkt des Mobiliarbesitzes studiert.

«Nun», fragte man ihn, «welcher Meinung bist du?»

«Ja», erwiderte Schaunard, «dieser Barbemuche ist ein Ausbund sämtlicher guter Eigenschaften; er kennt die Namen aller Weine, und er hat mir delikatere Dinge zu essen gegeben, als sie auf den Tisch kommen, wenn meine Tante Geburtstag hat. Anscheinend steht er mit den Schneidern der Rue Vivienne und den Schuhmachern am Panorama auf recht vertraulichem Fuße. Außerdem ist er, wie ich schon bemerkte, beinahe von unserer Statur, wir könnten ihm also zur Not unsere Anzüge leihen. Seine Sitten sind weniger streng, als Colline es uns einreden wollte; er ließ sich überallhin mitnehmen, wohin ich ihn brachte, und er hat mir ein Frühstück in zwei Akten bezahlt, von denen der zweite in einem Kabarett bei der Markthalle spielte, wo ich verschiedener Karnevalsorgien wegen berühmt bin. Carolus ist mitgegangen wie ein ganz natürlicher Mensch. Also! Für morgen ist Marcel eingeladen.»

Carolus wußte, daß gerade Marcel unter den vier Bohemiens sich seiner Aufnahme in den Bund am heftigsten widersetzt hatte; daher behandelte er ihn ganz besonders gut; aber vor allem stimmte er sich den Künstler dadurch günstig, daß er ihm Hoffnung machte, ihm in der Familie seines Schülers Aufträge für Porträts zu verschaffen.

Als nun Marcel seinen Bericht zu erstatten hatte, merkten seine Freunde nichts mehr von jener feindseligen vorgefaßten Abneigung gegen Carolus.

Am vierten Tage teilte Colline Barbemuche mit, er sei aufgenommen.

«Wie? Aufgenommen bin ich?» rief Carolus in höchster Freude.

«Ja», antwortete Colline, «aber einstweilen auf Korrektur!»

«Was verstehen Sie darunter?»

«Ich meine, Sie müssen erst noch eine Menge kleiner vulgärer Gewohnheiten korrigieren.»

«Ich werde mich in allem nach Ihnen richten», antwortete Carolus.

Während der ganzen Probezeit verkehrte der platonische Philosoph tagtäglich mit den Bohemiens, und da er nun ihre Sitten genauer studieren konnte, blieb es nicht aus, daß er sich zuweilen sehr wunderte.

Eines Morgens kam Colline mit strahlendem Gesicht zu Barbemuche.

«Hurra, mein Lieber», sagte er, «Sie gehören definitiv zu den Unsern, das steht unumwunden fest. Jetzt braucht nur noch der Tag des großen Festes bestimmt zu werden und der Ort, wo es stattfinden soll; ich komme, um mich darüber mit Ihnen zu verständigen.»

«Aber das trifft sich ja ausgezeichnet», antwortete Carolus. «Die Eltern meines Schülers sind jetzt auf dem Lande, und der junge Vicomte, dessen Mentor ich bin, wird mir die Räume auf einen Abend zur Verfügung stellen – auf diese Weise sind wir mehr unter uns; aber ich werde den jungen Vicomte einladen müssen.»

«Das wäre famos», erwiderte Colline, «wir würden ihm literarische Horizonte erschließen; aber glauben Sie, daß er einverstanden sein wird?»

«Das weiß ich schon im voraus.»

«Dann braucht nur noch der Tag bestimmt zu werden.»

«Das erledigen wir heute abend im Café», sagte Barbemuche.

Carolus begab sich alsbald zu seinem Schüler und teilte ihm mit, er sei gerade in eine hohe literarische und künstlerische Vereinigung aufgenommen worden, und zur Feier seiner Aufnahme gedenke er ein Diner zu geben, dem ein kleines Fest folgen solle; er schlug ihm vor, daran teilzunehmen.

«Und da Sie nicht spät nach Hause kommen dürfen, das Fest aber bis in die Nacht hinein dauern wird, so werden wir», fügte Carolus hinzu, «der Bequemlichkeit halber das kleine Diner hier in der Wohnung geben. François, Ihr Diener, ist verschwiegen, Ihre Eltern werden also nichts erfahren, und Sie werden die Bekanntschaft der geistreichsten Leute von Paris machen, von Künstlern und Autoren.»

«Gedruckten?» fragte der junge Mann.

«Gedruckten, natürlich; der eine ist Chefredakteur der ‹Schärpe der Iris›, die Ihre Frau Mutter liest, es sind hervorragende, fast berühmte Leute; ich bin intim befreundet mit ihnen, sie haben reizende Damen.»

«Auch Damen werden kommen?» fragte der Vicomte Paul.

«Hinreißend schöne», erwiderte Carolus.

«O teuerer Lehrer, ich danke Ihnen; gewiß, wir wollen das Fest hier geben; alle Leuchter sollen angezündet werden, und ich lasse die Bezüge von den Möbeln nehmen.»

Abends im Café verkündete Barbemuche, das Fest solle am nächsten Sonnabend stattfinden. Die Bohemiens ermahnten ihre Geliebten, an ihre Toilette zu denken.

«Vergeßt nicht», sagten sie, «daß wir in wirkliche Salons kommen werden! Also macht euch bereit: einfache, aber reiche Toilette!»

Von diesem Tage an wußte die ganze Straße, daß die Damen Mimi, Phémie und Musette in die Gesellschaft eingeführt werden sollten.

Am Morgen vor der Feierlichkeit geschah folgendes: Colline, Schaunard, Marcel und Rodolphe begaben sich im Chor zu Barbemuche, der sehr erstaunt war, daß sie so früh kamen.

«Ist irgend etwas dazwischengekommen? Muß das Fest verschoben werden?» fragte er mit einiger Unruhe.

«Ja und nein», antwortete Colline. «Es handelt sich nur um folgendes: Unter uns machen wir niemals Umstände, aber wenn wir mit Fremden zusammenkommen, wollen wir ein gewisses Dekorum wahren.»

«Ja, und?» fragte Barbemuche.

«Ja, und», fuhr Colline fort, «da wir heute abend mit dem jungen Edelmann zusammen sein sollen, der uns seine Salons öffnet, so kommen wir, aus Rücksicht auf ihn und aus Rücksicht auf uns, denn unser sozusagen vernachlässigtes Äußere könnte uns kompromittieren, so kommen wir – ganz einfach, um Sie zu fragen, ob Sie uns nicht für heute abend ein paar Sachen von vorteilhaftem Schnitt leihen könnten. Es ist fast unmöglich, das werden Sie einsehen, in Bluse und Paletot unter das luxuriöse Getäfel dieser Residenz zu treten.»

«Aber», sagte Carolus, «vier Fracks habe ich nicht.»

«Oh, wir werden uns schon mit dem behelfen, was Sie haben», sagte Colline.

«Dann sehen Sie bitte zu», sagte Carolus und öffnete einen recht wohlgenährten Kleiderschrank.

«Aber Sie haben ja ein ganzes Arsenal eleganter Sachen.»

«Drei Hüte!» rief Schaunard in Ekstase. «Wie kann man drei Hüte und nur einen Kopf haben?»

«Und die Stiefel!» sagte Rodolphe. «Seht doch nur!»

«Stiefel sind genug da!» heulte Colline.

Mit einem einzigen Blick hatte jeder sich eine vollständige Ausstattung ausgesucht.

«Also heute abend», sagten sie, als sie Barbemuche verließen; «die Damen haben sich vorgenommen, zu blenden.»

«Aber», sagte Barbemuche und warf einen Blick auf die völlig entblößten Kleiderhaken, «Sie lassen mir ja gar nichts! Wie soll ich Sie denn empfangen?»

«Oh, Sie! Das ist ganz etwas anderes», sagte Rodolphe, «Sie sind der Hausherr und können die Etikette beiseite lassen.»

«Aber», sagte Carolus, «mir bleiben ja nur ein Schlafrock, eine Unterhose, eine Flanelljacke und meine Pantoffeln; Sie haben mir ja alles genommen!»

«Kommt nicht drauf an. Wir entschuldigen Sie im voraus!» entgegneten die Bohemiens.

Um sechs Uhr wurde im Speisezimmer ein sehr schönes Diner aufgetragen. Die Bohemiens kamen. Marcel hinkte ein wenig und hatte schlechte Laune. Der junge

Vicomte Paul stürzte auf die Damen zu und führte sie auf die besten Plätze. Mimi trug ein Phantasiekostüm. Musette war mit gutem Geschmack und sehr herausfordernd gekleidet. Phémie glich einem Schaufenster mit farbigen Gläsern, sie wagte kaum, sich zu Tisch zu setzen. Das Diner dauerte zwei und eine halbe Stunde und verlief entzückend heiter.

Der junge Vicomte Paul trat Mimi, die seine Tischdame war, begeistert auf den Fuß, und Phémie ließ sich jeden Gang zweimal reichen. Schaunard war in Weinlaune. Rodolphe improvisierte Sonette und zerbrach Gläser, um den Rhythmus zu markieren. Colline unterhielt sich mit Marcel, der immer noch schlechter Laune war.

«Was hast du eigentlich?» fragte er.

«Mir tun die Füße scheußlich weh, und das ist unbequem. Dieser Carolus hat Mädchenfüße.»

«Nun», sagte Colline, «wir brauchen ihm ja bloß zu sagen, das könne so nicht weitergehen; in Zukunft muß er eben seine Stiefel um ein paar Nummern größer machen lassen. Sei unbesorgt, dafür werde ich schon sorgen. Aber jetzt wollen wir in den Salon hinübergehen, wo die westindischen Liköre unser harren.»

Das Fest begann von neuem in noch größerem Glanze. Schaunard setzte sich ans Klavier und trug mit unerhörtem Feuer seine neue Symphonie vor: «Der Tod der Jungfrau». Dem schönen Satz des «Gläubigermarsches» wurde die Ehre zweimaligen Dacapos zuteil. Im Klavier rissen zwei Saiten.

Marcel war immer noch trübsinnig, und als Carolus sich darüber beklagte, antwortete der Künstler: «Mein lieber Herr, wir werden nie gut Freund werden, und zwar aus diesem Grunde: physische Verschiedenheiten sind fast immer das sichere Anzeichen moralischer Verschiedenheit; darüber sind Medizin und Philosophie sich einig.»

«Ja, und?» fragte Carolus.

«Ja, und?» antwortete Marcel und zeigte dabei auf

seine Füße, «Ihre Stiefel, die für mich viel zu eng sind, beweisen mir, daß wir nicht den gleichen Charakter haben; im übrigen war Ihr kleines Fest reizend.»

Um ein Uhr morgens zogen die Bohemiens ab und gingen auf weiten Umwegen nach Hause. Barbemuche war unwohl und hielt seinem Schüler sinnlose Reden, welcher seinerseits von Fräulein Mimis blauen Augen träumte.

XIII

Das Hochzeitsmahl

Dieses geschah einige Zeit nach dem Tage, an dem der Dichter Rodolphe mit dem jungen Fräulein Mimi einen Hausstand gegründet hatte; und seit einer Woche ungefähr war der ganze Bohemebund um Rodolphes willen in größter Unruhe; er war plötzlich unauffindbar geworden. Sie hatten ihn überall gesucht, wo er sonst gewöhnlich zu finden war, und stets hatten sie die nämliche Antwort bekommen: «Wir haben ihn seit acht Tagen nicht mehr gesehen.»

Gustave Colline vor allem war in großer Sorge, und der Grund war der folgende: Einige Tage zuvor hatte er Rodolphe einen philosophischen Artikel anvertraut, den dieser in den Spalten «Vermischtes» im «Castor» abdrukken wollte, einer Zeitschrift für elegante Hutmoden, deren Chefredakteur er war. War der philosophische Artikel vor den Augen des erstaunten Europa erschienen? Das war die Frage, die der unglückliche Colline sich stellte. Und man wird seine Beklemmung begreiflich finden, wenn man erfährt, daß der Philosoph der Ehren des Druckes noch nicht teilhaftig geworden war und daß er vor Begierde brannte, zu sehen, welchen Eindruck seine Prosa in Cicerolettern machen würde. Um sich diese Befriedigung der Eitelkeit zu verschaffen, hatte er bereits sechs Francs für Eintrittsgelder in die Lesesäle aller literarischen Salons von Paris vergeudet, ohne jedoch den «Castor» aufzutreiben. Als er es nicht mehr aushalten konnte, schwur Colline sich, keine Minute zu ruhen, bis er den unauffindbaren Redakteur jenes Blattes gefunden habe.

Mit Hilfe von Zufällen, deren Aufzählung zu weit führen würde, gelang es dem Philosophen, Wort zu halten.

Zwei Tage später wußte er schon Rodolphes Wohnung, und um sechs Uhr morgens stellte er sich bei ihm ein.

Rodolphe wohnte in einem Logierhaus, in einer einsamen Straße des Faubourg Saint-Germain, und zwar im fünften Stock, da es einen sechsten nicht gab. Als Colline vor der Tür ankam, fand er den Schlüssel nicht im Schloß stecken. Er klopfte zehn Minuten lang, ohne daß ihm von innen geantwortet wurde; der morgendliche Lärm lockte sogar den Portier herbei, der gelaufen kam, um Colline um Ruhe zu bitten.

«Sie sehen doch, daß der Herr noch schläft», sagte er.

«Deshalb will ich ihn eben wecken», entgegnete Colline und klopfte von neuem.

«Dann will er Ihnen vielleicht nicht antworten», sagte der Portier und setzte vor Rodolphes Tür ein Paar Lackstiefel und ein Paar Damenstiefel, die er geputzt hatte.

«Warten Sie doch bitte mal», rief Colline und prüfte die männlichen und die weiblichen Stiefel, «ganz neue Lackstiefel! Ich werde mich in der Tür geirrt haben; hier habe ich nichts zu suchen.»

«Na», fragte der Portier, «zu wem wollen Sie denn?»

«Damenstiefel!» fuhr Colline im Selbstgespräch fort und gedachte der Sittenstrenge seines Freundes. «Ja, ich habe mich geirrt. Dies ist nicht Rodolphes Zimmer.»

«Entschuldigen Sie, aber es stimmt.»

«Nun, dann irren Sie sich eben, edler Alter!»

«Wie meinen Sie das?»

«Ganz sicher irren Sie sich!» fügte Colline hinzu und zeigte auf die Lackstiefel. «Was ist denn das da?»

«Das sind Herrn Rodolphes Stiefel; was ist denn weiter dabei?»

«Und diese», erwiderte Colline und zeigte auf die Damenstiefel, «gehören die auch Herrn Rodolphe?»

«Die gehören seiner Frau», sagte der Portier.

«Seiner Frau?» rief Colline verblüfft. «Ei, der Lüstling! Deshalb will er nicht aufmachen!»

«Teufel», sagte der Portier, «er ist doch wohl sein eigener Herr, der junge Mann ... Wenn der Herr mir seinen

Namen sagen will, so werde ich ihn Herrn Rodolphe bestellen.»

«Nein», sagte Colline, «jetzt, wo ich weiß, wo er zu finden ist, werde ich wiederkommen.» Und er ging sofort zu seinen Freunden, um ihnen die große Neuigkeit kundzutun.

Rodolphes Lackstiefel wurden allgemein als Fabel behandelt, die Collines Phantasiereichtum entsprungen sei, und man erklärte einstimmig, seine Geliebte sei ein Paradoxon.

Dieses Paradoxon war jedoch eine Wahrheit; denn noch am gleichen Abend erhielt Marcel einen Kollektivbrief für alle Freunde. Der Brief lautete folgendermaßen:

«Herr und Frau Rodolphe, Schriftsteller, bitten Sie um die Ehre, morgen abend Punkt fünf zum Diner zu ihnen zu kommen.

P. S. Es gibt Teller!»

«Meine Herren!», sagte Marcel, als er seinen Kameraden den Brief vorlas, «die Nachricht bestätigt sich: Rodolphe hat wirklich eine Geliebte; noch mehr: er lädt uns zum Diner ein, und», fuhr Marcel fort, «das Postskriptum verspricht Geschirr. Ich verhehle Ihnen nicht, daß mir dieser Absatz eine lyrische Übertreibung zu sein scheint; aber wir werden ja sehen.»

Am folgenden Tage begaben sich zur angegebenen Stunde Marcel, Gustave Colline und Alexandre Schaunard, ausgehungert wie am letzten Fastentag, zu Rodolphe, der mit einer scharlachroten Katze spielte, während eine junge Dame den Tisch deckte.

«Meine Herren», sagte Rodolphe, schüttelte seinen Freunden die Hand und wies auf die junge Dame, «erlauben Sie mir, Ihnen die Hausfrau vorzustellen ...»

«Dann bist du also der Hausmann, nicht wahr?» sagte Colline, der an einem wahren Aussatz von Wortwitzen dieser Art krankte.

«Mimi, ich stelle dir meine besten Freunde vor, nun geh und trag die Suppe auf.»

«Oh, meine Gnädige», rief Alexandre Schaunard und

stürzte auf Mimi, «Sie sind frisch wie eine Wiesenblume.»

Er überzeugte sich, daß wirklich Teller auf dem Tisch standen, und fragte, was es eigentlich zu essen gäbe. Er trieb sogar die Neugier so weit, daß er die Deckel der Töpfe aufhob, in denen das Diner noch kochte. Die Anwesenheit eines Hummers machte tiefen Eindruck auf ihn.

Colline jedoch hatte Rodolphe beiseite gezogen, um ihn nach dem Ergehen seines philosophischen Artikels zu fragen.

«Mein Lieber, der ist in der Druckerei. Der ‹Castor› erscheint nächsten Donnerstag.»

Wir verzichten darauf, die Freude des Philosophen zu schildern.

«Meine Herren», sagte Rodolphe zu seinen Freunden, «ich bitte Sie um Verzeihung, wenn ich Ihnen so lange keine Nachricht von mir gegeben habe, aber ich war in den Flitterwochen.» Und er erzählte die Geschichte seiner Heirat mit diesem reizenden Geschöpf, das ihm als Mitgift seine achtzehneinhalb Jahre, zwei Porzellantassen und eine rote Katze eingebracht hatte, die auch Mimi hieß.

«Und jetzt, meine Herren, wollen wir uns an das Hochzeitsessen machen. Ich sage Ihnen übrigens im voraus, daß es ganz bürgerlich zugehen wird; die Trüffeln finden Ersatz in der größten Herzlichkeit.»

In der Tat herrschte diese liebenswürdige Göttin ohne Unterbrechung unter den Gästen, die indessen fanden, es fehle dem angeblich frugalen Gastmahl durchaus nicht an einem gewissen Stil. Rodolphe hatte sich tatsächlich in Unkosten gestürzt. Colline wies darauf hin, daß die Teller gewechselt wurden, und erklärte mit lauter Stimme, Mimi sei der Azurschärpe würdig, mit der man die Kaiserinnen des Herdes dekoriere, eine Phrase, die dem jungen Mädchen völlig Sanskrit blieb, bis Rodolphe sie übersetzte: Sie würde eine ausgezeichnete Köchin abgeben.

Das Auftreten des Hummers rief allgemeine Bewunderung hervor. Unter dem Vorwand, er habe die Naturwissenschaften studiert, erbot sich Schaunard, ihn zu zerlegen; er benutzte diese Gelegenheit, um ein Messer zu zerbrechen und sich den Löwenanteil zu sichern, was allgemeine Entrüstung hervorrief. Aber Schaunard war alles andere als empfindlich, zumal, wenn es sich um Hummer handelte; und als noch eine Portion übrigblieb, besaß er die Kühnheit, sie beiseite zu bringen, wobei er sagte, sie müsse ihm Modell stehn für ein Stilleben, das er male.

Nachsichtige Freundschaft tat, als glaube sie an diese Lüge, die eine Tochter unmäßiger Leckerei war.

Colline jedoch sparte seine Sympathie bis zum Dessert auf, und er weigerte sich sogar grausam, sein Stück Rumtorte herzugeben, obwohl ihm Schaunard eine Eintrittskarte zur Versailler Orangerie dafür bot.

In diesem Augenblick begann die Unterhaltung lebhafter zu werden. Den drei Flaschen mit roter Kapsel folgten drei Flaschen mit grüner Kapsel, in deren Mitte man alsbald noch eine siebente auftauchen sah, die man an einer silbrigen Kapsel als zum Regiment Royal-Champenois gehörig erkannte: Es war ein Phantasie-Champagner, der in den Weinbergen von Saint-Ouen geerntet und nach Angabe des Händlers wegen Aufgabe des Geschäfts in Paris für zwei Francs die Flasche verkauft wurde.

Aber nicht die Gegend macht den Wein, und unsere Bohemiens ließen das Getränk, das ihnen in Gläsern ad hoc serviert wurde, als authentischen Sekt gelten, und trotz der geringen Lebhaftigkeit, mit welcher der Pfropfen seiner Haft entsprang, gerieten sie in Ekstase ob der Vorzüglichkeit der Marke, als sie die Masse des Schaumes sahen. Schaunard benutzte den Rest seiner Kaltblütigkeit, um sich im Glas zu irren und das Collines zu nehmen, der sein Biskuit mit vollkommenem Ernst in das Senfglas tauchte und dabei Mimi den philosophischen Artikel erklärte, der im «Castor» erscheinen sollte.

Dann wurde er plötzlich bleich und bat um die Erlaubnis, ans Fenster treten und sich den Sonnenuntergang ansehen zu dürfen, obwohl es zehn Uhr abends war und die Sonne längst im Bett lag und schlief.

«Es ist jammerschade, daß der Champagner nicht frappiert ist», sagte Schaunard und versuchte nochmals, sein leeres Glas mit dem vollen seines Nachbarn zu vertauschen, ein Versuch, der indessen ohne Erfolg blieb.

«Gnädige Frau», sagte Colline, der aufgehört hatte, frische Luft zu schöpfen, zu Mimi, «man frappiert Champagner mit Eis; Eis bildet sich durch Kondensierung des Wassers, lateinisch aqua. Wasser gefriert bei zwei Grad, und es gibt vier Jahreszeiten: den Sommer, den Herbst und den Winter; das hat den Rückzug aus Rußland zur Folge gehabt; Rodolphe, gib mir noch ein Hemistichium Champagner!»

«Was will dein Freund eigentlich?» fragte Mimi Rodolphe, da sie nichts verstand.

«Er macht Witze», antwortete dieser, «Colline meint ein halbes Glas.»

Plötzlich schlug Colline Rodolphe brüsk auf die Schulter und fragte mit besorgter Stimme, daß es den Anschein hatte, als seien die Silben aus Teig: «Morgen ist Donnerstag, nicht wahr?»

«Nein», erwiderte Rodolphe, «morgen ist Sonntag.»

«Nein, Donnerstag.»

«Nein, zum Donnerwetter, morgen ist Sonntag.»

«Ach! Sonntag», sagte Colline und wackelte bedenklich mit dem Kopfe; «hundertmal, morgen ist Don… nerstag.»

Und sanft schlief er ein, wobei er das Gesicht in den Rahmkäse drückte, der auf seinem Teller lag.

«Was will er eigentlich mit seinem Donnerstag?» fragte Marcel.

«Ach, jetzt hab' ich's», sagte Rodolphe, der die Hartnäckigkeit des von einer fixen Idee geplagten Philosophen zu begreifen begann, «es ist wegen seines Artikels im ‹Castor›. Horcht, jetzt redet er im Traum davon!»

«Gut», sagte Schaunard, «also bekommt er keinen Kaffee, nicht wahr, Gnädigste?»

«Richtig», sagte Rodolphe, «gib uns doch den Kaffee, Mimi.»

Sie wollte aufstehen, als Colline, der wieder etwas zur Besinnung gekommen war, sie um die Hüften faßte und ihr vertraulich ins Ohr flüsterte: «Gnädige Frau, der Kaffee ist arabischen Ursprungs, wo er von einer Ziege entdeckt wurde. Von dort kam er nach Europa. Voltaire trank täglich zweiundsiebzig Tassen. Ich trinke ihn ohne Zucker, aber sehr heiß.»

‹Gott, wie gelehrt der ist›, dachte Mimi, als sie Kaffee und Pfeifen brachte.

Unterdessen rückte die Stunde vor; Mitternacht war lange vorüber, und Rodolphe suchte seinen Freunden begreiflich zu machen, daß es Zeit zum Aufbrechen sei. Marcel, der seine ganze Vernunft bewahrt hatte, stand auf, um fortzugehen.

Aber Schaunard sah gerade, daß in einer Flasche noch Schnaps war, und er erklärte, es sei noch nicht Mitternacht, solange noch etwas in seiner Flasche sei. Colline saß rittlings auf seinem Stuhl und murmelte leise: «Montag, Dienstag, Mittwoch, Donnerstag …»

«O weh», sagte Rodolphe sehr verlegen, «ich kann sie doch nicht die Nacht über hierbehalten; früher ging das, aber jetzt ist das etwas anderes», fügte er hinzu und blickte Mimi an, deren sanft entflammtes Auge nach der Einsamkeit zu zweien zu rufen schien.

«Was soll ich tun? Hilf mir doch ein bißchen nachdenken, Marcel! Erfinde eine List, um sie hinauszubefördern!»

«Nein, erfinden werde ich keine», sagte Marcel, «aber eine nachahmen will ich. Mir fällt da eine Komödie ein, in der ein intelligenter Diener es fertigbringt, drei wie Silen betrunkene Schelme bei seinem Herrn vor die Tür zu setzen.»

«Ich erinnere mich der Geschichte», sagte Rodolphe, «es ist im ‹Kean›. Wirklich, die Situation ist die gleiche.»

«Nun», sagte Marcel, «nun wollen wir sehen, ob das Theater die Natur ist. Warte, mit Schaunard fangen wir an ... He, Schaunard!» rief der Maler.

«Ja? Was ist denn los?» fragte dieser, der im Blau süßer Trunkenheit zu schwimmen schien.

«Es ist nichts mehr zu trinken da, und wir haben alle noch Durst.»

«O ja», sagte Schaunard, «diese Flaschen, die sind alle so klein.»

«Jawohl», fuhr Marcel fort, «Rodolphe will, daß wir die Nacht hierbleiben sollen; aber einer von uns muß etwas holen, ehe die Läden zugemacht werden ...»

«Mein Hoflieferant wohnt gleich um die Ecke», sagte Rodolphe. «Schaunard, du sollst hingehen. Hol zwei Flaschen Rum auf meine Rechnung!»

«O ja, o ja, o ja», sagte Schaunard, irrte sich im Mantel und nahm den Collines, der mit seinem Messer Rhomben aufs Tischtuch zeichnete.

«Der erste!» sagte Marcel, als Schaunard hinaus war. «Jetzt gehen wir zu Colline über; das wird schwerhalten. Ha, ein Gedanke! He! He! Colline!» rief er, indem er den Philosophen heftig rüttelte.

«Was denn? ... Was denn? ... Was denn? ...»

«Schaunard ist eben fortgegangen und hat aus Versehen deinen nußbraunen Mantel mitgenommen.»

Colline schaute um sich und bemerkte in der Tat an der Stelle, wo sein Kleidungsstück gehangen hatte, Schaunards kurzen karierten Überzieher. Ein plötzlicher Gedanke schoß ihm durch den Kopf und erfüllte ihn mit Unruhe. Colline hatte seiner Gewohnheit gemäß tagsüber «geschmökert» und für fünfzehn Sous eine finnische Grammatik und einen kleinen Roman von Nisard, das «Begräbnis der Milchfrau», erstanden. Diesen beiden Erwerbungen schlossen sich sieben oder acht Bände hoher Philosophie an, die er stets bei sich trug, um ein Arsenal zur Verfügung zu haben, aus dem er Argumente schöpfen konnte, falls es zu einer philosophischen Debatte kam. Der Gedanke, diese Bibliothek in Schaunards

Händen zu wissen, trieb ihm kalten Schweiß auf die Stirn.

«Der Unglückliche!» rief Colline. «Warum hat er denn gerade meinen Paletot mitgenommen?»

«Aus Versehen.»

«Aber meine Bücher ... Er könnte schlechten Gebrauch davon machen.»

«Keine Angst, lesen wird er sie nicht», sagte Rodolphe.

«Ja, aber ich kenne ihn zur Genüge: Er ist imstande und zündet sich damit die Pfeife an.»

«Wenn es dich beunruhigt, kannst du ihn noch einholen», sagte Rodolphe. «Er ist eben fortgegangen; du wirst ihn noch an der Haustür treffen.»

«Natürlich, ich werde ihn schon kriegen», erwiderte Colline und setzte seinen Hut auf, dessen Rand so breit war, daß man unter ihm mit Leichtigkeit für zehn Personen hätte Tee servieren können.

«Das war der zweite», sagte Marcel zu Rodolphe; «und nun du befreit bist, gehe ich auch und werde dem Portier sagen, daß er nicht aufmachen soll, wenn jemand klopft.»

«Gute Nacht», sagte Rodolphe, «und besten Dank!»

Als er seinen Freund hinausbegleitete, hörte Rodolphe auf der Treppe ein langgezogenes Miauen, das seine scharlachrote Katze mit einem zweiten Miauen beantwortete, wobei sie vorsichtig durch die angelehnte Tür hindurchzuschlüpfen suchte.

«Armer Romeo!» sagte Rodolphe. «Da ruft ihn seine Julia. Nun geh», fügte er hinzu und machte dem verliebten Kater die Tür auf, der mit einem einzigen Satz die Treppe hinab und seinem Weibchen zwischen die Pfoten sprang.

Als Rodolphe mit seiner Geliebten allein war, die sich vor einem Spiegel in reizender, herausfordernder Haltung das Haar löste, trat er auf sie zu und zog sie in seine Arme. Und wie ein Musiker eine Akkordfolge anschlägt, ehe er zu spielen beginnt, um sich vom Klange seines Instrumentes zu überzeugen, nahm er die kleine Mimi auf den Schoß und drückte einen langen, glühenden Kuß auf ihre Schulter, der den Leib des Frühlingsgeschöpfes schnell zum Vibrieren brachte.

Das Instrument war gestimmt.

XIV

Mimi

O Rodolphe, mein Freund, was ist denn geschehen, daß du so verändert bist? Soll ich den Gerüchten glauben, die sich verbreiteten, und hat dieses Unglück deine robuste Philosophie so völlig zu Boden schlagen können? Wie soll ich, der geringe Geschichtsschreiber deiner Boheme-Epopöe, die so voller Lachen war, wie soll ich einen melancholischen Ton treffen, der dem schmerzlichen Erlebnis entspricht, das deinem steten Frohsinn den Flor umlegt und so dem lustigen Geklingel deiner Paradoxe plötzlichen Einhalt tut?

O Rodolphe, mein Freund, ich gebe zu, das Übel ist groß; aber das ist doch wahrlich kein Grund, um ins Wasser zu gehen. Also fordere ich dich auf, so schnell wie möglich ein Kreuz über die Vergangenheit zu schlagen! Fliehe vor allem die Einsamkeit; sie ist mit Phantomen bevölkert, die deinen Schmerz verewigen würden! Fliehe die Stille, wo das Echo der Erinnerung noch erfüllt wäre von deinen verrauschten Freuden und Leiden! Wirf mutig den Namen, den du so sehr geliebt hast, in alle Winde der Vergessenheit, und mit ihm wirf alles hin, was dir noch blieb von ihr, die ihn trug. Haarlocken, zerbissen von den tollen Lippen der Begierde; das venezianische Fläschchen, in dem noch ein Rest des Parfums schlummert, das in diesem Augenblick einzuatmen dir gefährlicher wäre als alle Gifte der Welt; ins Feuer die Blumen, die Blumen aus Gaze, Seide und Samt; den weißen Jasmin, die Anemonen, purpurn vom Blut des Adonis, die blauen Vergißmeinnicht und all die reizenden Sträuße, die sie in den fernen Tagen eures kurzen Glükkes wand! Damals liebte auch ich sie, deine Mimi, und ich sah keine Gefahr darin, daß du sie liebtest. Aber folge meinem Rat: ins Feuer die Bänder, die hübschen rosa, blauen und gelben Bänder, die sie um ihren Hals schlang, um fremde Blicke zu locken; ins Feuer die Spitzen und Hüte, die Schleier und all die koketten Chiffons, mit denen sie sich schmückte für die mathematische Liebe mit Herrn César, Herrn Jérôme, Herrn Charles oder irgendeinem andern Galan, der gerade im Kalender stand, damals, als du, sie erwartend, an deinem Fenster standest, zähneklappernd unter dem Nordwind und dem Frost des Winters; ins Feuer, Rodolphe, und ohne Erbarmen, mit allem, was ihr gehörte und noch von ihr zu dir sprechen könnte; ins Feuer mit den Liebesbriefen! Schau, da ist gerade einer, und du hast wie ein Brunnen über ihn geweint, o du mein unglücklicher Freund!

«Da Du nicht nach Hause kommst, gehe ich zu meiner Tante; ich nehme das Geld, das noch da ist, für einen Wagen. Lucile.»

Und an jenem Abend, Rodolphe, hattest du nicht einmal gegessen, weißt du noch? Und du kamst zu mir und branntest ein Feuerwerk von Scherzen ab, die von deiner Geistesruhe zeugten. Denn du glaubtest, Lucile sei bei ihrer Tante, und wenn ich dir gesagt hätte, sie sei bei Herrn César oder bei einem Komödianten des Montparnasse, du hättest mir sicher den Hals umgedreht. Ins Feuer auch noch mit jenem andern Brief, der ganz die lakonische Zärtlichkeit des ersten zeigt!

«Ich will mir Stiefel bestellen, Du mußt unbedingt Geld auftreiben, damit ich sie nachmittags abholen kann.»

Ach, mein Freund, jene Stiefel haben manchen Kontertanz getanzt, in dem nicht du das Gegenüber warst. In die Flammen mit all diesen Andenken, und in die Winde mit ihrer Asche!

Vor allem jedoch, Rodolphe, um der Menschheit und des Ruhms der «Schärpe der Iris» und des «Castor» willen, fasse wieder die Zügel des guten Geschmacks, die du im Egoismus deines Schmerzes hast fahrenlassen;

denn sonst könnte Furchtbares geschehn, und du wärest verantwortlich dafür. Wir kämen wieder auf Puffärmel und auf Hosenlätze zurück und erlebten eines Tages Hutmoden, die dem Weltall ein Ärgernis wären und den Zorn des Himmels herabriefen.

Und jetzt ist der Augenblick gekommen, um von der Liebe unsers Freundes Rodolphe zu Fräulein Lucile mit dem Beinamen Mimi zu erzählen. Es war um die Wende seines vierundzwanzigsten Jahres, daß Rodolphe plötzlich im Herzen von jener Leidenschaft gepackt wurde, die auf sein Leben so gewaltigen Einfluß gewann. Zu der Zeit, da er Mimi kennenlernte, führte Rodolphe jenes bewegte und phantastische Leben, das wir zuvor zu schildern versuchten. Sicherlich war er einer der heitersten Träger des Elends, die es jemals im Lande der Boheme gegeben hat. Und wenn er im Laufe des Tages schlecht gegessen und statt dessen einen guten Witz gemacht hatte, trat er stolzer aufs Pflaster, das ihm oft genug als Lager gedient hatte, schritt er stolzer als ein Kaiser unter dem Purpurmantel unter seinem schwarzen Rock einher, der wegen all seiner Flicken um Gnade bat. In dem Kreise, in dem Rodolphe lebte, wurde getan, als sei die Liebe nur ein Luxus, ein Vorwand für tolle Streiche, eine Pose, die jungen Menschen eigentümlich ist. Gustave Colline, der seit langem Beziehungen zu einer Westennäherin unterhielt und der er Leib und Seele krank machte, indem er sie Tag und Nacht die Manuskripte seiner philosophischen Werke abschreiben ließ, behauptete, die Liebe sei eine Art Reinigung, die man in jeder neuen Jahreszeit vornehmen müsse, um sich von schlechten Säften zu befreien. Inmitten all dieser falschen Skeptiker war Rodolphe der einzige, der mit einiger Ehrfurcht von der Liebe zu reden wagte; und wer das Unglück hatte, diese Saite anzuschlagen, dem gurrte er wohl eine Stunde lang Elegien über das Glück, geliebt zu werden, über den Azur des friedlichen Sees, über das Lied des Windes, das Konzert der Sterne usw. vor. Dieser Manie wegen hatte Schaunard ihm den Beinamen «die Harmonika» gegeben. Auch Marcel hatte ein hübsches Scherzwort darüber gefunden: Mit einer doppelten Anspielung auf Rodolphes sentimentale, germanische Tiraden und auf seinen vorzeitigen Haarausfall nannte er ihn «das kahle Vergißmeinnicht». Die eigentliche Wahrheit aber war die: Rodolphe glaubte damals völlig ernsthaft, er habe mit der Jugend und der Liebe abgeschlossen; trotzig sang er das De profundis über seinem Herzen, das er für tot hielt, während es doch nur reglos war, jedoch bereit zum Erwachen, zugänglich der Freude und empfänglicher als jemals gegenüber all den teuren Schmerzen, die er nicht mehr erhoffte und die ihn nun zur Verzweiflung brachten. Du hast es gewollt, Rodolphe, und wir bedauern dich nicht, denn das Übel, unter dem du leidest, ist eines von jenen, die man sehnsüchtig zurückwünscht, vor allem, wenn man weiß, daß man auf ewig davon geheilt ist.

Rodolphe traf also die junge Mimi, die er früher gekannt hatte, wieder, als sie die Geliebte eines seiner Freunde war. Und er machte sie zu der seinigen. Erst gab es großes Geschrei unter Rodolphes Freunden, als sie von seiner Heirat erfuhren; aber da Mimi reizend und gar nicht spröde war und da sie Pfeifenrauch und literarische Gespräche vertragen konnte, ohne Kopfschmerzen zu bekommen, gewöhnten sie sich an sie und behandelten sie als Kameradin. Mimi war ein entzückendes Geschöpf, eine Natur, wie sie besonders für Rodolphes plastische und poetische Sympathien paßte. Sie war zweiundzwanzig Jahre alt, klein, zart und mutwillig. Ihr Gesicht schien die Skizze zu dem einer Aristokratin zu sein; aber ihre Züge, die von außerordentlicher Feinheit waren und von dem Glanz ihrer blauen, durchsichtigen Augen gleichsam sanft erhellt wurden, nahmen in gewissen Augenblicken der Langeweile oder übler Laune den Charakter einer fast wilden Brutalität an, in der ein Physiologe die Anzeichen eines tiefen Egoismus oder großer Fühllosigkeit erkannt haben würde. Zumeist aber war es ein reizendes Köpfchen mit jungem, frischem Lächeln und zärtlichen oder von herrschsüchtiger Koketterie erfüllten Blicken. Das Blut der Jugend rann heiß und rasch durch ihre Adern und färbte ihre durchsichtige, kamelienweiße Haut mit rosigen Tönen. Diese krankhafte Schönheit riß Rodolphe hin, und häufig verbrachte er nachts ganze Stunden damit, daß er die bleiche Stirn seiner schlummernden Geliebten mit Küssen krönte, deren halbgeschlossene, feuchte, müde Augen hinter dem Vorhang ihrer wundervollen braunen Haare glänzten. Aber vor allem war Rodolphe bis zum Wahnsinn in Fräulein Mimis Hände verliebt, die sie trotz der Hausarbeit weißer zu bewahren wußte, als es die Hände der Göttin des Müßiggangs sind. Doch diese gebrechlichen, zierlichen Hände, die sich den Liebkosungen der Lippen so süß darboten, diese Kinderhände, in die Rodolphe sein von neuem erblühtes Herz gelegt hatte, diese weißen Hände Fräulein Mimis sollten mit ihren rosigen Nägeln bald des Dichters Herz zerfleischen.

Nach einem Monat begann Rodolphe innezuwerden, daß er sich an eine Windsbraut gebunden hatte und daß seine Geliebte einen schlimmen Fehler besaß. Sie «ging gern fremd», wie man zu sagen pflegt, und sie verbrachte einen großen Teil ihrer Zeit bei den ausgehaltenen Damen der Nachbarschaft, deren Bekanntschaft sie gemacht hatte. Daraus ergab sich denn auch bald, was Rodolphe befürchtet hatte, als er von den Beziehungen erfuhr, deren seine Geliebte pflog. Der unbeständige Reichtum einiger ihrer neuen «Freundinnen» hatte in Mimis Geist einen wahren Wald des Ehrgeizes aufwachsen lassen, während sie bis dahin recht bescheidene Ansprüche gestellt und sich mit dem Notwendigen begnügt hatte, das Rodolphe ihr nach bestem Vermögen verschaffte. Mimi begann von Seide, Samt und Spitzen zu träumen. Und trotz Rodolphes Verbot fuhr sie fort, mit jenen Frauenzimmern zu verkehren, die sie einmütig zu einem Bruch mit diesem Bohemien zu überreden trachteten, der ihr nicht einmal hundertundfünfzig Francs geben könne, um ein Tuchkleid zu kaufen.

«Hübsch wie Sie sind», sagten ihre Ratgeberinnen, «werden Sie leicht eine bessere Stelle finden. Man muß nur suchen!»

Und Mimi machte sich ans Suchen. Rodolphe, der Zeuge ihrer häufigen, ungeschickt begründeten Ausgänge, geriet auf den schmerzlichen Weg des Argwohns. Aber sooft er auch nur eine Spur eines Beweises der Untreue fühlte, band er sich hartnäckig eine Binde vor die Augen, um nichts zu sehen. Wie dem auch sein mochte, er vergötterte Mimi. Er empfand für sie jene eifersüchtige, phantastische, streitsüchtige und bizarre Liebe, die das junge Mädchen nicht verstand, weil sie damals für Rodolphe nur jene laue Neigung fühlte, die der Gewohnheit entspringt. Und übrigens war ihr halbes Herz schon zur Zeit ihrer ersten Liebe verschwendet worden, und die andere Hälfte war noch erfüllt von Erinnerungen an ihren ersten Liebhaber.

Acht Monate vergingen so im Wechsel zwischen guten und schlimmen Tagen. Während dieser Zeit stand Rodolphe wohl zwanzigmal im Begriff, sich von Mimi loszusagen, die für ihn all jene ungeschickten Grausamkeiten einer Frau bereithielt, die nicht liebt. Um die Wahrheit zu sagen: dieses Dasein war für beide zur Hölle geworden. Aber Rodolphe war die täglichen Kämpfe gewohnt geworden und fürchtete nichts so sehr, als daß dieser Stand der Dinge aufhören könne; denn er fühlte, daß damit, und zwar auf alle Zeit, auch jenes Fieber der Jugend geschwunden sei und alle jene Regungen, die er so lange nicht mehr empfunden hatte. Und wenn denn doch einmal alles gesagt werden soll: Es gab auch Stunden, in denen Mimi es fertigbrachte, Rodolphe den ganzen Argwohn, der ihm das Herz zerriß, vergessen zu lassen. Es gab Augenblicke, in denen sie diesen Dichter, der durch sie seine verlorene Poesie wiedergefunden, diesen Jüngling, dem sie seine Jugend wiedergeschenkt hatte und der durch sie wieder unter den Äquator der Liebe gelangt war, durch den Zauber ihres blauen Blickes wie ein Kind vor sich auf die Knie zwang.

Zwei- oder dreimal allmonatlich, mitten in ihrem stürmischen Streit, machten Rodolphe und Mimi in gemeinsamer Regung halt in der frischen Oase einer Liebesnacht und in süßen Plaudereien. Dann nahm Rodolphe das lächelnde, lebensfrische Gesicht seiner Geliebten in seine Hände, und ganze Stunden lang stammelte er in jener wunderbaren, absurden Sprache, welche die Leidenschaft in den Stunden des Deliriums improvisiert. Mimi hörte ihm zu Anfang ruhig zu, mehr erstaunt als gerührt, aber am Ende gewann Rodolphes enthusiastische Beredsamkeit, die bald zärtlich, bald heiter und bald schwermütig war, nach und nach Gewalt über sie. Sie fühlte, wie unter dem Hauche dieser Liebe das Eis der Gleichgültigkeit schmolz, das ihr Herz starr umschloß; ein ansteckendes Fieber begann sie zu erregen, sie warf sich in Rodolphes Arme und sagte ihm in Küssen alles, was sie in Worten zu sagen nicht vermocht hätte. Und das Frührot überraschte sie dann, miteinander verschlungen, Auge in Auge, Hand in Hand, während ihr feuchter, brennender Mund noch das unsterbliche Wort flüsterte,

«das jede Nacht, solang die Menschheit lebt,
fünftausend Jahre schon, auf liebenden Lippen schwebt»

Doch bereits am nächsten Tage führte der nichtigste Vorwand aufs neue einen Zwist herbei, und abermals entfloh die erschreckte Liebe auf lange Zeit.

Schließlich jedoch erkannte Rodolphe: Wenn er nicht nachgab, mußten Mimis weiße Hände ihn einem Abgrund zuführen, in dem er seine Zukunft und seine Jugend zurücklassen würde. Einen Augenblick sprach die strenge Vernunft in ihm stärker als die Liebe, und er überzeugte sich durch schöne, von Beweisen gestützte Gedankengänge, daß seine Geliebte ihn nicht liebe. Er ging so weit, daß er sich sagte, die Schäferstunden, die sie ihm gewährte, seien nur eine Laune ihrer Sinne, derjenigen vergleichbar, die verheiratete Frauen gelegentlich für ihre Männer empfinden, wenn sie nach einem

Kaschmirschal, einem neuen Kleid fiebern, oder wenn ihr Geliebter ihnen fern ist, entsprechend dem Sprichwort: «In der Not frißt der Teufel Fliegen.» Kurz, Rodolphe konnte seiner Geliebten alles verzeihen, nur eins nicht – daß sie ihn nicht liebte. Er entschloß sich daher zu einem Verzweiflungsschritt und sagte Mimi, sie müsse sich einen andern Liebhaber suchen. Mimi begann zu lachen und setzte sich aufs hohe Pferd. Schließlich jedoch, als sie sah, daß Rodolphe fest entschlossen war und sie äußerst gelassen empfing, als sie nach einem Tage und einer draußen verbrachten Nacht nach Hause kam, begann sie sich doch ein wenig Sorge zu machen ob dieser Festigkeit, an die sie nicht gewöhnt war. Sie war also zwei oder drei Tage lang reizend. Aber ihr Liebhaber nahm nicht zurück, was er gesagt hatte, und beschränkte sich auf die Frage, ob sie jemand gefunden hätte.

«Nicht einmal gesucht habe ich», antwortete sie.

Indessen hatte sie gesucht und sogar schon, bevor Rodolphe ihr dazu geraten hatte. In vierzehn Tagen hatte sie zwei Versuche gemacht. Eine ihrer Freundinnen hatte ihr dabei geholfen und ihr zunächst die Bekanntschaft eines Jünglings vermittelt, der vor Mimis Augen einen Horizont von indischen Kaschmirs und Palisandermöbeln hatte aufglänzen lassen. Aber nach Mimis Ansicht war dieser junge Gymnasiast, der in der Algebra sehr bewandert sein mochte, kein allzu großer Gelehrter in der Liebe; und da Mimi nicht Lust hatte, die Erzieherin zu spielen, ließ sie ihren neuen Liebhaber einfach sitzen mitsamt seinen Kaschmirs, die noch auf den Weiden von Tibet grasten, und mit seinen Palisandermöbeln, die noch in den Wäldern der Neuen Welt grünten.

Der Gymnasiast räumte einem bretonischen Adligen das Feld, in den Mimi sich schnell verliebt hatte; und sie brauchte nicht erst lange zu bitten, um Gräfin zu werden.

Trotz der Proteste seiner Geliebten hatte Rodolphe

Lunte gerochen; er wollte genauer wissen, woran er sei, und als Mimi eines Nachts nicht nach Hause kam, ging er dorthin, wo er sie vermutete, und dort hatte er vollauf Gelegenheit, sich einen jener Beweise ins Herz hineinzubohren, an die man nun einmal glauben muß. Die Augen umrandet von einer Aureole der Wollust, sah er Mimi aus jenem Hause kommen, in dem sie sich hatte adeln lassen, sie hing am Arm ihres neuen Herrn und Gebieters, der jedoch, es muß schon gesagt werden, auf seine neue Eroberung weit weniger stolz zu sein schien als Paris, der schöne griechische Hirt, auf die Entführung der schönen Helena.

Als Mimi ihren Geliebten kommen sah, zeigte sie wenig Überraschung. Sie ging auf ihn zu, und beide unterhielten sich fünf Minuten sehr ruhig. Dann trennten sie sich, und jeder ging seines Weges. Der Bruch war beschlossene Sache.

Rodolphe kehrte nach Hause zurück und verbrachte den Tag damit, alles zusammenzupacken, was seiner Geliebten gehörte.

Im Laufe des Tages nach der Scheidung von seiner Geliebten empfing Rodolphe den Besuch mehrerer seiner Freunde, und er teilte ihnen alles mit, was geschehen war. Alle gratulierten ihm zu diesem Ausgang wie zu einem großen Glück.

«Wir werden Ihnen helfen, mein Dichter», sagte einer von denen, die am häufigsten Zeugen des Elends gewesen waren, das Rodolphe unter Mimi hatte erdulden müssen, «wir werden Ihnen helfen, Ihr Herz den Händen jenes boshaften Geschöpfes zu entreißen. Und in kurzem werden Sie geheilt und ganz bereit sein, mit einer andern Mimi auf den grünen Wegen von Aulnay und Fontenay-aux-Roses zu schlendern.»

Rodolphe schwur, nun sollte es auf ewig aussein mit der Sehnsucht und der Verzweiflung. Er ließ sich sogar auf den Mabilleball mitnehmen, wo sein zerschlissenes Äußeres sehr schlecht die «Schärpe der Iris» vertrat, die ihm Zutritt zu diesem schönen Garten der Eleganz und des Vergnügens verschaffte. Dort traf Rodolphe neue Freunde, mit denen er zu trinken begann. Er erzählte ihnen sein Unglück mit einem unerhörten Aufwand bizarren Stils, und eine Stunde lang blendete er durch Schwung und Übermut.

«Na, na!» sagte der Maler Marcel, als er den Ironienregen hörte, der von seines Freundes Lippen troff. «Rodolphe ist zu ausgelassen, viel zu ausgelassen.»

«Reizend ist er», antwortete eine junge Dame, der Rodolphe gerade einen Blumenstrauß überreicht hatte, «und wenn er auch schlecht angezogen ist, würde ich mich gern durch einen Tanz mit ihm kompromittieren, wenn er mich nur auffordern wollte.»

Zwei Sekunden später stand Rodolphe, der ihre Worte gehört hatte, auf den Füßen und hüllte seine Aufforderung zum Tanz in eine Rede ein, die mit allem Moschus und aller Benzoe einer Galanterie von achtzig Grad Richelieu parfümiert war. Die Dame wurde verwirrt ob dieser mit schillernden Adjektiven bestickten Redeweise und den gewundenen Phrasen, die so sehr den Stil der Régence nachahmten, daß Rodolphe, der noch nie in diesem Maße den Alt-Sèvres-Edelmann gespielt hatte, die Stiefelabsätze erröteten. Die Aufforderung wurde angenommen.

Rodolphe kannte die Grundelemente des Tanzes sowenig wie den Dreisatz. Aber eine außerordentliche Kühnheit trieb ihn vorwärts, er zauderte durchaus nicht mit den ersten Schritten und improvisierte einen jeder vergangenen Tanzkunst unbekannten Tanz. Es war ein Tanz, den man den «Tanz der Sehnsucht und der Seufzer» zu nennen versucht sein konnte und dessen Originalität einen unglaublichen Erfolg davontrug. Die dreitausend Gasflammen mochten ihm noch so sehr die Zunge herausstrecken, als wollten sie ihn verhöhnen, Rodolphe tanzte unbeirrt weiter und warf seiner Partnerin unausgesetzt Hände voll gänzlich unedierter Madrigale ins Gesicht.

«Ach», sagte der Maler Marcel, «es ist unglaublich, Rodolphe macht mir den Eindruck eines Betrunkenen, der sich auf zerbrochenen Gläsern wälzt.»

«Mittlerweile hat er sich ein Prachtweib gekapert», sagte ein anderer, als er Rodolphe mit seiner Tänzerin davonwirbeln sah.

«Du hast uns nicht einmal adieu gesagt!» rief Marcel ihm nach.

Rodolphe kehrte zu dem Künstler zurück und bot ihm die Hand, und diese Hand war kalt und feucht wie ein nasser Stein.

Rodolphes Gefährtin war ein robustes Mädchen aus der Normandie, von üppiger und voller Gestalt, deren angeborene Ländlichkeit inmitten der Eleganz des Pariser Luxus und eines müßigen Lebens rasch aristokratischen Formen gewichen war. Sie ließ sich so ähnlich wie Frau Séraphine nennen und war zu jener Zeit die Geliebte eines Rheumatikers, eines Pairs von Frankreich, der ihr monatlich fünfzig Louisdor gab, die sie mit einem Herrn vom Kontor teilte, der sie dafür prügelte. Rodolphe hatte ihr gefallen; sie hoffte, er würde ihr gar nichts schenken, und sie nahm ihn mit nach Hause.

«Lucile», sagte sie zu ihrer Zofe, «ich bin für niemand zu sprechen!» Sie ging in ihr Zimmer und kehrte fünf Minuten darauf in einem Hauskostüm zurück. Sie fand Rodolphe unbeweglich und stumm im Salon, denn seit seinem Eintritt war er, sich selber zum Trotz, in Finsternisse voll schweigender Seufzer versunken.

«Nicht einmal ansehen tun Sie mich? Sprechen tust du auch nicht mit mir?» fragte Séraphine verwundert.

‹Gut›, sagte sich Rodolphe und hob den Kopf, ‹ansehen will ich sie mir, aber nur als Kritiker.›

Und dann: «Welch Schauspiel, ach, enthüllt sich seinen Augen!», wie Raoul in den «Hugenotten» sagt.

Séraphine war bewunderungswürdig schön. Ihre prachtvollen Formen, durch den Schnitt ihres Gewandes hervorgehoben, zeigten sich voller Herausforderung unter dem fast durchsichtigen Gewebe. All die mächtigen Fieber des Begehrens erwachten in Rodolphes Adern.

Ein glühender Nebel stieg ihm ins Gehirn. Er sah Séraphine anders an als um der ästhetischen Liebe willen, und er nahm die Hände des schönen Mädchens in die seinen. Es waren wundervolle Hände, und man hätte meinen können, sie seien vom edelsten Meißel griechischer Plastik geformt worden. Rodolphe fühlte, wie diese wunderbaren Hände in den seinen zitterten; sein Kunstkritikertum schwand mehr und mehr dahin, und er zog Séraphine, deren Gesicht sich schon mit jener Röte färbte, welche die Morgenröte der Wollust ist, nahe an sich.

‹Dieses Geschöpf ist wirklich ein Instrument der Lust, ein echter Stradivarius der Liebe, und gern spielte ich eine Melodie darauf›, dachte Rodolphe, als er das Herz der Schönen sehr deutlich in raschen Takten schlagen hörte.

In diesem Augenblick wurde an der Wohnungstür heftig geschellt. «Lucile! Lucile!» rief Séraphine der Zofe zu. «Machen Sie nicht auf! Sagen Sie, ich sei nicht nach Hause gekommen!»

Als Rodolphe auf diese Weise den Namen Lucile zweimal nennen hörte, stand er plötzlich auf.

«Ich möchte in keiner Weise stören, gnädige Frau», sagte er. «Übrigens muß ich mich zurückziehen, es ist schon spät, und ich wohne ziemlich weit von hier. Guten Abend!»

«Wie! Sie gehen?» rief Séraphine und verdoppelte die Blitze ihres Blickes. «Weshalb? Weshalb wollen Sie fort? Ich bin frei, Sie können bleiben.»

«Unmöglich», antwortete Rodolphe. «Ich erwarte heute abend einen Verwandten aus dem Feuerland, und der würde mich enterben, wenn ich nicht zu seinem Empfang zu Hause wäre. Guten Abend, gnädige Frau!»

Und er ging hastig hinaus. Das Mädchen wollte ihm leuchten, Rodolphe blickte sie zufällig an. Es war ein gebrechliches junges Ding mit langsamem Gang; ihr sehr bleiches Gesicht bildete einen reizenden Gegensatz zu

ihrem schwarzen, von Natur gelockten Haar, und ihre blauen Augen glichen zwei kranken Sternen.

«O Phantom!» rief Rodolphe und wich vor der zurück, die den Namen und das Gesicht seiner Geliebten trug. «Zurück! Was willst du von mir?» Und wie gehetzt stürzte er die Treppe hinab.

«Aber, gnädige Frau», sagte die Zofe, als sie ins Zimmer ihrer Herrin trat, «der ist ja wahnsinnig, der junge Mann!»

«Sag, er ist dumm!» antwortete Séraphine erbittert. «Oh», fügte sie hinzu, «das soll mich lehren, noch einmal so gutmütig zu sein! Wenn dieser Esel von Léon wenigstens vernünftig genug wäre, jetzt noch zu kommen.» Léon war der Edle, dessen Zärtlichkeit eine Reitpeitsche trug.

Rodolphe lief in einem Atemzug nach Hause. Als er die Treppe hinaufstieg, sah er seine Scharlachkatze, die klagend mauzte. Seit zwei Nächten rief sie bereits vergeblich nach ihrer ungetreuen Geliebten, einer Angora-Manon-Lescaut, die in galanter Gesellschaft auf die Nachbardächer gestiegen war. «Armes Tier», sagte Rodolphe, «auch du bist betrogen worden; deine Mimi hat dir Streiche gespielt wie mir die meine. Komm her, wir wollen uns trösten! Siehst du, armes Tier, das Herz der Menschen- und der Katzenfrauen ist ein Abgrund, den die Männer und die Kater nie ergründen werden.»

Als er in sein Zimmer trat, war es Rodolphe, obwohl eine schreckliche Hitze herrschte, als legte sich ein Eismantel um seine Schultern. Es war die Kälte der Einsamkeit, der entsetzlichen Einsamkeit der Nacht, die nichts zu stören vermag. Er zündete seine Kerze an und wurde sich der Verödung des Zimmers bewußt. Die Möbel öffneten leere Fächer, und von der Decke bis zum Boden füllte eine ungeheure Trauer den kleinen Raum, der dem Dichter größer erschien als eine Wüste. Im Aufundabgehen stieß er mit dem Fuß an die Bündel, die Mimis Sachen enthielten, und er spürte ein Gefühl der Freude, als er sah, daß sie noch nicht abgeholt worden waren, wie sie morgens versprochen hatte. Rodolphe fühlte trotz seiner Kämpfe die Stunde der Reaktion herannahen, und er erriet, daß er in einer qualvollen Nacht für all die bittere Freude würde büßen müssen, die er sich am Abend abgerungen hatte. Doch er hoffte noch, sein von der Ermattung gebrochener Körper werde einschlummern, bevor jene Ängste erwachten, die er so lange in seinem Herzen zurückgedrängt hatte.

Als er an das Bett trat und die Gardinen zurückschob, als er dieses Lager sah, das seit zwei Tagen nicht mehr angerührt worden war, als er die beiden Kopfkissen aufhob, die nebeneinanderlagen und unter deren einem halb verborgenen noch die Garnitur eines Frauenhutes lag, da fühlte Rodolphe sein Herz gepreßt in den unerbittlichen Schraubstock jenes dumpfen Schmerzes, der sich nicht Luft zu machen weiß. Er sank am Fuß des Bettes nieder, nahm den Kopf in die Hände und rief, nachdem er einen Blick in das verödete Zimmer geworfen hatte: «O kleine Mimi, Freude meines Heims, bist du wirklich fort, habe ich dich fortgeschickt und soll ich dich nun nicht wiedersehen? Mein Gott! O du hübscher brauner Kopf, der so lange auf dieser Stelle ruhte, wirst du niemals wiederkommen, um hier zu schlafen? O du kapriziöse Stimme, deren zärtliches Flüstern mich wahnsinnig machte und deren Zorneslaute mich bezauberten, soll ich dich nie wieder hören? O kleine weiße Hände mit den blauen Adern, ihr, denen ich meine Lippen verlobte, o ihr kleinen weißen Hände, habt ihr nun also meinen letzten Kuß empfangen?»

Und Rodolphe tauchte im Fieberwahnsinn den Kopf in die Kissen, die noch von dem Duft des Haares seiner Freundin erfüllt waren. Aus dieser Lagerstatt meinte er das Phantom all der schönen Nächte hervortreten zu sehen, die er mit seiner jungen Gattin verbracht hatte. Er hörte klar und klingend Mimis heiteres Lachen inmitten der nächtlichen Stille widerhallen, und er entsann sich der reizenden, ansteckenden Heiterkeit, mit der sie ihm so oft all die Verlegenheiten und das Elend ihres Zufallsdaseins zu verscheuchen verstanden hatte.

Während dieser Nacht ließ er die acht Monate an sich vorübergleiten, die er mit dem jungen Geschöpf zusammen verlebt hatte; sie hatte ihn vielleicht nie geliebt, aber ihre zärtlichen Lügen hatten Rodolphes Herz seine erste Jugend und Mannheit zurückgegeben.

Das trübe Frührot brach an, als er, von Müdigkeit überwältigt, gerade die Augen geschlossen hatte, die gerötet waren von den in dieser Nacht vergossenen Tränen. Schmerzliche und furchtbare Nacht! Aber selbst die ärgsten Spötter und Skeptiker unter uns werden ihrer in der Tiefe ihrer Vergangenheit mehr als eine finden.

Als am Morgen seine Freunde zu ihm kamen, waren sie entsetzt über Rodolphes Aussehen; sein Gesicht war ganz verzerrt von all den Qualen, die ihn auf dem Ölberg der Liebe verzehrt hatten.

«Nun», sagte Marcel, «ich wußte es ja im voraus: Seine gestrige Ausgelassenheit hat sich ihm aufs Herz gelegt. So darf es nicht weitergehen!»

Und im Einverständnis mit zwei oder drei Kameraden begann er eine Fülle indiskreter Enthüllungen über Fräulein Mimi auszubreiten, von denen sich jedes Wort wie ein Stachel in Rodolphes Herz einbohrte. Seine Freunde bewiesen ihm, seine Geliebte habe ihn während der ganzen Zeit wie einen Tropf betrogen, in seiner Wohnung und draußen, und dieses wie der Engel der Schwindsucht blasse Wesen sei nichts als ein Schrein voll schlechter Empfindungen und wilder Instinkte gewesen.

Und alle lösten sie sich in der Aufgabe ab, die sie sich vorgenommen hatten und deren Ziel es war, Rodolphe bis zu dem Punkt zu bringen, wo die verbitterte Liebe sich in Verachtung wandelt; doch dieses Ziel wurde nur zur Hälfte erreicht – die Verzweiflung des Dichters wurde zum Zorn. Er stürzte sich voller Wut auf die Bündel, die er am Tage zuvor geschnürt hatte; und nachdem er alles beiseite gelegt hatte, was seine Geliebte ihr eigen nannte, als sie zu ihm zog, legte er alles zurück, was er ihr während ihrer Liebschaft gegeben hatte, das heißt, er behielt den größeren Teil, vor allem die Toilettengegenstände, an denen Mimi mit allen Fibern einer während der letzten Zeit unersättlich gewordenen Koketterie festhielt.

Mimi kam am folgenden Tage, um ihre Sachen zu holen. Rodolphe war allein zu Hause. Er mußte sich mit allen Kräften des Selbstgefühls zwingen, seiner Geliebten nicht um den Hals zu fallen. Er empfing sie mit stummen Beschimpfungen, und Mimi antwortete mit jenem eisigen und ätzenden Hohn, unter dem selbst den Schwächsten und Furchtsamsten Krallen wachsen. Vor der Geringschätzung, mit der seine Geliebte ihn in schamloser Hartnäckigkeit geißelte, brach Rodolphes Zorn brutal und erschreckend aus; einen Augenblick fragte sich Mimi, bleich vor Schrecken, ob sie seinen Händen lebend entrinnen werde. Auf ihr Angstgeschrei, das sie ausstieß, kamen ein paar Nachbarn herbei und rissen sie hinweg aus Rodolphes Zimmer.

Zwei Tage darauf kam eine Freundin Mimis und fragte Rodolphe, ob er die Sachen hergeben wolle, die er zurückbehalten habe.

«Nein», antwortete er.

Und er brachte die Botin seiner Geliebten zum Reden. Das Mädchen erzählte ihm, die kleine Mimi sei in sehr unglücklicher Lage, sie werde bald obdachlos sein.

«Und ihr Geliebter, in den sie so vernarrt ist?»

«Ja», antwortete Amélie, die betreffende Freundin, «der junge Mann hat gar nicht die Absicht, sie zur Geliebten zu nehmen. Er hat schon seit langem eine andere, und er kümmert sich anscheinend wenig um Mimi, die mir zur Last fällt und mich sehr in Verlegenheit bringt.»

«Mag sie sehen, wie sie fertig wird», sagte Rodolphe, «sie hat es so gewollt; mich kümmert es nicht ...» Und er machte Fräulein Amélie den Hof und versicherte ihr, sie sei das schönste Mädchen der Welt.

Amélie berichtete Mimi von ihrer Unterredung mit Rodolphe.

«Was hat er getan? Was will er tun?» fragte Mimi. «Hat er von mir gesprochen?»

«Kein Wort; du bist bereits vergessen, meine Liebe. Rodolphe hat eine neue Geliebte, und er hat ihr eine wundervolle Toilette gekauft, denn er hat jetzt viel Geld und kleidet sich selber wie ein Prinz. Er ist ein sehr liebenswürdiger Mensch, und er hat mir reizende Sachen gesagt.»

‹Ich werde schon erfahren, was das heißen soll›, dachte Mimi.

Jeden Tag besuchte Amélie Rodolphe unter irgendeinem Vorwand; und wie er sich auch dagegen sträuben mochte, er konnte nicht umhin, immer wieder von Mimi zu sprechen.

«Sie ist sehr vergnügt», antwortete die Freundin, «und sie scheint sich um ihre Lage keinerlei Sorge zu machen. Übrigens behauptet sie, sie könne zu Ihnen zurückkehren, sobald sie nur wolle, ohne das geringste Entgegenkommen, und geschähe es auch einzig, um Ihre Freunde zu ärgern.»

«Gut», sagte Rodolphe, «mag sie ruhig kommen; wir werden ja sehen.»

Und er begann von neuem, Amélie den Hof zu machen. Als sie nach Hause kam, erstattete sie Mimi Bericht über alles und versicherte, Rodolphe sei sehr in sie verliebt.

«Er hat mir die Hand und den Hals geküßt», sagte sie, «sehen Sie mal, er ist noch ganz rot. Morgen will er mich mit auf einen Ball nehmen.»

«Geliebte Freundin», sagte Mimi spitz, «ich sehe, worauf du hinaus willst. Du willst mich glauben machen, Rodolphe sei in dich verliebt und denke nicht mehr an mich. Aber damit verschwendest du nur unnütz deine Zeit, bei ihm wie bei mir.»

In Wirklichkeit war Rodolphe gegen Amélie nur deshalb liebenswürdig, um sie öfter bei sich zu sehen und um Gelegenheit zu haben, mit ihr von seiner Geliebten zu sprechen; aber mit einem Machiavellismus, der möglicherweise ein Ziel verfolgte, bemühte Amélie sich, als sie merkte, daß Rodolphe Mimi noch immer liebe und daß diese nicht abgeneigt sei, wieder zu ihm zurückzukehren, durch geschickt erfundene Berichte alles zu vermeiden, was die beiden Liebenden einander wieder näherzubringen vermocht hätte.

An dem Tage, als sie auf den Ball gehen sollte, kam Amélie morgens und fragte Rodolphe, ob es bei der Verabredung bliebe.

«Ja», erwiderte er, «ich will die Gelegenheit nicht versäumen, mich als Ritter der schönsten Frau unserer Zeit zu zeigen.»

Amélie setzte jene kokette Miene auf, die sie am Abend ihres einzigen Auftretens in einem Vorstadttheater zur Schau getragen hatte, als Soubrette vierten Ranges, und versprach, am Abend bereit zu sein.

«Und dann», sprach Rodolphe, «sagen Sie Fräulein Mimi, wenn sie um meinetwillen ihrem Liebhaber untreu werden und eine Nacht bei mir verbringen wolle, so werde ich all ihre Sachen herausgeben.»

Amélie richtete Rodolphes Auftrag aus und gab seinen Worten einen ganz andern Sinn als den, den sie erraten hatte.

«Ihr Rodolphe ist ein unedler Mensch», sagte sie zu Mimi, «seine Einladung ist eine Infamie. Er will Sie durch diesen Schritt zur Stufe der feilsten Geschöpfe erniedrigen; und wenn Sie hingehen, wird er Ihnen nicht nur Ihre Sachen nicht wiedergeben, sondern Sie auch noch dem Spott all seiner Freunde preisgeben.»

«Ich werde nicht hingehen», sagte Mimi; und als sie sah, daß Amélie ihre Toilette vorbereitete, fragte sie, ob sie zum Ball gehe.

«Ja», antwortete die andere.

«Mit Rodolphe?»

«Ja, er will heute abend zwanzig Schritte vom Haus auf mich warten.»

«Viel Vergnügen», sagte Mimi. Und als sie die Stunde des Stelldicheins nahen sah, lief sie schleunigst zu Amélies Liebhaber und verriet ihm, daß sie ihn mit ihrem eigenen einstigen Liebhaber hintergehen wolle.

Eifersüchtig wie ein Tiger und brutal wie ein Knotenstock lief der Herr zu Amélie und sagte ihr, es beliebe ihm, daß sie den Abend mit ihm verbringe.

Um acht Uhr lief Mimi zu dem Ort, wo Rodolphe Amélie treffen sollte. Sie sah ihren Geliebten in der Haltung des Wartenden auf und ab gehen; zweimal ging sie an ihm vorbei, ohne daß sie ihn anzureden wagte. Rodolphe war an diesem Abend sehr elegant gekleidet, und die heftigen Gemütserschütterungen, deren Beute er seit acht Tagen gewesen war, hatten seinem Gesicht viel Charakter aufgeprägt. Mimi fühlte sich sonderbar bewegt. Schließlich entschloß sie sich, ihn anzusprechen. Rodolphe empfing sie ohne Zorn und fragte sie, wie es ihr gehe, worauf er sich erkundigte, was sie eigentlich zu ihm führe, all das mit sanfter Stimme, in der sich ein Klang der Trauer zu verbergen trachtete.

«Ich muß Ihnen eine schlimme Nachricht bringen: Amélie kann Sie nicht zum Ball begleiten; ihr Liebhaber hält sie zurück.»

«Dann werde ich also allein zum Ball gehen.»

Hier tat Mimi, als strauchele sie, und dabei stützte sie sich auf Rodolphes Schulter. Er nahm ihren Arm und schlug ihr vor, er wolle sie nach Hause begleiten.

«Nein», sagte Mimi, «ich wohne doch bei Amélie, und da ihr Liebhaber bei ihr ist, kann ich erst nach Hause kommen, wenn er wieder fort ist.»

«Hören Sie», sagte nun der Dichter, «ich habe Ihnen durch Amélie einen Vorschlag machen lassen; hat sie ihn ausgerichtet?»

«Ja», sagte Mimi, «aber in Worten, an die ich selbst nach dem, was vorgefallen ist, nicht glauben kann. Nein, Rodolphe, ich hätte nicht geglaubt, soviel Sie mir auch vorzuwerfen haben, daß Sie mich für so herzlos hielten, auf einen solchen Handel einzugehen.»

«Sie haben mich nicht verstanden, oder man hat Ihnen etwas Falsches berichtet. Was gesagt ist, bleibt gesagt», antwortete Rodolphe, «es ist jetzt neun, Sie haben noch drei Stunden Zeit zum Überlegen. Bis Mitternacht bleibt mein Schlüssel in der Tür stecken. Guten Abend; leben Sie wohl, oder auf Wiedersehn!»

«Also leben Sie wohl!» sagte Mimi mit zitternder Stimme.

Und sie trennten sich ... Rodolphe ging nach Hause und warf sich völlig angekleidet aufs Bett. Um halb zwölf trat Mimi zu ihm ins Zimmer.

«Ich möchte Sie um Gastfreundschaft bitten», sagte sie, «Amélies Liebhaber ist dageblieben, und ich kann nicht hinein.»

Bis drei Uhr morgens plauderten sie: Diese Unterredung klärte vieles, und von Zeit zu Zeit ersetzte das vertrauliche «Du» das «Sie» der offiziellen Erörterung.

Um vier Uhr ging ihre Kerze aus. Rodolphe wollte eine neue anstecken.

«Nein», sagte Mimi, «das lohnt sich nicht mehr; es ist Schlafenszeit.»

Und fünf Minuten später hatte der hübsche braune Kopf den Platz auf dem Kissen wieder eingenommen; und mit zärtlicher Stimme rief sie Rodolphes Lippen auf ihre kleinen weißen Hände mit den blauen Adern herab, deren Perlmutterblässe mit der Weiße des Bettuchs wetteiferte. Rodolphe zündete keine neue Kerze an.

Am Morgen darauf stand Rodolphe zuerst auf; er zeigte Mimi mehrere Bündel und sagte sehr sanft: «Da ist Ihr Eigentum. Sie können es mitnehmen; ich halte mein Wort.»

«Oh», sagte Mimi, «ich bin noch so müde; sehen Sie, ich könnte all diese großen Bündel nicht auf einmal tragen. Ich will lieber wiederkommen.»

Und als sie sich angezogen hatte, nahm sie nur einen Kragen und ein Paar Manschetten.

«Den Rest nehme ich ... nach und nach mit», fügte sie lächelnd hinzu.

«Halt», sagte Rodolphe, «alles oder nichts; aber dies muß aufhören!»

«Im Gegenteil, es soll wieder anfangen und vor allem dauern», sagte die kleine Mimi und umarmte Rodolphe.

Nachdem sie zusammen gefrühstückt hatten, brachen sie zu einer Landpartie auf. Als sie durch den Luxembourg-Garten gingen, traf Rodolphe einen großen Dichter, der ihn einmal mit reizendem Wohlwollen empfangen hatte. Aus Schicklichkeitsgefühl wollte Rodolphe tun, als sähe er ihn nicht. Aber der Dichter ließ ihm dazu keine Zeit; er ging ganz nahe an ihm vorüber, nickte ihm freundschaftlich zu und grüßte seine junge Gefährtin mit liebenswürdigem Lächeln.

«Wer ist der Herr?» fragte Mimi.

Rodolphe antwortete ihr mit einem Namen, der sie vor Vergnügen stolz erröten ließ.

«Oh», sagte Rodolphe, «diese Begegnung mit dem Dichter, der die Liebe so schön besungen hat, ist von guter Vorbedeutung, sie wird unserer Versöhnung Glück bringen.»

«Ich liebe dich, du», sagte Mimi und drückte ihres Freundes Hand, obgleich sie mitten in der Menge waren.

‹Ach›, dachte Rodolphe, ‹was ist besser: immer getäuscht zu werden, weil man einmal geglaubt hat, oder niemals glauben, aus Furcht, immer getäuscht zu werden?›

XV

Donec gratus

Wir haben erzählt, wie der Maler Marcel Musette kennengelernt hatte. Eines Morgens waren sie vereint worden durch Vermittlung der Laune, die zugleich Bürgermeister im 13. Arrondissement ist, und sie hatten geglaubt, wie das oft geschieht, sich unter dem Regime der Herzenstrennung zu verbinden. Eines Abends jedoch, als sie sich heftig gezankt und beschlossen hatten, sich sofort zu trennen, bemerkten sie, wie ihre Hände, die sich zum Abschied umschlossen, einander nicht mehr loslassen wollten. Ihnen selber unbewußt war ihre Laune zur Liebe geworden. Halb lachend gestanden sie es sich ein.

«Die Sache ist ernst», sagte Marcel. «Wie, zum Teufel, haben wir das nur angefangen?»

«Oh», erwiderte Musette, «wir sind halt ungeschickt, wir sind nicht vorsichtig genug gewesen.»

«Was ist denn los?» fragte Rodolphe, der Marcels Nachbar geworden war und gerade ins Zimmer trat.

«Was los ist?» erwiderte der Maler und deutete auf Musette. «Das Fräulein dort und ich, wir haben etwas Hübsches entdeckt. Wir sind verliebt. Es muß uns im Schlaf überfallen haben.»

«Oh, oh, im Schlaf? Das glaube ich nicht recht», sagte Rodolphe. «Aber woraus schließt ihr, daß ihr euch liebt? Ihr übertreibt möglicherweise die Gefahr.»

«Zum Donnerwetter!» rief Marcel. «Wir können uns nicht leiden.»

«Und doch können wir nicht voneinander lassen», fügte Musette hinzu.

«Dann, Herrschaften, ist die Sache sonnenklar. Ihr habt möglichst fein spielen wollen und habt alle beide verloren! Genauso ging's mir mit Mimi. Bald zwei Kalender lang liegen wir uns nun Tag und Nacht in den Haaren. Nach diesem System macht man Ehen ewig. Verbindet ein Ja mit einem Nein, und ihr bekommt einen Philemon-und-Baucis-Haushalt. Euer Verhältnis ist das Gegenstück zu meinem; und wenn Schaunard und Phémie ins Haus ziehen, wie sie es uns angedroht haben, so wird unser Haushaltstrio recht angenehm werden.»

In diesem Augenblick trat Gustave Colline ein. Es wurde ihm mitgeteilt, was Musette und Marcel zugestoßen war.

«Also, Philosoph», sagte Rodolphe, «was hältst du von der Geschichte?»

Colline kratzte das Haar des Hutes, der ihm als Dach diente, und murmelte: «Ich habe es ja gleich gesagt: Die Liebe ist ein Hasardspiel. Wer sich daran reibt, der sticht sich. Es ist nicht gut, daß der Mensch allein sei.»

Als Rodolphe abends nach Hause kam, sagte er zu Mimi: «Ich bringe eine Neuigkeit mit. Musette ist sterblich in Marcel verliebt und will ihn nicht mehr verlassen.»

«Das arme Kind!» rief Mimi. «Sie hat einen so gesunden Appetit!»

«Und Marcel seinerseits ist böse in Musette verschossen. Er erhebt sie auf einen sechsunddreißigkarätigen Thron, wie Colline, der Intrigant, sich ausdrücken würde.»

«Der arme Junge!» antwortete Mimi. «Er ist so eifersüchtig!»

«Allerdings», sagte Rodolphe, «er und ich, wir sind Schüler Othellos.»

Einige Zeit danach schloß sich den Haushaltungen Rodolphes und Marcels der Haushalt Schaunards an; der Musiker zog mit Phémie Teinturière ins Haus.

Von diesem Tage an schliefen alle Nachbarn auf einem Vulkan, und als die Miete fällig war, kündigten sie einmütig dem Hauswirt.

Wirklich gingen nur wenige Tage hin, ohne daß in einem der drei Hausstände ein Gewitter ausbrach. Häufig klärten sich Mimi und Rodolphe, wenn sie keine Kraft mehr zum Sprechen hatten, mit Hilfe irgendwelcher Wurfgeschosse auf, die ihnen gerade in die Hände fielen. Am häufigsten aber flüsterte Schaunard mit einem Spazierstock der melancholischen Phémie Bemerkungen zu. Die Diskussionen Marcels und Musettes freilich blieben in der Stille ihrer vier Wände; sie waren vorsichtig genug und schlossen Tür und Fenster.

Wenn jedoch zufällig einmal in allen Haushaltungen Frieden herrschte, so fielen die andern Mieter dieser flüchtigen Eintracht nicht weniger zum Opfer. Die indiskreten Zwischenwände ließen alle Geheimnisse der Bohemehausstände durch und weihten sie in ihre Mysterien ein, ob sie wollten oder nicht. So war mehr als einem Nachbarn der Casus belli lieber als die Ratifikation der Friedensverträge.

In der Tat war das Dasein, das die Bohemiens seit einem halben Jahre führten, sonderbar genug. Ohne Emphase herrschte die loyalste Brüderlichkeit in diesem Kreis, wo alles allen gehörte und wo alles geteilt wurde, wie es kam, ob Glück oder Unglück.

In jedem Monat gab es bestimmte Tage des Glanzes, an denen niemand ohne Handschuhe auf die Straße gegangen wäre, Freudentage, an denen vom Morgen bis zum Abend gegessen wurde. Es gab indessen auch andere, an denen sie ohne Stiefel selbst zu Hofe gegangen wären, Fastentage, wo sie, nachdem sie nicht gemeinsam gefrühstückt hatten, auch nicht gemeinsam zu Mittag aßen; oder aber sie brachten es mit Hilfe wirtschaftlicher Kombinationen dahin, daß eine jener Mahlzeiten auf den Tisch kam, bei denen Teller und Gedecke «keine Rolle spielten», wie Mimi zu sagen pflegte.

Aber wunderbar, in dieser Gesellschaft, zu der doch drei junge schöne Frauen gehörten, erhob sich nie die geringste Spur zu einer Uneinigkeit zwischen den Männern: Sie beugten oft vor der flüchtigsten Laune ihrer

Geliebten das Knie, aber keiner von ihnen hätte auch nur einen Augenblick zwischen der Frau und dem Freunde gezögert.

Die Liebe entspringt vor allem der spontanen Eingebung – sie ist eine Improvisation. Die Freundschaft dagegen baut sich sozusagen auf – sie ist ein Gefühl, das mit Umsicht weiterschreitet; sie ist der Egoismus des Geistes, während die Liebe der Egoismus des Herzens ist.

Seit sechs Jahren kannten die Bohemiens sich jetzt. Dieser lange, in täglicher Vertraulichkeit verlebte Zeitraum hatte, ohne die wohlausgeprägte Individualität jedes einzelnen zu verändern, unter ihnen einen Zusammenklang der Gedanken herbeigeführt, ein Zusammenspiel, das sie nirgends sonst gefunden haben würden. Ihre Sitten waren ihnen eigentümlich, zu ihrer Sprache hätte kein Fremder den Schlüssel zu finden vermocht. Wer sie nicht genauer kannte, nannte die Freiheit ihres Gehabens Zynismus. Sie war indessen nur Offenheit. Als Geister, die sich gegen allen Zwang störrisch wehrten, haßten sie das Falsche und verachteten sie das Gewöhnliche. Wenn sie übertriebener Eitelkeit beschuldigt wurden, so antworteten sie, indem sie stolz das Programm ihres Ehrgeizes ausbreiteten; und da sie sich ihres Wertes bewußt waren, täuschten sie sich auch nicht über sich selber.

Sooft sie auch während der vielen Jahre ihres gemeinschaftlichen Lebens durch Staatsnotwendigkeit gezwungen wurden, miteinander zu rivalisieren, ließen sie doch ihre Hände nicht los; und häufig waren sie, ohne groß darauf zu achten, über die persönlichen Fragen der Eigenliebe hinweggegangen, die man häufig zwischen ihnen aufzuwerfen versuchte, um sie zu trennen. Sie schätzten einander übrigens genau nach ihrem Wert, und der Stolz, das Gegengewicht des Neides, bewahrte sie vor allen kleinen Handwerkseifersüchteleien.

Indessen brach nach sechs Monaten des gemeinsamen

Lebens plötzlich eine Scheidungsseuche in den Haushaltungen aus.

Schaunard eröffnete den Marsch. Eines Tages stellte er fest, daß das eine Knie Phémie Teinturières besser gebaut sei als das andere; und da er in der Plastik einem strengen Purismus huldigte, so gab er Phémie den Abschied, wobei er ihr den Spazierstock, mit dem er ihr so häufig Bemerkungen «zugeflüstert» hatte, als Andenken mitgab. Dann zog er zu einem Verwandten, der ihm unentgeltlich Obdach gewährte.

Vierzehn Tage darauf verließ Mimi Rodolphe, um in die Karossen des jungen Vicomte Paul zu steigen, des einstigen Schülers Carolus Barbemuches, der ihr sonnengoldene Kleider versprochen hatte.

Nach Mimi suchte auch Musette das Weite; sie kehrte mit viel Tamtam in die Aristokratie der galanten Welt zurück, die sie verlassen hatte, um Marcel zu folgen.

Diese Trennung ging ohne Streit, ohne Erschütterung, ohne Vorbedacht vonstatten.

Ihre Gemeinschaft war einer Laune entsprungen, die zur Liebe geworden war, und wurde von einer neuen Laune wieder zerrissen.

Eines Abends im Karneval, als Musette mit Marcel den Opernmaskenball besuchte, bekam sie bei einem Kontertanz einen jungen Mann zum Gegenüber, der ihr früher einmal den Hof gemacht hatte. Sie erkannten sich und wechselten während des Tanzes ein paar Worte. Vielleicht ohne es zu wollen, ließ sie eine Bemerkung fallen, als sehne sie sich nach ihrem früheren Leben zurück, während sie jenem von ihrem jetzigen Dasein erzählte. Jedenfalls irrte sich Musette am Schluß der Quadrille; und statt Marcel, der ihr Kavalier war, die Hand zu geben, nahm sie die ihres Gegenübers, der sie mit sich fortzog und mit ihr in der Menge verschwand.

Marcel suchte sie, nicht ohne Unruhe. Nach einer Stunde fand er sie am Arm des jungen Mannes, sie kam aus dem Café de l'Opéra, Liedfragmente auf den Lippen. Marcel stand mit gekreuzten Armen in einem Winkel, und als sie seiner gewahr wurde, winkte sie ihm zum Abschied und sagte: «Ich komme wieder.»

«Das heißt, zu warten brauchst du nicht auf mich», übersetzte Marcel. Er war eifersüchtig, aber logisch, und er kannte Musette. Deshalb wartete er nicht auf sie; er ging schweren Herzens, jedoch mit leichtem Magen nach Hause. Er suchte im Schrank, ob er nicht noch einige Überbleibsel zu essen hätte, fand aber nur ein granithartes Stück Brot und das Skelett eines sauren Herings.

‹Gegen Trüffeln konnte ich nicht kämpfen›, dachte er. ‹Wenigstens wird Musette zu Abend gegessen haben ...› Und nachdem er sich mit einer Ecke seines Taschentuches über die Augen gewischt hatte, und zwar unter dem Vorwand, er wolle sich schneuzen, ging er zu Bett.

Zwei Tage darauf erwachte Musette in einem rosa bespannten Boudoir. Ein blaues Coupé wartete vor ihrer Tür, und alle Modefeen waren aufgeboten worden und breiteten ihre Wunder zu ihren Füßen aus. Musette war entzückend, und ihre Jugend schien sich in diesem Rahmen der Eleganz noch zu verjüngen. Sie nahm also das alte Leben wieder auf, erschien bei allen Festen und hatte bald ihre Berühmtheit zurückerobert. Überall wurde von ihr gesprochen, von den Kulissen der Börse bis zu den Buffets des Parlaments. Ihr neuer Liebhaber, Herr Alexis, war ein jüngerer Herr. Oft klagte er Musette, er fände sie ein bißchen zu leichtfertig und ein wenig zu sorglos, wenn er ihr von seiner Liebe spräche; dann sah Musette ihn lachend an, schlug ihm auf die Hand und sagte: «Was wollen Sie denn, mein Lieber? Ich bin sechs Monate bei einem Mann geblieben, der mich mit Salat und Suppe ohne Butter ernährte, der mich in Kattun kleidete und mich oft ins Odéon führte, weil er nicht reich war. Da Liebe nichts kostet und ich in dieses Ungeheuer verliebt war, haben wir eine Unmenge Liebe verbraucht. Mir bleiben nur noch Krumen übrig. Picken Sie sie auf, ich hindere Sie nicht! Übrigens habe ich nie ein Hehl daraus gemacht; und wenn die Bänder nicht so teuer wären, so wäre ich noch heute bei meinem Maler. Was mein Herz betrifft, so höre ich es nicht mehr allzu heftig schlagen, seit ich ein Korsett zu achtzig Francs trage; und ich fürchte, ich habe es in einer von Marcels Schubladen vergessen.»

Die Auflösung der drei Bohemehausstände verursachte in dem Hause, wo sie gewohnt hatten, ein Fest. Zum Zeichen der Freude gab der Wirt ein großes Gastmahl, und sämtliche Mieter illuminierten ihre Fenster.

Rodolphe und Marcel waren zusammengezogen; sie hatten sich beide ein Idol gebildet, dessen Namen sie nicht allzu genau wußten. Manchmal geschah es, daß der eine von Musette, der andere von Mimi sprach; dann hatten sie für diesen Abend genug. Sie gedachten ihres alten Lebens, der Lieder Musettes und der Lieder Mimis, der durchwachten Nächte, der verschlafenen Vormittage und der im Traum genossenen Mittagessen. In diesen Erinnerungsduetten ließen sie all die entflohenen Stunden wiederaufleben, eine nach der andern; und am Ende sagten sie sich meist, sie seien eigentlich noch glücklich, daß sie beieinandersäßen, die Füße vor dem Kamin, daß sie das Dezemberscheit schüren und ihre Pfeife rauchen könnten und daß sie einander gleichsam als Vorwand zum Plaudern hätten, um sich gegenseitig laut zu erzählen, was jeder sich leise sagte, wenn sie allein waren – nämlich, daß sie jene Wesen sehr geliebt hätten, die entschwunden waren und ein Stück ihrer Jugend mitgenommen hatten, und sie vielleicht noch liebten.

Als Marcel eines Abends über den Boulevard ging, sah er ein paar Schritte vor sich eine junge Dame, die aus einem Wagen stieg, wobei sie ein Stückchen eines weißen Strumpfes von ganz besonderer Vollkommenheit sehen ließ; selbst der Kutscher verschlang dies reizende «Trinkgeld» mit den Augen.

‹Alle Achtung›, dachte Marcel, ‹ist das ein hübsches Bein; ich hätte Lust, ihm meinen Arm zu bieten; wollen sehen … wie soll ich sie nur anreden? Ich hab's … wenigstens ist es neu.›

«Verzeihung, Gnädigste», sagte er und trat zu der Unbekannten, deren Gesicht er zunächst nicht sehen konnte, «haben Sie vielleicht zufällig mein Taschentuch gefunden?»

«Gewiß, mein Herr», antwortete die junge Dame, «hier ist es.» Und sie drückte Marcel das Taschentuch in die Hand, das sie zwischen den Fingern hielt.

Der Künstler kullerte in einen Abgrund des Staunens hinab.

Aber plötzlich brachte ihn ein schallendes Gelächter, das ihm ins Gesicht schlug, wieder zu sich; an dieser lustigen Fanfare erkannte er seine alte Liebe.

Es war Fräulein Musette.

«Ach», rief sie aus, «Herr Marcel macht Jagd auf Abenteuer. Wie gefällt dir dieses, he? Lustig genug ist es!»

«Ich finde es erträglich», antwortete Marcel.

«Wohin willst du so spät noch in dieser Gegend?» fragte Musette.

«Ich will in dieses Gebäude hier», sagte der Künstler und zeigte auf ein kleines Theater, zu dem er Zutritt hatte.

«Aus Liebe zur Kunst?»

«Nein, nicht aus Liebe zur Lyra, aus Liebe zur Laure.» ‹Halt›, dachte Marcel, ‹das ist ein Kalauer, den werde ich Colline verkaufen, der sammelt dergleichen.›

«Wer ist Laure?» fuhr Musette fort, während ihre Blicke Fragezeichen warfen.

Marcel blieb bei seinem schlechten Scherz. «Eine Schimäre, die ich verfolge und die in diesem kleinen Theater die Naive spielt.» Und er zerknüllte in der Hand eine ideale Busenkrause.

«Sie sind sehr geistreich heute abend», sagte Musette.

«Und Sie sehr neugierig», meinte Marcel.

«Sprechen Sie nicht so laut! Die Leute hören uns und werden uns für ein zankendes Liebespaar halten.»

«Es wäre nicht das erstemal, daß uns das passierte», sagte Marcel.

Musette sah in dieser Antwort eine Herausforderung

und erwiderte rasch: «Und es wäre vielleicht auch nicht das letztemal, wie?»

Dies Wort war deutlich genug, es pfiff wie eine Kugel an Marcels Ohr vorbei.

«Strahlen des Himmels», rief er und blickte auf zu den Sternen, «ihr seid Zeugen, daß nicht ich als erster geschossen habe. Schnell meinen Panzer!»

Damit war das Feuer eröffnet.

Es handelte sich nur noch darum, einen passenden Bindestrich zu finden, um die beiden Launen ineinander überzuleiten, die sich so lebhaft offenbart hatten.

Während des Gehens sah Musette Marcel an, und Marcel sah Musette an. Sie sprachen nicht; aber ihre Augen, jene Bevollmächtigten des Herzens, trafen sich oft.

Nach einer viertelstündigen diplomatischen Konferenz hatte dieser Blickekongreß die Sache schweigend geordnet. Sie brauchte nur noch ratifiziert zu werden.

Das unterbrochene Gespräch wurde wieder angeknüpft.

«Nun einmal offen und ehrlich», sagte Musette zu Marcel, «wohin wolltest du eben?»

«Ich habe es ja schon gesagt, ich wollte zu Laure.»

«Ist sie hübsch?»

«Ihr Mund ist ein Nest des Lächelns.»

«Kenne ich schon», sagte Musette.

«Aber du?» fragte Marcel. «Woher kamst du auf den Flügeln dieser Droschke?»

«Ich habe Alexis zur Bahn gebracht; er will eine Familienrundreise machen.»

«Wer ist Alexis?»

Musette entwarf nun ihrerseits ein entzückendes Bild von ihrem gegenwärtigen Liebhaber. So setzten Marcel und Musette, während sie mitten auf dem Boulevard spazierengingen, die Komödie der Liebeswiederkehr fort. Mit der gleichen Naivität, bald zärtlich und bald spöttisch, wiederholten sie Strophe für Strophe jene unsterbliche Ode, in der Horaz und Lydia mit so viel An-

mut die Reize ihrer neuen Liebe rühmen und schließlich zu ihrer alten Liebe ein Postskriptum schreiben. Als sie an eine Straßenecke kamen, tauchte plötzlich eine ziemlich starke Patrouille auf.

Musette «organisierte» sofort einen heftigen Schreck und sagte, wobei sie sich an Marcels Arm anklammerte: «Ach Gott, sieh doch, da kommen Truppen, es gibt wieder eine Revolution. Schnell fort, ich habe furchtbare Angst; bring mich fort!»

«Aber wohin wollen wir denn gehen?» fragte Marcel.

«Zu mir», sagte Musette. «Du sollst sehen, wie hübsch es ist. Ich lade dich zum Abendessen ein, und wir plaudern über Politik.»

«Nein», sagte Marcel, der an Alexis dachte, «trotz der Einladung zum Abendessen gehe ich nicht mit zu dir. Ich trinke meinen Wein nicht gern aus fremden Gläsern.»

Musette verstummte ob dieser Abfuhr. Dann gedachte sie durch den Nebel der Erinnerungen hindurch des armen Zimmers des Künstlers; denn Marcel war noch immer nicht Millionär geworden. Da kam Musette ein Gedanke; sie benutzte die Begegnung mit einer neuen Patrouille und heuchelte neuen Schrecken.

«Es wird einen Straßenkampf geben!» rief sie. «Ich wage mich nicht nach Hause. Marcel, mein Freund, begleite mich zu einer meiner Freundinnen, die in deinem Viertel wohnen muß.»

Als sie den Pont-Neuf überschritten, brach Musette in schallendes Gelächter aus.

«Was ist los?» fragte Marcel.

«Nichts», sagte Musette. «Mir fiel nur gerade ein, daß meine Freundin umgezogen ist; sie wohnt jetzt in Batignolles.»

Als Rodolphe Marcel und Musette so Arm in Arm daherkommen sah, wunderte er sich kein bißchen.

«Wenn man die Liebe schlecht begräbt», sagte er, «dann geht es immer so.»

XVI

Der Zug durchs Rote Meer

Seit fünf oder sechs Jahren arbeitete Marcel an dem berühmten Gemälde, das, wie er versicherte, den Zug durchs Rote Meer darstellte, und seit fünf oder sechs Jahren wurde dieses Meisterwerk der Farbe von der Jury hartnäckig zurückgewiesen. Und durch das oftmalige Hin und Her vom Atelier des Künstlers ins Museum und vom Museum ins Atelier kannte das Bild den Weg so genau, daß es, wenn es auf Rollen gesetzt worden wäre, sicherlich ganz allein zum Louvre gefunden haben würde. Marcel, der die Leinwand zehnmal neu gemalt und von oben bis unten umgearbeitet hatte, schrieb den Ostrazismus, der ihn alljährlich vom Salon ausschloß, einer persönlichen Feindseligkeit der Jurymitglieder zu; und in seinen Mußestunden hatte er zu Ehren der Zerberusse des Instituts ein kleines Injurien-Wörterbuch mit Illustrationen von giftiger Bosheit verfaßt. Diese Sammlung, die berühmt geworden war, hatte in den Ateliers und in der Kunstschule den populären Erfolg erlangt, der sich an die unsterbliche Klage Giovanni Bellinis knüpft, des Malers am Hofe des türkischen Großsultans: Alle Maler von Paris hatten in ihrem Gedächtnis ein Exemplar davon.

Lange Zeit hindurch hatte Marcel trotz der hartnäckigen Ablehnung, die ihm bei jeder Ausstellung zuteil wurde, nicht den Mut verloren. Er hatte sich behaglich in die Meinung eingelebt, sein Bild sei in kleinstem Maßstab das Gegenstück zur «Hochzeit von Kana», jenes gigantischen Meisterwerks, dessen strahlenden Glanz der Staub dreier Jahrhunderte nicht zu trüben vermocht hat. Daher schickte Marcel der Jury sein Bild zur Eröffnung des Salons jedes Jahr von neuem zur Prüfung ein.

Nur änderte er, um die Examinatoren irrezuführen und ihr Vorurteil zu brechen, mit dem sie den «Zug durchs Rote Meer» von vornherein auszuschließen schienen, ohne die Gesamtkomposition zu stören, einzelne Teile und den Titel seines Bildes.

So kam es einmal unter dem Namen «Übergang über den Rubikon» vor die Jury; aber Pharao, der unter Cäsars Mantel nur schlecht verhüllt war, wurde wiedererkannt und mit allen ihm gebührenden Ehren hinausgewiesen.

Im folgenden Jahre trug Marcel an einer Stelle seiner Leinwand eine Schicht Weiß auf, die Schnee darstellen sollte, pflanzte in eine Ecke eine Fichte, kleidete einen Ägypter als Grenadier der kaiserlichen Garde ein und taufte sein Bild: «Übergang über die Beresina».

Die Jury, die an ebendiesem Tage die Brillen auf der Stickerei ihrer grünen Palmenröcke abgewischt hatte, ließ sich von dieser neuen List nicht täuschen. Sie erkannte das hartnäckige Bild sofort wieder, vor allem an einem großen, furchtbar bunten Teufelspferd, das sich vor einer Woge des Roten Meeres bäumte. Die Schabracke dieses Pferdes diente Marcel zu all seinen koloristischen Experimenten, und in seiner Alltagssprache nannte er sie «die synoptische Tafel der Halbtöne», denn an ihren Licht- und Schattenspielen brachte er die mannigfaltigsten Farbkombinationen hervor. Aber die Jury blieb unempfindlich gegen dieses Detail und konnte wieder einmal nicht genug der schwarzen Kugeln finden, um den «Übergang über die Beresina» abzulehnen.

«Schön», sagte Marcel, «ich hatte es nicht anders erwartet. Nächstes Jahr schicke ich es ihnen unter dem Titel: ‹Der Zug durch alle Panoramen›.»

«Dann sind sie 'reingefallen … eingefallen … gefallen … fallen …», trällerte der Musiker Schaunard nach einer neuen Melodie eigener Komposition, einer furchtbaren Melodie, die wie eine Tonleiter von Donnern toste und deren Begleitung der Schrecken aller Klaviere in der Nachbarschaft geworden war.

«Wie können sie nur dieses Bild ablehnen, ohne daß ihnen aller Purpur des Roten Meeres ins Gesicht steigt und sie mit Scham bedeckt!» murmelte Marcel und betrachtete sein Gemälde. «Wenn man bedenkt, daß für hundert Taler Farbe und für eine Million Genie darin stecken, meine schöne Jugend ungerechnet, die kahl wie mein Filz geworden ist! Ein ernst zu nehmendes Werk, das der Lasurtechnik neue Horizonte eröffnet! Aber sie sind noch nicht am Ende; bis zum letzten Seufzer werde ich ihnen mein Bild einschicken. In ihr Gedächtnis soll es sich ätzen.»

«Das ist der sicherste Weg, es dahin zu bringen, daß es überhaupt jemals geätzt wird», sagte Gustave Collin mit klagender Stimme; und bei sich fügte er hinzu: ‹Das ist reizend, ganz reizend ... ich werde es in Gesellschaften wiederholen.›

Marcel fuhr in seinen Verwünschungen fort, und Schaunard setzte sie weiter in Musik.

«Ha, sie wollen mich nicht aufnehmen!» sagte Marcel. «Ha, die Regierung bezahlt sie, gibt ihnen Wohnung und das Kreuz, einzig zu dem Zweck, daß sie einmal im Jahr, am ersten März, meine Leinwand im Keilrahmen abweisen ... Ich durchschaue ihre Absicht ganz genau, sehr genau durchschaue ich sie; sie wollen, daß ich meine Pinsel zerbreche. Vielleicht hoffen sie, wenn sie mir mein Rotes Meer ablehnen, werde ich mich aus dem Fenster der Verzweiflung stürzen. Aber sie kennen mein Menschenherz recht ungenau, wenn sie mich mit dieser groben List zu fangen meinen. Jetzt werde ich sogar die Saloneröffnung nicht einmal mehr abwarten. Von heute an wird mein Werk zum Damoklesbild, das ewig über ihrem Haupt schwebt. Jetzt werde ich es einmal jede Woche einem von ihnen ins Haus schicken, in den Schoß ihrer Familie, mitten ins Herz ihres häuslichen Friedens. Es soll ihre Familienfreuden trüben, es soll ihnen den Wein sauer machen, den Braten verbrennen und den Gattinnen die Laune verderben. Sie sollen sehr bald allesamt verrückt werden, die Zwangsjacke sollen sie anziehen, wenn sie an den Sitzungstagen ins Institut gehen. Der Gedanke macht mir Spaß.»

Als Marcel ein paar Tage danach seine furchtbaren Rachepläne gegen diese Verfolger schon vergessen hatte, machte ihm der alte Médicis einen Besuch. So wurde im Kreise der Bohemiens ein Jude namens Salomon genannt, der zu jener Zeit in der ganzen künstlerischen und literarischen Boheme wohlbekannt war, zu der er in regelmäßigen Beziehungen stand. Der alte Médicis handelte mit sämtlichen Trödlerwaren. Er verkaufte vollständige Wohnungseinrichtungen von zwölf Francs an bis zu tausend Talern. Er kaufte alles und verstand es mit Gewinn wieder loszuschlagen. Proudhons Wechselbank war nichts Sonderliches im Vergleich zu dem von Médicis erfundenen System, der das Genie des Kaufmanns in einem Grade besaß, bis zu dem bis dahin selbst die Geschicktesten seiner Religion noch nicht vorgedrungen waren. Sein Laden auf der Place du Carrousel war ein Märchenschloß, wo man alles finden konnte, was das Herz begehrte. Alle Erzeugnisse der Natur, alle Schöpfungen der Kunst, alles, was die Eingeweide der Erde und der menschliche Geist liefern, war für Médicis Handelsobjekt. Sein Schacher ließ nichts, absolut nichts unangetastet, was existiert; er machte selbst in «Geist». Médicis kaufte «Ideen», um sie selber auszubeuten oder weiterzuverkaufen. Er war bei allen Journalisten und Künstlern bekannt, er war ein intimer Freund der Palette und der Vertraute des Tintenfasses, er war der Asmodi der Künste. Er verkaufte einem Zigarren gegen den Plan zu einem Feuilleton, Pantoffeln gegen ein Sonett, frische Seefische gegen Paradoxe; er unterhielt sich «pro Stunde» mit den Schriftstellern, die in Zeitungen über Gesellschaftsklatschereien berichten mußten; er verschaffte einem Plätze auf den Tribünen der Parlamente und Einladungen für geschlossene Abendgesellschaften; er gab wandernden Malern, die ihn mit Kopien nach den Meistern im Louvre bezahlten, auf eine Nacht, eine Woche, einen Monat Obdach. Die Kulissen hatten keine Geheimnisse mehr für ihn. Er brachte Stücke in Theatern an; er setzte Vorzugsaufführungen durch. Er trug ein Exemplar des Almanachs der fünfundzwanzigtausend Adressen im Kopf und kannte die Wohnung, die Namen und die Geheimnisse aller Berühmtheiten, selbst der obskuren.

Einige abgeschriebene Seiten aus seiner Buchhaltungskladde werden besser als die detailliertesten Erklärungen eine Vorstellung von der Universalität seines Handels zu geben vermögen.

20. März 184...

Verkauft an Herrn L..., Antiquar, den Kompaß, dessen Archimedes sich während der Belagerung von Syrakus bedient hat 75 Frs.

Gekauft von Herrn V..., Journalist, die sämtlichen Werke des Herrn ***, Mitglied der Akademie, unaufgeschnitten 10 Frs.

Verkauft an denselben einen kritischen Aufsatz über die sämtlichen Werke des Herrn ***, Mitglied der Akademie 30 Frs.

Verkauft an Herrn ***, Mitglied der Akademie, ein Feuilleton von zwölf Spalten über seine sämtlichen Werke 250 Frs.

Gekauft von Herrn R..., Literat, eine kritische Würdigung der sämtlichen Werke des Herrn ***, von der Académie Française 10 Frs.

plus 50 Pfund Steinkohlen und 2 Kilogramm Kaffee.

Verkauft an Herrn *** eine Porzellanvase, die Madame Dubarry gehört hat 78 Frs.

Gekauft von der kleinen D... ihre Haare 15 Frs.

Gekauft von Herrn B... einen Stoß Sittenartikel und die drei letzten orthographischen Fehler, die der Herr Seinepräfekt begangen hat 6 Frs.

plus ein Paar neapolitanischer Schuhe.

Verkauft an Fräulein O... eine blonde Haarfrisur 120 Frs.

Gekauft von Herrn M..., Historienmaler, eine Reihe burlesker Zeichnungen 25 Frs.

Herrn Ferdinand die Stunde angegeben, um die die Frau Baronin R... von P... in die Messe geht. – Demselben vermietet auf einen Tag das kleine Halbgeschoß in der Vorstadt Montmartre, im ganzen 30 Frs.

Verkauft an Herrn Isidore sein Porträt als Apollo 30 Frs.

Verkauft an Fräulein R... ein paar Hummer und sechs Paar Handschuhe 36 Frs.

(Erhalten als Anzahlung 2 Frs. 75 cts.)

Derselben bei Frau ***, Modistin, einen Kredit von sechs Monaten verschafft. (Preis noch festzusetzen.)

Frau ***, Modistin, die Kundschaft des Fräulein R... verschafft. (Erhalten dafür drei Meter Samt und sechs Ellen Spitzen.)

Gekauft von Herrn R..., eine Zession von 120 Frs. auf das Journal ***, zur Zeit in Liquidation 5 Frs.

plus zwei Pfund bosnischen Tabaks.

Verkauft an Herrn Ferdinand zwei Liebesbriefe 12 Frs.

Gekauft von Herrn J..., Maler, das Porträt des Herrn Isidore als Apollo 6 Frs.

Gekauft von Herrn *** 75 Kilogramm seines Werkes «Über die submarinen Revolutionen» 15 Frs.

Vermietet an die Frau Gräfin von G... ein Meißner Service 20 Frs.

Gekauft von Herrn ***, Journalist, 52 Zeilen aus seinem «Courrier de Paris» 100 Frs.

plus eine Kamingarnitur.

Verkauft an die Herren O... & Cie. 52 Zeilen im «Courrier de Paris» des Herrn *** 300 Frs.

plus eine Kamingarnitur.

Fräulein S... G... ein Bett und ein Coupé auf einen Tag vermietet (nichts). (Siehe Konto S... G..., Hauptbuch. Folio 26/27.)

Gekauft von Herrn Gustave C... eine Denkschrift über die Leinenindustrie, 50 Frs., plus eine seltene Ausgabe der Werke des Flavius Josephus.

Verkauft an Fräulein S... G... ein modernes Mobiliar 5000 Frs.
Für dieselbe eine Apothekerrechnung bezahlt 75 Frs.
Id. Eine Rechnung bei der Milchfrau bezahlt 3 Frs. 85 cts.
usw., usw., usw.

Aus diesem Auszug kann ersehen werden, in welch ungeheurem Maßstab die Operationen des Juden Médicis angelegt waren, und trotz der ein wenig unerlaubten Seiten seiner unendlich eklektischen Geschäfte war er noch nie von irgend jemand belästigt worden.

Als er mit jener intelligenten Miene, die ihm eigentümlich war, bei den Bohemiens eintrat, hatte der Jude erraten, daß er in einem günstigen Augenblick kam. In der Tat waren die vier Freunde zum Kriegsrat vereinigt, und unter dem Präsidium eines grimmigen Appetits erörterten sie die ernste Frage «des Brotes und des Fleisches». Es war Sonntag gegen Monatsende. Ein verhängnisvoller Tag und ein finsteres Datum.

Médicis' Eintritt wurde also mit einem Freudenchor begrüßt; denn es war allgemein bekannt, daß der Jude zu sehr mit seiner Zeit geizte, als daß er sie in Höflichkeitsbesuchen verschwendete; sein Erscheinen kündigte also stets ein Geschäft an.

«Guten Abend, meine Herren», sagte der Jude, «wie geht's?»

«Colline», sagte Rodolphe, der auf seinem Bett lag und in den Annehmlichkeiten der horizontalen Linie schwelgte, «übe die Pflichten der Gastfreundschaft, biete unserm Gast einen Stuhl an: Ein Gast ist heilig. – Ich grüße Sie in Abraham», fügte der Dichter hinzu.

Colline holte einen Sessel, der so elastisch war wie Bronze, und schob ihn dem Juden hin, wobei er mit gastfreundlicher Stimme sagte: «Bilden Sie sich einen Augenblick ein, Sie seien Cinna, und nehmen Sie diesen Sitz.»

Médicis ließ sich in den Sessel fallen und wollte sich

gerade über dessen Härte beschweren, als ihm einfiel, daß er selber ihn früher einmal gegen ein politisches Glaubensbekenntnis für einen Abgeordneten, dem die Gabe der Improvisation versagt war, an Colline eingetauscht hatte. Als er sich setzte, ließ sich aus den Taschen des Juden ein Silberklang hören, und ob dieser melodischen Symphonie versanken die vier Bohemiens in liebliche Träumereien.

«Jetzt wollen wir mal das Lied abwarten», sagte Rodolphe ganz leise zu Marcel, «die Begleitung scheint recht hübsch zu sein.»

«Herr Marcel», sagte Médicis, «ich komme ganz einfach, um Ihr Glück zu machen. Das heißt, ich biete Ihnen eine großartige Gelegenheit, sich in die Welt der Künste einzuführen. Die Kunst, wissen Sie, Herr Marcel, ist ein Pfad in der Wüste, und der Ruhm ist ihre Oase.»

«Vater Médicis», sagte Marcel auf den Kohlen der Ungeduld, «im Namen der fünfzig Prozent Ihrer verehrten Schutzpatrone, machen Sie es kurz!»

«Ja», sagte Colline, «kurz wie König Pippin, der wie Sie kurz geschnitten war. Denn beschnitten sind Sie doch wohl, Sohn Jakobs!»

«Au, au, au!» riefen die Bohemiens und schauten auf den Fußboden, ob er sich nicht auftäte, um den Philosophen zu verschlingen.

Aber diesmal wurde Colline noch nicht verschlungen.

«Die Sache ist die. Ein reicher Liebhaber, der eine Galerie zusammenramscht, welche die Runde durch Europa machen soll, hat mich beauftragt, eine Reihe hervorragender Werke für ihn anzukaufen. Ich biete Ihnen die Aufnahme in dieses Museum an. Also kurz und gut – ich will Ihnen Ihren ‹Zug durchs Rote Meer› abkaufen.»

«Gegen bar?» fragte Marcel.

«Gegen bar», antwortete der Jude und ließ das Orchester seiner Taschen spielen.

«Bist du nun zufrieden?» fragte Colline.

«Aber selbstverständlich doch!» rief Rodolphe wütend. «Wir müssen wahrhaftig eine Würgbirne anschaffen, um diesem Kerl das Kellerloch seiner Dummheiten zu verstopfen! Brigant, siehst du nicht, daß er von *Talern* spricht? Ist dir denn nichts mehr heilig, Atheist?»

Colline kletterte auf einen Tisch und nahm die Pose des Harpokrates ein, des Gottes des Schweigens.

«Weiter, Médicis», sagte Marcel und zeigte ihm sein Gemälde.

«Ich will Ihnen selber die Ehre überlassen, den Preis für dieses Werk zu bestimmen, das unbezahlbar ist.»

Der Jude legte fünfzig Taler aus schönem, neuem Silber auf den Tisch.

«Weiter», sagte Marcel, «das ist die Vorhut.»

«Herr Marcel», sagte Médicis, «Sie wissen ganz genau, daß mein erstes Wort stets mein letztes ist. Mehr gebe ich nicht; überlegen Sie sich's: Fünfzig Taler sind hundertfünfzig Francs. Das ist eine ganz schöne Summe!»

«Viel zuwenig», erwiderte der Künstler. «Allein im Mantel meines Pharao steckt für fünfzig Taler Kobalt. Zahlen Sie mir wenigstens die Arbeit, machen Sie die Rollen gleich, runden Sie die Zahlen ab, und ich will Sie Leo der Zehnte nennen, Leo der Zehnte Nummer zwei.»

«Dann also mein letztes Wort», versetzte Médicis, «ich gebe keinen Sou weiter; aber ich lade die ganze Gesellschaft zum Abendessen ein, verschiedene Weine nach Belieben, und beim Dessert zahle ich in Gold!»

«Niemand bietet mehr?» brüllte Colline und schlug dreimal mit der Faust auf den Tisch. «Zugesprochen!»

«Gut», sagte Marcel. «Abgemacht.»

«Ich lasse das Bild morgen abholen», sagte der Jude. «Kommen Sie, meine Herren, es ist gedeckt!»

Die vier Freunde stiegen die Treppe hinab, indem sie den Chor der «Hugenotten» sangen: «Auf zur Tafel, auf zur Tafel!» Médicis bewirtete die vier Bohemiens in jeder Hinsicht großartig. Er setzte ihnen eine Menge Dinge vor, die für sie bis dahin vollständig «unediert» geblieben waren. Mit diesem Diner hörte der Hummer auf, für Schaunard ein Mythos zu sein, und von nun an hegte er für dieses Amphibium eine Leidenschaft, die bis zum Wahnsinn ging.

Die vier Freunde kamen von dem glänzenden Fest berauscht wie von einer Weinlese zurück. Diese Trunkenheit hätte sogar für Marcel fast unangenehme Folgen gehabt; denn als er um zwei Uhr morgens an dem Geschäft seines Schneiders vorüberwankte, wollte er mit aller Gewalt seinen Gläubiger wecken und ihm die 150 Francs, die er erhalten hatte, als Abschlagszahlung geben. Ein Schimmer von Vernunft, der noch in Collines Kopf war, hielt den Künstler vom Rande dieses Abgrundes zurück.

Acht Tage nach diesem Fest erfuhr Marcel, in welche Galerie sein Bild aufgenommen worden war. Als er durch die Vorstadt Saint-Honoré kam, blieb er in einer Menschenansammlung stehen, die neugierig zuschaute, wie über einem Laden ein Aushängeschild angebracht wurde. Dieses Schild war nichts anderes als Marcels Gemälde, das Médicis einem Delikatessenhändler verkauft hatte. Nur hatte der «Zug durchs Rote Meer» sich nochmals verändert und trug einen neuen Titel. Es war ein Dampfer hinzugefügt worden, und die Unterschrift lautete jetzt: «Im Hafen von Marseille.» Ein schmeichelhaftes Beifallsgeschrei erhob sich unter den Neugierigen, als die Hülle des Bildes fiel. Marcel aber wandte sich um, entzückt von diesem Triumph, und murmelte: «Volkes Stimme – Gottes Stimme.»

XVII

Die Toilette der Grazien

Mimi, die sonst bis spät in den Tag hinein zu schlafen pflegte, erwachte eines Morgens Schlag zehn Uhr und schien sehr erstaunt, Rodolphe nicht mehr neben sich, ja nicht einmal mehr im Zimmer zu finden. Am Abend zuvor, ehe sie einschlief, hatte sie ihn am Schreibtisch sitzen sehen; er hatte die Nacht über einer hochliterarischen Arbeit verbringen wollen, die bei ihm bestellt worden war und an deren Vollendung die kleine Mimi besonders interessiert war. Der Dichter hatte seiner Freundin nämlich Hoffnung gemacht, er werde ihr vom Honorar seiner Arbeit ein gewisses Frühjahrskleid kaufen, dessen Stoff sie eines Tages in den «Zwei Affen» entdeckt hatte, einem berühmten Modemagazin, vor dessen Auslage Mimis Koketterie häufig Andachtsübungen abhielt. Daher erkundigte sie sich auch, seit die fragliche Arbeit in Angriff genommen worden war, mit Ungeduld nach ihrem Fortgang. Oft trat sie zu Rodolphe, wenn er schrieb, beugte den Kopf über seine Schulter und fragte ganz ernsthaft: «Nun, kommt mein Kleid weiter?»

«Ein Ärmel ist schon fertig, sei nur ruhig», erwiderte Rodolphe.

Eines Nachts, als Mimi hörte, wie Rodolphe mit den Fingern schnalzte, ein Zeichen, daß er mit seiner Arbeit zufrieden war, richtete sie sich plötzlich im Bett auf, steckte den braunen Kopf durch die Gardinen und rief: «Ist mein Kleid jetzt fertig?»

«Da sieh», antwortete Rodolphe und zeigte ihr vier große, engbeschriebene Seiten, «eben bin ich mit der Taille fertig geworden.»

«Au, fein!» rief Mimi. «Jetzt bleibt nur noch der Rock;

wieviel solcher Seiten sind denn wohl nötig für einen Rock?»

«Das kommt darauf an; aber du bist ja nicht allzu groß, da werden wir für zehn Seiten zu fünfzig Zeilen zu dreiunddreißig Buchstaben einen ganz anständigen Rock haben können.»

«Groß bin ich ja allerdings nicht, das stimmt schon», sagte Mimi ganz ernsthaft, «aber es darf doch nicht so aussehen, als hätten wir mit dem Stoff sparen wollen: Die Röcke werden jetzt sehr weit getragen, und ich möchte recht schöne Falten haben, damit es ‹frou-frou› macht.»

«Schön», erwiderte Rodolphe dann ernsthaft. «Ich werde zehn Buchstaben mehr auf die Zeile setzen, dann macht es ‹frou-frou›.»

Und selig schlief Mimi wieder ein.

Da sie jedoch so unvorsichtig gewesen war, ihren Freundinnen Musette und Phémie von dem schönen Kleid zu erzählen, mit dessen Anfertigung Rodolphe beschäftigt war, hatten die beiden jungen Mädchen nichts Eiligeres zu tun, als die Herren Marcel und Schaunard über die Freigebigkeit ihres Freundes gegen seine Geliebte aufzuklären; und diese Eröffnungen wurden von unzweideutigen Winken ergänzt, dem Beispiel des Dichters zu folgen.

«Das heißt», fügte Musette hinzu und zupfte dabei Marcel am Schnurrbart, «das heißt, wenn es noch acht Tage so weitergeht, werde ich dich um eine Hose von dir bitten müssen, wenn ich mal ausgehen will.»

«Ich habe eine Forderung von elf Francs in einem ganz anständigen Hause», antwortete Marcel, «wenn ich die einkassiere, will ich sie opfern, um dir ein Feigenblatt nach der neuesten Mode zu kaufen.»

«Und ich?» fragte Phémie Schaunard. «Mein Morgenkneid» (sie konnte das Wort «Kleid» nicht aussprechen) «fällt in Fetzen.»

Schaunard zog mit königlicher Geste drei Sous aus der Tasche und gab sie seiner Geliebten mit den Worten:

«Damit kannst du dir Nadel und Faden kaufen. Flicke dir dein blaues Morgenkleid gefälligst selbst, dabei kannst du was lernen und dich gleichzeitig amüsieren – utile cum dulci.»

Nichtsdestoweniger kamen Marcel und Schaunard in einer äußerst geheimen Sitzung mit Rodolphe überein, daß ein jeder sich für sein Teil bemühen sollte, der berechtigten Eitelkeit der Damen ein Opfer zu bringen.

«Die armen Kinder», hatte Rodolphe gesagt, «ein Nichts putzt sie, aber zumindest dieses Nichts müssen sie haben! Seit einiger Zeit gehen die schönen Künste und die Literatur ganz gut; wir verdienen fast soviel wie die Gepäckträger.»

«Allerdings, ich habe keinen Grund zur Klage», unterbrach Marcel, «die schönen Künste gehen wie die warmen Semmeln, man könnte meinen, man lebe unter Leo dem Zehnten.»

«Tatsächlich», sagte Rodolphe, «Musette sagte mir, daß du seit acht Tagen jeden Morgen fortgehst und erst abends wiederkommst. Hast du wirklich einen Auftrag?»

«Mein Lieber, eine großartige Sache, die mir Médicis verschafft hat. Ich male in der Ave-Maria-Kaserne Porträts, achtzehn Grenadiere, die mir für sechs Francs samt und sonders ihr Bild in Auftrag gegeben haben, Ähnlichkeit auf ein Jahr garantiert, wie bei den Uhren. Ich hoffe, ich kriege noch das ganze Regiment! Ich hatte auch schon daran gedacht, Musette neu aufzuputzen, wenn Médicis mich bezahlt hat, denn ich habe natürlich mit ihm abgeschlossen und nicht mit meinen Modellen.»

«Ich für meinen Teil,» sagte Schaunard nachlässig, «wenn man mir es auch nicht ansieht, habe zweihundert Francs; allerdings schlafen sie noch.»

«Donnerwetter, dann wollen wir sie doch aufwecken!» sagte Rodolphe.

«In zwei oder drei Tagen hoffe ich zu quittieren», erwiderte Schaunard. «Wenn ich von der Bank komme, das sage ich euch, so wünsche ich zunächst erst mal, einigen meiner Leidenschaften freien Lauf zu lassen. Vor allem liegen bei dem Althändler nebenan ein Nankinganzug und ein Jagdhorn, die mir schon seit langem in die Augen stechen; die werde ich mir sicher schenken.»

«Aber», fragten Marcel und Rodolphe zugleich, «woher hoffst du denn dies Riesenkapital zu beziehen?»

«Hören Sie mich an, meine Herren», sagte Schaunard mit ernster Miene und nahm zwischen seinen beiden Freunden Platz, «wir dürfen einander nicht verhehlen, daß wir, ehe wir Mitglieder des Instituts und Steuerzahler werden, noch manches Stück Roggenbrot werden kauen müssen; und das tägliche Brot ist schwer zu kneten. Andererseits sind wir nicht allein; da der Himmel uns als Wesen mit fühlender Brust geschaffen hat, so hat jeder von uns sich eine Idee gewählt, der er angeboten hat, sein Los mit ihm zu teilen.»

«Das von einem Hering eingeleitet wird», unterbrach Marcel.

«Nun jedoch», fuhr Schaunard fort, «mag man so sparsam sein, wie man will, wenn man nichts besitzt, ist es schwer, etwas auf die hohe Kante zu legen, besonders wenn der Appetit größer ist als der Teller.»

«Worauf willst du eigentlich hinaus ...?» fragte Rodolphe.

«Darauf», erwiderte Schaunard, «daß wir in unserer gegenwärtigen Lage unrecht täten, wenn wir die Wählerischen spielten, falls sich, selbst außerhalb unserer Kunst, eine Gelegenheit bietet, eine Ziffer vor die Null zu setzen, die unsere soziale Einlage bildet.»

«Oho», sagte Marcel, «wem von uns kannst du denn den Vorwurf machen, er spiele den Wählerischen? Ein so großer Maler ich auch eines Tages sein werde, habe ich mich etwa nicht bereit gefunden, meinen Pinsel der malerischen Wiedergabe französischer Krieger zu widmen, die mich mit ihrem Sparpfennig bezahlen? Mir scheint, daß ich mich nicht gerade scheue, von der Leiter meiner künftigen Größe herabzusteigen.»

«Und ich», fuhr Rodolphe fort, «weißt du nicht, daß ich seit vierzehn Tagen an einem didaktischen medikochirurgiko-osanoren Gedicht für einen berühmten Zahnarzt arbeite, der meiner Inspiration mit fünfzehn Sous für das Dutzend Alexandriner nachhilft, so daß sie also ein bißchen teurer sind als Austern? ... Aber ich werde deshalb nicht rot; ehe ich meine Muse mit untergeschlagenen Armen stehen lasse, will ich gern den ‹Führer durch Paris› in Reime bringen. Wer eine Leier hat ... zum Teufel, der soll sie schlagen ... Und dann ist Mimi so scharf auf Stiefel.»

«Also», erwiderte Schaunard, «werdet ihr mir nicht böse sein, wenn ihr erfahrt, welcher Quelle der Paktolus entspringt, dessen Überschwemmung ich erwarte.»

Hier die Geschichte der zweihundert Francs Schaunards.

Vor ungefähr vierzehn Tagen war er zu einem Musikverleger gegangen, der ihm versprochen hatte, ihm unter seinen Kunden Klavierstunden oder Aufträge zum Klavierstimmen zu verschaffen.

«Das trifft sich ja fabelhaft!» rief der Verleger, als er ihn eintreten sah. «Sie kommen gerade recht; eben wurde ich nach einem Pianisten gefragt. Es handelt sich um einen Engländer; ich glaube, Sie werden gut bezahlt werden ... Können Sie wirklich etwas?»

Schaunard war der Ansicht, daß ihm eine bescheidene Haltung in den Augen seines Verlegers nur schaden könne. Ein bescheidener Musiker, vor allem ein Pianist, ist in der Tat etwas sehr Seltenes. So erwiderte Schaunard denn mit Nachdruck: «Ich bin eine Größe; wenn ich nur die Schwindsucht, langes Haar und einen Frack hätte, so wäre ich schon berühmt wie die Sonne, und statt achthundert Francs von mir zu verlangen, wenn Sie die Partitur meiner Symphonie ‹Der Tod der Jungfrau› stechen lassen sollen, kämen Sie und böten mir dreitausend an, auf den Knien und in silberner Schüssel.»

«Immerhin ist Tatsache», fuhr der Künstler fort, «da meine zehn Finger zehn Jahre Zwangsarbeit auf den fünf Oktaven hinter sich haben, so handhabe ich das Elfenbein wie das Ebenholz recht angenehm.»

Der Mann, an den der Verleger Schaunard wies, war ein Engländer, Mister Birn'n. Der Musiker wurde zunächst von einem blauen Lakaien in Empfang genommen, der ihn einem grünen einhändigte, der ihn an einen schwarzen Lakaien weitergab, und der führte ihn in einen Salon, wo er sich einem Insulaner gegenübersah, der in spleeniger Haltung kauernd dasaß, die ihn dem über unsere Nichtigkeit nachsinnenden Hamlet ähnlich erscheinen ließ. Schaunard schickte sich an, die Ursache seiner Anwesenheit darzulegen, als durchdringende Schreie laut wurden und ihm das Wort abschnitten. Diesen furchtbaren, ohrenzerreißenden Lärm stieß ein Papagei aus, der auf dem Balkon des untern Stockwerks auf einer Stange saß.

«Ouh! Der Bestie! Der Bestie! Der Bestie!» murmelte der Engländer und wand sich ächzend in seinem Sessel. «Er mir uird mäiken tott.»

Und im selben Augenblick begann der Vogel ein Repertoire herzusagen, das weit umfangreicher war als das gewöhnlicher Papageien, und Schaunard war einfach starr, als er das Tier, von einer weiblichen Stimme angereizt, mit Konservatoriumsintonation die ersten Verse der Therameneserzählung deklamieren hörte.

Dieser Papagei war der Liebling einer Schauspielerin, deren Boudoir in Mode war. Sie war eine jener Frauen, die, man weiß nicht weshalb, auf dem Turf der Galanterie mit wahnsinnigen Preisen notiert werden und deren Name auf den Speisezetteln der Kavaliersoupers steht, wo sie als lebendes Dessert figurieren. Heutzutage verleiht es einem Christen Ansehen, wenn man ihn mit einer dieser Heidinnen zusammensieht, die häufig nichts Antikes besitzen, außer ihrem Geburtsschein. Wenn sie hübsch sind, ist das Übel nicht groß; schlimmstenfalls setzt man sich der Gefahr aus, selber auf den Strohsack zu kommen, weil man sie auf Palisander gesetzt hat. Aber wenn ihre Schönheit unzenweise beim Coiffeur gekauft worden ist und keinen drei Tropfen Wasser auf einem Lappen standhält, wenn ihr Geist in einem Operettencouplet gipfelt und ihr Talent in der hohlen Hand eines Claqueurs seinen Sitz hat, dann kann man es sich schwer erklären, wie Leute von Stand, die zuweilen einen Namen, Vernunft und moderne Gardebrobe besitzen, sich aus Liebe zum Gewöhnlichen hinreißen lassen, Geschöpfe zur Höhe selbst der banalsten Laune zu erheben, aus denen ihr Johann nicht sein Lieschen machen würde.

Jene Schauspielerin gehörte zur Zahl dieser Tagesschönheiten. Sie hieß Dolores und behauptete, Spanierin zu sein, obwohl sie nur in jenem Pariser Andalusien geboren war, das gemeinhin die Rue Coquenard heißt. Obgleich man von der Rue Coquenard bis zur Rue de Provence nur zehn Minuten geht, hatte sie für diese Entfernung sieben oder acht Jahre gebraucht. Ihr Wohlstand hatte mit ihrem persönlichen Niedergang begonnen. So erhielt sie an dem Tage, als sie sich ihren ersten Goldzahn einsetzen ließ, ein Pferd, und zwei Pferde bekam sie, als sie sich den zweiten einsetzen ließ. Gegenwärtig lebte sie auf großem Fuß, wohnte in einem wahren Louvre, hielt an den Tagen von Longchamps mitten auf der Chaussee und gab Bälle, bei denen ganz Paris anwesend war. Und woraus bestand das «ganze Paris» der Damen dieser Art? Aus jener Sammlung müßiger Höflinge alles Lächerlichen und jedes Skandals; das Ganz-Paris der Landsknechtsspieler und Paradoxenjäger, der Nichtstuer des Kopfes und des Armes, der Totschläger ihrer und fremder Zeit; der Schriftsteller, die Literaten werden, um die Federn zu verwerten, die ihnen die Natur auf dem Rücken wachsen ließ; der Bravi der Ausschweifung, der falschen Adligen, der Ritter mysteriöser Orden, der ganzen Boheme, die wer weiß woher gekommen ist und die auch dorthin zurückkehrt; aller bekannten und viel beredeten Geschöpfe; aller Evastöchter, die einst die mütterliche Frucht in einer Bude verkauften und sie jetzt in Salons feilhalten; das ganze verderbte Gezücht von der Windel bis zum Leichentuch, das man in den Premieren sieht, Golkonda auf der Stirn und Tibet auf den Schultern; denen dennoch die ersten Veilchen des Frühlings und die erste Liebe der Jünglinge blühen. Diese ganze Welt, welche die Zeitungsberichte «Ganz Paris» nennen, wurde bei Fräulein Dolores, der Herrin besagten Papageis, empfangen.

Dieser Vogel, den seine oratorischen Talente im ganzen Viertel berühmt gemacht hatten, war nach und nach zum Schrecken der nächsten Nachbarn geworden. Auf dem Balkon diente ihm seine Stange zur Tribüne, von der herab er vom Morgen bis zum Abend endlose Reden hielt. Einige mit seiner Herrin in Verbindung stehende Journalisten hatten ihm gewisse parlamentarische Wendungen beigebracht, und so verfügte der Vogel in der «Zuckerfrage» über ein erstaunliches Wissen. Er kannte das Repertoire der Schauspielerin auswendig und deklamierte es so, daß er sie im Fall einer Unpäßlichkeit hätte vertreten können. Da jene außerdem in ihren Seelenregungen Polyglottin war und Besuche aus allen Enden der Welt erhielt, so sprach der Papagei alle Sprachen, und mitunter gab er in jedem Idiom Blasphemien zum besten, vor denen die Seefahrer, denen Vert-Vert seine fortgeschrittene Erziehung verdankt, schamrot geworden wären. Die Gesellschaft dieses Vogels, die zehn Minuten lang belehrend und angenehm sein konnte, wurde zu einer förmlichen Qual, wenn sie länger dauerte. Die Nachbarn hatten sich mehrmals beschwert, aber die Schauspielerin hatte sie hochmütig abgewiesen. Zwei oder drei Mieter, ehrbare Familienväter, hatten sogar in ihrer Entrüstung über die lockeren Sitten, in welche die Indiskretionen des Papageis sie einweihten, dem Hauswirt gekündigt, den die Schauspielerin jedoch bei seiner schwachen Seite zu fassen wußte.

Der Engländer, bei dem wir Schaunard haben eintreten sehen, hatte drei Monate lang Geduld gehabt.

Eines Tages aber verbarg er seine Wut, die kurz vor dem Ausbruch stand, unter großer Staatstoilette, und als ob er in Windsor zum Handkuß vor die Königin Victoria zu treten hätte, ließ er sich bei Dolores melden.

Als sie ihn kommen sah, glaubte sie zunächst, er sei «Hoffmann» im Kostüm seines «Lord Spleen»; und da sie einen Kollegen gut aufnehmen wollte, lud sie ihn zum Frühstück ein. Der Engländer antwortete gravitätisch in einem Französisch, das ihm ein spanischer Flüchtling in fünfundzwanzig Stunden beigebracht hatte:

«Ich angenehm Ihr Einladung, bedingungsweise, daß uir essen das ... unangenehmen Vogel» – und er deutete auf den Käfig des Papageien, der bereits den Insulaner gewittert hatte und ihm zum Gruß «God save the king» anstimmte.

Dolores dachte, der Engländer, ihr Nachbar, wolle sich über sie lustig machen, und wollte schon ärgerlich werden, als jener hinzufügte: «Da ich sehr reich sein, uerd ich setzen Prix auf der Bestie.»

Dolores antwortete, sie habe ihren Vogel sehr gern und wolle ihn nicht in andere Hände geben.

«Ouh! Nicht in die Händ' ich ihn nehmen», antwortete der Engländer, «unter der Fuß!» – und er zeigte auf die Absätze seiner Stiefel.

Dolores zitterte vor Empörung und hätte beinahe die Fassung verloren, als sie am Finger des Engländers einen Ring bemerkte, dessen Diamant etwa eine Rente von zweitausendfünfhundert Francs repräsentierte. Diese Entdeckung wirkte wie eine Dusche auf ihren Zorn. Sie überlegte, es möchte vielleicht unvorsichtig sein, wenn sie sich mit einem Mann überwerfen würde, der fünfzigtausend Francs am kleinen Finger trug. «Also gut, mein Herr», sagte sie, «da der arme Coco Sie ärgert, werde ich ihn in ein Hinterzimmer setzen; dann können Sie ihn nicht mehr hören.»

Der Engländer begnügte sich, ein zufriedenes Gesicht zu machen.

«Hinwiederum», fügte er hinzu und zeigte auf seine Stiefel, «ueit lieber hätte ich ihr ...»

«Seien Sie unbesorgt», sagte Dolores, «wenn ich ihn nach hinten bringe, wird er Mylord unmöglich länger stören können.»

«Ouh! Ich nicht sein Mylord ... ich sein bloß Esquire.»

Aber als Mister Birn'n nach einer sehr bescheidenen Verbeugung sich gerade zurückziehen wollte, nahm Dolores, die ihre Interessen in keiner Weise vernachlässigte, ein kleines Paket von einem Tischchen und sagte: «Mein Herr, im ... Theater findet heute abend meine Benefizvorstellung statt, und ich werde in drei Stücken auftreten. Würden Sie mir gestatten, Ihnen ein paar Logenbillette anzubieten? Der Preis der Plätze ist nur wenig erhöht.»

Und sie schob dem Inselbewohner ungefähr zehn Logenkarten in die Hand.

‹Da ich mich so bereit gezeigt habe, ihm einen Gefallen zu tun›, dachte sie in ihrem Innern, ‹so kann er mich, wenn er ein Mann von Bildung ist, unmöglich abweisen, und wenn er mich in meinem rosa Kostüm spielen sieht, wer weiß? ... unter Nachbarn! Der Diamant, den er am Finger trägt, ist die Avantgarde einer Million. Herrgott, ja, er ist häßlich, er ist melancholisch, aber ich habe damit eine Gelegenheit, ohne Seekrankheit nach London zu kommen.›

Nachdem der Engländer die Billette hingenommen hatte, ließ er sich nochmals erklären, was er damit machen solle, und fragte nach dem Preis.

«Die Logen kosten sechzig Francs, es sind zehn ... Aber es ist nicht so eilig», fügte Dolores hinzu, als sie sah, daß der Engländer sich anschickte, seine Brieftasche zu ziehen. «Hoffentlich werden Sie mir als Nachbar von Zeit zu Zeit die Ehre eines kleinen Besuches erweisen.»

Mister Birn'n antwortete: «Ich nicht lieben, tu mäiken Termingeschäften», und er zog einen Tausend-Francs-Schein, legte ihn auf den Tisch und steckte die Logenbillette in die Tasche.

«Ich werde Ihnen herausgeben», säuselte Dolores und öffnete einen kleinen Schrank, in dem sie ihr Geld aufbewahrte.

«Ouh nein», sagte der Engländer, «das sein Drinkgeld», und er ließ die von diesem Wort niedergeschmetterte Dolores allein.

«Trinkgeld!» rief sie, als sie wieder allein war ... «Solch ein Lümmel! Ich will ihm sein Geld zurückschikken.»

Aber diese Grobheit ihres Nachbarn hatte doch nur die Epidermis ihrer Eitelkeit gereizt; die Überlegung beruhigte sie; sie sagte sich, daß zwanzig Louis «boni» schließlich ein hübsches «banco» ergäben und daß sie schon für weniger Geld größere Unverschämtheiten hingenommen habe.

«Ach was», sagte sie, «man darf nicht so stolz sein. Niemand hat es gesehn, und außerdem kommt heute meine Wäscherin. Schließlich spricht dieser Engländer unsere Sprache so schlecht, daß er mir vielleicht hat ein Kompliment machen wollen.»

Und Dolores steckte ihre fünfzig Louisdor vergnügt in die Tasche.

Aber am Abend, nach dem Theater, kam sie wütend nach Hause. Mister Birn'n hatte von seinen Billetten keinen Gebrauch gemacht, und die zehn Logen waren leer geblieben.

Als sie um halb eins auf die Bühne trat, konnte die unglückliche Benefiziantin im Gesicht ihrer Kulissenfreundinnen die Schadenfreude lesen, die sie empfanden, als sie den Saal so spärlich besetzt sahen.

Sie hörte sogar, wie eine ihr befreundete Schauspielerin zu einer andern sagte, wobei sie auf die schönen, aber leeren Logen des Theaters deutete: «Die arme Dolores hat nur eine einzige Proszeniumsloge ‹gemacht›!»

«In den Logen sitzt kaum einer.»

«Das Parkett ist leer.»

«Herrgott noch mal! Wenn ihr Name auf dem Zettel steht, wirkt das auf den Saal wie eine Luftpumpe.»

«Was für ein Gedanke aber auch, die Preise der Plätze zu erhöhen!»

«Ein schönes Benefiz! Ich wette, die Einnahme geht in eine Sparbüchse oder eine Strumpfspitze.»

«Ah, da kommt sie in ihrem famosen Kostüm mit den roten Samtschleifen ...»

«Sie sieht aus wie ein großer Krebs.»

«Wieviel hast eigentlich du bei deinem letzten Benefiz gemacht?» fragte eine der Schauspielerinnen ihre Gefährtin.

«'ne Masse, meine Liebe. Es war ein Premierentag; die Sessel kosteten einen Louis! Aber ich hab' nur sechs Francs dabei herausgeschunden, den Rest hat meine Modistin beschlagnahmt. Wenn ich nicht solche Angst vor Frostbeulen hätte, würde ich nach Sankt Petersburg gehen.»

«Was! Du bist noch keine dreißig und denkst schon daran, Rußland zu ‹machen›?»

«Warum denn nicht?» sagte die andere; und sie fügte hinzu: «Und du, hast du denn dein ‹Bene› bald?»

«In vierzehn Tagen. Für Tausend Taler Billette sind schon verkauft, ohne meine Offiziere.»

«Sieh nur, das ganze Parkett zieht ab.»

«Jetzt singt Dolores!»

In der Tat kadenzierte Dolores, puterrot wie ihr Kostüm, ihr Krätzercouplet. Als sie es mit Mühe und Not zu Ende gebracht hatte, fielen ihr zwei Blumensträuße zu Füßen, geworfen von der Hand ihrer beiden guten Freundinnen, die an den Logenrand traten und riefen: «Bravo, Dolores!»

Man kann sich leicht die Wut der Künstlerin vorstellen. Als sie nach Hause kam, öffnete sie das Fenster, obwohl es mitten in der Nacht war, und weckte Coco, der wiederum den im Vertrauen auf das gegebene Wort entschlafenen Mister Birn'n weckte.

Von diesem Tage an war der Krieg zwischen der Schauspielerin und dem Engländer erklärt: Krieg bis aufs Messer, ohne Ruhe und Waffenstillstand, und die Gegner schreckten vor keinen Kosten zurück. Der Papagei hatte sich durch unablässigen Unterricht in das Studium der Sprache Albions vertieft und stieß den ganzen Tag lang in seinem spitzesten Falsett Schmähungen gegen seinen Nachbarn aus. Wirklich, es war unerträglich. Dolores selber litt darunter, aber sie trug sich von einem Tag auf den andern mit der Hoffnung, Mister Birn'n würde kündigen; denn dieses Ziel hatte ihre gekränkte Eitelkeit sich gesteckt. Der Insulaner hatte gleichfalls alle möglichen Rachemittel erfunden. Zunächst hatte er in seinem Salon eine Tambourschule gegründet, aber der Polizeikommissar hatte eingegriffen.

Mister Birn'n, der immer erfinderischer wurde, hatte darauf einen Pistolenschießstand errichtet; seine Diener durchlöcherten täglich fünfzig Pappscheiben.

Abermals erhob der Kommissar Einspruch, und er ließ ihm einen Artikel der Städteverordnung zeigen, der den Gebrauch von Feuerwaffen in Häusern untersagte. Mister Birn'n stellte das Feuern ein. Aber acht Tage danach merkte Fräulein Dolores, daß es in ihren Gemächern regnete. Der Hauswirt machte Mister Birn'n einen Besuch und überraschte ihn, als er eben in seinem Salon Seebäder nahm. Der sehr große Raum war tatsächlich an allen Wänden mit Metallblech ausgeschlagen worden, alle Türen waren verrammelt, und in dieses improvisierte Bassin hatte man einige hundert Kubikmeter Wasser und etwa fünfzig Scheffel Salz getan. Es war wahrhaftig ein Miniaturozean. Nichts fehlte, nicht einmal die Fische. Man stieg durch eine im Oberteil der Mitteltür angebrachte Öffnung hinein, und Mister Birn'n badete dort tagtäglich. Nach einiger Zeit roch man das kleine Meer im ganzen Stadtviertel, und Fräulein Dolores hatte im Schlafzimmer einen halben Zoll Wasser.

Der Hauswirt wurde wütend und drohte Mister Birn'n mit einer Schadenersatzklage.

«Haben ich kein das Recht», fragte der Engländer, «mich zu baden bei zu Haus?»

«Nein, mein Herr.»

«Wenn ich kein das Recht haben, gutt», sagte der Engländer voll Achtung vor den Gesetzen des Landes, in dem er war. «Ist schade. Ich mir amüsierten viel.»

Und noch am gleichen Abend gab er Befehl, den

Ozean ablaufen zu lassen. Es war hohe Zeit – auf dem Parkett wuchs schon eine Austernbank.

Indessen hatte Mister Birn'n nicht auf den Kampf verzichtet, und er suchte nach einem gesetzlich erlaubten Weg, diesen sonderbaren Krieg fortzusetzen, der das Entzücken des ganzen müßigen Paris war; denn das Abenteuer hatte sich schon in den Theaterfoyers und an anderen öffentlichen Orten verbreitet. Es war für Dolores Ehrensache, als Siegerin aus dem Kampf hervorzugehen, über dessen Ausgang bereits Wetten schwebten.

Da war Mister Birn'n das Klavier eingefallen. Und das war durchaus kein schlechter Einfall: Das unangenehmste der Instrumente war im Kampfe dem unangenehmsten der Vögel gewachsen. Sobald ihm also dieser gute Gedanke gekommen war, hatte er sich beeilt, ihn in die Tat umzusetzen. Er hatte ein Klavier gemietet und sich einen Pianisten bestellt. Der Pianist, wie man sich erinnern wird, war unser Freund Schaunard. Der Engländer erzählte ihm lang und breit, was er gegen den Papagei der Nachbarin habe und was er bereits getan habe, um die Schauspielerin zu einem Vergleich zu zwingen.

«Aber, Mylord», sagte Schaunard, «es gibt ein Mittel, Sie von dieser Bestie zu befreien: die Petersilie nämlich. Alle Chemiker sind sich einig darüber, daß dieses Suppenkraut für jene Tiere Blausäure ist. Lassen Sie kleingehackte Petersilie auf Ihre Teppiche streuen und sie dann durchs Fenster über Cocos Käfig ausschütteln: Er wird so absolut sicher verrecken, als wäre er von Papst Alexander dem Sechsten zum Diner geladen!»

«Daran ich schon gedacht, aber der Bestie uird bewacht», entgegnete der Engländer, «Klavier ist sicherer.»

Schaunard schaute den Engländer an und verstand ihn nicht gleich.

«Ich mir haben dies bedenket», erwiderte der Engländer. «Die Komödiantin und sein Tier schlafen bis an Mittag. Passen Sie auf gutt ... Ich sein uillens, ihr zu beunruhigen das Schlaf. Die Gesetz dieser Lande erlauben mir, tu mäiken Musik von Morgen bis Abend. Verstehen Sie, uas ich erfordern von Ihnen …»

«Oh», sagte Schaunard, «es wäre für die Komödiantin gar nicht so unangenehm, wenn sie mich den ganzen Tag Klavier spielen hörte, und noch dazu gratis. Ich bin eine erste Kraft, und wenn ich nur schwindsüchtig wäre …»

«Ouh, ouh», unterbrach ihn der Engländer, «ich Ihnen sagen auch nicht ausgezeichnetes Musik mäiken, Sie müßten nur so bumbum auf Ihre Instrument. So», fügte der Engländer hinzu und versuchte eine Tonleiter, «und immer, immer dasselbe, ohne Mitleid, Herr Musiker, immer der Tonleiter! Ich uissen ein uenig den Medizin, das macht verruckt. Sie uerden bekommen verruckt da unten, darauf ich zählen gerade. Auf, meine Herr, machen Sie gleich dran; ich Sie bezahlen gutt!»

«Das also», sagte Schaunard, der alle Einzelheiten, welche wir soeben vernommen haben, seinen Freunden erzählte, «das also ist der Beruf, den ich seit vierzehn Tagen ausübe. Eine Tonleiter, immer dieselbe, von fünf Uhr morgens bis zum Abend. Genaugenommen gehört das nicht gerade zur Kunst; aber was wollt ihr, Herrschaften, der Engländer zahlt mir für mein Gepauke zweihundert Francs im Monat; ich müßte mein eigener Henker sein, um einen solchen Bissen zurückzuweisen. Ich habe angenommen, und in zwei oder drei Tagen gehe ich zur Bank, um mein erstes Monatsgehalt abzuheben.»

Infolge dieser gegenseitigen Mitteilungen kamen die drei Freunde überein, den gemeinsamen Goldstrom zu benutzen, um ihren Geliebten eine Frühjahrsausstattung zu geben, wie sie die Eitelkeit einer jeden seit so langer Zeit ersehnte. Ferner wurde vereinbart, derjenige, welcher sein Geld zuerst erhielte, sollte auf die andern warten, damit die Einkäufe zu gleicher Zeit gemacht würden und die Damen Mimi, Musette und Phémie gemeinsam das Vergnügen genossen, sich zu «häuten», wie Schaunard sagte.

Nun eröffnete Rodolphe zwei oder drei Tage nach dieser Besprechung den Reigen: Sein osanores Gedicht war bezahlt worden, achtzig Francs wog es. Am übernächsten Tage quittierte Marcel bei Médicis den Preis für achtzehn Korporalporträts zu je sechs Francs.

Marcel und Rodolphe konnten ihr Vermögen nur mit allergrößter Mühe geheimhalten.

«Mir scheint, ich schwitze Gold», meinte der Dichter.

«Mir geht's genauso», sagte Marcel. «Wenn Schaunard noch lange wartet, kann ich die Rolle des anonymen Krösus unmöglich durchführen.»

Aber schon am nächsten Tag sahen die Bohemiens Schaunard ankommen, in ein goldgelbes Nankingjackett gekleidet.

«Gott im Himmel», rief Phémie geblendet, als sie ihren Geliebten so elegant sah, «wo hast du nur den Anzug gefunden?»

«In meinen Papieren», antwortete der Musiker und gab seinen beiden Freunden einen Wink, ihm zu folgen. «Ich habe abgehoben», sagte er, als sie allein waren. «Hier ist der Rummel», und er zeigte eine Handvoll Gold.

«Also», rief Marcel, «nun los! Wir wollen die Magazine plündern! Wie glücklich Musette sein wird.»

«Und wie zufrieden Mimi!» fügte Rodolphe hinzu. «Vorwärts! Kommst du, Schaunard?»

«Erlaubt, daß ich überlege», antwortete der Musiker. «Wenn wir unsere Damen mit tausend Launen der Mode bedecken, begehen wir vielleicht eine Dummheit. Denkt mal darüber nach! Wenn sie aussehen wie die Gravüren in der ‹Schärpe der Iris›, fürchtet ihr dann nicht, solcher Glanz werde eine beklagenswerte Wirkung auf ihren Charakter ausüben? Und schickt es sich für junge Leute wie wir, die Frauen zu behandeln, als wären wir hinfällige und runzelige Ladenhüter? Nicht als ob ich Bedenken trüge, vierzehn oder achtzehn Francs auszugeben, um Phémie auszustatten; aber ich zittere: Wenn sie einen neuen Hut hat, grüßt sie mich vielleicht nicht mehr! Eine Blume in ihrem Haar, wie hübsch ist sie dann! Was sagst du dazu, Philosoph?» brach Schaunard ab und wandte sich an Colline, der ein paar Sekunden vorher eingetreten war.

«Der Undank ist der Wohltat Sprößling», sagte der Philosoph.

«Andrerseits», fuhr Schaunard fort, «wenn eure Geliebten elegant sind, welche Rolle werdet ihr selber da an ihrem Arm in euren verschlissenen Kostümen spielen? Ihr werdet aussehen wie ihre Kammerzofen. Ich sage das nicht in bezug auf mich», schloß Schaunard und spreizte sich in seinem Nankinganzug, «denn Gott sei Dank, ich kann mich jetzt überall sehen lassen!»

Indessen wurde Schaunards Oppositionsgeist zum Trotz von neuem verabredet, daß am folgenden Tage zugunsten der Damen alle Kaufhäuser der Nachbarschaft geplündert werden sollten.

Und tatsächlich stiegen am nächsten Morgen zur gleichen Stunde, um die, wie wir zu Anfang dieses Kapitels gesehen haben, Mimi über die Abwesenheit Rodolphes erstaunt emporfuhr, der Dichter und seine beiden Freunde die Treppen des Hauses hinauf, begleitet von einem Hausdiener der «Zwei Affen» und einer Modistin, die mit Mustern bepackt waren. Schaunard, der das berühmte Horn erstanden hatte, führte den Zug und blies die Ouvertüre der «Karawane».

Musette und Phémie, von Mimi, die im Zwischenstock wohnte, gerufen und aufgeklärt, daß sie jetzt Hüte und Kleider bekämen, stürzten die Treppe mit Lawinengeschwindigkeit hinab. Als sie all den armen Reichtum vor sich ausgebreitet sahen, wären die drei Damen vor Freude fast toll geworden. Mimi bekam einen Anfall ausgelassener Lustigkeit und sprang umher wie eine Ziege, wobei sie eine kleine Barègeschärpe flattern ließ. Musette hatte sich Marcel um den Hals geworfen, in jeder Hand einen grünen Stiefel, die sie wie Zimbeln gegeneinanderschlug. Phémie schaute Schaunard schluchzend

an; sie konnte nur sagen: «Ach, mein Alexandre!! Mein Alexandre!»

«Bei der hat's keine Gefahr, daß sie die Geschenke des Artaxerxes ablehnt», murmelte der Philosoph Colline.

Als der erste Freudentaumel vorüber, die Wahl getroffen und die Rechnung quittiert worden war, tat Rodolphe den drei Damen kund, sie hätten sich so einzurichten, daß sie ihre neuen Toiletten am nächsten Morgen anziehen könnten.

«Wir machen eine Landpartie», sagte er.

«Das ist was Rechtes!» rief Musette. «Es wäre nicht das erstemal, daß ich ein Kleid am gleichen Tage gekauft, zugeschnitten, genäht und angezogen hätte. Und überdies haben wir ja auch noch die Nacht. Wir werden fertig! Nicht wahr, meine Damen?»

«Wir werden fertig!» riefen Mimi und Phémie zugleich.

Sofort machten sie sich ans Werk, und sechzehn Stunden lang ließen sie Schere und Nadel nicht aus der Hand.

Der nächste Tag war der 1. Mai. Die Osterglocken hatten vor einigen Tagen die Auferstehung des Frühlings eingeläutet, und er kam eilig und freudig von allen Seiten her. Er kam, wie es in dem deutschen Volkslied heißt, leicht wie der junge Bräutigam, der seiner Geliebten den Maienbaum unters Fenster pflanzt. Er malte den Himmel blau, die Bäume grün und alle Dinge in schönen Farben. Er weckte die erstarrte Sonne, die schlafend auf ihrem Nebelbett lag, den Kopf gestützt auf die dikken Schneewolken, die ihr als Kissen dienten, und er rief ihr zu: «Auf, Freundin! Es ist Zeit, und ich bin da! Schnell ans Werk! Leg ohne Verzug dein schönes neues Strahlenkleid an und zeige dich sofort auf dem Balkon, um meine Ankunft zu verkünden!»

Die Sonne hatte sich wirklich aufgemacht und ging stolz und hochmütig wie eine Dame vom Hofe spazieren. Die Schwalben, die von ihrer Pilgerfahrt in den Orient heimgekehrt waren, schossen pfeilschnell durch die Luft; der Hagedorn schmückte die Büsche mit seinen weißen Blüten; das Veilchen duftete im Grase der Wälder, wo schon alle Vögel aus ihren Nestern schlüpften, unter den Flügeln ein Notenheft mit Romanzen. Es war wirklich Frühling, der echte Frühling der Dichter und der Liebespaare, und nicht der Frühling Matthias Laensbergs, jener häßliche Frühling mit roter Nase und erfrorenen Fingern, bei dem die armen Leute an ihrem Kamin noch frösteln, indes die letzte Asche ihres letzten Scheites schon längst verloschen ist. Laue Winde durcheilten die durchsichtige Luft und übergossen die Stadt mit den ersten Düften der nahen Felder. Die klaren und warmen Sonnenstrahlen klopften an die Scheiben der Fenster. Dem Kranken sagten sie: «Öffne, wir sind die Gesundheit!» Und zu dem Mädchen in der Dachstube, das in den Spiegel schaut, sagten sie: «Mach auf, Schöne, daß wir deine Schönheit ins rechte Licht setzen! Wir sind die Boten der schönen Jahreszeit; du kannst jetzt dein Leinenkleid, den Strohhut und die koketten Schuhe anziehen: Die Gebüsche hier, zwischen denen getanzt wird, sind mit schönen neuen Blüten geschmückt, und die Geigen erwachen zum Sonntagstanz. Guten Tag, du Schöne!»

Als die nächste Kirche das Angelus läutete, standen die drei arbeitsamen Koketten, die kaum Zeit gehabt hatten, ein paar Stunden zu schlafen, schon vor dem Spiegel und warfen einen letzten prüfenden Blick auf ihre neue Toilette.

Sie waren alle drei reizend und ganz gleich gekleidet, und auf ihren Zügen lag der gleiche Widerschein der Zufriedenheit, welche die Verwirklichung eines lange gehegten Wunsches gewährt.

Musette vor allem strahlte in Schönheit.

«Niemals bin ich so froh gewesen», sagte sie zu Marcel, «mir scheint, als habe der liebe Gott in diese Stunde alles Glück meines Lebens zusammengedrängt, und ich fürchte, es wird mir für später nichts mehr übrigbleiben. Ach was, wenn nichts mehr übrigbleibt, so bleibt doch immer noch etwas. Wir haben das Rezept, um es zu schaffen», fügte sie heiter hinzu und küßte Marcel.

Etwas indessen machte Phémie kummervoll.

«Ich mag die grünen Bäume und die kleinen Vögel ja recht gern», sagte sie, «aber man trifft auf dem Lande keine Menschenseele, und keiner wird meinen hübschen Hut und mein schönes Kleid ansehen. Können wir denn keine Landpartie auf dem Boulevard machen?»

Um acht Uhr morgens geriet die ganze Straße durch Schaunards Hornfanfaren in Erregung, der das Signal zum Aufbruch gab. Alle Nachbarn liefen an die Fenster, um den Zug der Bohemiens zu sehen. Colline, der das Fest mitmachte, ging als letzter und trug die Sonnenschirme der Damen. Eine Stunde später war die ganze fröhliche Schar über die Gefilde von Fontenay-aux-Roses zerstreut.

Als sie abends reichlich spät nach Hause kamen, erklärte Colline, der während des Tages das Amt des Schatzmeisters ausgeübt hatte, man habe zehn Francs auszugeben vergessen, und er legte den Rest auf den Tisch.

«Was wollen wir damit nun anfangen?» fragte Marcel.

«Wie wär's, wenn wir Goldanleihe dafür kauften?» fragte Schaunard.

XVIII

Francines Muff

I

Unter den wahren Bohemiens der wahren Boheme habe ich seinerseits einen gewissen Jacques D... gekannt; er war Bildhauer und versprach, eines Tages als tüchtiger Künstler dazustehen. Aber das Elend ließ ihm keine Zeit dazu, sein Versprechen zu halten. Er starb im März 1844 an der Schwindsucht im Hospital Saint-Louis, Saal Sainte-Victoire, Bett 14.

Ich lernte Jacques im Hospital kennen, wo auch ich an einer langwierigen Krankheit daniederlag. Jacques hatte, wie ich schon sagte, das Zeug zu einem tüchtigen Künstler, und doch bildete er sich nichts darauf ein. Während der zwei Monate, in denen ich mit ihm verkehrte und während derer ihn schon der Tod in den Armen wiegte, habe ich kein einziges Wort der Klage von ihm gehört; nie ließ er sich in jenen Lamentationen gehen, welche die unverstandenen Künstler so lächerlich zu machen pflegen. Er starb ohne Pose, mit der furchtbaren Grimasse des letzten Kampfes. Dieser Tod erinnert mich an eine der schrecklichsten Szenen, die ich in der Karawanserei der menschlichen Schmerzen jemals erlebte. Sein Vater kam, als er die Nachricht erhalten hatte, um die Leiche abzuholen, und lange feilschte er, ehe er die sechsunddreißig Francs bezahlte, welche die Verwaltung von ihm forderte. Auch um die Kirchengebühren feilschte er, und zwar mit solcher Hartnäckigkeit, daß ihm schließlich sechs Francs erlassen wurden. In dem Augenblick, als die Leiche in den Sarg gelegt wurde, nahm der Krankenpfleger das Hospitallaken ab und fragte einen der Freunde des Verstorbenen, die dabei waren, womit das Leichentuch bezahlt werden solle. Der arme Teufel, der keinen Heller besaß, ging zu Jacques' Vater; dieser aber geriet in maßlose Wut und fragte, wann er denn nun endlich mit diesen Geschichten in Ruhe gelassen werde.

Die junge Schwester, die dieser ungeheuerlichen Debatte beiwohnte, warf einen Blick auf den Leichnam, und ihr entschlüpfte ein rührendes und naives Wort: «Oh, wir können ihn doch nicht so begraben, den Armen – es ist ja so kalt! Geben Sie ihm wenigstens ein Hemd, daß er nicht ganz nackt vor den lieben Gott zu treten braucht!»

Der Vater gab dem Freund fünf Francs für ein Hemd: aber er empfahl ihm, zu einem Trödler in der Rue Grangeaux-Belles zu gehen, wo er alte Wäsche kaufen könne.

«Dann ist es billiger», fügte er hinzu.

Für diese Grausamkeit erhielt ich erst später Aufklärung: Jacques' Vater war wütend, daß sein Sohn sich der Kunst gewidmet hatte, und sein Zorn hatte sich selbst vor diesem Sarg noch nicht gemildert.

Aber ich bin von Francine und ihrem Muff ganz abgekommen. Ich wende mich ihr wieder zu. Francine war Jacques' erste und einzige Geliebte gewesen; denn er war noch nicht alt, als er starb; er zählte kaum dreiundzwanzig Jahre zu jener Zeit, da sein Vater ihn ganz nackt in die Erde senken lassen wollte. Die Geschichte dieser Liebe hat Jacques selbst mir erzählt, als er Nummer 14 war und ich Nummer 16 im Saal Sainte-Victoire, einem schuftigen Orte zum Sterben.

Doch halt, mein Leser! Ehe ich mit dieser Geschichte beginne, die schön wäre, wenn ich sie so erzählen könnte, wie mein Freund Jacques sie mir erzählt hat, laß mich die alte Tonpfeife rauchen, die er mir an jenem Tage schenkte, als der Arzt ihm ihren Gebrauch verbot. Nachts freilich, wenn der Wärter schlief, lieh sich mein Freund Jacques seine Pfeife von mir zurück und bat mich um ein bißchen Tabak: Man langweilt sich nachts so sehr in jenen großen Sälen, wenn man nicht schlafen kann und Schmerzen hat.

«Nur einen Zug oder zwei», sagte er; und ich ließ es geschehen, und Schwester Sainte-Geneviève tat auch, als spüre sie den Rauch nicht, wenn sie ihre Runde machte. Ach, fromme Schwester, wie gut warst du und wie schön, wenn du kamst und uns mit Weihwasser besprengtest! Von fern schon sahen wir dich nahen, wie du leicht und leise hinschrittest unter den düsteren Gewölben, in deine weißen Schleier gehüllt, die so schöne Falten warfen und die unser Freund Jacques so sehr bewunderte. Ach, fromme Schwester, du warst die Beatrice dieser Hölle! So mild klangen deine Trostesworte, daß wir manchmal nur klagten, um uns von dir trösten zu lassen. Und wenn mein Freund Jacques nicht eines Tages, als Schnee fiel, gestorben wäre, er würde dir für deine Zelle eine kleine Gottesmutter gemeißelt haben, du fromme Schwester Sainte-Geneviève.

Ein Leser: «Nun, und der Muff? Ich sehe noch nichts von dem Muff.»

Zweiter Leser: «Und Francine? Wo bleibt denn die?»

Erster Leser: «Sie ist nicht gerade lustig, diese Geschichte.»

Zweiter Leser: «Wir wollen erst einmal das Ende abwarten.»

Ich bitte Sie um Verzeihung, meine Herren, die Pfeife meines Freundes Jacques hat mich zu dieser Abschweifung verleitet. Aber ich habe mich ja auch nicht verpflichtet, Sie um jeden Preis lachen zu machen. Die Boheme ist auch nicht alle Tage lustig.

Jacques und Francine hatten sich in einem Hause der Rue de la Tour-d'Auvergne kennengelernt, das sie beide am ersten April gleichzeitig bezogen hatten.

Der Künstler und das junge Mädchen lebten acht Tage nebeneinander hin, ohne daß sich jene Nachbarschaftsbeziehungen anspannen, die fast unvermeidlich sind, wenn man im gleichen Stockwerk wohnt; ohne jedoch ein Wort gewechselt zu haben, kannten sie einander schon. Francine wußte, daß ihr Nachbar ein armer Teufel von Künstler sei, und Jacques hatte erfahren, seine Nachbarin sei eine kleine Näherin, die sich von ihrer Familie getrennt habe, um den Mißhandlungen einer Stiefmutter zu entgehen. Sie vollbrachte Wunder an Sparsamkeit, um sich, wie man zu sagen pflegt, «durchzuschlagen»; und da sie den Genuß nie kennengelernt hatte, so sehnte sie sich auch nicht danach. Folgendermaßen kamen die beiden dazu, daß sie dem üblichen Gesetz der gemeinsamen Wand erlagen. Eines Abends im April kam Jacques todmüde nach Hause; er hatte seit frühmorgens nichts gegessen und war sterbenstraurig; jene vage Traurigkeit lastete auf ihm, die keine bestimmte Ursache hat, vor der man aber nie und nirgends sicher ist; eine Art Lähmung des Herzens, der namentlich jene Unglücklichen preisgegeben sind, die einsam leben. Jacques, der in seiner engen Zelle fast zu erstikken meinte, öffnete das Fenster, um ein wenig frische Luft zu schöpfen. Der Abend war schön, und die untergehende Sonne wob ihren melancholischen Zauber über die Montmartrehügel. Jacques lehnte nachdenklich am Fensterkreuz und lauschte auf den beflügelten Chor der Frühlingssänger, der die Abendstille durchtönte; und das vermehrte noch seine Traurigkeit. Als er einen Raben krächzend vorüberfliegen sah, dachte er der Zeit, wo die Raben Elias, dem frommen Einsiedler, Brot zutrugen, und er sagte sich dabei, daß heute die Raben nicht mehr so mildtätig seien. Endlich konnte er es nicht mehr ertragen, er schloß das Fenster, zog den Vorhang herunter, und da er kein Geld mehr hatte, um Öl für eine Lampe zu kaufen, zündete er eine Harzkerze an, die er von einer Reise zur Grande-Chartreuse mitgebracht hatte. Immer tiefer versank er in Traurigkeit, und dann stopfte er sich eine Pfeife.

«Glücklicherweise habe ich noch Tabak genug, um die Pistole zu verbergen», murmelte er vor sich hin und begann zu rauchen.

Er mußte wohl an diesem Abend recht traurig sein,

mein Freund Jacques, daß er daran dachte, die Pistole zu verbergen. Das nämlich war seine letzte Zuflucht bei großen Krisen, und sie half ihm meist. Das Mittel war dieses: Jacques rauchte Tabak, auf den er ein paar Tropfen Opium goß, und er rauchte so lange, bis die Wolke, die seiner Pfeife entstieg, dicht genug geworden war, um ihm alles zu verhüllen, was sich in seinem kleinen Zimmer befand, und besonders eine Pistole, die an der Wand hing. Dazu gehörten einige zehn Pfeifen. Wenn die Pistole ganz unsichtbar geworden war, schlief Jacques durch die vereinte Wirkung von Rauch und Opium fast immer ein, und oft verließ ihn auch seine Traurigkeit an der Schwelle der Träume.

Aber an diesem Abend hatte er all seinen Tabak verbraucht, die Pistole war ganz verhüllt, und Jacques war immer noch bitter traurig. Und an ebendiesem Abend war Francine äußerst lustig, als sie nach Hause kam; und ihre Lustigkeit hatte wie Jacques' Traurigkeit keinerlei Grund: Es war eine jener freudigen Stimmungen, die vom Himmel fallen und die der liebe Gott in gute Herzen wirft. Francine also war lustiger Laune, stieg singend die Treppe hinauf. Als sie aber ihre Tür öffnen wollte, blies ihr ein durch das offene Fenster des Treppenflurs eindringender Windstoß die Kerze aus.

«Gott, wie ärgerlich!» rief das junge Mädchen. «Nun muß ich die sechs Treppen noch einmal hinunter und wieder herauf.»

Aber da sie durch Jacques' Tür Licht schimmern sah, riet ihr ein Instinkt der Trägheit, verbunden mit einem Gefühl der Neugier, den Künstler um Licht zu bitten. Das ist ein Dienst, der unter Nachbarn an der Tagesordnung ist, dachte sie, und nichts Ungehöriges ist weiter dabei. Sie klopfte also zweimal ganz leise an die Tür Jacques', der beim Öffnen ob eines so späten Besuchs nicht wenig erstaunt war. Aber kaum hatte sie einen Schritt ins Zimmer getan, als der Rauch, der es erfüllte, ihr fast den Atem benahm, und ehe sie noch ein Wort hatte sprechen können, sank sie ohnmächtig auf einen Stuhl und ließ Schlüssel und Leuchter zu Boden fallen. Es war um Mitternacht, und alles im Hause schlief. Jacques hielt es nicht für ratsam, um Hilfe zu rufen, denn er fürchtete, seine Nachbarin bloßzustellen. Er öffnete also nur das Fenster, um ein wenig frische Luft hereinzulassen; und als er dem jungen Mädchen ein paar Tropfen Wasser ins Gesicht gesprengt hatte, sah er, wie sie die Augen aufschlug und nach und nach wieder zu sich kam. Als sie nach fünf Minuten wieder völlig bei Bewußtsein war, erklärte Francine dem Künstler, was sie zu ihm geführt hatte, und entschuldigte sich sehr des Zwischenfalls wegen.

«Jetzt, wo mir besser ist», fügt sie hinzu, «kann ich wieder in mein Zimmer hinübergehn.»

Und er hatte ihr schon die Tür geöffnet, als sie merkte, daß sie nicht nur ihre Kerze anzuzünden vergessen hatte, sondern auch den Schlüssel zu ihrem Zimmer nicht bei sich trug.

«Ich Leichtsinn!» sagte sie und hielt ihren Leuchter an die Kerzenflamme. «Ich komme her, um mir Licht zu holen, und nun gehe ich ohne Licht wieder fort.»

Aber in diesem Augenblick verlöschte der Luftzug, der im Zimmer zwischen dem Fenster und der offenen Tür entstanden war, auch die zweite Kerze, und die beiden jungen Leute standen im Dunkeln.

«Man könnte glauben, es solle nicht sein», sagte Francine. «Verzeihen Sie die Störung! Seien Sie so freundlich und machen Sie Licht, damit ich meinen Schlüssel finde!»

«Gewiß, Fräulein», erwiderte Jacques und tastete nach Streichhölzern.

Er hatte sie bald gefunden. Aber da fuhr ihm ein sonderbarer Gedanke durch den Kopf; er steckte die Streichhölzer in die Tasche und rief: «Mein Gott, Fräulein, da sind wir schon wieder in Verlegenheit! Ich habe kein einziges Streichholz mehr; ich habe das letzte verbraucht, als ich nach Hause kam.»

‹Das war ein famoser Einfall!› dachte er bei sich.

«Mein Gott! Mein Gott!» sagte Francine. «Ich kann ja auch ohne Licht mein Zimmer finden, das Zimmer ist nicht so groß, als daß ich mich darin verlaufen könnte. Aber ich muß meinen Schlüssel haben; bitte, helfen Sie mir suchen, er muß auf der Erde liegen.»

«Ja, dann wollen wir suchen, Fräulein!» sagte Jacques.

Und so suchten die beiden im Dunkeln nach dem verlorenen Schlüssel; aber als ob sie von dem gleichen Instinkt geleitet würden, geschah es zehnmal in der Minute, daß ihre Hände auf der Suche nach derselben Stelle tasteten und sich trafen. Und da sie beide sehr ungeschickt waren, fanden sie den Schlüssel nicht.

«Der Mond, der eben gerade hinter den Wolken steht, scheint voll in mein Zimmer», sagte Jacques. «Wir wollen ein bißchen warten. Er wird uns nachher beim Suchen leuchten.»

Und während sie den Mondschein abwarteten, fingen sie an zu plaudern. Ein Plaudern im Dunkeln, in einem engen Zimmer, in einer Frühlingsnacht; ein Plaudern, das, erst bedeutungslos und nichtssagend, das Kapitel vertraulicher Geständnisse beginnt, ihr wißt ja, wohin das führt ... Die Worte werden nach und nach verworren, unterbrochen von Pausen voll beredten Schweigens; die Stimme wird leise, die Worte wechseln ab mit Seufzern ... die sich begegnenden Hände ergänzen den Gedanken, der aus dem Herzen auf die Lippen steigt, und ... Sucht den Schluß in euren Erinnerungen, ihr jungen Paare! Erinnere dich, junger Mann, erinnere dich, junge Frau, die ihr heute Hand in Hand einhergeht und die ihr euch vor zwei Tagen noch nie gesehen hattet!

Endlich demaskierte sich der Mond, und sein klarer Glanz ergoß sich in das Zimmerchen; Fräulein Francine fuhr mit einem kleinen Schrei aus ihrer Träumerei auf.

«Was ist denn?» fragte Jacques und legte seinen Arm um ihre Hüften.

«Nichts», murmelte Francine, «ich glaubte, es habe geklopft.»

Und ohne daß Jacques es merkte, stieß sie den Schlüssel, den sie gerade entdeckt hatte, mit dem Fuß unter einen Schrank.

Sie wollte ihn nicht wiederfinden.

Erster Leser: «Meiner Tochter werde ich diese Geschichte jedenfalls nicht in die Hände geben.»

Zweiter Leser: «Bisher habe ich noch kein Haar von Francines Muff gesehen; und was das junge Mädchen betrifft, so weiß ich nicht einmal, wie es aussieht, ob es braun ist oder blond.»

Geduld, ihr Leser, Geduld! Ich habe euch einen Muff versprochen, und ich werde ihn euch schließlich geben, wie mein Freund Jacques ihn seiner armen Francine gab, die seine Geliebte geworden war, ich habe es ja oben durch die Gedankenstriche schon angedeutet. Sie war blond, die Francine, blond und lustig, was nicht häufig zusammentrifft. Bis zu ihrem zwanzigsten Jahre hatte sie noch nichts von Liebe gewußt; aber die dunkle Ahnung ihres nahen Endes riet ihr, nicht länger mehr zu zögern, wenn sie sie kennenlernen wollte.

Sie fand Jacques und gewann ihn lieb. Ihr Bündnis dauerte nur sechs Monate. Sie hatten sich im Frühjahr genommen, und im Herbst trennten sie sich. Francine war schwindsüchtig, sie wußte es, und Jacques, ihr Geliebter, wußte es auch: Vierzehn Tage, nachdem er sich mit dem jungen Mädchen verbunden hatte, erfuhr er es von einem Freund, der Arzt war. Sie werde mit dem Gelbwerden der Blätter dahingehen, hatte er gesagt.

Francine hatte diese Eröffnung mit angehört, und sie merkte, wie verzweifelt ihr Freund war.

«Was kümmert es uns, wenn die Blätter gelb werden?» sagte sie ihm und legte all ihre Liebe in ein Lächeln. «Was kümmert uns der Herbst? Jetzt ist es Sommer, und die Blätter sind grün: Wir wollen das ausnutzen, mein Freund ... Wenn du siehst, daß ich bereit bin, aus dem Leben fortzugehen, dann wirst du mich in die Arme nehmen, mich küssen und mir verbieten, davonzugehen.

Ich bin gehorsam, du weißt es, und ich werde bei dir bleiben.»

Und das reizende Geschöpf ertrug so fünf Monate lang das Elend des Bohemelebens, auf den Lippen ein Lied und ein Lächeln. Jacques ließ sich täuschen. Sein Freund sagte ihm häufig: «Francine geht es schlechter, sie braucht Pflege!» Dann lief Jacques durch ganz Paris, um Geld für die vom Arzt verordnete Medizin aufzutreiben; aber Francine wollte nichts davon hören und warf die Arzneien zum Fenster hinaus. Nachts, wenn der Husten sie anfiel, ging sie aus dem Zimmer auf den Treppenflur hinaus, damit Jacques es ja nicht höre.

Eines Tages, als sie beide aufs Land gegangen waren, sah Jacques einen Baum, dessen Laub sich gelb zu färben begann. Traurig schaute er Francine an, die langsam und ein wenig träumerisch an seiner Seite ging.

Francine sah Jacques erbleichen und erriet den Grund seiner Blässe.

«Du bist dumm», sagte sie und küßte ihn, «wir sind erst im Juli; bis zum Oktober haben wir noch drei Monate Zeit; wenn wir uns Tag und Nacht liebhaben, wie wir es tun, verdoppeln wir die Zeit, die uns beschieden ist. Und wenn ich mich unter gelben Blättern wirklich schlechter fühle, gehen wir in einen Fichtenwald – da sind die Blätter immer grün.»

Im Oktober mußte Francine sich zu Bett legen. Jacques Freund behandelte sie ... Das kleine Zimmer, in dem sie wohnten, lag ganz oben im Haus und ging auf einen Hof, in dem ein Baum stand, der mit jedem Tage kahler wurde. Jacques hatte einen Vorhang vor das Fenster gezogen, damit die Kranke diesen Baum nicht sähe; aber Francine verlangte, daß er wieder fortgenommen werde.

«O Lieber», sagte sie zu Jacques, «ich werde dir noch hundertmal mehr Küsse geben, als er Blätter hat ...» Und sie fügte hinzu: «Übrigens geht es mir viel besser ... Bald kann ich wieder ausgehen; aber es ist kalt, und ich mag keine roten Hände haben, deshalb brauche ich

einen Muff.» Während der ganzen Krankheit war dieser Muff ihr einziger Traum.

Am Abend vor Allerheiligen wollte sie Jacques, der trostloser denn je war, Mut einflößen; und um ihm zu beweisen, daß es ihr besser gehe, stand sie auf.

In diesem Augenblick kam der Arzt und zwang sie, sich sofort wieder hinzulegen.

«Jacques», sagte er dem Künstler ins Ohr, «sei stark! Es ist vorbei, Francine stirbt.»

Jacques brach in Tränen aus.

«Du kannst ihr jetzt alles geben, was sie verlangt», fuhr der Arzt fort, «es ist keine Hoffnung mehr!»

Francine hörte mit den Augen, was der Arzt zu ihrem Geliebten sagte.

«Höre nicht auf ihn!» rief sie und streckte die Arme nach Jacques aus. «Höre nicht auf ihn, er lügt! Morgen gehen wir zusammen aus ... es ist Allerheiligen; es wird kalt sein, geh, kauf mir einen Muff ... Ich bitte dich, ich fürchte mich diesen Winter vor der Kälte.»

Jacques wollte mit seinem Freund hinausgehen, aber Francine hielt den Arzt zurück.

«Geh, hol mir meinen Muff», sagte sie zu Jacques, «nimm aber einen recht schönen, damit er lange hält!»

Und als sie mit dem Arzt allein war, sagte sie ihm: «Oh, ich sterbe, und ich weiß es ... Aber ehe ich fort muß, geben Sie mir irgend etwas, das mir für eine Nacht die Kräfte wiedergibt, ich bitte Sie; machen Sie mich auf eine Nacht wieder schön, und dann will ich sterben, da ja der liebe Gott nicht will, daß ich länger lebe.»

Als der Arzt sie nach bestem Vermögen tröstete, fuhr ein Windstoß ins Zimmer und warf ein gelbes Blatt von dem Baum des kleinen Hofes der Kranken aufs Bett.

Francine zog den Vorhang zurück und sah, daß der Baum ganz kahl war.

«Es ist das letzte», sagte sie und schob das Blatt unter ihr Kopfkissen.

«Sie werden erst morgen sterben!» sagte der Arzt. «Sie haben noch eine Nacht vor sich.»

«Ach, welch ein Glück!» rief das junge Mädchen. «Eine Winternacht ... die ist lang.»

Jacques kam nach Hause, er brachte einen Muff.

«Er ist hübsch», sagte Francine, «ich nehme ihn zum Ausgehen.»

Sie verbrachte die Nacht mit Jacques.

Am folgenden Tag, dem Tag Allerheiligen, als mittags das Angelus geläutet wurde, begann der Todeskampf, und ihr ganzer Körper bebte und zitterte.

«Mich friert an die Hände», murmelte sie, «gib mir meinen Muff!»

Und sie tauchte die armen Hände in den Pelz ...

«Es ist zu Ende», sagte der Arzt zu Jacques, «küß sie!»

Jacques preßte die Lippen auf die der Geliebten. Im letzten Augenblick wollte man den Muff wegziehen, aber sie klammerte sich mit den Händen daran fest.

«Nein, nein», sagte sie, «laß ihn mir doch: Es ist Winter, es ist ja so kalt. Ach, mein armer Jacques ... Ach, mein armer Jacques ... was soll aus dir werden? O mein Gott!»

Und am nächsten Tag war Jacques allein.

Erster Leser: «Ich habe ja gleich gesagt, lustig ist die Geschichte nicht.»

Was willst du, mein Leser? Man kann nicht immer lachen.

2

Es war am Morgen des Allerheiligentages. Francine war eben verschieden.

Zwei Männer wachten am Sterbebett: Der eine stand aufrecht, das war der Arzt; der andere kniete am Bett, preßte die Lippen auf die Hände der Toten und schien sie mit verzweifeltem Kuß ansiegeln zu wollen – das war Jacques, Francines Geliebter. Seit mehr als sechs Stunden verharrte er in qualvoller Fühllosigkeit. Eine Drehorgel, die unter dem Fenster vorbeizog, weckte ihn auf.

Jene Orgel spielte eine Melodie, die Francine morgens beim Erwachen zu singen pflegte.

Eine jener sinnlosen Hoffnungen, die nur aus großer Verzweiflung geboren werden können, zuckte Jacques durch den Kopf. Er träumte sich um einen Monat in die Vergangenheit zurück, in die Zeit, da Francine noch eine Sterbende war; er vergaß die gegenwärtige Stunde und bildete sich kurze Zeit ein, die Verstorbene schlafe nur und würde erwachen und den Mund zu ihrem Morgenlied öffnen.

Aber noch waren die Töne der Orgel nicht verhallt, als Jacques schon in die Wirklichkeit zurückgekehrt war. Francines Mund hatte sich den Liedern auf ewig verschlossen, und das Lächeln, das ihr letzter Gedanke gebracht hatte, erlosch auf den Lippen, auf denen der Tod sich zu zeigen begann.

«Sei stark, Jacques!» sagte der Arzt, der des Bildhauers Freund war.

Jacques stand auf, sah den Arzt an und sagte: «Es ist aus, nicht wahr? Es ist keine Hoffnung mehr?»

Ohne auf die traurige Torheit zu antworten, zog der Freund die Vorhänge des Bettes zusammen; und als er wieder zu dem Bildhauer trat, reichte er ihm die Hand: «Francine ist tot ...», sagte er, «wir mußten ja darauf gefaßt sein. Weiß Gott, wir haben getan, was in unseren Kräften stand, um sie zu retten. Sie war ein braves Mädchen, Jacques, und sie hat dich sehr liebgehabt, mehr und anders, als du selbst sie geliebt hast; denn ihre Liebe war nichts als Liebe, während deine eine Beimischung enthielt. Francine ist tot ... aber noch ist nicht alles vorbei; jetzt müssen wir an die für das Begräbnis nötigen Schritte denken. Wir wollen uns zusammen darum kümmern und die Nachbarin bitten, hier zu wachen, während wir fort sind.»

Jacques ließ sich von seinem Freund fortziehen. Den ganzen Tag liefen sie hin und her zwischen dem Bürgermeisteramt, dem Sargmagazin und dem Kirchhof. Da Jacques kein Geld hatte, versetzte der Arzt seine Uhr, einen Ring und ein paar Kleidungsstücke, um die Kosten des Begräbnisses zu bestreiten, das auf den nächsten Tag festgesetzt wurde.

Spätabends kamen sie wieder nach Hause, und die Nachbarin nötigte Jacques, ein wenig zu essen.

«Ja», sagte er, «geben Sie her: Mich friert und ich muß ein bißchen zu Kräften kommen, ich habe während der Nacht zu arbeiten.»

Die Nachbarin und der Arzt verstanden ihn nicht.

Jacques setzte sich an den Tisch und aß ein paar Bissen so hastig, daß er fast daran erstickt wäre. Dann verlangte er zu trinken. Aber als er das Glas zum Mund führen wollte, ließ Jacques es zu Boden fallen. Das Glas, welches zerbrach, hatte in dem Künstler eine Erinnerung erstehen lassen, welche den für kurze Zeit verstummten Schmerz von neuem wachrief. An dem Tag, als Francine zum erstenmal zu ihm gekommen war, war das damals schon leidende junge Mädchen unpäßlich geworden, und Jacques hatte ihr in gerade diesem Glas etwas Zuckerwasser zu trinken gegeben. Später, als sie zusammenwohnten, hatte sie es als Liebesreliquie betrachtet.

In den seltenen Augenblicken des Reichtums hatte der Künstler für seine Freundin ein oder zwei Flaschen stärkenden Weines gekauft, dessen Genuß ihr verordnet worden war, und aus gerade diesem Glase hatte Francine das Getränk zu sich genommen, dem ihre Liebe reizenden Frohsinn entnahm.

Jacques blieb mehr als eine halbe Stunde stumm und starrte auf die zerstreuten Scherben des zerbrechlichen und teuren Andenkens, und ihm schien, als sei auch sein Herz zerbrochen, als fühle er, wie die Splitter ihm die Brust zerrissen. Als er wieder zu sich gekommen war, sammelte er die Glastrümmer und warf sie in eine Schublade. Dann bat er die Nachbarin, ihm zwei Kerzen zu holen und vom Pförtner einen Eimer Wasser bringen zu lassen.

«Geh nicht fort», sagte er zu dem Arzt, der auch gar nicht daran dachte, «ich werde dich gleich brauchen!»

Wasser und Kerzen wurden gebracht, und die beiden Freude blieben allein.

«Was willst du tun?» fragte der Arzt, als er sah, wie Jacques, nachdem er Wasser in eine Holzmulde gegossen hatte, gleichmäßig Gipspulver hineinwarf.

«Was ich tun will?» entgegnete der Künstler. «Errätst du es nicht? Ich will Francines Kopf abformen; und da es mir an Mut fehlen würde, wenn ich allein wäre, darfst du nicht fortgehen.»

Dann schlug Jacques die Bettvorhänge zurück und nahm das Tuch fort, das über das Gesicht der Toten gebreitet worden war. Jacques' Hand begann zu zittern, und ein ersticktes Schluchzen stieg auf seine Lippen.

«Gib die Kerze her!» rief er seinem Freunde zu. «Komm und halte mir die Mulde!» Das eine Licht wurde am Kopfende des Bettes befestigt, so daß es das Gesicht der Leiche mit seiner ganzen Helle übergoß; die andere Kerze wurde am Fußende aufgestellt. Mit einem in Olivenöl getauchten Pinsel benetzte der Künstler Augenbrauen, Wimpern und das Haar, das er so legte, wie Francine es für gewöhnlich getragen hatte.

«So tut es ihr nicht weh, wenn wir die Maske abnehmen», murmelte Jacques.

Als er diese Vorsichtsmaßregel getroffen und den Kopf der Toten in eine gunstige Stellung gebracht hatte, begann Jacques den Gips in gleichmäßigen Lagen aufzutragen, bis die Form die nötige Stärke hatte. In einer halben Stunde war die Arbeit beendet und vollständig gelungen.

Infolge eines sonderbaren Umstandes war in Francines Gesicht eine Veränderung vor sich gegangen. Das noch nicht ganz erkaltete Blut war, vermutlich von dem heißen Gips erwärmt, den oberen Körperteilen zugeströmt, und allmählich zeigte sich ein Gewölk rosiger Durchsichtigkeit auf der matten Weiße von Stirn und Wangen. Die Lider, die sich gehoben hatten, als Jacques die Form abnahm, ließen das ruhige Blau der Augen sehen, deren Blick ein unbestimmbares Verständnis zu verraten schien; und den von einem leisen Lächeln halbgeöffneten Lippen schien, im letzten Lebewohl vergessen, jenes letzte Wort zu entschweben, das man nur mit dem Herzen hört.

Wer könnte behaupten, das Verständnis höre genau dort auf, wo die Empfindungslosigkeit beginne? Wer kann sagen, daß die Leidenschaften mit dem letzten Pulsschlag des Herzens, das sie bewegten, erlöschen und sterben? Verharrt nicht die Seele vielleicht freiwillig in der schon für das Begräbnis geschmückten Leiche und späht aus ihrem Fleischesgefängnis nach Trauer und Tränen aus? Die Scheidenden haben so viel Grund zum Mißtrauen gegen die Zurückbleibenden!

In dem Augenblick, als Jacques den Entschluß faßte, Francines Züge durch die Mittel der Kunst zu bewahren, wer weiß, vielleicht hatte da ein Gedanke von jenseits des Lebens sie aus dem ersten Schlummer der ewigen Ruhe erweckt. Vielleicht war ihr eingefallen, daß der, den sie verlassen hatte, zugleich Künstler und Liebender sei; daß er eins wie das andere sei, weil er eins ohne das andere nicht sein konnte, denn für ihn war die Liebe die Seele der Kunst, und wenn er sie so sehr geliebt hatte, so lag der Grund darin, daß sie verstanden hatte, ihm Frau und Geliebte zu sein: Ein Gefühl in einer Form. Und da hatte Francine vielleicht in dem Wunsch, Jacques das menschliche Bild zu lassen, das für ihn zur Verkörperung des Ideals geworden war, obwohl sie tot, obwohl sie schon erkaltet war, noch einmal ihr Gesicht in allen Strahlen der Liebe und alle Anmut der Jugend zu kleiden vermocht: Sie belebte sich wieder um des Kunstwerks willen.

Und vielleicht hatte das arme Mädchen das Richtige gedacht; denn es gibt unter den echten Künstlern jene merkwürdigen Pygmalions, die, im Gegensatz zu dem des Altertums, ihre lebenden Galateen in Marmor verwandeln zu können wünschen.

Vor der Heiterkeit dieses Antlitzes, in dem der Todeskampf keine Spur zurückgelassen hatte, hätte niemand die langen Leiden ahnen können, die dem Tode vorausgegangen waren. Francine schien nur einen Liebestraum fortzuspinnen; und wer sie so sah, hätte glauben können, sie sei vor Schönheit gestorben.

Der Arzt war in einem Winkel eingeschlafen, von Müdigkeit überwältigt.

Jacques jedoch verfiel von neuem seinen Zweifeln. Sein jeder Sinnestäuschung zugänglicher Geist glaubte hartnäckig, die so grenzenlos Geliebte werde erwachen; und da leichte Nervenzuckungen, eine Folge des Abformens, von Zeit zu Zeit die Reglosigkeit der Leiche brachen, so ließ dieses Scheinbild des Lebens Jacques in seiner glücklichen Illusion, die bis zum Morgen dauerte, bis zur Stunde, da der Kommissar kam, um den Tod zu konstatieren und die Erlaubnis zur Beerdigung zu erteilen.

Wenn es übrigens allen Wahnsinns der Verzweiflung bedurfte, um, wenn man dieses schöne Geschöpf sah, an seinem Tode zu zweifeln, so bedurfte es auch, um daran zu glauben, der ganzen Unfehlbarkeit der Wissenschaft.

Während die Nachbarin Francine in den Sarg bettete, war Jacques in ein anderes Zimmer gezogen worden, wo er einige seiner Freunde vorfand, die gekommen waren, um die Tote zum Friedhof zu geleiten. Die Bohemiens enthielten sich Jacques gegenüber, gerade weil sie ihn brüderlich liebten, all jener Trostphrasen, die den Schmerz nur anstacheln. Ohne eines jener Worte auszusprechen, die so schwer zu finden und so schmerzlich anzuhören sind, traten sie einer nach dem anderen heran und drückten ihrem Freunde schweigend die Hand.

«Dieser Tod ist ein großes Unglück für Jacques», bemerkte einer.

«Ja», antwortete der Maler Lazare, ein bizarrer Geist, der früh jede Wallung der Jugend zu besiegen gewußt hatte, indem er ihr die Unbeugsamkeit des festen Willens entgegensetzte, und in dem der Künstler schließlich den Menschen erstickt hatte; «ja, aber ein Unglück, das er selbst in sein Leben gebracht hat. Seit er Francine kennt, hat Jacques sich sehr verändert.»

«Sie hat ihn glücklich gemacht», sagte ein anderer.

«Glücklich?» versetzte Lazare. «Was nennt ihr glücklich? Wie könnt ihr eine Leidenschaft, die den Menschen in den Zustand bringt, den Jacques augenblicklich durchleidet, Glück nennen? Zeigt ihm doch jetzt ein Meisterwerk – er wird es keines Blickes würdigen; und um seine Geliebte noch einmal zu sehen, würde er einen Tizian oder einen Raffael mit Füßen treten, davon bin ich überzeugt. *Meine* Geliebte ist unsterblich und wird mich nicht betrügen. Sie wohnt im Louvre und heißt Joconde.»

Als Lazare seine Theorien über die Kunst und die Empfindung gerade weiter ausspinnen wollte, kam jemand und meldete, es sei Zeit, zur Kirche aufzubrechen.

Nach einigen leisen Gebeten zog der Leichenzug auf den Friedhof ... Und da gerade der Tag des Totenfestes war, füllte eine unabsehbare Menge den Gottesacker. Viele Leute wandten sich, um Jacques anzusehen, wie er barhäuptig hinter dem Leichenwagen herging.

«Der arme Kerl!» sagte einer. «Es ist gewiß seine Mutter ...»

«Sein Vater», sagte ein anderer.

«Es ist seine Schwester», wurde an einer anderen Stelle gesagt.

Einzig ein Dichter, der gekommen war, um bei diesem Fest der Erinnerungen, das einmal im Jahr beim Novembernebel gefeiert wird, die Gebärden der Trauernden zu studieren, erriet, als er Jacques vorübergehen sah, daß er der Leiche seiner Geliebten folgte.

Als der Zug am Grabe angekommen war, stellten sich die Bohemiens entblößten Hauptes darum auf. Jacques trat an den Rand, sein Freund, der Arzt, hielt ihn am Arm fest.

Die Totengräber hatten es eilig und wollten die Sache schnell abmachen.

«Grabreden gibt's nicht», sagte der eine. «Na, um so besser. Hoppla, Kamerad! Na, los!»

Und der Sarg wurde vom Wagen gehoben, mit Seilen umwunden und in die Grube gesenkt. Der Totengräber zog die Seile wieder heraus, sprang aus dem Loch, ergriff eine Schaufel und fing an, von einem seiner Genossen unterstützt, Erde hinabzuwerfen. Bald war die Grube zugeschüttet. Ein kleines Holzkreuz wurde darauf gepflanzt.

Im heftigen Schluchzen vernahm der Arzt aus Jacques' Munde einen Schrei des Egoismus: «O meine Jugend, du liegst hier begraben!»

Jacques gehörte einer Gesellschaft an, die man die «Wassertrinker» nannte und die eigens gegründet schien, den berühmten Bund aus der Rue des Quartre-Vents nachzuahmen, von dem in dem schönen Roman «Ein großer Mann aus der Provinz» die Rede ist. Nur war ein beträchtlicher Unterschied zwischen den Helden des Bundes und den «Wassertrinkern», die wie alle Nachahmer das System, das sie anwenden wollten, übertrieben hatten. Dieser Unterschied wird schon aus der Tatsache ersichtlich, daß in Balzacs Buch die Bundesmitglieder das gesteckte Ziel erreichen und damit beweisen, daß jedes System gut ist, wenn es Erfolg hat; während hingegen der Verein der «Wassertrinker» sich nach mehreren Jahren des Bestehens auf natürliche Weise durch den Tod all seiner Mitglieder auflöste, ohne daß der Name eines einzigen an ein Werk gefesselt geblieben wäre, das von seinem Dasein hätte Zeugnis ablegen können.

Während seiner Gemeinschaft mit Francine hatten die Beziehungen Jacques' zu der Gesellschaft der «Wassertrinker» sich gelockert. Die Daseinsnot hatte den Künstler gezwungen, gewisse Bedingungen zu verletzen, welche die «Wassertrinker» am Tage der Gründung des Bundes unterschrieben und feierlich beschworen hatten.

Da jene jungen Menschen beständig auf den Stelzen eines absurden Hochmuts einherschritten, hatten sie als obersten Grundsatz ihre Vereinigung die Vorschrift angenommen, nie die hohen Gipfel der Kunst zu verlassen, das heißt, kein einziger von ihnen durfte trotz des tödlichsten Elends der Notwendigkeit Konzessionen machen. So hätte der Dichter Melchior nie eingewilligt, das, was er seine Leier nannte, preiszugeben, um einen Geschäftsprospekt oder ein politisches Glaubensbekenntnis zu schreiben. Das mochte der Dichter Rodolphe tun, ein Taugenichts, der zu allem gut genug war und der keinen Taler vor sich sehen konnte, ohne mit irgend etwas danach zu schießen. Der Maler Lazare in seinem anmaßenden Bettelstolz hätte seinen Pinsel nie entweiht, einen Schneider mit einem Papagei auf der Faust zu porträtieren, wie unser Freund Marcel es einmal für jenen berühmten Rock getan hatte, der den Beinamen «Methusalem» trug und der von der Hand einer jeden seiner Geliebten mit Flicken bestirnt war. Solange der Bildhauer Jacques mit den «Wassertrinkern» in Ideengemeinschaft lebte, hatte er die Tyrannei der Gesellschaftsstatuten ertragen; als er jedoch Francine kennenlernte, wollte er das arme, schon kranke Kind nicht an eine Lebensweise binden, der er sich während der ganzen Zeit seiner Einsamkeit unterworfen hatte. Jacques war indessen vor allem eine rechtschaffene und loyale Natur. Er suchte den Vorsitzenden des Vereins auf, den exklusiven Lazare, und sagte ihm, er werde in Zukunft jede Arbeit annehmen, die ihm etwas einzubringen vermöchte.

«Mein Lieber», antwortete Lazare, «deine Liebeserklärung war deine Demission als Künstler. Wir werden deine Freunde bleiben, wenn du willst, aber Vereinsbrüder bleiben wir nicht. Treibe dein Handwerk, wie es dir beliebt; für mich bist du kein Bildhauer mehr, für mich bist du ein Gipsfigurenfabrikant! Freilich wirst du nun Wein trinken können, aber wir, die wir nach wie vor unsere Wasser trinken und Kommißbrot essen, wir bleiben Künstler.»

Allein was Lazare auch sagen mochte, Jacques blieb

Künstler. Doch um Francine bei sich behalten zu können, übernahm er, wenn die Gelegenheit sich bot, einträgliche Arbeiten. So arbeitete er lange im Atelier des Dekorateurs Romagnésie. Jacques war geschickt in der Ausführung und geistreich in der Erfindung, und er hätte sich, ohne der wahren Kunst zu entsagen, einen großen Ruf in jenen Genrekompositionen erringen können, die zu einem der Hauptelemente des Luxushandels geworden sind. Aber Jacques war träge wie alle echten Künstler und verliebt nach der Art der Dichter. Die Jugend war in ihm spät, aber glühend erwacht; und da er sein nahes Ende ahnend voraussah, wollte er sie in Francines Armen ganz ausschöpfen. So geschah es oft, daß gute Gelegenheiten zur Arbeit an seine Tür pochten, ohne daß Jacques Antwort geben mochte, weil er sich dann hätte rühren müssen und weil er sich zu wohl befand, wenn er beim Glanz der Augen seiner Freundin träumte.

Als Francine gestorben war, suchte der Bildhauer seine alten Freunde, die «Wassertrinker», wieder auf. Aber in diesem Kreise herrschte Lazares Geist, jedes der Mitglieder war im Egoismus der Kunst versteinert. Jacques fand dort nicht, was er suchte. Sie verstanden seine Verzweiflung kaum, und sie wollten ihn durch Vernunftgründe beruhigen; und als Jacques so wenig Sympathien begegnete, zog er es vor, seinen Schmerz in sich zu verschließen und ihn nicht mehr allen Diskussionen preiszugeben. Er brach also völlig mit den «Wassertrinkern» und ging davon, um allein zu leben.

Fünf oder sechs Tage nach Francines Begräbnis suchte er einen Marmorhändler am Friedhof Montparnasse auf und bot ihm folgenden Vertrag an: Der Marmorhändler solle für Francines Grab eine Einfassung liefern, die Jacques zu entwerfen sich vorbehielt, und außerdem solle er dem Künstler einen Block weißen Marmors geben; dafür wolle Jacques sich dem Marmorschneider auf drei Monate zur Verfügung stellen, sei es als Steinmetz, sei es als Bildhauer. Der Grabsteinhändler hatte gerade mehrere außergewöhnliche Bestellungen erhalten; er besuchte Jacques' Atelier, und in ein paar begonnenen Arbeiten fand er den Beweis, daß der Zufall, der ihm Jacques zuführte, für ihn ein Glück bedeute. Acht Tage später hatte Francines Grab eine Einfassung, und das Holzkreuz in der Mitte war durch ein Steinkreuz ersetzt worden.

Zum Glück hatte Jacques es mit einem ehrlichen Mann zu tun, der einsah, daß hundert Kilogramm Gußeisen und drei Quadratfuß Pyrenäenmarmor nicht drei Monate Arbeit von Jacques bezahlen konnten, dessen Talent ihm mehrere tausend Taler eingebracht hatte. Er bot dem Künstler an, mit Gewinnanteil als Teilhaber in sein Geschäft einzutreten; aber Jacques lehnte ab. Die geringe Abwechslung in den zu behandelnden Gegenständen widerstrebte seinem Schöpfergeist; übrigens hatte er, was er wünschte: einen großen Marmorblock, aus dem er ein Meisterwerk schaffen wollte, das er für Francines Grab bestimmte.

Zu Beginn des Frühjahrs wurde Jacques' Lage besser: Sein Freund, der Arzt, brachte ihn mit einem reichen Ausländer in Verbindung, der sich in Paris niederließ und in einem der schönsten Viertel ein prachtvolles Haus erbaute. Mehrere berühmte Künstler waren berufen worden, um zum Luxus dieses kleinen Palastes beizutragen. Jacques wurde beauftragt, den Kamin in einem Salon zu entwerfen. Mir ist, als sähe ich heute noch Jacques' Karton; es war eine reizende Komposition: Die ganze Poesie des Winters war in diesem Marmor erzählt, der der Flamme als Rahmen dienen sollte. Da Jacques' Atelier zu klein war, erbat er sich zur Ausführung seines Werkes ein Zimmer in dem noch unbewohnten Hause und erhielt es. Selbst eine ziemlich hohe Summe von dem vereinbarten Preis wurde ihm für seine Arbeit vorgestreckt. Jacques begann, seinem Freund, dem Arzt, das Geld zurückzuerstatten, das ihm dieser geliehen hatte, als Francine gestorben war; dann eilte er zum Friedhof, um die Stätte, wo seine Geliebte ruhte, unter einem Blumenhügel zu bergen.

Aber der Frühling war Jacques zuvorgekommen, und auf dem Grabe des jungen Mädchens wuchsen wirr zwischen dem grünenden Grase schon tausend Blumen. Der Künstler hatte nicht den Mut, sie auszureißen, denn er dachte, diese Blumen möchten vielleicht etwas von seiner Freundin enthalten. Als der Gärtner ihn fragte, was er mit den Rosen und Stiefmütterchen machen sollte, die er mitgebracht hatte, sagte Jacques ihm, er solle sie auf ein neugegrabenes Nachbargrab pflanzen, auf das arme Grab eines Armen, das ohne Einfriedung war und als Erkennungszeichen nur ein in die Erde gestecktes Holzstück trug, auf dem ein Blumenkranz aus schwarz gewordenem Papier hing, die arme Schmerzensgabe eines Armen. Jacques kehrte wie verwandelt vom Friedhof zurück. Mit einer Neugier voller Freude blickte er auf die schöne Frühlingssonne, die gleiche, die so oft Francines Haar vergoldet hatte, wenn sie die Felder durchstreifte und mit ihren weißen Händen auf den Wiesen Blumen pflückte. Ein ganzer Schwarm guter Gedanken sang in Jacques' Herzen. Als er an einer kleinen Schenke des äußeren Boulevards vorüberkam, fiel ihm ein, daß er, von einem Gewitter überrascht, einmal mit Francine in dieser Kneipe Unterschlupf gefunden und dort mit ihr gegessen hatte. Jacques ging hinein und ließ sich am selben Tisch servieren. Das Dessert bekam er auf einer bunten Untertasse; er erkannte sie, und es fiel ihm ein, daß Francine fast eine halbe Stunde an einem darauf gemalten Bilderrätsel geraten hatte; und er entsann sich auch eines Liedes, das Francine gesungen hatte, als sie von jenem roten Landwein aufgeheitert worden war, der nicht viel kostete und der mehr Fröhlichkeit enthält als Südwein. Doch dieses Wachstum süßer Erinnerungen erweckte seine Liebe, ohne seinen Schmerz zu erwecken. Wie alle poetischen und träumerischen Geister war Jacques dem Aberglauben zugänglich, und er glaubte, Francine selbst habe ihm, als sie ihn eben neben sich hingehen hörte, aus ihrem Grabe heraus diesen Windhauch guter Erinnerungen geschickt, und er wollte sie mit keiner Träne netzen. Und er verließ das Wirtshaus leichten Fußes, erhobenen Hauptes, lebhaften Auges, pochenden Herzens und fast mit einem Lächeln auf den Lippen; unterwegs summte er den Refrain von Francines Lied:

«Die Liebe schweift im Land umher,
drum halt' ich meine Türe offen.»

Dieser Refrain war in Jacques' Munde noch immer eine Erinnerung, aber er war auch schon ein Lied; und vielleicht tat Jacques, ohne es zu ahnen, an jenem Abend den ersten Schritt auf dem Wege des Übergangs, der von der Trauer zur Melancholie führt und von dort zum Vergessen. Ach, was man auch wolle und tue, das ewige und gerechte Gesetz der Bewegung will es so.

Wie die Blumen, die, vielleicht dem Körper Francines entsprungen, auf ihrem Grab sprossen, blühten Säfte der Jugend in Jacques' Herzen, in welchem die Erinnerung an alte Liebe unklare Sehnsucht nach neuer Liebe weckten. Übrigens gehörte Jacques zu jener Art von Künstlern und Dichtern, die aus der Leidenschaft ein Werkzeug der Kunst und der Dichtung machen und deren Geist nur rege ist, solange er von den treibenden Kräften des Herzens in Bewegung gehalten wird. Bei Jacques war die Erfindung wirklich eine Tochter der Empfindung, und er legte ein Stück seiner selbst in die kleinsten Dinge, die er schuf. Er spürte, das ihm die Erinnerungen nicht genügten und daß sich sein Herz gleich dem Muhlstein, der sich selber aufreibt, wenn ihm das Korn fehlt, aus Mangel an einem Gegenstand des Gefühls zerrieb. Die Arbeit hatte für ihn keinen Reiz mehr; die Erfindung, die ehedem fiebrig und spontan in ihm gearbeitet hatte, kam nur noch unter der Anstrengung der Geduld; Jacques war unzufrieden und beneidete fast seine einstigen Freunde, die «Wassertrinker», um ihr Leben.

Er suchte sich zu zerstreuen, reichte dem Genuß die Hand und knüpfte neue Bekanntschaften an. Er war häufig mit dem Dichter Rodolphe zusammen, den er in einem Café kennengelernt hatte, und beide faßten große Sympathie füreinander. Jacques hatte ihm von der Leere seines Innern erzählt; Rodolphe erkannte bald ihren Ursprung.

«Lieber Freund», sagte er, «Ich kenne das ...» Und indem er ihm an der Stelle des Herzens auf die Brust klopfte, fügte er hinzu: «Schnell, schnell! Sie müssen da drinnen das Feuer wieder anzünden; schaffen Sie sich unverzüglich eine kleine Leidenschaft, dann kommen die Einfälle wieder.»

«Ach», sagte Jacques, «ich habe Francine zu liebgehabt!»

«Das wird Sie nicht hindern, sie ewig liebzuhaben; Sie werden sie auf den Lippen einer andern küssen!»

«Oh», sagte Jacques, «wenn ich nur eine finden könnte, die ihr ähnlich wäre! ...» Und ganz versonnen verließ er Rodolphe. – –

Sechs Wochen danach hatte Jacques seine ganze Schwungkraft wiedererlangt, er hatte sich an den sanften Blicken eines hübschen Mädchens namens Marie entzündet, deren kränkliche Schönheit ein wenig an die der armen Francine erinnerte. Niemand konnte in der Tat hübscher sein als diese hübsche Marie, die achtzehn Jahre weniger sechs Wochen alt war, wie sie übrigens nie zu erzählen vergaß. Ihre Liebschaft mit Jacques hatte im Garten eines ländlichen Balllokals im Mondschein begonnen, bei den Klängen einer heiseren Geige, eines schwindsüchtigen Kontrabasses und einer Klarinette, die wie eine Amsel pfiff. Jacques hatte sie eines Abends gesehen, als er ernst um den für den Tanz frei gehaltenen Halbkreis spazierenging. Als ihn die lärmenden Schönen, die das Lokal zu besuchen pflegten und die den Künstler von Ansehen kannten, in seinem unvermeidlichen bis zum Hals zugeknöpften schwarzen Rock starr vorbeigehen sahen, tuschelten sie unter sich: «Was will den dieser Leichenträger heir? Soll etwa wer begraben werden?»

Und Jacques ging immer noch allein umher und zerriß sich innerlich das blutende Herz an den Dornen einer Erinnerung, deren Eindringlichkeit die Musik nur noch steigerte, als sie einen lustigen Kontertanz spielte, der den Ohren des Künstlers traurig klang wie ein De profundis. Mitten in dieser Träumerei bemerkte er Marie, die ihn von einer Ecke her ansah und über seine düstere Miene toll lachte. Jacques blickte auf und sah dieses Lachen im rosa Hut drei Schritte neben sich. Er ging auf das junge Mädchen zu und sprach ein paar Worte mit ihr, auf die sie antwortete; er bot ihr den Arm zu einem Gang durch den Garten, sie nahm an. Er sagte ihr, er finde sie hübsch wie einen Engel, und sie ließ es sich zweimal sagen; er stahl ihr grüne Äpfel, die an den Bäumen des Gartens hingen, sie biß entzückt hinein und ließ das klingende Lachen vernehmen, das wie ein Ritornell ihrer ständigen Heiterkeit erschien. Jacques dachte an die Bibel und sagte sich, man dürfe nie an einer Frau verzweifeln, und am wenigsten an einer, die Äpfel liebt. Er machte mit dem rosa Hut einen zweiten Gang durch den Garten, und so kehrte er denn, obwohl er allein zum Ball gekommen war, nicht allein nach Hause zurück.

Doch Jacques hatte Francine noch nicht vergessen: Wie Rodolphe ihm geraten hatte, küßte er sie täglich auf Maries Lippen, und heimlich arbeitete er an der Figur, die er der Toten aufs Grab zu stellen gedachte.

Eines Tages, als er Geld erhalten hatte, kaufte er Marie ein Kleid, ein schwarzes Kleid. Das junge Mädchen freute sich sehr; nur fand sie, Schwarz sei für den Sommer nicht heiter genug. Aber Jacques sagte ihr, er habe Schwarz sehr gern, und sie tue ihm einen Gefallen, wenn sie dieses Kleid täglich trage. Marie gehorchte.

Eines Sonnabends sagte Jacques zu dem jungen Mädchen: «Komm morgen recht früh, wir wollen aufs Land.»

«Wie schön!» rief Marie. «Ich habe eine Überraschung für dich, paß nur auf; morgen scheint die Sonne.»

Marie brachte die Nacht zu Hause damit hin, ein

neues Kleid zu beenden, das sie sich von ihren Ersparnissen gekauft hatte, ein hübsches rosa Kleid. Und am Sonntag trat sie, geschmückt mit ihrem Kauf, in Jacques' Atelier.

Der Künstler empfing sie kalt und fast brutal. «Und dabei habe ich dir eine Freude machen wollen, als ich mir dieses lustige Kleid schenkte», sagte Marie, die sich Jacques' Kälte nicht zu erklären vermochte.

«Wir wollen keinen Ausflug machen», erwiderte er; «laß mich allein, ich muß arbeiten!»

Schweren Herzens ging Marie nach Hause. Unterwegs traf sie einen jungen Mann, der Jacques' Geschichte kannte und der ihr einmal den Hof gemacht hatte.

«Sieh da, Fräulein Marie!» sagte er. «Sie sind also nicht mehr in Trauer?»

«In Trauer?» fragte Marie. «Um wen denn?»

«Nanu? Sie wissen es nicht? Die Geschichte ist doch bekannt genug: das schwarze Kleid, das Jacques Ihnen geschenkt hat ...»

«Nun?» fragte Marie.

«Nun, es war ein Trauerkleid: Jacques zwang Sie, um Francine Trauer zu tragen.»

Von diesem Tage an sah Jacques Marie niemals wieder.

Der Bruch brachte ihm Unglück. Die schlimmen Tage kehrten zurück: Er hatte keine Arbeit mehr und sank in das furchtbarste Elend; als er schließlich nicht mehr aus noch ein wußte, bat er seinen Freund, den Arzt, ihn in einem Krankenhaus unterzubringen. Der Arzt sah auf den ersten Blick, daß das keine Schwierigkeiten machen werde. Jacques war, ohne von seinem Zustand das geringste zu ahnen, schon auf dem Wege, sich wieder mit Francine zu vereinigen.

Er kam ins Saint-Louis-Hospital.

Da er noch arbeiten und gehen konnte, bat Jacques den Direktor des Krankenhauses, ihm ein kleines Zimmer zu geben, das nicht benutzt wurde, und dorthin ließ er sich einen Schemel, Modellierhölzer und Ton bringen. Während der ersten vierzehn Tage arbeitete er an der für Francines Grab bestimmten Figur. Es war ein großer Engel mit offenen Flügeln. Diese Figur, die Francines Züge trug, wurde nie ganz vollendet, denn Jacques konnte die Treppe nicht mehr steigen, und bald konnte er sein Bett nicht mehr verlassen.

Eines Tages fiel ihm das Verordnungsheft in die Hände; und als er sah, welche Arzneien ihm verschrieben worden waren, erkannte er, daß er verloren sei: Er schrieb an die Seinen und ließ die Schwester Sainte-Geneviève rufen, die ihn mit ihrer barmherzigen Pflege umgab.

«Schwester», sagte Jacques, «oben in dem Zimmer, das Sie mir eingeräumt haben, steht eine kleine Gipsfigur. Die Statuette, die einen Engel darstellt, war für ein Grab bestimmt, aber ich habe keine Zeit mehr, sie in Marmor auszuführen. Und doch steht ein schöner Block bei mir zu Hause, ein Block weißen, rosa geäderten Marmors. Kurz ... liebe Schwester, ich schenke Ihnen meine kleine Statuette für die Kapelle des Klosters.»

Jacques starb ein paar Tage danach. Da die Beerdigung am Tage der Eröffnung des «Salons» stattfand, wohnten die «Wassertrinker» ihr nicht bei. «Die Kunst geht allem vor», hatte Lazare gesagt.

Jacques' Familie war nicht reich, und der Künstler erhielt kein gesondertes Grab.

Irgendwo wurde er beerdigt.

XIX

Musettes Launen

Der Leser erinnert sich vielleicht, wie der Maler Marcel dem Juden Médicis sein berühmtes Gemälde «Der Zug durchs Rote Meer» verkaufte, das dem Laden eines Delikateßwarenhändlers als Reklameschild zu dienen bestimmt war. Am Tage nach diesem Verkauf, dem ein glänzendes Souper folgte, das der Jude den Bohemiens als Zuschlag gab, erwachten Marcel, Schaunard, Rodolphe und Colline morgens sehr spät. Noch befangen in den Dünsten des gestrigen Rausches, konnten sie sich anfangs gar nicht besinnen, was eigentlich geschehen war; und als von einer nahen Kirche das Mittagsgeläut erklang sahen sich einander alle vier mit melancholischem Lächeln an.

«Da schlägt die Glocke mit frommen Ton, welche die Menschheit ins Refektorium ruft», sagte Marcel.

«Wahrhaftig», erwiderte Rodolphe, «es ist die feierliche Stunde, da anständige Leute ins Eßzimmer gehen.»

«Wir müßten doch eigentlich sehen, daß wir auch anständige Leute würden», murmelte Colline, für den jeder Tag ein Sankt-Appetits-Tag war.

«Ach, ihr Milchkannen meiner Amme, ach, ihr vier Mahlzeiten meiner Kindheit, was ist aus euch geworden?» fügte Schaunard hinzu. «Was ist aus euch geworden?» sang er als Wiederholung nach einer Melodie voll träumerischer und sanfter Melancholie.

«Wenn man daran denkt, daß um diese Stunde in Paris mehr als hunderttausend Koteletts in der Pfanne liegen!» rief Marcel.

«Und ebensoviel Beefsteaks!» fügte Rodolphe hinzu.

Wie eine ironische Antithese riefen, während die vier Freunde einander das furchtbare Problem des täglichen

Frühstücks stellten, die Kellner eines Restaurants, das im Hause war, aus vollem Halse die Bestellung der Gäste in die Küche hinab.

«Werden die nun wohl bald still sein, die Banditen!» sagte Marcel. «Jedes Wort wirkt bei mir wie ein Spatenstich, der mir den Magen ausgraben will.»

«Wir haben Nordwind», sagte Colline ernst und zeigte auf die Wetterfahne, die sich auf einem benachbarten Dach fortwährend drehte, «heute werden wir kaum frühstücken, die Elemente widersetzen sich dem.»

«Wieso?» fragte Marcel.

«Ja, das ist eine meteorologische Beobachtung, die ich gemacht habe», fuhr der Philosoph fort. «Nordwind bedeutet fast immer Abstinenz, wogegen Südwind für gewöhnlich Vergnügen und Wohlleben bringt. Die Philosophie nennt das den Fingerzeig von oben.» Wenn Gustave Colline nüchtern war, machte er blutige Witze.

In diesem Augenblick tauchte Schaunard seine Hand in den Abgrund hinab, der ihm als Tasche diente, und zog sie sofort mit einem Angstschrei wieder zurück.

«Hilfe! Da steckt wer in meinem Paletot!» heulte er und versuchte seine Hand aus den Scheren eines lebendigen Hummers zu befreien.

Seinem Schrei antwortete plötzlich ein zweiter. Den stieß Marcel aus, der gleichfalls mechanisch die Hand in die Tasche gesteckt und dort ein Amerika entdeckt hatte, an das er gar nicht mehr dachte: die hundertundfünfzig Francs nämlich, die ihm der Jude Médicis am Tage zuvor als Honorar für den «Zug durchs Rote Meer» gegeben hatte.

Da erinnerten sich denn die Bohemiens.

«Grüß Gott, ihr Herren!» sagte Marcel und breitete einen Haufen Taler auf den Tisch aus, unter denen fünf oder sechs neue Goldstücke blinkten.

«Man könnte meinen, sie lebten», sagte Colline.

«Wie schön sie singen können!» sagte Schaunard und ließ die Goldstücke klingen.

«Wie hübsch die Medaillen sind!» fügte Rodolphe

hinzu. «Man könnte sie für Fragmente der Sonne halten. Wenn ich König wäre, würde ich keine anderen Münzen dulden, und ich würde ihnen das Bildnis meiner Geliebten aufprägen lassen.»

«Wenn man bedenkt, daß es ein Land gibt, wo die Dinger häufig sind wie Kieselsteine!» sagte Schaunard. «Früher verkauften die Amerikaner vier für zwei Sous. Ich hatte einen Verwandten, der nach Amerika ging; er liegt im Bauch der Wilden begraben. Das hat unserer Familie sehr geschadet.»

«Ja, aber», sagte Marcel und sah den Hummer an, der im Zimmer umherkroch, «wo kommt eigentlich dieses Vieh her?»

«Jetzt fällt es mir ein», sagte Schaunard, «ich habe gestern einen Abstecher in Médicis' Küche gemacht; es ist anzunehmen, daß dieses Reptil, ohne es zu wollen, mir in die Tasche gefallen ist; die Biester sehen immer nach unten. Aber da ich ihn nun einmal habe», fügte er hinzu, «möchte ich ihn auch behalten; ich will in zähmen und rot anstreichen; dann sieht er vergnügter aus. Ich bin so traurig, seit Phémie fort ist; er soll mir Gesellschaft leisten.»

«Meine Herren», rief Colline, «bitte geben Sie acht: Die Wetterfahne hat sich nach Süden gedreht, wir werden frühstücken!»

«Ich glaube auch», sagte Marcel und nahm ein Goldstück; «das Ding hier wollen wir kochen, und zwar mit recht viel Sauce.»

Langsam und ernst schritten sie zur Erörterung der Speisekarte. Jedes Gericht gab Anlaß zu einer Diskussion und wurde nach Stimmenmehrheit angenommen oder abgelehnt. Die von Schaunard vorgeschlagene Omelette soufflée wurde nach sorgfältiger Erwägung verworfen, ebenso die weißen Weine, gegen die Marcel in einer Stegreifrede auftrat, die seine önologischen Kenntnisse ins hellste Licht setzte.

«Die rote Farbe ist die erste Bürgerpflicht des Weines», rief der Künstler, «geht mir mit euren Weißweinen.»

«Immerhin», sagte Schaunard, «Champagner?»

«Ach was, ein eleganter Cidre! Epileptisches Lakritzenwasser! Ich gäbe alle Keller von Epernay und Aï für ein einziges Fäßchen Burgunder. Übrigens haben wir weder Grisetten zu verführen noch Possen zu schreiben. Ich stimme gegen den Champagner!»

Als das Programm endgültig festgesetzt worden war, stiegen Schaunard und Colline in das nahe Restaurant hinunter, um das Essen zu bestellen.

«Wenn wir nun Feuer machten?» fragte Marcel.

«Wahrhaftig», entgegnete Rodolphe, «dadurch würden wir nicht gerade ein Verbrechen begehen: Das Thermometer hat uns schon längst dazu eingeladen; also heizen wir ein. Der Kamin wird sich wundern!»

Und er lief auf die Treppe hinaus und rief Colline nach, er solle Holz heraufbringen lassen.

Nach kurzer Zeit kehrten Schaunard und Colline zurück, ein Kohlenträger, der ein großes Holzbündel trug, folgte ihnen.

Als Marcel in einer Schublade nach altem Papier kramte, um das Feuer damit anzustecken, stieß er zufällig auf einen Brief, vor dessen Handschrift er erzitterte und den er zu lesen begann, wobei er sich vor seinen Freunden versteckte.

Es war ein Billett, das Musette eines Tages, als sie noch bei Marcel wohnte, mit Bleistift geschrieben hatte; der Brief war auf den Tag ein Jahr alt. Er enthielt nur ein paar Worte:

«Mein lieber Kerl!

Mach Dir keine Sorge um mich, ich komme bald wieder. Ich gehe ein bißchen spazieren, um mich zu wärmen, es friert im Zimmer, und der Kohlenhändler stellt sich tot. Ich habe die beiden letzten Stuhlbeine zerschlagen, aber sie brannten nicht einmal lange genug, um ein Ei zu kochen. Obendrein kommt der Wind durch die Scheibe herein, als sei er zu Hause, und er bläst mir eine Menge böser Ratschläge zu, die Dir Kummer machen würden, wenn ich darauf hörte. Lieber will ich einen Augenblick fortgehen, ich werde mir die Schaufenster in der Nähe anschauen. Es soll dort Samt zu zehn Francs das Meter geben. Das ist kaum glaublich, und ich muß mir das mal ansehen. Ich bin zum Essen wieder da.

Musette.»

«Armes Mädchen», murmelte Marcel und steckte den Brief in die Tasche ... Und nachdenklich blieb er einen Augenblick stehen und stützte den Kopf in die Hände.

Um diese Zeit waren die Bohemiens schon lange Witwer, freilich mit Ausnahme Collines, dessen Geliebte stets unsichtbar und anonym geblieben war.

Sogar Phémie, Schaunards liebenswürdige Gefährtin, hatte eine naive Seele gefunden, die ihr ein Herz, ein Mahagonimobiliar und einen Ring aus ihrem Haar, ihrem roten Haar anbot. Allerdings forderte Phémies Geliebter vierzehn Tage nach der Schenkung Herz und Mobiliar zurück, weil er, als er die Hände seiner Geliebten betrachtete, bemerkt hatte, daß sie zwar einen Haarring trug, aber einen schwarzen; und er wagte sie des Ehebruchs zu verdächtigen.

Dennoch war Phémie nicht vom Pfad der Tugend abgewichen; nur hatte sie den Ring, da ihre Freundinnen sie wegen des roten Haares verspotteten, schwarz färben lassen. Diese Aufklärung machte den Herrn so glücklich, daß er Phémie ein Seidenkleid kaufte, das war ihr erstes. Am Tage seiner Einweihung rief das arme Kind: «Jetzt kann ich sterben!»

Musette hingegen war inzwischen wieder einmal zu einer fast offiziellen Persönlichkeit geworden, und Marcel hatte sie seit drei oder vier Monaten nicht gesehen. Von Mimi hatte Rodolphe nichts mehr gehört, außer, wenn er allein war, aus seinem eigenen Munde.

«Ach», rief plötzlich Rodolphe, als er Marcel träumend am Kamin hocken sah, «das Feuer will wohl nicht brennen?»

«Doch, doch!» entgegnete der Maler und zündete das Holz an, das knisternd aufzuflammen begann.

Während seine Freunde ihren Appetit anregten, indem sie die Vorbereitungen zur Mahlzeit trafen, hatte Marcel sich von neuem in eine Ecke verkrochen und legte den zufällig gefundenen Brief zu einigen Andenken, die Musette ihm gelassen hatte. Plötzlich fiel ihm die Adresse einer Dame ein, die eine intime Freundin seiner alten Liebe war.

«Oh», rief er so laut, daß es alle hören konnten, «jetzt weiß ich, wo ich sie finde!»

«Wen denn?» fragte Rodolphe. «Was machst du da eigentlich?» fügte er hinzu, als er sah, daß der Künstler sich zum Schreiben niedersetzte.

«Nichts; nur ein sehr eiliger Brief, den ich vergessen hatte. Ich stehe euch in einem Augenblick zur Verfügung», erwiderte Marcel, und er schrieb:

«Mein liebes Kind!
Ich habe ‹Summen› im Sekretär, es ist ein niederschmetternder Vermögensschlaganfall. Wir erwarten eben ein mächtiges Frühstück und edle Weine, und im Kamin brennt Holz, meine Liebe, ganz wie bei Bürgern. Das mußt Du Dir eben mal ansehen, wie Du früher sagtest. Komm einen Augenblick zu uns; Du triffst Rodolphe, Colline und Schaunard; Du sollst uns zum Dessert ein paar Lieder vorsingen – es gibt nämlich richtiges Dessert. Da wir nun einmal bei Tische sind, bleiben wir auch wahrscheinlich so ungefähr acht Tage sitzen. Hab also keine Angst, daß Du zu spät kommst! Ich habe Dich so lange nicht mehr lachen hören! Rodolphe wird Madrigale auf Dich dichten, und wir werden alles mögliche auf unsere verstorbene Liebe trinken, vorbehaltlich ihrer Auferstehung. Bei Leuten wie uns ... ist der letzte Kuß niemals der letzte. Ach, wenn es vergangenes Jahr nicht so kalt gewesen wäre, würdest Du mich vielleicht niemals verlassen haben. Du hast mir um ein Bündel Holz die Treue gebrochen, weil Du Angst

hattest, rote Hände zu bekommen: das hast Du recht gemacht, ich bin Dir diesmal sowenig böse wie die andern Male; aber komm und wärme Dich, solange Feuer da ist.

Ich küsse Dich, so oft Du willst. Marcel.»

Nach Vollendung dieses Briefes schrieb Marcel einen zweiten an Frau Sidonie, Musettes Freundin, und bat sie, die beiliegenden Zeilen an ihre Adresse zu befördern. Dann ging er hinunter zum Pförtner, um die Briefe durch ihn besorgen zu lassen. Als er ihm seinen Gang im voraus bezahlte, sah der Portier in Marcels Hand ein Goldstück glänzen; und ehe er ging, den Auftrag auszuführen, stieg er hinauf und sagte dem Hauswirt Bescheid, dem Marcel noch Miete schuldig war.

«Herr», sagte der atemlos, «der Künstler im sechsten hat Geld! Der Große, wissen Sie, der mir immer ins Gesicht lacht, wenn ich ihm die Quittung bringe.»

«Ja», entgegnete der Hauswirt, «der, der die Frechheit hatte, mich anzupumpen, um mir eine Teilzahlung zu leisten. Dem habe ich gekündigt.»

«Ja, mein Herr. Aber heute hat er alle Taschen voll Gold, ich habe mir eben fast die Augen verbrannt. Er gibt Feste … Das ist der richtige Augenblick …»

«Wahrhaftig!» unterbrach ihn der Wirt. «Ich gehe gleich selbst hin.»

Frau Sidonie, die zu Hause war, als Marcels Brief gebracht wurde, schickte sofort ihr Mädchen mit dem zweiten Brief zu Musette.

Die hatte damals eine reizende Wohnung an der Chaussée-d'Antin. Als sie Marcels Brief erhielt, hatte sie gerade Besuch, und ausgerechnet an diesem Abend sollte sie ein großes feierliches Diner geben.

«Das ist ja ein wahres Wunder!» rief Musette und lachte wie toll.

«Was ist denn geschehen?» fragte ein schöner junger Mann, der steif wie eine Statuette dastand.

«Eine Einladung zum Diner», sagte das junge Mädchen. «Wie sich das trifft!»

«Es trifft sich schlecht», sagte der junge Mann.

«Wieso denn?» rief Musette.

«Wie! ... Wollen Sie denn etwa zu diesem Diner gehen?»

«Aber natürlich ... Sehen Sie zu, wie Sie zurechtkommen!»

«Aber meine Liebe, das geht doch nicht ... Gehen Sie ein andermal!»

«Oh, das ist hübsch! Ein andermal! Ein alter Bekannter, Marcel, lädt mich zum Diner ein, und das kommt so selten vor, daß ich es mir mal ansehen muß! ‹Ein andermal!› und dabei ist es so selten wie eine Sonnenfinsternis, daß es in seinem Hause ein wirkliches Diner gibt!»

«Wie! Sie brechen Ihr Wort, um *diesen* Menschen aufzusuchen», sagte der junge Mann, «und das sagen Sie *mir*! ...»

«Wem denn sonst wohl? Dem Großmogul vielleicht? Den geht das nichts an, den Guten!»

«Ihre Offenherzigkeit ist etwas merkwürdig.»

«Sie wissen doch ganz genau, daß ich nichts wie andere Leute mache», antwortete Musette.

«Aber was würden Sie wohl von mir denken, wenn ich Sie fortließe, nun ich weiß, wohin Sie wollen? Bedenken Sie, Musette, für mich und für Sie schickt sich dergleichen wirklich nicht: Sie müssen sich bei dem jungen Mann entschuldigen ...»

«Mein lieber Herr Maurice», sagte Musette mit sehr fester Stimme, «Sie kannten mich, ehe Sie mich nahmen; Sie wußten, daß ich voller Launen stecke, und noch nie hat eine lebende Seele sich rühmen können, sie habe mich von einer abgebracht.»

«Fordern Sie von mir, was Sie wollen ...», rief Maurice, «aber das! ... Es gibt Launen ... und Launen ...»

«Maurice, ich gehe zu Marcel; ich gehe jetzt gleich!» fügte sie hinzu und setzte den Hut auf. «Sie können sich von mir wenden, wenn Sie wollen, aber es ist stärker als

ich; er ist der beste Junge von der Welt und der einzige, den ich je geliebt habe. Wäre sein Herz aus Gold gewesen, er hätte es schmelzen lassen, um mir Ringe schenken zu können. Der arme Kerl!» sagte sie und zeigte den Brief. «Sehen Sie, kaum hat er ein bißchen Feuer, da lädt er mich schon ein, damit ich komme und mich wärme. Ach, wenn er nicht so faul wäre und wenn es in den Läden nicht so viel Samt und Seide gegeben hätte!!! Wir waren so glücklich; er hatte das Talent, mir weh zu tun, und er hat mir meiner Lieder wegen den Namen Musette gegeben. Sie sind wenigstens sicher, wenn ich zu ihm gehe, daß ich wieder zu Ihnen komme ... wenn Sie mir nicht die Tür vor der Nase zumachen.»

«Sie könnten mir nicht offener sagen, daß Sie mich nicht lieben», sagte der junge Mann.

«Lassen Sie's gut sein, mein lieber Maurice! Sie haben zu viel Geist, als daß wir uns darüber in eine ernsthafte Erörterung einlassen könnten. Sie haben mich, wie man ein schönes Pferd im Stall hat; und ich, ich liebe Sie ... weil ich den Luxus liebe, den Lärm der Feste, alles, was klingt und strahlt; wir wollen nicht sentimental werden, das wäre lächerlich und sinnlos.»

«Lassen Sie mich doch wenigstens mit Ihnen gehen.»

«Aber Sie werden sich dort absolut nicht amüsieren», rief Musette, «und uns werden Sie auch noch hindern, uns zu amüsieren! Bedenken Sie doch, daß er mich natürlich liebhaben will, der Junge!»

«Musette», sagte Maurice, «haben Sie oft so fügsame Leute gefunden wie mich?»

«Herr Vicomte», antwortete Musette, «als ich eines Tages mit Lord *** auf dem Camps-Élysées spazierenfuhr, begegnete ich Marcel und seinem Freund Rodolphe, beide gingen zu Fuß; beide waren schlecht angezogen, bespritzt wie Schäferhunde und rauchten ihre Pfeifen. Ich hatte Marcel drei Monate lang nicht mehr gesehen, und mir war, als spränge mein Herz zum Wagenfenster hinaus. Ich ließ halten und plauderte eine halbe Stunde lang mit Marcel vor den Augen von ganz Paris, das in

Equipagen vorbeifuhr. Marcel bot mir Nanterrekuchen an und schenkte mir ein Veilchenbouquet für einen Sou, das ich in den Gürtel steckte. Als er fort war, wollte Lord *** ihn zurückrufen, um ihn zum Essen einzuladen. Ich habe ihm einen Kuß dafür gegeben. Und das ist mein Charakter, mein lieber Herr Maurice; wenn er Ihnen nicht gefällt, müssen Sie es schnell sagen, dann nämlich nehme ich meine Pantoffeln und meine Nachthaube mit!»

«Es ist also manchmal gut, wenn man arm ist!» sagte der Vicomte Maurice mit einer Miene voll neidischer Trauer.

«O nein», entgegnete Musette, «wenn Marcel reich wäre, wäre ich nie von ihm gegangen!»

«Also gehen Sie!» sagte der junge Mann und drückte ihr die Hand. «Sie haben Ihr neues Kleid angezogen», fügte er hinzu, «es steht Ihnen wundervoll.»

«Ach ja», erwiderte Musette, «richtig, ich hatte heute morgen eine Art Ahnung. Marcel ist der erste, der es sieht. Adieu!» sagte sie. «Ich will ein wenig von dem heiligen Brot der Heiterkeit essen.»

Musette trug an jenem Tage eine entzückende Toilette; nie hatte ein verführerischerer Einband das Gedicht ihrer Jugend und Schönheit umschlossen. Übrigens besaß Musette instinktiv das Genie der Eleganz. Als sie zur Welt kam, hatte sie sicher zuerst mit den Augen nach einem Spiegel gesucht, um sich in ihren Windeln zu putzen, und ehe sie getauft wurde, hatte sie schon die Sünde der Koketterie begangen. Damals, als sie noch in dürftigen Verhältnissen lebte, als sie noch auf Kleider aus bedrucktem Kattun angewiesen war, auf kleine Hüte mit Schleifen und Chevreauschuhe, trug sie diese ärmliche und einfache Uniform der Grisetten schon zum Entzücken. Diese hübschen Mädchen, die halb Bienen sind und halb Heimchen, die ihre Arbeit die ganze Woche hindurch mit Liedern begleiten, baten Gott nur um ein wenig Sonne für den Sonntag, liebten ganz gewöhnlich mit dem Herzen und stürzten sich zuweilen zum Fenster hinaus. Ein jetzt entschwundenes Geschlecht, dank der gegenwärtigen Generation junger Leute: einer verdorbenen und verderblichen, aber vor allem eitlen, dummen und brutalen Generation. Um des Vergnügens an boshaften Paradoxen willen verhöhnten sie die armen Mädchen, weil ihre Hände die heiligen Narben der Arbeit trugen, und bald verdienten sie nicht mehr genug, um sich Mandelpaste zu kaufen. Allmählich gelang es diesen Herren, ihnen die eigene Eitelkeit und Dummheit einzuimpfen, und seitdem ist die Grisette ausgestorben. Die Lorette entstand. Ein hybrides Geschlecht impertinenter Kreaturen von mittelmäßiger Schönheit, halb Fleisch, halb Schminke; ihr Boudoir ist ein Zahlzimmer, in dem sie Stücke von ihrem Herzen feilhalten, wie man Roastbeefschnitten feilhält. Die meisten dieser Mädchen, die die Lust entehren und der modernen Galanterie zur Schmach gereichen, haben nicht einmal immer die Intelligenz der Tiere, deren Federn sie auf den Hüten tragen. Wenn es ihnen etwa einmal zustößt, daß nicht eine Liebe, sondern nur eine Laune, nur ein gemeines Begehren sie packt, so gilt es irgendeinem Hanswurst von Bürger, den die alberne Menge auf den öffentlichen Bällen umringt und beklatscht und für den die Zeitungen, die Höflinge alles Lächerlichen, Reklame machen. Obwohl sie in dieser Welt zu leben gezwungen war, hatte Musette weder deren Sitten noch ihr Wesen angenommen; jene habgierige Dienstbarkeit, wie sie bei jenen Geschöpfen gewöhnlich ist, die nur Barême lesen und nur Ziffern schreiben können, blieb ihr unbekannt. Sie war ein intelligentes und geistvolles Mädchen, das ein paar Tropfen vom Blute Manons in den Adern hatte; und widerspenstig gegen alles Auferlegte wie sie war, hatte sie nie eine Laune widerstehen können oder wollen, was auch die Folgen sein mochten.

Marcel war wirklich der einzige, den sie geliebt hatte. Wenigstens war er der einzige, für den sie wirklich gelitten hatte, und es hatte der ganzen Hartnäckigkeit der Instinkte bedurft, die sie zu allem hinzogen, «was glänzt und klingt», damit sie ihn verließ. Sie war zwanzig Jahre alt, und der Luxus war für sie fast eine Frage der Hygiene. Sie konnte ihn zwar eine Zeitlang entbehren, aber sie konnte nicht völlig auf ihn verzichten. Da sie sich ihrer Unbeständigkeit bewußt war, hatte sie niemals einwilligen wollen, ihrem Herzen das Vorhängeschloß eines Treueschwurs aufzuerlegen. Sie war von vielen jungen Leuten glühend geliebt worden und hatte auch selber an ihnen sehr lebhaften Geschmack gefunden; und stets verfuhr sie ihnen gegenüber mit umsichtiger Ehrlichkeit; die Verpflichtungen, die sie übernahm, waren einfach, offen und ländlich, wie die Liebeserklärungen der Bauern Molières. «Sie wollen mich, und ich will Sie; abgemacht, und nun wollen wir Hochzeit feiern!» Zehnmal hätte Musette, wenn sie nur gewollt hätte, eine feste Stellung finden können, eine sogenannte Zukunft; aber sie glaubte ganz und gar nicht an die Zukunft und bekannte sich zu Figaros Skeptizismus.

«Das Morgen», sagte sie manchmal, «ist eine Kalenderalbernheit; es ist ein täglicher Vorwand, den die Menschen erfunden haben, um ihre Angelegenheiten nicht heute erledigen zu müssen. Morgen ist vielleicht ein Erdbeben. Schön, heute steht die Erde noch fest.»

Eines Tages schlug ihr ein Anbeter, bei dem sie fast ein halbes Jahr geblieben war und der sich sterblich in sie verliebt hatte, allen Ernstes vor, sie zu heiraten. Musette lachte ihm bei diesem Vorschlag ins Gesicht.

«Ich und meine Freiheit in das Gefängnis eines Ehekontraktes sperren? Nie!» sagte sie.

«Aber mein Leben verfließt in der zitternden Angst, Sie zu verlieren.»

«Sie würden mich noch weit mehr verlieren, wenn ich Ihre Frau wäre», antwortete Musette. «Reden wir nicht mehr davon. Übrigens bin ich nicht frei», fügte sie hinzu; wahrscheinlich dachte sie an Marcel.

So verlebte sie ihre Jugend, ihr Geist schwebte in allen vier Winden des Unvorhergesehenen und machte viele glücklich, fast auch sie selber. Der Vicomte Maurice, bei dem sie augenblicklich war, gewöhnte sich nur mit Mühe an diesen unbezähmbaren, freiheitstrunkenen Charakter, und mit von Eifersucht gefärbter Ungeduld erwartete er Musettes Rückkehr, als sie zu Marcel gegangen war.

«Ob sie wohl bei ihm bleiben wird?» fragte der junge Mann sich den ganzen Abend und bohrte sich dieses Fragezeichen ins Herz.

«Der arme Maurice», sagte Musette ihrerseits, «er findet es ein bißchen hart. Ach was, man muß die Jugend erziehen!» Und mit einem plötzlichen Gedankensprung zu andern Dingen dachte sie an Marcel, zu dem sie ging; sie ließ die Erinnerungen, die der Name ihres alten Anbeters erweckte, der Reihe nach an sich vorüberziehen und fragte sich, welches Wunder bei ihm den Tisch gedeckt haben mochte. Unterwegs las sie nochmals den Brief, den der Künstler ihr geschrieben hatte, und unwillkürlich kam eine leise Traurigkeit über sie. Aber das dauerte nur einen Augenblick. Musette dachte mit Recht, es sei weniger als jemals Grund zur Verzweiflung vorhanden, und da sich gerade ein starker Wind erhob, rief sie: «Es ist komisch, wenn ich nicht schon von selber zu Marcel gehen wollte, so triebe der Wind mich hin!»

Und schnelleren Schrittes ging sie weiter, heiter wie ein Zugvogel, der in sein altes Nest zurückfliegt.

Plötzlich aber begann ein heftiges Schneegestöber. Musette suchte mit den Augen nach einem Wagen. Sie fand keinen. Da sie gerade in der Straße war, wo Frau Sidonie, ihre Freundin, wohnte, durch die sie Marcels Brief erhalten hatte, kam Musette der Gedanke, einen Augenblick zu dieser Dame hinaufzugehen und zu warten, bis das Wetter ihr erlauben würde, ihren Weg fortzusetzen.

Als Musette bei Frau Sidonie eintrat, fand sie dort eine zahlreiche Gesellschaft beisammen. Es wurde gerade ein Landsknecht zu Ende gespielt, der vor drei Tagen begonnen worden war.

«Lassen Sie sich nicht stören!» sagte Musette. «Ich komme nur und gehe gleich wieder.»

«Hast du Marcels Brief erhalten?» flüsterte Frau Sidonie ihr ins Ohr.

«Ja», antwortete Musette, «danke; ich bin auf dem Wege zu ihm; er lädt mich zum Essen ein. Willst du mitkommen? Du wirst dich gut amüsieren.»

«O nein, ich kann nicht», sagte Sidonie und zeigte auf den Spieltisch; «wie steht das Spiel?»

«Es stehen sechs Louis», sagte laut der Bankier, der die Karten hielt.

«Ich setze zwei!» rief Frau Sidonie.

«Ich bin nicht stolz, ich fange gleichfalls mit zweien an», antwortete der Bankier, der schon mehrere Male gepaßt hatte. «König und As. Ich bin erledigt», fuhr er fort und warf die Karten auf den Tisch, «alle Könige sind tot.»

«Bitte, keine Politik!» sagte ein Journalist.

«Und das As ist ein Feind meiner Familie», schloß der Bankier, der noch einen König hinwarf. «Hoch der König!» rief er. «Sidonie, mein Liebling, geben Sie mir zwei Louis!»

«Schreib sie dir ins Gedächtnis!» sagte Sidonie wütend, weil sie verloren hatte.

«Nun schulden Sie mir genau fünfhundert Francs, Kleine», sagte der Bankier. «Sie werden bis tausend kommen! Der nächste gibt.»

Sidonie und Musette plauderten leise. Das Spiel nahm seinen Fortgang.

Ungefähr zur gleichen Stunde setzten die Bohemiens sich zu Tisch. Während der ganzen Mahlzeit schien Marcel unruhig. Sobald auf der Treppe das Geräusch von Schritten laut wurde, zuckte er zusammen.

«Was hast du nur?» fragte Rodolphe. «Man könnte meinen, du erwartest jemand. Sind wir nicht vollzählig?»

Doch an einem gewissen Blick, den der Künstler ihm zuwarf, erkannte der Dichter, welches seines Freundes Sorge war.

‹Es stimmt schon›, dachte er bei sich, ‹vollzählig sind wir nicht.›

Der Blick Marcels bedeutete «Musette», und der Blick Rodolphes sagte «Mimi».

«Unsere Frauen fehlen», sagte Schaunard plötzlich.

«Zum Donnerwetter noch mal!» heulte Colline. «Willst du stille sein mit deinen leichtfertigen Gedanken! Es ist vereinbart worden, daß nicht von Liebe gesprochen werden soll, sonst werden die Saucen sauer.»

Und die Freunde begannen aus bis zum Rand gefüllten Gläsern zu trinken, während es draußen noch immer schneite und im Kamin das Holz hell flackerte und Funkenregen in die Höhe schleuderte.

Als Rodolphe gerade den Refrain eines Liedes laut vor sich hin trällerte, das er auf dem Grunde seines Glases gefunden hatte, klopfte es mehrmals an die Tür.

Marcel, der schon in einem Beginn von Trunkenheit schwamm, sprang bei diesem Geräusch einem Taucher gleich, der mit dem Fuße den Boden berührt und sich an die Oberfläche zurückschnellt, hastig vom Stuhl empor und machte schnell auf.

Allein es war ganz und gar nicht Musette.

Auf der Schwelle erschien ein Herr. Er hielt einen kleinen Zettel in der Hand. Seine äußere Erscheinung war so übel nicht, doch sein Schlafrock war schlecht gearbeitet.

«Ich finde Sie ja in vortrefflicher Stimmung», sagte er, als er den Tisch sah, in dessen Mitte der Leichnam einer kolossalen Hammelkeule prangte.

«Der Hauswirt!» brüllte Rodolphe. «Erweist ihm die Ehren, die ihm gebühren!»

Und er begann mit Messer und Gabel auf dem Teller die Trommel zu schlagen.

Colline bot ihm seinen Stuhl an, und Marcel schrie: «Hallo, Schaunard, ein reines Glas für den Herrn! Sie kommen sehr gelegen!» sagte der Künstler zum Hauswirt. «Wir wollten gerade einen Toast auf das Kapital ausbringen. Mein Freund da, Herr Colline, sagte ganz rührende Dinge. Da sie gekommen sind, wird es Ihnen zu Ehren noch einmal von vorn anfangen. Fang doch noch einmal von vorn an, Colline!»

«Verzeihung, meine Herren», erwiderte der Hauswirt, «ich möchte Sie nicht stören.»

Und er entfaltete das Zettelchen, das er in der Hand hielt.

«Was ist denn das für eine Drucksache?» fragte Marcel.

Der Hauswirt, der den inquisitorischen Blick durchs Zimmer schweifen ließ, sah das Gold und das Silber, das auf dem Kamin liegengeblieben war.

«Es ist die Quittung», sagte er rasch, «ich habe schon einmal die Ehre gehabt, sie Ihnen präsentieren zu lassen.»

«Stimmt auffallend», sagte Marcel, «mein treues Gedächtnis erinnert mich genau an diese Tatsache; es war an einem Freitag, am achten Oktober, Viertel nach zwölf; nicht wahr?»

«Sie ist schon unterschrieben», sagte der Hauswirt, «und wenn es Ihnen nicht lästig ist ...»

«Hochzuverehrender», unterbrach ihn Marcel, «ich wollte schon selbst zu Ihnen kommen. Ich habe des längeren mit Ihnen zu reden.»

«Stets zu Diensten.»

«Tun Sie mir doch den Gefallen und nehmen Sie eine kleine Erfrischung», fuhr Marcel fort und nötigte ihm ein Glas Wein auf. «Herr Wirt», fuhr der Künstler fort, «Sie hatten mir letzthin ein kleines Schriftstück geschickt ... ein Schriftstück mit dem Bild einer Dame, die eine Waage hält. Die Botschaft war ‹Godard› unterzeichnet.»

«Das ist mein Gerichtsvollzieher», sagte der Hauswirt.

«Er hat eine niederträchtige Handschrift», meinte Marcel. «Mein Freund, der alle Sprachen kennt», fuhr er fort und zeigte auf Colline, «mein Freund hat mir die Botschaft, deren Porto fünf Francs betrug, zwar freundlichst übersetzt ...»

«Es war eine Kündigung», sagte der Hauswirt, «eine Vorsichtsmaßregel ... es ist so üblich.»

«Eine Kündigung, es stimmt auffallend», entgegnete Marcel. «Ich wollte zu Ihnen kommen, um über diese Akte, die ich in einen Kontrakt umwandeln möchte, eine Konferenz mit Ihnen abzuhalten. Das Haus gefällt mir, die Treppe ist sauber, die Straße sieht nett aus, und dann fesseln mich Familiengründe und noch tausend andere Dinge an diese Mauern.»

«Aber», sagte der Hauswirt und entfaltete die Quittung von neuem, «die letzte Miete muß noch bezahlt werden.»

«Wir werden sie bezahlen, Herr Wirt, das war auch schon meine heimliche Absicht.»

Unterdessen ließ der Hauswirt den Kamin, auf dem das Geld lag, nicht aus den Augen, und die magnetische Starrheit seiner begehrlichen Blicke war so groß, daß die Münzen sich zu rühren und auf ihn zuzurücken schienen.

«Ich freue mich, daß ich in einem Augenblick komme, wo wir die kleine Rechnung begleichen können, ohne daß es Ihnen lästig ist», sagte er und hielt Marcel die Quittung hin; dieser jedoch brach, da er den Angriff nicht anders parieren konnte, nochmals ab und begann mit seinem Gläubiger die Szene Don Juans und des Herrn Dimanche von neuem.

«Ich glaube, Sie haben Besitztümer in der Provinz?» fragte er.

«Oh», erwiderte der Hauswirt, «sehr wenig; ein kleines Haus in Burgund, einen Pachthof, Kleinigkeiten, wenig Ertrag ... die Pächter zahlen nicht ... Und so», fügte er hinzu und hielt abermals die Quittung hin, «kommt mir diese kleine Einnahme wundervoll gelegen ... Es sind sechzig Francs, wie Sie wissen.»

«Sechzig, ja», sagte Marcel, trat zum Kamin und ergriff drei Goldstücke. «Also sechzig», und er legte die drei Münzen in einiger Entfernung von dem Hauswirt auf den Tisch.

«Endlich», murmelte dieser; sein Gesicht klärte sich plötzlich auf, und er legte seine Quittung ebenfalls auf den Tisch.

Schaunard, Colline und Rodolphe sahen der Szene mit nicht geringer Unruhe zu.

«Bei Gott, Herr Wirt!» sagte Marcel. «Da Sie Burgunder sind, werden Sie sich nicht weigern, ein Wörtchen mit einem Landsmann zu reden.»

Und er entkorkte eine Flasche alten Mâcon und schenkte dem Hauswirt ein volles Glas ein.

«Ei, ausgezeichnet!» sagte dieser. «Ich habe nie besseren getrunken.»

«Ich habe da unten einen Onkel, der mir von Zeit zu Zeit ein paar Körbe voll schickt.»

Der Hauswirt war aufgestanden und streckte eben die Hand nach dem vor ihm liegenden Geld aus, als Marcel ihn von neuem unterbrach.

«Sie werden sich nicht weigern, mir noch einmal Bescheid zu tun», sagte er, schenkte nochmals ein und zwang den Gläubiger, mit ihm und den drei andern Bohemiens anzustoßen.

Der Hauswirt wagte nicht abzulehnen. Er trank von neuem, stellte sein Glas hin und schickte sich wiederum an, das Geld einzustreichen, als Marcel ausrief: «Wahrhaftig, Herr Wirt, mir kommt ein Gedanke. Ich finde, ich bin augenblicklich ein bißchen zu reich. Mein Burgunder Onkel hat mir einen Zuschuß zu meinem Wechsel geschickt. Ich fürchte, ich könnte das Geld verschwenden. Sie wissen ja, Jugend hat keine Tugend ... Wenn es Ihnen nicht unangenehm ist, zahle ich Ihnen ein Vierteljahr im voraus!»

Und er nahm sechzig Francs in Talerstücken und legte sie zu den Goldstücken auf den Tisch.

«Dann werde ich Ihnen eine Quittung über das kommende Quartal ausstellen», sagte der Hauswirt. «Ich habe stets Blankoquittungen in der Tasche», fügte er hinzu und zog seine Brieftasche. «Ich werde sie ausfüllen und vorausdatieren ...»

‹Aber das ist ja ein reizender Mieter›, dachte er leise und streichelte die hundertundzwanzig Francs mit den Blicken.

Dieser Vorschlag ließ die drei Bohemiens, die Marcels Diplomatie nicht mehr verstanden, vor Staunen erstarren.

«Aber der Kamin hier raucht, das ist sehr unangenehm.»

«Weshalb haben Sie mir das nicht schon längst gesagt? Ich hätte den Schornsteinfeger geschickt», sagte der Hauswirt, der nicht hinter seinem Mieter zurückstehen wollte. «Morgen soll es in Ordnung gebracht werden.» Und als er die zweite Quittung ausgefüllt hatte, legte er sie zu der ersten und schob Marcel alle beide hin, und wiederum streckte er die Hand nach dem Geldhäufchen aus. «Sie glauben nicht, wie gelegen mir diese Summe kommt», sagte er. «Ich habe Rechnungen für Reparaturen im Hause zu bezahlen ... und ich war sehr in Verlegenheit.»

«Es tut mir leid, daß ich Sie ein wenig habe warten lassen», entgegnete Marcel.

«Oh, das tut nichts ... Meine Herren ... Ich habe die Ehre ...» Und seine Hand streckte sich nochmals aus ...

«Oh, oh, erlauben Sie!» sagte Marcel. «Wir sind noch nicht fertig. Sie kennen das Sprichwort: Wenn der Wein abgezogen ist, muß er getrunken werden ...»

Und er füllte dem Hauswirt von neuem das Glas.

«Ganz recht», erwiderte der Wirt, und aus Höflichkeit setzte er sich wieder.

Diesmal erkannten die Bohemiens an einem Blick, den Marcel ihnen zuwarf, welches Ziel er verfolgte.

Mittlerweile begann der Hauswirt auf eine merkwürdige Art die Augen zu verdrehen. Er wiegte sich auf seinem Stuhl hin und her, führte lockere Reden und versprach Marcel, der Reparaturen verlangte, fabelhafte Verschönerungen.

«Schwere Artillerie vor!» flüsterte der Künstler Rodolphe zu und zeigte auf eine Flasche Rum.

Nach dem ersten Gläschen sang der Hauswirt eine Zote, vor der selbst Schaunard schamrot wurde.

Nach dem zweiten Gläschen erzählte er von seinem ehelichen Unglück, und da seine Gattin Hélène hieß, so verglich er sich mit Menelaus.

Nach dem dritten Gläschen erlitt er einen Philosophieanfall und stellte Aphorismen auf wie die folgenden:

«Das Leben ist ein Fluß.»

«Reichtum macht niemand glücklich.»

«Der Mensch ist vergänglich.»

«Ach, muß Liebe schön sein.»

Und er wählte Schaunard zum Vertrauten und erzählte ihm von seiner heimlichen Liebschaft mit einem jungen Mädchen, das er «in Mahagoni gesetzt habe» und das Phémie heiße. Er entwarf ein so genaues Bild von dieser jungen Dame und ihrer naiven Zärtlichkeit, daß ein merkwürdiger Argwohn in Schaunard zu erstehen begann, der jedoch zur Gewißheit wurde, als der Hauswirt einen Brief aus der Tasche zog und ihn ihm zeigte.

«O Himmel!» rief Schaunard, als er die Unterschrift sah. «Grausames Mädchen, du bohrst mir einen Dolch ins Herz.»

«Was hat er nur?» riefen die Bohemiens, die über solche Redeweise erstaunt waren.

«Seht», sagte Schaunard, «dieser Brief ist von Phémie; seht diesen Klecks, der als Unterschrift dient!» Und er ließ den Brief seiner ehemaligen Geliebten die Runde machen; er begann folgendermaßen:

«Mein dicker Bau-bau!»

«Ihr dicker Bau-bau bin ich», erklärte der Hauswirt und versuchte aufzustehen, was ihm indessen nicht mehr gelang.

«Schön!» sagte Marcel, der ihn beobachtete. «Er ist vor Anker gegangen.»

«Phémie, grausame Phémie», murmelte Schaunard, «du bereitest mir großen Schmerz.»

«Ich habe ihr einen kleinen Zwischenstock möbliert, Rue Coquenard Nummer zwölf», sagte der Hauswirt. «Er ist hübsch, sehr hübsch ... und teuer ... Aber wahre Liebe kennt keinen Preis, und dann habe ich zwanzigtausend Francs Rente ... Sie will Geld von mir», fuhr er fort und nahm den Brief wieder an sich.

«Armes kleines ... Ich will ihr das da geben, dann freut sie sich ...», und er streckte abermals die Hand nach Marcels Talern aus. «Nanu? Nanu?» sagte er erstaunt und tastete über den Tisch. «Wo ist es denn? ...»

Das Geld war verschwunden.

«Unmöglich», hatte Marcel gesagt, «kann ich als Ehrenmann mich zu so verbrecherischen Machenschaften hergeben. Das Gewissen und die Moral verbieten mir, den Preis meiner Miete in die Hände dieses Lustgreises zu legen. Ich bezahle nicht! So bleiben meiner Seele wenigstens die Qualen der Gewissensbisse erspart. Solch eine Unmoral! Ein Mensch mit kahlem Haupt!»

Unterdessen rollte der Hauswirt vollends unter den Tisch, und mit lauter Stimme hielt er den Flaschen unsinnige Ansprachen.

Da er jedoch mittlerweile zwei Stunden fort war, schickte seine besorgte Gattin das Dienstmädchen nach ihm aus, das ein lautes Geschrei erhob, als es ihn sah.

«Was haben Sie mit meinem Herrn angestellt?» fragte sie die Bohemiens.

«Nichts», sagte Marcel, «er kam nur eben herauf, um seine Miete einzukassieren; da wir ihm kein Geld geben konnten, baten wir ihn um Aufschub.»

«Aber er hat sich ja besoffen», sagte das Mädchen.

«Davon war der größere Teil schon getan», antwortete Rodolphe, «als er kam, sagte er, er habe seinen Keller in Ordnung gebracht.»

«Und er war so außer Rand und Band», fuhr Colline fort, «daß er uns unsere Quittungen ohne Zahlung dalassen wollte.»

«Geben Sie sie seiner Frau», fügte der Maler hinzu und reichte ihr die Quittungen, «wir sind ehrliche Leute und wollen seinen Zustand nicht ausnutzen.»

«O mein Gott, was wird seine Frau sagen!» rief das Mädchen und zog den Hauswirt fort, der sich nicht mehr auf den Beinen halten konnte.

«Endlich!» rief Marcel.

«Der kommt morgen wieder», sagte Rodolphe, «er hat Geld gesehen.»

«Wenn er wiederkommt», entgegnete der Maler,

«drohe ich ihm, seine Frau über seine Beziehungen zu der kleinen Phémie aufzuklären, dann läßt er uns Zeit.»

Als der Hauswirt draußen war, begannen die vier Freunde von neuem zu trinken und zu rauchen. Nur Marcel hatte in seiner Trunkenheit einen Rest von Besinnung bewahrt. Alle Augenblicke lief er an die Tür und öffnete, wenn er nur das geringste Geräusch von Schritten auf der Treppe hörte. Aber alle, die heraufkamen, blieben in den untern Stockwerken; dann setzte der Künstler sich langsam wieder an seinen Kamin. Es schlug Mitternacht, und noch immer war Musette nicht gekommen.

‹Ja, ja›, dachte Marcel, ‹vielleicht war sie nicht zu Hause, als mein Brief gebracht wurde. Sie wird ihn heute abend finden, und dann kommt sie morgen. Feuer wird dann wohl auch noch dasein. Sie kann unmöglich fortbleiben. Also morgen.› Und er schlief am Feuer ein.

Im gleichen Augenblick, als Marcel einschlief, um von ihr zu träumen, verließ Musette das Haus ihrer Freundin, der Frau Sidonie, bei der sie bis dahin geblieben war. Musette war nicht allein, ein junger Mann begleitete sie, ein Wagen wartete vor der Tür, und sie stiegen beide ein; der Wagen fuhr im Galopp davon.

Bei Frau Sidonie nahm die Partie Landsknecht ihren Fortgang.

«Wo ist denn Musette?» rief plötzlich jemand.

«Wo ist denn der kleine Séraphin?» fragte ein anderer.

Frau Sidonie lachte auf.

«Sie haben sich beide aus dem Staube gemacht», sagte sie.

«Ach, das ist eine sonderbare Geschichte. Was für ein merkwürdiges Wesen diese Musette ist! Stellen Sie sich nur vor …»

Und sie erzählte der Gesellschaft, wie Musette sich fast mit dem Vicomte Maurice überworfen hatte, wie sie auf dem Wege zu Marcel gewesen und nur zufällig einen Augenblick zu ihr heraufgekommen war, wo sie den jungen Séraphin getroffen hatte.

«Ach, ich ahnte doch etwas», sagte Sidonie, indem sie ihren Bericht unterbrach. «Ich habe die beiden den ganzen Abend beobachtet: Er ist nicht ungeschickt, der kleine Herr. Kurz», fuhr sie fort, «sie sind ohne ein Wort auf und davon gegangen, und wer sie einholt, müßte schon pfiffig sein. Einerlei, es ist komisch, wenn man bedenkt, daß Musette ihren Marcel wirklich liebt.»

«Wenn sie ihn liebt, wozu dann der Séraphin, der fast noch ein Kind ist? Er hat noch keine Geliebte gehabt», sagte ein junger Mann.

«Sie will ihn lesen lehren», sagte der Journalist, der sehr blöde war, wenn er verloren hatte.

«Einerlei», erwiderte Sidonie, «wo sie doch Marcel liebt, wozu dann Séraphin? Das geht über meine Begriffe.»

«Ach ja, wozu?» – – –

Fünf Tage lang führten die Bohemiens, ohne auszugehen, das lustigste Leben von der Welt. Sie blieben vom Morgen bis zum Abend bei Tische. Wundervolle Unordnung herrschte im Zimmer, das eine pantagrueleske Atmosphäre erfüllte. Auf einer Bank, die fast ganz aus Austernschalen bestand, lag eine Armee von Flaschen verschiedenen Formats. Der Tisch war mit Resten jeder Art beladen, und im Kamin brannte ein ganzer Wald.

Am sechsten Tage stellte Colline, der Zeremonienmeister war, wie er es jeden Morgen tat, die Speisenfolge des Frühstücks zusammen und ebenso die des Diners, des Nachmittagstees und des Soupers und unterbreitete es der Würdigung seiner Freunde, die es ein jeder zum Zeichen des Einverständnisses mit ihrer Unterschrift versahen.

Als jedoch Colline das Schubfach aufzog, das als Kasse diente, um ihm das für die Zeche des Tages nötige Geld zu entnehmen, fuhr er zwei Schritte zurück und wurde bleich wie Banquos Geist.

«Was gibt es?» fragten die anderen gleichgültig.

«Es gibt, daß es nichts mehr gibt. Es sind nur noch ein Franc fünfzig da», sagte der Philosoph.

«Teufel! Teufel!» riefen die andern. «Da werden wir in unserm Küchenzettel ein paar Änderungen vornehmen müssen. Schließlich, einsfünfzig gut angewendet ... Einerlei, Trüffeln werden wir schwerlich kaufen können.»

Ein paar Minuten später war gedeckt. Drei in großer Symmetrie hergerichtete Schüsseln prangten auf dem Tisch:

eine Schüssel Heringe;
eine Schüssel Kartoffeln;
eine Schüssel Käse.

Im Ofen schwelten zwei faustgroße Stücke Holz.

Draußen schneite es noch immer.

Die vier Bohemiens setzten sich zu Tisch und falteten ernst die Servietten auseinander.

«Merkwürdig», sagte Marcel, «dieser Hering schmeckt ganz nach Fasan.»

«Das liegt an der Art, wie ich ihn zubereitet habe», erwiderte Colline, «man hat den Hering oft verkannt.»

In diesem Augenblick stieg ein lustiges Lied die Treppe herauf und klopfte bei Marcel an die Tür. Marcel hatte ein Zittern nicht unterdrücken können, er sprang auf und öffnete.

Musette fiel ihm um den Hals und küßte ihn fünf Minuten lang. Marcel fühlte, wie sie in seinen Armen bebte.

«Was hast du?» fragte er.

«Mich friert», erwiderte sie mechanisch und trat an den Kamin.

«Ach», sagte Marcel, «und wir haben ein so schönes Feuer gehabt!»

«Ja», sagte Musette und sah auf dem Tisch die Reste des Festmahls an, das fünf Tage gedauert hatte, «ich komme zu spät.»

«Weshalb?» fragte Marcel.

«Weshalb?» wiederholte Musette … und wurde ein bißchen rot. Und sie setzte sich auf Marcels Knie; sie zitterte noch immer, und ihre Hände waren blau.

«Warst du nicht frei?» fragte Marcel sie leise.

«Ich, nicht frei!» rief das schöne Mädchen. «Ach, Marcel! Und säße ich mitten unter den Sternen, im Paradies des lieben Gottes, und du gäbst mir einen Wink, ich stiege zu dir herab. Ich, nicht frei! …» Und sie begann von neuem zu zittern.

«Es sind fünf Stühle hier», sagte Rodolphe, «das ist eine ungerade Zahl, ganz abgesehen davon, daß der fünfte eine lächerliche Form hat.» Und er zerbrach den Stuhl an der Wand und warf die Stücke in den Kamin. Das Feuer erwachte sofort zu heller und freudiger Flamme; dann gab der Dichter Colline und Schaunard einen Wink und führte sie hinaus.

«Wohin geht ihr?» fragte Marcel.

«Wir wollen Tabak kaufen», antworteten sie.

«In Havanna», fügte Schaunard hinzu und gab Marcel einen bedeutsamen Wink; er dankte ihm mit einem Blick.

«Weshalb bist du nicht eher gekommen?» fragte er Musette von neuem, als sie allein waren.

«Es ist schon wahr, ich komme etwas spät …»

«Fünf Tage, nur um über den Pont-Neuf zu gehen! Du bist wohl über die Pyrenäen gekommen?» fragte Marcel.

Musette blieb stumm und senkte nur den Kopf.

«Ach, böses Mädchen!» fuhr der Künstler melancholisch fort und schlug seiner Geliebten leise mit der Hand auf das Korsett.

«Was trägst du denn da drunter?»

«Das weißt du ja», gab sie lebhaft zurück.

«Aber was hast du getan, seit ich dir schrieb?»

«Frag nicht!» erwiderte Musette lebhaft und küßte ihn mehrmals. «Frage nichts! Laß mich, ich will mich neben dir wärmen, so lange es kalt ist. Du siehst, ich hatte für dich mein schönstes Kleid angezogen … Der arme Maurice, er verstand es nicht, als ich fortging, um herzukommen; aber es war stärker als ich … Ich machte mich auf … Das Feuer tut gut», fügte sie hinzu und hielt die kleinen Hände an die Flamme. «Ich bleibe bis morgen bei dir. Willst du?»

«Es wird kalt hier werden», sagte Marcel, «und wir haben nichts mehr zu essen. Du bist zu spät gekommen», wiederholte er.

«Ach was!» sagte Musette. «Um so mehr wird es wie früher sein.»

Rodolphe, Colline und Schaunard blieben auf der Suche nach ihrem Tabak vierundzwanzig Stunden fort. Als sie wieder nach Hause kamen, war Marcel allein.

Nach sechs Tagen der Abwesenheit sah der Vicomte Maurice Musette wieder. Er machte ihr keinen Vorwurf und fragte sie nur, weshalb sie traurig sei.

«Ich habe mich mit Marcel gezankt», sagte sie, «wir sind im Bösen auseinandergegangen.»

«Und doch», sagte Maurice, «wer weiß? Vielleicht kehren Sie dennoch wieder zu ihm zurück.»

«Das ist nun einmal so!» rief Musette. «Ich muß von Zeit zu Zeit die Luft dieses Lebens atmen. Mein wildes Dasein ist wie ein Lied: jede Liebe ist eine Strophe, aber Marcel ist der Refrain.»

XX

Mimi hat Federern

I

«Ach nein, nein, nein, Sie sind nicht mehr Lisette! Ach nein, nein, nein, Sie sind nicht mehr Mimi!

Heute sind Sie Frau Vicomtesse, übermorgen sind Sie vielleicht Frau Herzogin, denn Sie haben den Fuß auf die Leiter zur Größe gesetzt. Das Tor Ihrer Träume hat Ihnen endlich seine Flügel aufgetan, und Sie treten siegreich und triumphierend ein. Ich wußte es ja, daß Sie es irgendeine Nacht dahin bringen würden. Es mußte so sein; Ihre weißen Hände waren für das Nichtstun geschaffen und riefen seit langem nach dem Ring einer aristokratischen Verbindung. Endlich haben Sie ein Wappen! Aber uns ist jenes noch lieber, das die Jugend Ihrer Schönheit gibt, denn es war, als gösse sie durch Ihre blauen Augen und Ihr blasses Gesicht das Blau des Himmels auf Lilienfelder. Adlig oder niedrig. Sie bleiben immer reizend; und ich habe Sie sehr wohl erkannt, als Sie neulich abends mit raschem und elegant beschuhtem Fuß die Straße entlanggingen, dem Wind mit behandschuhter Hand helfend, wenn er die Volants Ihres neuen Kleides hob: ein wenig, damit sie nicht schmutzig wurden, zumeist, um Ihre Spitzenunterröcke und Ihre durchbrochenen Strümpfe zu zeigen. Sie trugen einen Hut von bewunderungswürdigem Stil, und es schien sogar, als wären Sie in großer Verlegenheit des kostbaren Spitzenschleiers wegen, der auf diesem kostbaren Hut flatterte. Eine ernste Verlegenheit, wahrhaftig! Denn es handelte sich um die Frage, was Sie besser kleide und Ihrer Koketterie nützlicher sei: den Schleier herabgelassen oder aufgesteckt zu tragen. Trugen Sie ihn herabgelassen, so liefen Sie Gefahr, nicht erkannt zu werden von denjenigen Ihrer Freunde, welche Ihnen begegnen konnten und die sicherlich zehnmal hätten an Ihnen vorbeigehen können, ohne zu ahnen, daß diese opulente Hülle Mimi umschloß. Wenn Sie jedoch den Schleier aufgesteckt trugen, so war er es, der Gefahr lief, nicht gesehen zu werden, und wozu hatte man ihn dann? Sie wußten die Schwierigkeit geistreich zu beheben, indem Sie dies wunderbare Gewebe, gesponnen fraglos in jener arachnidischen Landschaft, Flandern benannt, und ganz allein teurer als ehedem Ihre ganze Garderobe, von zehn zu zehn Schritten wechselnd hoben und senkten ... Ach, Mimi ... Verzeihung ... Ach, Frau Vicomtesse! Ich hatte doch recht, wie Sie sehen, als ich Ihnen sagte: Geduld, verzweifeln Sie nicht; die Zukunft geht schwanger mit Kaschmirs, gefaßten Brillanten, kleinen Soupers und so weiter! Sie wollten mir nicht glauben, Sie Zweiflerin. Nun, meine Weissagungen haben sich dennoch verwirklicht, und ich hoffe, ich wiege Ihr ‹Damenorakel› auf, den kleinen Hexenmeister in Duodez, den Sie für fünf Sous in einer Schmökerbude am Pont-Neuf erstanden und den Sie nicht müde wurden zu befragen. Nochmals, hatte ich nicht recht mit meinen Prophezeiungen, und würden Sie mir jetzt glauben, wenn ich Ihnen sagte, daß es dabei noch nicht einmal bleiben wird? Wenn ich Ihnen ferner sagte: Sobald ich nur aufhorche, höre ich schon in den Tiefen Ihrer Zukunft das Stampfen und Wiehern von Rossen vor einem blauen Coupé, gelenkt von einem gepuderten Kutscher, der den Tritt vor Ihnen herabklappt und fragt: ‹Wohin fahren gnädige Fau?› Würden Sie mir fernerhin glauben, wenn ich Ihnen sagte, später ... ach, so spät wie möglich, mein Gott, wenn Sie das Ziel eines Ehrgeizes erreichen, den Sie so lange hegten, später werden Sie in Belleville oder Batignolles Tafel halten, hofiert von alten Offizieren und pensionierten Seladons, die zu Ihnen kommen, um heimlich Landsknecht und Bakkarat zu spielen? Aber ehe jene Zeit für Sie naht, in der die Sonne Ihrer Jugend sich schon neigt, glauben Sie mir, liebes Kind, da werden Sie noch manche Elle Seide und Samt auftragen, manches väterliche Erbe wird ohne Zweifel zuvor noch im Tiegel Ihrer Launen schmelzen; viele Blumen werden auf Ihrer Stirn verwelken, viele unter Ihren Füßen, und noch oftmals werden Sie das Wappen wechseln! Nacheinander wird auf Ihrem Kopf die Perlenschnur der Baronin glänzen, die Krone der Gräfin und das Perlendiadem der Marquise; zur Devise wählen Sie das Wort ‹Unbeständigkeit›, und dabei werden Sie, je nach Laune oder Not, all die zahlreichen Anbeter zu befriedigen wissen, jeden einzelnen oder mehrere zugleich, die im Antichambre Ihres Herzens sich anstellen werden, wie man am Eingang des Theaters, darin ein Zugstück gespielt wird, eine Reihe bildet. Gehen Sie, gehen Sie also immer geradeaus, den Geist befreit von der Erinnerung, deren Stelle der Ehrgeiz einnimmt; gehen Sie, der Weg ist schön, und wir wünschen, er möge Ihren Füßen lange weich bleiben; aber wir wünschen vor allem, all dieser Luxus, all diese schönen Toiletten möchten nicht so bald zum Leichentuch werden, in das man Ihren Frohsinn einhüllt!»

Also sprach der Maler Marcel zu der kleinen Mimi, als er ihr zwei oder drei Tage nach der zweiten Scheidung von dem Dichter Rodolphe begegnete. Obwohl er sich bemüht hatte, dem Gespött, das sein Horoskop durchwebte, einen Dämpfer aufzusetzen, ließ Mimi sich von Marcels schönen Worten doch nicht täuschen, und sie begriff sehr wohl, daß er sich ohne allen Respekt vor ihrem neuen Titel maßlos über sie lustig machte.

«Sie sind boshaft gegen mich, Marcel», sagte Mimi, «das ist schlecht; ich bin immer sehr nett gegen Sie gewesen, als ich Rodolphes Geliebte war; aber wenn ich ihn verlassen habe, dann ist es schließlich seine Schuld. Er hat mich ohne weiteres fortgeschickt; und wie hat er mich noch behandelt während der letzten Tage, die ich bei ihm war! Ich war so unglücklich, glauben Sie's nur!

Sie wissen nicht, was für ein Mensch Rodolphe ist: ein Charakter, der aus Jähzorn und Eifersucht besteht, und er wollte mich stückweise morden. Er liebte mich, ich weiß, aber seine Liebe war gefährlich wie ein Schießgewehr; und was für ein Leben habe ich fünfzehn Monate lang geführt! Ach, sehen Sie, Marcel, ich will mich nicht besser machen, als ich bin, aber ich habe bei Rodolphe furchtbar zu leiden gehabt, übrigens wissen Sie es ja! Nicht des Elends wegen habe ich ihn verlassen, nein, seien Sie ganz sicher; erstens war ich daran gewöhnt, und dann wiederhole ich Ihnen, er, er hat mich fortgeschickt. Er hat mein Selbstbewußtsein mit Füßen getreten, und zwar mit beiden; er sagte mir, ich hätte kein Herz, wenn ich bei ihm bliebe, er sagte mir, er liebe mich nicht mehr und ich müsse mir einen andern Liebhaber suchen; ja, er nannte mir sogar einen jungen Menschen, der mir den Hof machte, und er selber wurde durch seinen Trotz zum Bindestrich zwischen mir und diesem jungen Menschen. Ich ging ebensosehr aus Trotz wie aus Not zu ihm, denn ich liebte ihn nicht. Ich mag nun mal so junge Kerlchen nicht, Sie wissen es ja; sie sind langweilig und sentimental wie Ziehharmonikas. Nun, geschehen ist geschehen, und ich bereue es nicht, und ich täte es noch einmal, wenn es sein müßte. Jetzt, wo er mich nicht mehr bei sich hat und wo er weiß, daß ich mit einem andern glücklich bin, jetzt ist Rodolphe wütend und sehr unglücklich; ich kenne jemand, der ihm dieser Tage begegnet ist, er hatte rote Augen. Das wundert mich nicht, ich habe ja ganz genau gewußt, daß es so kommen mußte und daß er mir nachlaufen würde; aber Sie können ihm sagen, das sei verlorene Liebesmüh, und diesmal sei es mir ganz ernst, und es sei aus auf immer. Haben Sie ihn eigentlich lange nicht gesehen, Marcel? Und ist er tatsächlich so verändert?» fragte Mimi in anderm Ton.

«Sehr verändert, ja», antwortete Marcel. «Ziemlich verändert.»

«Er grämt sich, ganz sicher; aber was soll ich tun? Um

so schlimmer für ihn! Er hat es gewollt; es mußte schließlich mal ein Ende nehmen. Trösten Sie ihn, Marcel!»

«Oh, oh», sagte Marcel ruhig, «die Hauptsache ist getan. Machen Sie sich keine Sorge, Mimi!»

«Sie sagen mir nicht die Wahrheit, mein Lieber», erwiderte Mimi und verzog ihr Mündchen ironisch. «So schnell tröstet Rodolphe sich nicht; wenn Sie wüßten, in welchem Zustand ich ihn gesehen habe an dem Abend, bevor ich ging! Es war Freitag; ich hatte die Nacht noch nicht bei meinem neuen Liebhaber bleiben wollen, weil ich abergläubisch bin und der Freitag ein schlechter Tag ist.»

«Sie irrten sich, Mimi, in der Liebe ist der Freitag ein Glückstag, die Alten sagten: Dies Veneris.»

«Lateinisch verstehe ich nicht», sagte Mimi. «Ich ging also fort aus Pauls Wohnung; auf der Straße fand ich Rodolphe, denn er stand Posten und wartete. Es war schon spät, lange nach Mitternacht, und ich war hungrig, weil ich schlecht gegessen hatte. Ich bat Rodolphe, etwas zum Abendessen zu besorgen. Eine halbe Stunde später kam er zurück; er hatte weit laufen müssen und brachte nicht allzu viel Gutes mit: Brot, Wein, Sardinen, Käse und einen Apfelkuchen. Ich hatte mich zu Bett gelegt, während er fort war; er rückte den gedeckten Tisch neben das Bett. Ich tat, als achtete ich nicht darauf, aber ich sah es wohl: Er war bleich wie der Tod, er zitterte und ging wie ein Mensch im Zimmer umher, der nicht mehr weiß, was er tun soll. In einer Ecke sah er mehrere Pakete am Boden. Dieser Anblick schien ihm weh zu tun, und er stellte den Bettschirm davor, um sie nicht mehr zu sehen. Als alles fertig war, begannen wir zu essen; er versuchte, mich zum Trinken zu bewegen; aber ich hatte jetzt weder Hunger noch Durst, und das Herz war mir ganz beklommen. Es war kalt, denn wir hatten kein Holz, um Feuer zu machen, und im Kamin pfiff der Wind. Es war so traurig. Rodolphe sah mich an, er hatte ganz starre Augen; er legte seine Hand in die meine, und ich fühlte, wie seine Hand zitterte: sie war zugleich glühend heiß und eisig.

‹Das ist das Leichenmahl unserer Liebe›, sagte er ganz leise. Ich erwiderte nichts, aber ich hatte nicht den Mut, ihm meine Hand zu entziehen.

‹Ich bin müde›, sagte ich schließlich, ‹es ist spät, laß uns schlafen!› Rodolphe sah mich lange an; ich hatte mir eine seiner Halsbinden um den Kopf gewickelt, um mich vor Kälte zu schützen; er nahm mir die Halsbinde fort, ohne ein Wort zu sagen.

‹Weshalb nimmst du sie fort?› fragte ich. ‹Mich friert.›

‹O Mimi›, sagte er da, ‹ich bitte dich, es kostet dich nichts, setze für diese Nacht noch einmal deine kleine gestreifte Haube auf.›

Es war eine Nachthaube aus weiß und braun gestreiftem Kattun. Rodolphe sah mich gern in dieser Haube, denn sie erinnerte ihn an ein paar schöne Nächte, und nach denen zählten wir unsere schönen Tage. Als ich nun daran dachte, daß ich zum letztenmal bei ihm schlafe, wagte ich ihm die Erfüllung seiner Laune nicht abzuschlagen: Ich stand also wieder auf und suchte nach meiner gestreiften Haube, die unten in einem meiner Pakete lag; aus Versehen vergaß ich, den Wandschirm wieder vorzustellen; Rodolphe sah es und verbarg sie noch einmal, wie er es zuvor getan hatte.

‹Gute Nacht!› sagte er. ‹Gute Nacht!› erwiderte ich.

Ich dachte, er würde mich liebhaben, und ich hätte ihn nicht gehindert, aber er nahm nur meine Hand und hob sie an seine Lippen. Sie wissen ja, Marcel, wie leidenschaftlich er oft meine Hände küßte. Ich hörte seine Zähne klappern, und ich fühlte, daß sein Körper kalt war wie Marmor. Er hielt meine Hand noch lange fest und lehnte den Kopf an meine Schulter, die bald ganz naß war von seinen Tränen. Rodolphe war in einem furchtbaren Zustand. Er biß in die Laken, um nicht zu schreien; aber ich hörte sein dumpfes Schluchzen wohl und fühlte immer noch, wie seine Tränen mir über die Schulter liefen, die sie erst brennend heiß und dann ganz kalt machten. In diesem Augenblick mußte ich meinen ganzen Mut zusammennehmen, und dazu gehörte schon etwas, glauben Sie mir! Ich brauchte nur ein Wort zu sagen, nur den Kopf zu wenden: Mein Mund hätte Rodolphes Lippen berührt, und wir würden uns noch einmal versöhnt haben. Ach, für einen Augenblick glaubte ich wirklich, er würde in meinen Armen sterben oder zumindest wahnsinnig werden, wie das beinahe schon einmal geschehen wäre, wissen Sie noch? Ich hätte nachgegeben, ich fühlte es: Ich hätte den ersten Schritt getan; ich hätte ihn mit den Armen umschlungen, denn ich hätte wahrhaftig kein Herz haben müssen, wenn ich gegen solchen Schmerz unempfindlich geblieben wäre. Doch da fielen mir die Worte ein, die er am Tage zuvor gesprochen hatte: ‹Du hast kein Herz, wenn du bei mir bleibst, ich liebe dich nicht mehr!› Ach, als ich an diese Härte dachte, hätte ich Rodolphe sterbend sehen können, und wenn es nur eines Kusses von mir bedurft hätte, ich hätte die Lippen abgewendet und ihn sterben lassen. Schließlich fiel ich vor Müdigkeit in einen Halbschlummer. Ich hörte Rodolphe noch immer schluchzen, und ich schwöre Ihnen, Marcel, dieses Schluchzen dauerte die ganze Nacht; und als es dämmerte und ich in dem Bett, in dem ich zum letztenmal geschlafen hatte, den Geliebten ansah, den ich verließ, um mich in die Arme eines andern zu werfen, da erschrak ich grauenhaft, als ich sah, wie dieser Schmerz Rodolphes Gesicht verwüstet hatte.

Er stand mit mir auf, ohne ein Wort zu sagen, und fast wäre er beim ersten Schritt ins Zimmer gestürzt, so schwach und niedergeschlagen war er. Aber er zog sich sehr schnell an und fragte mich nur, wie es mit mir stünde und wann ich ginge. Ich sagte, das wisse ich noch nicht. Er ging fort, ohne mir ‹Auf Wiedersehn› zu sagen, ohne mir die Hand zu geben. So haben wir uns getrennt. Welch ein Schlag muß es für ihn gewesen sein, als er nach Hause kam und mich nicht mehr vorfand, nicht?»

«Ich war da, als Rodolphe nach Hause kam», sagte

Marcel zu Mimi, die von dem vielen Reden ganz außer Atem war. «Als er sich unten von der Portiersfrau den Schlüssel geben ließ, sagte diese: ‹Die Kleine ist weg.›

‹Ach›, erwiderte Rodolphe, ‹das wundert mich nicht weiter; ich war darauf gefaßt.› Und er stieg in sein Zimmer hinauf, wohin ich ihm folgte, denn ich fürchtete ebenfalls eine Krisis; aber es geschah nichts dergleichen.

‹Es ist zu spät, heute abend noch ein anderes Zimmer zu suchen, wir wollen bis morgen früh damit warten›, sagte er zu mir. ‹Wir werden zusammen ausziehen. Laß uns essen gehen!›

Ich glaubte, er wolle sich betrinken, aber ich irrte mich. Wir aßen sehr nüchtern in einem Speisehaus, in dem Sie zuweilen mit ihm gegessen haben. Ich hatte ‹Beaune› bestellt, um Rodolphe ein wenig zu betäuben.

‹Das war Mimis Lieblingswein›, sagte er; ‹wir haben ihn oft zusammen getrunken, an ebendiesem Tisch. Eines Tages, entsinne ich mich, sagte sie, wobei sie mir ihr schon mehrmals geleertes Glas hinhielt: Schenk noch einmal ein, das ist ‚Bohnerwachs' fürs Herz! Ein recht mittelmäßiger Witz, nicht wahr, vollkommen der Geliebten eines Possendichters würdig. Ach, Mimi konnte trinken ...!› Als ich sah, daß er auf dem besten Wege war, sich in Erinnerungen zu verlieren, sprach ich von etwas anderem, und von Ihnen war nicht mehr die Rede. Er verbrachte den ganzen Abend mit mir und schien so ruhig wie das Mittelmeer. Am meisten wunderte mich, daß diese Ruhe so gar nichts Erkünsteltes hatte. Es war aufrichtige Gleichgültigkeit. Um Mitternacht gingen wir nach Hause.

‹Du scheinst dich bei der Lage, in der ich bin, über meine Ruhe zu wundern›, sagte er. ‹Ich will dir ein Gleichnis sagen, mein Lieber, und wenn es vulgär ist, so ist es dafür wenigstens richtig. Mein Herz ist wie ein Wasserfaß, dessen Hahn die ganze Nacht hindurch offengeblieben ist – am Morgen ist kein Tropfen Wasser mehr drin. So geht es auch mit meinem Herzen. Ich habe die ganze Nacht alles, was ich noch an Tränen

hatte, ausgeweint. Es ist merkwürdig, ich hielt mich für reicher an Schmerz, und nach einer Leidensnacht bin ich ruiniert und sitze völlig auf dem Trocknen; mein Ehrenwort, es ist, wie ich sage; und in ebendiesem Bett, in dem ich die letzte Nacht neben einer Frau, die sich so wenig rührte wie ein Stein, fast meinen Geist aufgab, werde ich jetzt, da diese Frau den Kopf auf das Kissen eines andern legt, wie ein Lastträger schlafen, der einen guten Tag hinter sich hat.›

Komödie, dachte ich bei mir, kaum bin ich fort, so rennt er mit dem Kopf gegen die Wände. Aber ich ließ Rodolphe allein und ging in mein Zimmer hinauf, doch ich legte mich nicht zu Bett. Um drei Uhr morgens glaubte ich in Rodolphes Zimmer ein Geräusch zu hören; ich stieg in aller Hast hinunter, weil ich glaubte, ihn im Verzweiflungsfieber zu finden ...»

«Nun, und?» fragte Mimi.

«Nun, liebes Kind, Rodolphe schlief, das Bett war nicht zerwühlt, und alles deutete darauf, daß sein Schlummer ruhig gewesen und er sehr bald eingeschlafen war.»

«Das ist möglich», sagte Mimi, «er war so müde von der letzten Nacht ... aber am nächsten Tage? ...»

«Am folgenden Morgen kam Rodolphe und weckte mich früh, und wir mieteten in einem andern Hause Zimmer, die wir noch am Abend des gleichen Tages bezogen.»

«Und», fragte Mimi, «was gab er an, als er das Zimmer verließ, in dem wir wohnten? Was sagte er, als er das Zimmer verließ, in dem er mich so geliebt hat?»

«Er packte in aller Ruhe seine Sachen», erwiderte Marcel, «und als er in seinem Schubfach ein Paar Filethandschuhe fand, die Sie vergessen hatten, und zwei oder drei Briefe, die gleichfalls Ihnen gehörten ...»

«Ich weiß», sagte Mimi in einem Ton, der zu sagen schien: ‹Ich habe sie absichtlich vergessen, damit ihm ein Andenken an mich bliebe.› «Was tat er da?» fragte sie.

«Wenn ich mich recht erinnere», sagte Marcel, «warf er die Briefe in den Kamin und die Handschuhe zum Fenster hinaus; aber ohne Theatergeste, ohne Pose, ganz natürlich, wie man eben tut, wenn man etwas Überflüssiges beseitigen will.»

«Mein lieber Herr Marcel, ich versichere Ihnen, ich wünsche von ganzem Herzen, daß diese Gleichgültigkeit dauern möge. Aber nochmals, ganz aufrichtig, ich glaube nicht an eine so rasche Heilung, und trotz allem, was Sie mir da sagen, bin ich überzeugt, daß mein Dichter an gebrochenem Herzen leidet.»

«Das mag sein», erwiderte Marcel und verabschiedete sich von Mimi, «aber einstweilen sind die Stücke noch gut, oder ich müßte mich sehr täuschen.»

Während dieses Gesprächs auf offener Straße erwartete der Herr Vicomte Paul seine neue Geliebte, die sich sehr verspätete und gegen den Herrn Vicomte gar nicht nett war. Er warf sich ihr zu Füßen und girrte ihr seine Lieblingsromanze vor, die da lautete: Sie sei reizend, bleich wie der Mond und sanft wie ein Lamm; aber er liebe sie vor allem wegen der Schönheit ihrer Seele.

‹Ach›, dachte Mimi und ließ die Wellen ihres braunen Haares über den Schnee der Schultern rinnen, ‹so exklusiv war Rodolphe nicht.›

2

Wie Marcel vermeldet hatte, schien Rodolphe von seiner Liebe zu Mimi radikal geheilt zu sein, und drei oder vier Tage nach der Trennung von ihr sah man den Dichter völlig verwandelt wieder auf der Bildfläche. Er war mit einer Eleganz gekleidet, die ihn selbst seinem Spiegel unkenntlich machen mußte. Nichts an ihm schien übrigens die Furcht zu rechtfertigen, als habe er die Absicht, sich in die Abgründe des Nichts zu stürzen, welches Gerücht Mimi mit Beileidsheuchelei aller Art zu verbreiten wußte. Rodolphe war wirklich vollkommen ruhig; er hörte, ohne daß sich die Falten seines Gesichts verzerrten, die Berichte über das neue und glänzende Leben seiner Geliebten an, die sich darin großtat, ihm Nachricht über sich zukommen zu lassen, und zwar durch eine junge Dame, die ihre Vertraute geblieben war und die zugleich fast jeden Abend Gelegenheit hatte, Rodolphe zu sehen.

«Mimi ist sehr glücklich mit dem Vicomte Paul», sagte sie zu dem Dichter, «sie scheint wahnsinnig in ihn verschossen zu sein; nur eins beunruhigt sie, sie fürchtet, Sie könnten ihr Glück durch Nachstellungen stören, die übrigens für Sie nicht ungefährlich wären, denn der Vicomte betet seine Geliebte an und hat zwei Jahre lang auf dem Fechtboden gestanden.»

«Oh, oh», erwiderte Rodolphe, «sie mag in Ruhe schlafen, ich habe gar keine Lust, Essig in das Zuckerwasser ihres Honigmonds zu gießen. Und ihr junger Liebhaber mag seinen Dolch an den Nagel hängen wie Gastibelza, der Mann mit der Flinte. Ich führe nichts gegen das Leben eines Edelmannes im Schilde, der noch so glücklich ist, die Illusion zur Amme zu haben.»

Und da man natürlich nicht versäumte, auch Mimi über die Seelenruhe zu unterrichten, mit der ihr ehemaliger Liebhaber alle diese Einzelheiten hinnahm, vergaß sie gleichfalls nicht, achselzuckend zu erwidern: «Gut, gut, wir werden in ein paar Tagen sehen, was aus all dem wird.»

Unterdessen war Rodolphe selbst mehr als irgend jemand sonst erstaunt über diese plötzliche Gleichgültigkeit, die ohne die gewöhnlichen Übergänge der Traurigkeit und Wehmut auf die Gewitterstürme folgte, von denen er noch ein paar Tage vorher durchrüttelt worden war. Das Vergessen, das so langsam kommt, und vor allem zu den Verzweifelten der Liebe, das Vergessen, das sie mit lauten Schreien rufen und das sie mit lauten Schreien von sich stoßen, wenn sie es nahen fühlen, dieser unerbittliche Tröster war plötzlich, und ohne daß er sich wehren konnte, in Rodolphes Herz eingedrungen, und der Name der so sehr geliebten Frau konnte hinfort erklingen, ohne in ihm ein Echo zu wecken. Seltsam, Rodolphe, dessen Gedächtnis Kraft genug besaß, um seinen Geist an Dinge zu gemahnen, die in den entlegensten Tagen seiner Vergangenheit vorgefallen waren, und an Wesen, die in seiner frühesten Kinderzeit eine Rolle gespielt oder ihren Einfluß ausgeübt hatten, Rodolphe konnte sich, wie sehr er sich auch bemühte, schon nach vier Tagen der Trennung der Züge dieser Geliebten nicht mehr entsinnen, die mit ihren zarten Händen fast sein Dasein zerbrochen hätte. Die Augen, bei deren Leuchten er so oft eingeschlafen war, er fand ihre Süße nicht wieder. Die Stimme sogar, deren Zorneslaute und deren zärtliche Liebesworte ihn zum Delirium trieben, er erinnerte sich nicht mehr ihres Klanges. Einer seiner Freunde, ein Dichter, der ihn seit seiner Scheidung nicht mehr gesehen hatte, traf ihn eines Abends; Rodolphe schien geschäftig und sorgenvoll zu sein, er ging mit großen Schritten die Straße hinab und schwenkte seinen Stock.

«Sieh», sagte der Dichter und gab ihm die Hand, «da sind Sie ja!» Und er schaute Rodolphe neugierig und prüfend an.

Als er sah, wie schmal Rodolphe geworden war, glaubte er den Ton des Beileids anschlagen zu müssen.

«Nun, Mut, mein Lieber. Ich weiß, es ist hart, aber schließlich mußte es ja doch so kommen! Besser jetzt als später! In drei Monaten sind Sie völlig geheilt.»

«Was wollen Sie denn eigentlich?» fragte Rodolphe. «Ich bin nicht krank, mein Lieber.»

«Ach, mein Gott», sagte der andere, «spielen Sie sich nicht auf, zum Donnerwetter! Ich kenne die Geschichte, und wenn ich sie nicht kennen würde, läse ich sie Ihnen vom Gesicht ab.»

«Nehmen Sie sich in acht, das ist eine Verwechslung», sagte Rodolphe. «Ich habe heute abend allerdings schlechte Laune; aber was die Veranlassung betrifft, so sind Sie völlig auf dem Holzweg.»

«Gut, weshalb soll ich mich verteidigen? All das ist

ganz natürlich; man bricht eine Liaison, die fast zwei Jahre dauert, nicht so einfach ab.»

«Alle sagen mir dasselbe!» rief Rodolphe ungeduldig. «Mein Ehrenwort, Sie irren sich, Sie und all die andern! Ich bin sehr traurig, und ich sehe so aus, das ist immerhin möglich; aber der Grund ist der: Ich lauerte heute auf meinen Schneider, der mir einen neuen Anzug bringen sollte; er ist nicht gekommen, und deshalb habe ich schlechte Laune.»

«Schlimm, schlimm», sagte der andere lachend.

«Nicht schlimm, gut vielmehr, sehr gut, ausgezeichnet sogar. Folgen Sie meinem Gedankengang, und Sie werden sehen!»

«Also schießen Sie los», sagte der Dichter, «ich höre zu. Beweisen Sie mir, wie man vernünftigerweise so traurig aussehen kann, weil ein Schneider einem nicht Wort hält. Los, los, ich warte!»

«Na ja», sagte Rodolphe, «kleine Ursachen, große Wirkungen. Ich wollte heute abend einen sehr wichtigen Besuch machen, und das kann ich nicht, weil ich meinen Anzug nicht habe. Verstehen Sie?»

«Absolut nicht. Bis jetzt ist noch kein hinreichender Grund zur Verzweiflung vorhanden. Sie sind verzweifelt … weil … na ja. Es ist sehr dumm von Ihnen, mir so etwas aufbinden zu wollen. Das ist meine Meinung.»

«Lieber Freund», sagte Rodolphe, «Sie sind recht halsstarrig. Man hat immer Grund zur Verzweiflung, wenn man ein Glück oder wenigstens ein Vergnügen verfehlt, denn das bedeutet fast immer einen Verlust, und man sagt häufig zu Unrecht bei dieser oder jener Gelegenheit: Es klappt schon ein andermal. Ich wiederhole also, ich hatte heute abend ein Stelldichein mit einer jungen Dame; ich sollte sie in einem Hause treffen, von wo ich sie vielleicht mit zu mir genommen hätte, wenn der Weg zu mir kürzer gewesen wäre als der zu ihr, sogar auch dann, wenn er länger gewesen wäre. In diesem Haus findet eine Gesellschaft statt; eine Gesellschaft besucht man nur im Frack; ich habe keinen Frack, mein Schneider sollte mir einen bringen; er bringt ihn mir nicht, also gehe ich nicht auf die Gesellschaft, treffe die junge Dame nicht, die vielleicht ein anderer trifft; ich bringe sie weder in meine noch in ihre Wohnung, wohin sie vielleicht ein anderer bringt. Folglich also, wie ich Ihnen sagte, verfehle ich ein Glück oder ein Vergnügen; daher bin ich untröstlich, daher sehe ich auch danach aus, und das ist ganz natürlich.»

«Meinetwegen», sagte der Freund; «Sie sind also mit einem Fuß aus der Hölle heraus und setzen den andern schon in eine neue. Aber, mein lieber Freund, als ich Sie vorhin auf der Straße traf, sahen Sie aus, als warteten Sie auf jemand.»

«Das tat ich auch.»

«Nun», fuhr der andere fort, «wir sind hier in dem Viertel, in dem Ihre ehemalige Geliebte wohnt: Was beweist mir, daß Sie nicht sie erwarteten?»

«Wenn ich auch von ihr getrennt bin, so habe ich doch meine Gründe, in dieser Gegend wohnen zu bleiben; aber trotz der Nachbarschaft sind wir uns so fern, als wohnte sie am einen und ich am andern Pol. Übrigens sitzt um diese Stunde meine ehemalige Geliebte an ihrem Kamin und nimmt bei Herrn Vicomte Paul, der sie auf dem Weg der Orthographie zur Tugend führen will, Unterricht in französischer Grammatik. Gott, wird er sie verderben! Nun, das ist seine Sache, schließlich ist er ja Chefredakteur seines Glückes. Sie sehen also, daß Ihre Bemerkungen widersinnig sind, und statt auf der verlöschten Spur meiner alten Leidenschaft zu wandeln, gehe ich vielmehr auf der Spur einer neuen einher, die schon ein wenig meine Nachbarin ist und es noch mehr werden soll, denn ich bin bereit, ihr so weit entgegenzukommen wie nötig, und wenn sie den Rest tun will, wird es nicht lange dauern, bis wir uns verständigen.»

«Wahrhaftig», sagte der Dichter, «Sie sind schon verliebt?»

«Ich bin nun einmal so beschaffen», antwortete Rodolphe. «Mein Herz gleicht jenen Wohnungen, die man wieder vermietet, sowie ein Mieter sie verläßt. Wenn eine Liebe aus meinem Herzen auszieht, hänge ich ein Schild aus, um eine neue Liebe herbeizulocken. Die Wohnung ist übrigens in bewohnbarem Zustand und von Grund auf repariert worden.»

«Und wer ist dieses neue Idol? Wo haben Sie es kennengelernt? Und wann?»

«Also», sagte Rodolphe, «gehen wir hübsch der Reihe nach! Als Mimi fort war, bildete ich mir ein, ich würde mich mein Lebtag nicht wieder verlieben, und ich dachte mir, mein Herz sei gestorben vor Ermüdung, vor Erschöpfung, vor allem, was Sie wollen. Es hatte zu heftig geschlagen, so lange, so schnell und zu schnell, daß mir die Sache glaubhaft schien. Kurz und gut, ich hielt es für tot, für mausetot, für äußerst tot, und ich spielte mit dem Gedanken, es wie Herr Marlborough zu begraben. Bei dieser Gelegenheit gab ich einen kleinen Leichenschmaus, zu dem ich ein paar meiner Freunde einlud. Die Gäste sollten klägliche Mienen aufstecken, und die Flaschen trugen einen Flor um den Hals.»

«Mich hatten Sie nicht eingeladen!»

«Verzeihung, aber ich kannte die Adresse der Wolke nicht, in der Sie gerade wohnten.

Einer der Gäste hatte eine Dame mitgebracht, eine junge Dame, die noch dazu vor kurzem von einem Liebhaber verlassen worden war. Man erzählte ihr meine Geschichte; einer meiner Freunde, ein Bursche, der das Violoncell des Gefühls recht gut spielt, war der Berichterstatter. Er sprach der jungen Witwe von den Fähigkeiten meines Herzens, des armen Toten, den wir begraben wollten, und forderte sie auf, auf seine ewige Ruhe zu trinken. ‹Also›, sagte sie, indem sie das Glas erhob, ‹ich trinke ganz im Gegenteil auf seine Gesundheit!› Und sie warf mir einen Blick zu, einen Blick, der einen Toten auferweckt hätte, wie man zu sagen pflegt, und dies war, wenn je, der Augenblick, um die Redensart anzuwenden, denn sie hatte ihren Toast noch nicht zu Ende gebracht, als ich mein Herz schon das ‹O Filii› der Auferstehung singen hörte. Was hätten Sie nun an meiner Stelle getan?»

«Schöne Frage! ... Wie heißt sie?»

«Das weiß ich noch nicht, ich werde sie erst nach ihrem Namen fragen, wenn wir den Ehekontrakt unterschreiben. Ich weiß wohl, daß in den Augen gewisser Leute die gesetzliche Frist noch nicht abgelaufen ist; aber sehen Sie, ich werde bei mir ein Gesuch einreichen und mir selbst Dispens erteilen. Ich weiß nur, daß mir meine Zukünftige als Mitgift jene Heiterkeit mitbringt, welche die Gesundheit des Geistes ist, und jene Gesundheit, welche die Heiterkeit des Körpers ist.»

«Ist sie hübsch?»

«Sehr hübsch, vor allem bunt; man könnte meinen, sie wasche sich morgens mit Watteaus Palette.

Blond ist sie, lieber Freund, ihr Blick wie Feuer loht,
des siegerische Brunst das arme Herz bedroht.

Beweis: meins.»

«Eine Blonde? Ich bin starr vor Staunen.»

«Ja, ich habe genug von Elfenbein und Ebenholz, ich gehe zu den Blonden über»; und Rodolphe begann mit hüpfenden Tanzschritten zu singen:

«Und wir singen in der Runde,
lauscht dem Bescheide:
daß ich vergöttere jene Blonde,
blond wie Sommergetreide.»

«Arme Mimi», sagte der Freund, «so schnell vergessen!»

Als jedoch dieser Name plötzlich in Rodolphes Heiterkeit hineinfiel, gab er der Unterhaltung rasch eine andere Wendung. Rodolphe hakte seinen Freund unter und erzählte ihm ausführlich die Ursachen seines Bruchs mit Mimi; welches Entsetzen ihn befallen habe, als sie fort war; wie verzweifelt er gewesen sei, weil er gemeint habe, sie nähme alles mit, was ihm an Jugend und Leidenschaft noch bliebe und wie er dann zwei Tage darauf sich seines Irrtums bewußt geworden sei; denn das durch so viel Schluchzen und Weinen durchnäßte Pulver seines Herzens wurde unter dem ersten Blick der Jugend und Leidenschaft, den ihm die erste beste Frau zuwarf, gleich wieder trocken, entzündete sich und explodierte. Er erzählte ihm von dem plötzlichen und gebieterischen Ansturm des Vergessens, das er in seinem Schmerz nicht einmal zu Hilfe gerufen habe, und wie dieser Schmerz am Vergessen starb und begraben worden sei.

«Ist das alles nicht ein Wunder?» fragte er den Dichter, der, weil er aus Erfahrung alle schmerzlichen Kapitel zerbrochener Liebe auswendig kannte, ihm antwortete:

«Ach nein, lieber Freund, Wunder gibt es so wenig für Sie wie für andere. Was Sie durchlebt haben, habe ich auch durchlebt. Wenn die Frauen, die wir lieben, unsere Geliebten werden, hören sie auf, das zu sein, was sie wirklich sind. Wir sehen sie nicht nur mit den Augen des Liebhabers, wir sehen sie auch mit den Augen des Dichters. Wie ein Maler über eine Gliederpuppe den kaiserlichen Purpur wirft oder den Sternenschleier einer heiligen Jungfrau, so haben wir stets ganze Warenhäuser voll strahlender Mäntel und voll Gewänder aus blendendweißem Leinen zur Verfügung, und wir werfen sie verständnislosen, mürrischen oder boshaften Geschöpfen um die Schultern. Und wenn sie dann das Kostüm tragen, in dem unsere ideale Geliebte im Azur unserer Träume schweifte, lassen wir uns von dieser Verkleidung fangen; wir verkörpern unsern Traum in der ersten besten Frau, zu der wir in unserer Sprache reden und die uns nicht versteht.

Und wenn dieses Geschöpf, zu dessen Füßen hingekniet wir leben, sich selber die göttliche Hülle abreißt, unter der wir es verborgen hatten, um uns seine schlechte

Natur und seine schlechten Instinkte ganz deutlich zu zeigen; wenn es uns die Hand auf die Stelle seines Herzens legt, wo nichts mehr pocht, wo vielleicht niemals etwas gepocht hat; wenn es den Schleier hebt und uns seine erloschenen Augen, seinen farblosen Mund und seine welken Züge sehen läßt, dann legen wir ihm den Schleier wieder vor und rufen: ‹Du lügst! Du lügst! Ich liebe dich und du liebst mich! Diese weiße Brust ist die Hülle eines Herzens, das noch aller Jugendfrische teilhaftig ist; ich liebe dich und du liebst mich! Du bist schön, du bist jung! Unter all deinen Lastern liegt die Liebe verborgen. Ich liebe dich und du liebst mich!›

Dann schließlich, oh, sehr bald schließlich, nachdem wir uns oft genug dreifache Binden vor die Augen gelegt haben, merken wir, daß wir uns vom eigenen Irrtum haben betrügen lassen, und wir stoßen die Elende von uns, die gestern noch unser Idol war; wir nehmen ihr die goldenen Schleier unserer Poesie wieder ab und werfen sie morgen von neuem einer Unbekannten über die Schultern, und sie wird sofort zum Idol mit der Aureole: Und so sind wir alle, monströse Egoisten übrigens, welche die Liebe um der Liebe willen lieben; Sie verstehen mich, nicht wahr? Und wir trinken jenen göttlichen Trank aus dem ersten besten Becher.

Was schert die Flasche uns, wenn sie nur trunken macht.»

«Das ist ebenso wahr, wie zwei mal zwei vier ergibt», sagte Rodolphe zu dem Dichter.

«Ja», antwortete dieser, «es ist wahr und traurig, wie drei Viertel aller Wahrheiten. Guten Abend!»

Zwei Tage später erfuhr Mimi, Rodolphe habe eine neue Geliebte. Sie erkundigte sich nur nach einem, nämlich, ob er ihr auch so häufig die Hände küsse.

«Ebenso häufig», antwortete Marcel. «Außerdem küßt er ihr die Haare eins nach dem andern, und sie wollen so lange zusammen bleiben, bis er damit fertig ist.»

«Ach», rief Mimi und ließ ihre Hände durch ihr Haar gleiten, «ein Glück, daß er bei mir nicht auf solche Gedanken verfallen ist, sonst hätten wir unser Leben lang zusammen bleiben müssen. Glauben Sie, daß er mich wirklich gar nicht mehr liebt?»

«Pah! ... Und Sie, lieben Sie ihn noch?»

«Ich, ich habe ihn mein Lebtag nicht geliebt.»

«Doch, Mimi, doch, Sie haben ihn geliebt, zu jenen Stunden, wo das Herz der Frauen seinen Platz wechselt. Sie haben ihn geliebt, und leugnen Sie es nicht, denn darin liegt Ihre Rechtfertigung.»

«Ach was», sagte Mimi, «jetzt liebt er ja eine andere.»

«Freilich», sagte Marcel, «aber das hindert nicht. Später wird die Erinnerung an Sie für ihn jenen Blumen gleichen, die man ganz frisch und duftig zwischen die Blätter eines Buches legt und die man viel später tot, welk und farblos wiederfindet; aber immer noch haben sie den unbestimmten Duft der ersten Frische bewahrt.»

Eines Abends, als sie leise vor sich hin trällerte, fragte der Vicomte Paul Mimi: «Was singen Sie da, liebes Kind?»

«Das Leichengedicht unserer Liebe, das Rodolphe neulich gedichtet hat.» Und sie sang.

«Ich hab' keinen Heller mehr, meine Teure:
Ein gesetzlicher Scheidungsgrund offenbar!
Ohne Tränen, auf daß alter Brauch sich erneure,
wirst du von mir scheiden, Mimi, nicht wahr?

Ach, siehst du, Liebste: Wir hatten ja Tage
– nicht zu zählen die Nächte – des Glückes noch.
Sie währten nicht lange. Was tut das? Sage!
Die schönsten waren die kürzesten noch.»

XXI

Romeo und Julia

Gekleidet wie ein Kupferstich aus seiner Zeitschrift «Die Schärpe der Iris», mit Handschuhen und Lackstiefeln, rasiert und frisiert, mit aufgedrehtem Schnurrbart, Stock in der Hand, Monokel im Auge, aufgeblüht, verjüngt, von unten bis oben elegant – so hätte man an einem Novemberabend unsern Freund, den Dichter Rodolphe, sehen können, wie er auf dem Boulevard stand und auf einen Wagen wartete, um nach Hause zu fahren.

Rodolphe wartete auf einen Wagen? Welche Sintflut war denn über sein Privatleben hereingebrochen?

Um die gleiche Stunde, da der verwandelte Dichter sich den Schnurrbart drehte, zwischen den Zähnen eine ungeheure Regalia kaute und den Blick der Schönen bezauberte, kam auch einer seiner Freunde über denselben Boulevard. Es war der Philosoph Gustave Colline. Rodolphe sah ihn kommen und erkannte ihn sogleich; und wer von allen, die ihn ein einziges Mal gesehen hatten, hätte ihn nicht sogleich erkannt! Colline war wie stets mit einem Dutzend Schmökern beladen. Bekleidet mit jenem unsterblichen nußbraunen Paletot, dessen Solidität den Glauben erweckte, er sei von den Römern erbaut worden, auf dem Kopf den berühmten Hut mit dem breiten Rand und der Kastorkuppel, unter der sich der Schwarm hyperphysischer Gedanken regte und den man den Mambrinshelm der modernen Philosophie getauft hat, so ging Gustave Colline langsamen Schrittes einher und grübelte leise über die Vorrede zu einem Werk, an dem seit einem Vierteljahr gedruckt wurde … in seiner Phantasie nämlich. Als er sich der Stelle näherte, wo Rodolphe stand, glaubte Colline einen Augenblick den Dichter zu erkennen; aber die fabelhafte Eleganz, die jener entfaltete, stürzte ihn wieder in Zweifel und Ungewißheit.

‹Rodolphe mit Handschuhen und Stock? Schimäre! Utopie! Welche Verirrung! Rodolphe frisiert? Er, der weniger Haare hat als die «Gelegenheit»? Wo hatte ich nur meinen Kopf? Übrigens sitzt mein unglücklicher Freund um diese Stunde klagend da und dichtet melancholische Verse über die Flucht der kleinen Mimi, die ihn hat sitzenlassen, wie ich habe sagen hören. Meiner Treu, ich sehne mich nach ihr, dieser jungen Dame; sie verstand unerhört guten Kaffee zu kochen, der das Getränk der Geistesarbeiter ist. Aber ich hoffe, Rodolphe wird sich trösten und bald eine neue «Kaffeemaschine» anschaffen.›

Und Colline war von seinem jammervollen Wortspiel so entzückt, daß er sich gern da capo zugerufen hätte … wenn nicht in seinem Innern die ernste Stimme der Philosophie erwacht wäre und dieser geistigen Ausschweifung ein energisches «Halt» zugerufen hätte.

Als er jedoch in Rodolphes Nähe stehenblieb, mußte Colline sich den Tatsachen beugen: Es war doch Rodolphe, frisiert, behandschuht und mit einem Stock; es war unmöglich, aber dennoch wahr.

«Ei, ei! Donnerwetter noch mal!» sagte Colline. «Ich täusche mich nicht, du bist es, ich bin sicher!»

«Und ich auch», erwiderte Rodolphe.

Und Colline begann seinen Freund zu mustern, wobei er seinem Gesicht den Ausdruck gab, den Lebrun, der Hofmaler, benutzte, wenn es galt, Überraschung auszudrücken. Aber plötzlich sah er zwei wunderliche Dinge, mit denen Rodolphe beladen war: erstens nämlich eine Strickleiter, zweitens einen Käfig, in dem irgendein Vogel flatterte. Bei diesem Anblick drückten Gustave Collines Züge eine Empfindung aus, die Lebrun, der Hofmaler, auf seinem «Bildnis der Leidenschaften» vergessen hat.

«Nun», sagte Rodolphe, «ich erkenne deutlich die Neugier deines Geistes, da sie sich zum Fenster deiner Augen herauslehnt; ich will dich befriedigen; nur komme mit fort von der Straße, es ist so kalt, daß deine Fragen und meine Antworten gefrieren würden.»

Und beide traten in ein Café.

Colline wandte keinen Blick weder von der Strickleiter noch von dem Käfig, in welchem der kleine Vogel, von der Luft des Cafés erwärmt, in einer Sprache zu singen begann, die Colline ungeachtet seiner Sprachkenntnisse nicht bekannt war.

«Tja», sagte der Philosoph und wies auf die Leiter, «was ist denn das da?»

«Ein Bindestrich zwischen einer guten Freudin und mir», antwortete Rodolphe im Tonfall einer Mandoline.

«Und das?» fragte Colline, indem er auf den Vogel deutete.

«Das», sagte der Dichter, dessen Stimme süß wurde wie der Sang des Frühlingswindes, «das ist eine Uhr.»

«Sprich ohne Bilder in gemeiner Prosa, aber korrekt.»

«Meinetwegen. Hast du Shakespeare gelesen?»

«Und ob ich ihn gelesen habe! ‹To be or not to be.› Er war ein großer Philosoph … Ja, ich habe ihn gelesen.»

«Entsinnst du dich des Dramas ‹Romeo und Julia›?»

«Und ob ich mich entsinne!» rief Colline.

Und er begann zu rezitieren:

«Willst du schon gehn? Der Tag ist ja noch fern.
Es war die Nachtigall und nicht die Lerche,
die eben jetzt dein banges Ohr durchdrang …

Zum Donnerwetter, ja, ich weiß es ganz genau! Und?»

«Na, und?» sagte Rodolphe und zeigte auf die Leiter und den Vogel. «Du verstehst noch nicht? Hier das Gedicht: Ich bin verliebt, mein Lieber, verliebt in eine Dame, die Julia heißt.»

«Nun, und?» fuhr Colline ungeduldig fort.

«Also, da mein neues Idol Julia heißt, so habe ich den Plan gefaßt, gemeinsam mit ihr Shakespeares Drama aufzuführen. Zunächst heiße ich nicht mehr Rodolphe, ich heiße Romeo Montague, tu mir also den Gefallen und nenne mich nicht anders. Zum Überfluß habe ich mir, auf daß alle Welt es wisse, neue Visitenkarten drucken lassen. Aber das ist noch nicht alles: Ich will den Karneval ausnutzen, mich in ein Samtwams kleiden und mir ein Schwert umhängen.»

«Um Tybald zu töten?» fragte Colline.

«Sehr richtig», fuhr Rodolphe fort. «Kurz, diese Leiter, die du siehst, soll mir den Weg zu meiner Geliebten bahnen, die noch dazu auch einen Balkon besitzt.»

«Aber der Vogel? Der Vogel?» fragte der hartnäckige Colline.

«Zum Donnerwetter, dieser Vogel ist eine Taube, die soll die Rolle der Nachtigall übernehmen und jeden Morgen den genauen Augenblick angeben, in dem meine Geliebte mich, der ich bereit bin, ihre angebeteten Arme zu verlassen, um den Hals zu fassen und mir genau wie in der Balkonszene mit ihrer süßen Stimme zu sagen hat: ‹Es war die Nachtigall und nicht die Lerche ...›, das heißt, nein, es ist noch nicht elf, und auf der Straße liegt Schmutz; darum geh nicht fort, hier ist es so mollig! Und um die Ähnlichkeit vollkommen zu machen, will ich auch versuchen, mir noch eine Amme zu verschaffen, die ich meiner Geliebten zur Verfügung stelle. Ich hoffe, der Kalender wird so freundlich sein und mir von Zeit zu Zeit ein bißchen Mondschein spenden, wenn ich den Balkon meiner Julia erklettere. Was sagst du zu meinem Plan, Philosoph?»

«Ganz nett», erwiderte Colline. «Aber könntest du mir

auch das Mysterium dieser glänzenden Hülle erklären, die dich unkenntlich macht ... Du bist wohl reich geworden?»

Rodolphe antwortete nicht, sondern winkte dem Kellner des Cafés, warf ihm nachlässig einen Louisdor hin und sagte: «Ziehen Sie ab!»

Dann schlug er sich auf die Tasche, die zu klingen begann.

«Hast du wirklich einen Kirchturm in der Tasche, daß sie so läutet?»

«Nur ein paar Louis.»

«Goldlouis?» fragte Colline mit vor Staunen erstickter Stimme. «Zeig doch mal her, wie so etwas aussieht.»

Die beiden Freunde trennten sich, Colline, um von Rodolphes opulenten Gewohnheiten und von seiner neuen Liebe zu berichten; Rodolphe, um nach Hause zu gehen.

Das ereignete sich in der zweiten Woche nach dem zweiten Abbruch der Liebschaft Rodolphes und Mimis. In Begleitung seines Freundes Marcel empfand der Dichter, als er mit seiner Geliebten gebrochen hatte, das Bedürfnis nach Luftveränderung und Ortswechsel, und er verließ die düstere Pension, deren Besitzer ihn samt Marcel ohne allzuviel Bedauern scheiden sah. Beide suchten, wie wir schon berichtet haben, anderswo Unterkunft und mieteten sich in einem und demselben Haus im gleichen Stockwerk zwei Zimmer. Das von Rodolphe gewählte Zimmer war unvergleichlich viel behaglicher als irgendeines, das er bisher jemals innegehabt hatte. Es standen fast wirkliche Möbel darin: vor allem ein Sofa aus einem roten Stoff, der Samt vorstellen sollte; freilich folgte besagter Stoff keineswegs dem Satz: Sei, was du scheinst.

Ferner standen auf dem Kamin zwei Porzellanvasen mit Blumen und in der Mitte eine Alabasteruhr mit furchtbaren Verzierungen. Die Vasen stellte Rodolphe in einen Schrank, und als der Hauswirt kam, um die Uhr aufzuziehen, bat der Dichter ihn, es nicht zu tun.

«Ich will die Uhr auf dem Kamin stehenlassen», sagte er, «aber nur als Kunstgegenstand; sie zeigt Mitternacht, und das ist eine schöne Stunde. Bei ihr möge es sein Bewenden haben. An dem Tage, da sie fünf Minuten nach Mitternacht zeigt, ziehe ich aus ... – Eine Uhr», sagte Rodolphe, der sich der gebieterischen Tyrannei des Zifferblattes nie hatte fügen können, «ist ein intimer Feind, der einem unbarmherzig Stunde für Stunde, Minute für Minute das Leben vorzählt und in jedem Augenblick sagt: Wieder ein Teil deines Lebens verflossen! Ach, ich könnte mit keinem dieser Folterinstrumente, in deren Nachbarschaft Sorglosigkeit und Träumerei unmöglich werden, ruhig im selben Zimmer schlafen! ... Mit einer Uhr, deren Zeiger sich bis zum Bett strecken und einen morgens stechen, wenn man noch in den weichen Träumen des ersten Erwachens liegt ... einer Uhr, deren Stimme ruft: ‹Kling, kling, kling! Es ist Zeit zur Arbeit! Verlasse deinen reizenden Traum, entwinde dich den Liebkosungen deiner Visionen – und bisweilen denen der Realitäten! Setze den Hut auf, zieh die Stiefel an, es ist kalt, es regnet, auf, an die Arbeit, es ist Zeit, kling, kling ...!› Es genügt hinlänglich, daß es Kalender gibt ... Also meine Uhr soll gelähmt bleiben, sonst ...»

Und während er auf diese Weise monologisierte, sah er sich in seiner neuen Wohnung um, und ihn befiel jene geheime Unruhe, die man fast immer empfindet, wenn man ein neues Heim bezieht.

‹Ich habe bemerkt›, dachte er, ‹daß die Räume, die wir bewohnen, einen geheimnisvollen Einfluß auf unsere Gedanken und folglich auch auf unsere Handlungen ausüben. Dieses Zimmer ist kalt und schweigsam wie ein Grab. Wenn je die Heiterkeit hier singt, so wird sie von draußen hereingetragen; und selbst dann wird sie nicht lange verweilen; das Lachen erstürbe unter dieser niedrigen Decke, die kalt und weiß wie ein Schneehimmel lastet. Ach, welch ein Leben werde ich zwischen diesen vier Wänden führen?›

Indessen strahlte wenige Tage später dieses so traurige Zimmer vor Helle, und es hallte wider von freudigem Lärm; es wurde ein Einweihungsmahl gefeiert, und zahlreiche Flaschen erklärten die heitere Laune der Geladenen. Rodolphe selber hatte sich von der ansteckenden guten Laune seiner Gäste fortreißen lassen. Der Dichter saß mit einer jungen Dame allein in einem Winkel, die zufällig mitgekommen war und die er mit Beschlag belegt hatte, um ihr mit Wort und Hand Madrigale zu sagen. Gegen Ende des Festes hatte er auf den folgenden Tag ein Stelldichein erlangt.

‹Na ja›, sagte er sich, als er allein war, ‹der Abend war gar nicht so übel, und das ist kein schlechtes Vorzeichen für den Aufenthalt in dieser Wohnung.›

Am folgenden Tage kam Julia um die verabredete Stunde. Der Abend ging ganz und gar mit Auseinandersetzungen hin. Julia hatte von Rodolphes kürzlichem Bruch mit jenem blauäugigen Mädchen erfahren, das er so sehr geliebt hatte; sie wußte, daß Rodolphe, nachdem sie ihn schon einmal verlassen hatte, sie von neuem zu sich genommen hatte, und sie fürchtete, das Opfer eines dritten Liebesrückfalls zu werden.

«Sehen Sie», fügte sie mit einer hübschen meuterischen Geste hinzu, «ich habe ganz und gar keine Lust, eine lächerliche Rolle zu spielen. Ich sage Ihnen gleich, ich bin sehr boshaft. Bin ich einmal ‹Herrin› hier», und sie unterstrich das Wort mit einem Blick, «so bleibe ich und weiche nicht vom Platze.»

Rodolphe rief seine ganze Beredsamkeit zu Hilfe, um sie zu überzeugen, daß ihre Befürchtungen unbegründet seien, und da die junge Dame ihrerseits den guten Willen zeigte, sich überzeugen zu lassen, so verständigten sie sich schließlich. Nur verständigten sie sich erst, als es Mitternacht schlug; denn Rodolphe wollte, daß sie bei ihm bliebe, und sie versteifte sich darauf, zu gehen.

«Nein», sagte sie, als er beharrte, «wozu solche Eile? Wir kommen immer noch dahin, wohin wir kommen müssen, es sei denn, Sie machen unterwegs halt. Ich komme morgen wieder.»

Und so kam sie eine Woche lang jeden Abend und ging nach Hause, sobald es Mitternacht schlug.

Diese Langsamkeit verdroß Rodolphe nicht allzusehr. In der Liebe, ja selbst in seinen Launen gehörte er zu jenen Reisenden, welche die Reise in die Länge ziehen und sie malerisch zu machen suchen. Diese kleine sentimentale Vorrede hatte die Folge, daß Rodolphe von vornherein weiter mitgerissen wurde, als er eigentlich hatte gehen wollen. Und ohne Zweifel hatte Julia diese Kriegslist angewandt, um ihn bis zu jenem Punkt zu treiben, wo die durch Widerstand gekräftigte Laune der Liebe zu ähneln beginnt.

Bei jedem neuen Besuch, den sie Rodolphe machte, erkannte Julia in all seinen Worten den ausgesprochenen Ton der Aufrichtigkeit. Wenn sie sich ein wenig verspätete, befiel ihn eine verräterische Unruhe, die das junge Mädchen entzückte; und er schrieb ihr sogar Briefe, deren Sprache sie hoffen ließ, sie werde demnächst seine legitime Geliebte werden.

Als Marcel, der Rodolphes Vertrauter war, einmal einen dieser Briefe abfing, sagte er lachend: «Ist das nur eine Stilübung, oder meinst du wirklich, was du sagst?»

«O ja, ich meine es wirklich», antwortete Rodolphe, «und sogar ich selber wundere mich ein wenig darüber; aber es ist einmal so. Noch vor acht Tagen war ich in einer recht traurigen Lage. Die Einsamkeit und die Stille, die so unvermittelt auf die Stürme meines alten Haushalts folgten, beängstigten mich schrecklich; aber da kam dann ganz plötzlich Julia. Mir schlugen die Fanfaren zwanzigjähriger Heiterkeit ans Ohr, ich sah ein frisches Gesicht vor mir, Augen voll Lächeln, einen Mund voller Küsse, und ganz sanft habe ich mich hinreißen lassen, die schiefe Ebene der Laune hinabzugleiten, die mich vielleicht zur Liebe geführt hat. Ich liebe die Liebe.»

Indessen merkte Rodolphe bald, daß es nur noch an

ihm lag, diesen kleinen Roman zum Abschluß zu bringen; und da war ihm eingefallen, die Liebe Romeos und Julias dem Bühnenbilde nach aus Shakespeare zu kopieren. Seine künftige Geliebte fand den Gedanken lustig und erklärte sich bereit, den Scherz mitzumachen.

An ebendem Abend, für den das Rendezvous angesetzt war, traf Rodolphe den Philosophen Colline, er hatte gerade die seidene Strickleiter gekauft, auf der er Julias Balkon erklettern wollte. Der Vogelhändler, an den er sich wandte, führte keine Nachtigallen, und so schob Rodolphe eine Taube unter, die, wie man ihm versicherte, jeden Morgen beim Frührot gurrte.

Zu Hause angekommen, überlegte sich der Dichter, daß es höchstwahrscheinlich nicht so leicht sein werde, eine Strickleiter zu erklettern, und er hielt es für ratsam, eine kleine Probe der Balkonszene abzuhalten, wenn er nicht Gefahr laufen wollte, von der Möglichkeit eines Sturzes abgesehen, sich in den Augen des seiner harrenden Mädchens lächerlich und ungeschickt zu zeigen. Rodolphe befestigte seine Leiter an zwei in die Decke geschlagenen Nägeln und verwandte die beiden Stunden, die ihm noch blieben, auf gymnastische Übungen; und nach endlosen Versuchen gelang es ihm mit Mühe und Not, etwa zehn Sprossen zu erklettern.

«Also gut», sagte er, «jetzt bin ich meiner Sache sicher, und übrigens, wenn ich unterwegs hängenbliebe, gäbe die Liebe mir Flügel.»

Und mit seiner Leiter und dem Taubenkäfig beladen, begab er sich zu Julia, die in der Nähe wohnte. Ihr Zimmer lag hinten nach einem kleinen Garten hinaus und hatte wirklich eine Art Balkon. Aber es lag im Erdgeschoß, und der Balkon war spielend zu erklettern.

Rodolphe war ganz niedergeschlagen, als er sah, daß durch diese Lokaleigentümlichkeit sein poetisches Kletterprojekt zu Wasser wurde.

«Einerlei», sagte er zu Julia, «die Balkonszene können wir trotzdem spielen. Der Vogel hier wird uns morgen mit seiner melodischen Stimme wecken und uns den genauen Augenblick angeben, da wir uns voll Verzweiflung voneinander trennen müssen.» Und so hängte denn Rodolphe den Käfig in einer Zimmerecke auf.

Am nächsten Morgen um fünf weckte die Taube sie denn auch sehr pünktlich und füllte das Zimmer mit langgezogenem Gurren, und sicher wären die Liebenden erwacht, wenn sie überhaupt geschlafen hätten.

«Also», sagte Julia, «jetzt ist der Augenblick gekommen, um auf den Balkon hinauszutreten und uns verzweifelt Lebewohl zu sagen; was meinst du dazu?»

«Die Taube geht vor», entgegnete Rodolphe; «wir sind im November, die Sonne geht erst mittags auf.»

«Einerlei», sagte Julia, «ich stehe auf.»

«Ach, weshalb?»

«Ich habe einen hohlen Magen, und ich will dir nicht verhehlen, daß ich gern etwas äße.»

«Es ist merkwürdig, welcher Einklang in unsern Sympathien herrscht; auch ich habe grausamen Hunger», sagte Rodolphe, stand gleichfalls auf und zog sich eiligst an.

Julia hatte schon Feuer gemacht und suchte in ihrem Buffet nach irgend etwas Genießbarem; Rodolphe half ihr bei diesen Nachforschungen.

«Sieh da!» sagte er. «Zwiebeln!»

«Und Speck!» sagte Julia.

«Und Butter.»

«Und Brot.»

Ach, das war alles.

Während dieser Suche gurrte die Taube lustig und sorglos auf ihrer Stange.

Romeo blickte Julia an, Julia blickte Romeo an; beide blickten die Taube an.

Weiterer Worte bedurfte es nicht. Das Schicksal der Taubenuhr war besiegelt; und hätte sie auch Berufung eingelegt, es wäre verlorene Liebesmüh gewesen; denn der Hunger ist ein grausamer Ratgeber.

Rodolphe hatte ein Kohlenfeuer angezündet und briet Speck in der zischenden Butter; er blickte ernst und feierlich drein.

Julia zog derweilen in melancholischer Haltung Zwiebeln ab.

Die Taube gurrte immer noch; es war ihr Schwanengesang.

Diese Klagen begleitete der Sang der Butter in der Kasserolle. Fünf Minuten danach sang zwar noch die Butter, aber die Taube sang nicht mehr.

Romeo und Julia hatten ihre Uhr in die Pfanne getan.

«Sie hatte eine hübsche Stimme», sagte Julia, als sie sich zu Tisch setzten.

«Sie war sehr zart», sagte Romeo, als er den trefflich durchgebackenen Wecker zerschnitt.

Und die Liebenden sahen sich an, und jedes entdeckte eine Träne im Auge des andern.

… Die Heuchler! Die Zwiebeln hatten sie zum Weinen gebracht!

XXII

Nachruf zu Rodolphes und Mimis Liebe

I

Während der ersten Tage nach seinem endgültigen Bruch mit Mimi, die ihn verlassen hatte, wie man sich erinnern wird, um in die Karosse des Vicomte Paul zu steigen, hatte der Dichter Rodolphe sich zu betäuben versucht, indem er eine neue Geliebte nahm.

Ebenjene, die blond war und für die er sich, wie wir gesehen haben, an einem Tage der Torheit und der Paradoxie als Romeo kostümiert hatte. Aber diese Liebschaft, die bei ihm nur eine Angelegenheit des Trotzes und bei der andern eine Angelegenheit der Laune war, konnte unmöglich von langer Dauer sein; das junge Mädchen war schließlich nur ein tolles Wesen, das die Koloraturen leichtfertiger Streiche schlechthin vollendet sang; sie war geistreich genug, um den Geist der anderen zu erkennen und sich seiner bei Gelegenheit zu bedienen, dabei hatte sie kein Herz, außer wenn sie zuviel gegessen hatte, denn dann machte es ihr Beschwerden. Mit all dem verbanden sich rasende Eitelkeit und wilde Koketterie, so daß ein Beinbruch ihres Liebhabers sie wenig betrübt haben würde als ein Volant zuwenig an ihrem Kleid oder ein vergilbtes Band an ihrem Hut. Eine strittige Schönheit, ein vulgäres Geschöpf, das von Geburt an alle schlechten Instinkte besaß und dennoch zu gewissen Stunden durch gewisse Seiten verführerisch werden konnte.

Bald merkte sie, daß Rodolphe sie nur genommen hatte, um mit ihrer Hilfe die entschwundene Geliebte zu vergessen, während sie doch nur die Sehnsucht nach ihr in ihm weckte, denn nie war die Erinnerung an seine ehemalige Freundin in seinem Herzen so laut und lebhaft gewesen.

Eines Tages sprach Julia, Rodolphes neue Geliebte, mit einem Medizinstudenten, der ihr den Hof machte, von ihrem Liebhaber, dem Dichter; der Student erwiderte: «Mein liebes Kind, der gute Mann benutzt Sie, wie man Höllenstein benutzt, um Wunden auszuätzen, er will sich das Herz ausätzen. Sie tun also sehr unrecht, sich über ihn zu ärgern und ihm treu zu bleiben.»

«Oho», rief das junge Mädchen und brach in Gelächter aus, «glauben Sie wirklich, ich geniere mich?» Und noch am gleichen Abend gab sie dem Studenten den Beweis des Gegenteils.

Dank der Indiskretion eines jener diensteifrigen Freunde, die eine Nachricht, die einem Kummer bereiten könnte, nicht geheimzuhalten vermögen, bekam Rodolphe von der Sache Wind und nahm sie zum Vorwand, um mit seiner Interimsgeliebten zu brechen.

Nun schloß er sich ab in völliger Einsamkeit, alle Fledermäuse der Langeweile kamen, um bei ihm ihr Nest zu bauen, und er nahm seine Zuflucht zur Arbeit, doch vergebens. Jeden Abend schrieb er, nachdem er genausoviel Tropfen Wasser geschwitzt hatte, wie er Tinte verbrauchte, einige zwanzig Zeilen, in denen ein abgedroschener Einfall, der müder war als der Ewige Jude und schlecht in literarischem Trödel entliehene Lumpen gekleidet einherging, schwerfällig auf dem Drahtseil des Paradoxen zu tanzen versuchte. Wenn er diese Zeilen dann durchlas, war Rodolphe bedrückt wie ein Mensch, der Nesseln auf dem Beet wachsen sieht, da er Rosen zu säen vermeinte. Er zerriß das Blatt, auf dem er jene Rosenkränze der Albernheit abgebetet hatte, und trat es wütend mit Füßen.

«Ja, ja», sagte er und schlug sich an der Stelle des Herzens auf die Brust, «die Saite ist gesprungen, wir müssen uns halt darein finden.» Und da eine ähnliche Enttäuschung seit langem all seinen Arbeitsversuchen folgte, so kam jene mutlose Mattheit über ihn, die den robustesten Stolz zum Straucheln bringt und den hellsten Verstand abstumpft. Wirklich, nichts ist furchtbarer als diese einsamen Kämpfe, die sich bisweilen zwischen dem hartnäckigen Künstler und der rebellischen Kunst entspinnen, nichts ist herzbewegender als jene Ausbrüche, die mit bald flehenden, bald gebieterischen Anrufen der spröden oder flüchtigen Muse abwechseln.

Die heftigsten menschlichen Qualen, die tiefsten Wunden im innersten Herzen verursachen kein Leiden, das dem jener Stunden der Ungeduld und des Zweifels gleichkommt, unter denen alle die so häufig stöhnen, die sich dem gefährlichen Handwerk der Phantasie gewidmet haben.

Solchen gewaltsamen Krisen folgte schmerzliche Niedergeschlagenheit; dann verharrte Rodolphe stundenlang wie versteinert in stumpfer Reglosigkeit. Die Ellbogen auf den Tisch gestützt, die Augen starr auf den Lichtfleck gerichtet, den die Strahlen seiner Lampe mitten auf das Blatt Papier warfen: das «Schlachtfeld», auf dem sein Geist täglich besiegt wurde und seine Feder auf der Verfolgung des unfaßbaren Gedanken ermattete, so sah er langsam, den Gestalten einer Laterna magica gleich, mit denen man Kinder ergötzt, phantastische Bilder vorüberziehen, die ihm das Panorama seiner Vergangenheit entrollten. Erst kamen arbeitsame Tage, an denen jede Stunde des Zifferblattes die Erfüllung einer Pflicht schlug, der Arbeit geweihte Nächte, verbracht im Zwiegespräch mit der Muse, die seine einsame und geduldige Armut mit ihrem Feenzauber schmückte. Und voller Neid gedachte er da der stolzen Gewohnheit, die ihn einst berauschte, wenn er die von seinem Willen auferlegte Arbeit beendet hatte. «Oh», rief er, «nichts kommt dir gleich, du wollüstige Erschöpfung nach der Arbeit, die du das Kissen des ‹far niente› so süß erscheinen läßt. Weder die Befriedigung der Eitelkeit noch die fiebrige Entzückung, die der schwere Vorhang eines geheimnisvollen Alkovens erstickt, kommt jener ehrlichen und ruhigen Freude gleich, jener berechtigten Selbstzufriedenheit, die die Arbeit den Arbeitsamen als ersten Lohn gewährt.» Und den Blick stets starr auf die Visionen geheftet, die ihm noch immer die Szenen vergangener Zeiten zeigten, stieg er die sechs Treppen aller Mansarden hinauf, in denen sein abenteuerndes Dasein kampiert hatte und wohin die Muse, damals seine einzige Liebe, seine treue, ausharrende Freundin, ihm immer gefolgt war, denn sie aß am gleichen Tisch mit dem Elend und unterbrach nie ihren Hoffnungsgesang. Aber plötzlich tauchte mitten in diesem regelmäßigen und ruhigen Leben das Gesicht einer Frau auf; und als des Dichters Muse sie in diese Wohnung treten sah, wo sie bis dahin alleinige Königin und Geliebte gewesen war, da stand sie traurig auf und ließ der Neugekommenen den Platz, die Rivalin erratend. Wohl zögerte Rodolphe einen Augenblick, zwischen der Muse, der sein Blick zu sagen schien: «Bleib!», während schon ein lockender Wink der Fremden zurief: «Komm!» Und wie hätte er es zurückstoßen sollen, das reizende Geschöpf, das da zu ihm kam, bewaffnet mit jeder Lockung einer Schönheit in ihrer Morgenröte? Diesen süßen Mund und die rosigen Lippen, die eine naive und verwegene Sprache voll schmeichlerischer Versprechungen redeten? Wie hätte er der kleinen weißen Hand mit den blauen Adern, die sich voll Liebkosungen ihm entgegenstreckte, seine Hand verweigern sollen? Wie hätte er sagen können: ‹Geh fort mit deinen blühenden achtzehn Jahren, deren bloße Gegenwart das Haus mit dem Duft der Jugend und Heiterkeit erfüllt?› Und dann sang sie mit ihrer süßen, zärtlich bewegten Stimme die Kavatine der Versuchung so schön! Mit ihren lebhaften, glänzenden Augen sagte sie so schön: «Ich bin die Liebe!»; mit ihren Lippen, auf denen der Kuß erblühte: «Ich bin die Lust!»; und schließlich mit ihrem ganzen Wesen: «Ich bin das Glück!», und Rodolphe ließ sich hinreißen. Und war denn übrigens dieses junge Mädchen nicht die lebendige und leibhaftige Poesie, verdankte er ihr nicht seine frischesten Inspirationen? Hatte sie nicht oft eine Begeisterung in ihm entzündet, die ihn so hoch in den Äther der Träume forttrug, daß er die Dinge der Erde aus den Augen verlor? Wenn er auch viel um sie gelitten hatte, war dieses Leiden nicht die Sühne für maßlose Freuden, die sie ihm gewährt hatte? War es nicht die gemeine Rache des Menschengeschicks, das ein ungetrübtes Glück wie eine Gottlosigkeit verbietet? Wenn das Christentum denen vergibt, die viel geliebt haben, so geschieht es, weil sie auch viel gelitten haben, und die irdische Liebe wird nur dann zur göttlichen Leidenschaft, wenn sie sich in Tränen reinigt. Wie man sich am Duft verwelkter Rosen berauscht, so berauschte Rodolphe sich noch, indem er durch die Erinnerung an dieses Leben von einstmals wieder auflebte, wo jeder Tag eine neue Elegie, ein furchtbares Drama oder eine groteske Komödie gebracht hatte. Er durchlebte noch einmal alle Phasen seiner seltsamen Liebe zu der teuren Fernen, von ihren Flitterwochen an bis zu den häuslichen Gewittern, die ihren letzten Bruch herbeigeführt hatten. Er entsann sich des Repertoires aller Listen seiner einstigen Geliebten und sagte sich alle ihre Scherzworte noch einmal her. Er sah sie in ihrem kleinen Haushalt umhergehen, wie sie ihr Lied «Lieb Annettchen» vor sich hin trällerte und mit der gleichen sorglosen Heiterkeit gute wie schlimme Tage hinnahm. Und schließlich sagte er sich, in der Liebe habe die Vernunft von je unrecht gehabt. Was hatte er denn bei diesem Bruch gewonnen? Als er noch mit Mimi lebte, hinterging sie ihn, das war schon richtig; aber wenn er es wußte, so war es im Grunde seine Schuld, denn er gab sich unendliche Mühe, um dahinterzukommen, weil er seine Zeit auf der Lauer nach Beweisen hinbrachte und selber die Dolche schärfte, die er sich ins Herz stieß. Und war denn Mimi nicht geschickt genug, um ihm im Notfall zu beweisen, daß er der war, der sich betrog? Und dann, mit wem brach sie ihm die Treue? Am häufigsten mit einem Schal oder einem Hut: mit Dingen also und nicht mit Menschen. Jene Ruhe, jener Frieden, die er erhofft hatte, als er sich von seiner

Geliebten trennte, hatte er sie seit ihrem Fortgehen wirklich gefunden? Ach nein. Sie fehlte ihm mehr denn je. Ehemals konnte sein Schmerz sich ergießen, er konnte sich in Schmähungen und Vorwürfen ergehen; er konnte zeigen, was er litt, und konnte das Mitleid derjenigen wecken, die all seine Leiden verschuldete. Und jetzt war sein Schmerz einsam, war seine Eifersucht zur Raserei geworden; denn ehemals konnte er Mimi, wenn er Verdacht hatte, wenigstens am Ausgehen hindern, er konnte sie bewachen, sie bei sich behalten; doch jetzt traf er sie auf der Straße am Arm ihres neuen Liebhabers, und er mußte sich abwenden, um sie vorübergehen zu lassen, sie, die zweifellos glücklich war und zum Vergnügen ging.

Dieses elende Leben dauerte drei oder vier Monate. Allmählich kehrte die Ruhe zurück. Marcel, der eine lange Reise gemacht hatte, um sich Musette aus dem Kopf zu schlagen, kam wieder nach Paris und zog abermals zu Rodolphe. Sie trösteten sich von nun an gegenseitig.

Eines Tages, es war Sonntag, als Rodolphe den Jardin du Luxembourg durchquerte, begegnete er Mimi, die in großer Toilette war. Sie ging zum Ball. Sie nickte mit dem Kopf, und er antwortete mit einem Gruß. Jene Begegnung gab ihm zwar einen heftigen Stich ins Herz, aber die Erregung war doch weniger schmerzlich als früher. Er ging noch eine Weile im Jardin du Luxembourg spazieren und kehrte dann nach Hause zurück. Als Marcel abends heimkam, fand er ihn bei der Arbeit.

«Hallo», sagte Marcel und beugte sich über seine Schulter, «du arbeitest? ... Verse?»

«Ja», sagte Rodolphe voll Freude. «Ich glaube, das kleine Tier ist doch noch nicht ganz tot. In den vier Stunden, die ich hier sitze, habe ich den Schwung meiner Frühzeit wiedergefunden; ich bin Mimi begegnet.»

«Hm!» sagte Marcel voll Sorge. «Und wie weit seid ihr?»

«Keine Angst», sagte Rodolphe, «wir haben uns nur gegrüßt; weiter ist nichts passiert.»

«Wirklich?» fragte Marcel.

«Wirklich. Es ist aus zwischen uns, ich fühle es; aber wenn ich wieder arbeiten kann, so verzeihe ich ihr.»

«Wenn es ganz aus ist», fügte Marcel hinzu, als er Rodolphes Verse gelesen hatte, «weshalb dichtest du sie dann an?»

«Ach», erwiderte der Dichter, «ich nehme meine Poesie, wo ich sie finde.»

Acht Tage lang arbeitete er an jenem kleinen Gedicht. Als er fertig war, las er es Marcel vor, der sich davon befriedigt erklärte und Rodolphe ermunterte, die Ader, die sich wieder geöffnet habe, weiter zu verwerten.

«Denn», bemerkte er, «es lohnte nicht der Mühe, Mimi zu verlassen, wenn du ewig mit ihrem Schatten leben willst. Freilich sollte ich», sagte er lächelnd, «statt andern Moral zu predigen, lieber bei mir selber anfangen, denn mein Herz ist noch immer zum Überlaufen voll von Musette. Nun, wir werden hoffentlich nicht ewig junge Leute bleiben, die in solche Teufelskreaturen verliebt sind.»

«Ach», erwiderte Rodolphe, «der Jugend braucht man nicht zu sagen: Geh!»

«Das ist schon richtig», sagte Marcel, «aber es gibt Tage, wo ich ein ehrbarer Greis sein möchte, Mitglied des Instituts, Ritter hoher Orden, und von allen Musettes dieser Welt befreit. Der Teufel soll mich holen, wenn ich je zu ihnen zurückkehrte! Und du», fügte der Künstler lachend hinzu, «möchtest du auch sechzig Jahre alt sein?»

«Heute», antwortete Rodolphe, «wären mir sechzig Francs lieber.»

Ein paar Tage später schlug Mimi, die mit dem jungen Vicomte Paul in ein Café gegangen war, eine Zeitschrift auf, in der die Verse standen, die Rodolphe auf sie gedichtet hatte.

«Aha», rief sie lachend, «Rodolphe führt wieder einmal üble Nachrede über mich in den Zeitungen.» Als sie jedoch das Gedicht gelesen hatte, wurde sie plötzlich stumm und blickte traumverloren. Der Vicomte Paul erriet, daß sie an Rodolphe dachte, und suchte sie abzulenken.

«Ich will dir Ohrringe kaufen», sagte er.

«Ach», erwiderte Mimi, «Sie sind ja reich!»

«Und einen italienischen Strohhut», fuhr der Vicomte Paul fort.

«Nein», sagte Mimi, «wenn Sie mir einen Gefallen tun wollen, so kaufen Sie mir das!»

Und sie zeigte ihm das Heft, in dem sie soeben Rodolphes Verse gelesen hatte.

«O das? Nein!» entgegnete der Vicomte verletzt.

«Gut», erwiderte Mimi kühl, «dann kaufe ich es mir eben allein, und zwar mit dem Geld, das ich mir selbst verdienen werde. Es ist mir auch lieber, wenn nicht Sie es bezahlen.»

Und auf zwei Tage kehrte Mimi in ihre alte Blumenmacherwerkstatt zurück, wo sie so viel verdiente, daß sie das Heft kaufen konnte. Sie lernte Rodolphes Gedicht auswendig, und um den Vicomte Paul ordentlich zu ärgern, sagte sie es den ganzen Tag lang ihren Freunden her. Die Verse lauteten:

Als eines schönen Tags ich wollt' ein Liebchen holen,
und als von ungefähr sich kreuzte unser Schritt:
Meine Jugend und mein Herz – ich hab' dir befohlen
und hab' zu dir gesagt: «Tu, was du willst, damit.»

Doch ach, geliebtes Kind, wie schlimm hast du's getrieben!
Mein Herz zersprang wie Glas in deiner schönen Hand,
von meiner Jugend sah die Fetzen ich zerstieben,
  und meine Kammer ward zum Totenland,
  darin die Scherben liegen
  des, das dich liebte unverwandt.

Mit uns ist es jetzt aus, ja, a, u, s – ganz aus:
Ich bin nur ein Gespenst, du ein Phantom aus Rauch.
Und unsre Liebe starb und liegt im Leichenhaus;
sing ihr den letzten Psalm! Stimm an, ich singe auch.

Doch laß die Melodie sich nicht zu hoch erheben;
sie tön' im ersten Moll – füg keine Triller an!
Ich fürchte sonst, es möchten unsre Stimmen beben –
ich übernehm' den Baß; du singst, wie stets, Sopran.

E, d, e, c, d, a – nicht dieses, liebe Kleine,
in glücklicherer Zeit dies Lied zu oft erklang,
und ist mein Herz auch tot – wild schlüg's in seinem Schreine:
Das De profundis würd' zum Auferstehungssang.

C, e, fis, g, e, c – dabei denk' ich im Herzen
des wilden Walzers, der mir so viel Pein gebracht:
Wie hat das Cello schluchzend süß kristallne Terzen
das schrille Spottgekreisch der Pfeife überlacht!

G, c, c, h, h, a – das ließen wir ertönen
mit Deutschen, letztes Jahr; du weißt es wohl, gib acht:
Schwermütig sangen sie von ihrem Land, dem schönen,
durch Meudons hohen Wald in einer Sommernacht.

Doch nein! Wir wollen nicht mehr singen, meine Teure;
wirf unserm toten Glück in seiner Grabesruh
lächelnd mit mir, ohn' daß sich Haß und Groll erneure,
noch einen Abschiedsblick letzten Erinnerns zu.

Wie waren wir so froh in deinem kleinen Zimmer!
Der Regen rauschte weich, und klagend wehte der Wind.
Dezember war's und kalt. Bei deiner Augen Schimmer
hab' ich so oft geträumt, am Feuer sitzend, Kind.

Die Kohle prasselte; und über dem Funkenkranze
der Kessel seine leis eintön'ge Weise sang.
Es war die Melodie zum Salamandertanze,
der in den lohenden Gluten sprang.

Du blättertest im Buch und lasest fröstelnd, lässig,
derweil dein Anblick meine Jugend mir versüßte –
dann schlummertest du ein, Geliebte du, indes ich
zu deinen Füßen lag und deine Hände küßte.

Ja, wenn ein Freund dann kam: Beim Eintritt schon umhüllte
ihn Rosenduft der Liebe und der Heiterkeit,
der unser armes Heim bei Tag und Nacht erfüllte:
Gern war bei uns das Glück zu Gaste jederzeit.

Und eines Morgens war der Winter fortgezogen,
durchs offne Fenster hat den Weckruf uns gesandt
der Frühling, und wir sind wie Vögel ausgeflogen
der Sonne weit voraus ins jung ergrünte Land.

Freitag vor Ostern war's. Es regnet sonst zur Buße
für Christi Tod den Tag. Doch damals strahlte schön
die liebe Sonne, und mit leichtem, freud'gem Fuße
ging es durch Wald und Feld, vom Tal bis zu den Höhn.

Und als wir müde dann von dieser Pilgerfahrt
ins Moos gesunken sind – es war uns weich genug –
an einem Platz, von wo man weit das Land gewahrt,
da lagen wir und sahen zu der Wolken Flug.

Wir hielten Hand in Hand, ganz stille, schier beklommen,
und wußten nicht, warum. Gehorchend einem Muß
botst du die Lippen mir – ich habe sie genommen,
und selig einte uns ein Kuß.

Und neben uns im Gras vermählten ihren Duft
Veilchen und Hyazinth', wie rein stieg er hinan!
Wir hoben sacht den Kopf, und in der blauen Luft
stand lächelnd Gott der Herr am himmlischen Altan.

«Liebt euch», sprach er, «und um die Straße zu versüßen,
darauf ihr wandelt, hab' von Moos ein Samtgespinn
als Teppich ich gebreitet unter euren Füßen.
Küßt euch nur noch einmal – ich schau' gewiß nicht hin

Oh, liebet, liebet euch! Seht: in der Bäume Grün,
im klaren Wasserquell und in des Lenzwinds Wehen,
in Stern und Vogellied und in der Blumen Blühn –
nur euch zur Lust ließ ich neu die Natur erstehen.

Oh, liebet, liebet euch! Und wird das Herz euch licht
vom jungen Frühling, des die Erde sich erfreut
ob seines Sonnengolds –: ihr Menschen, betet nicht!
Wenn ihr mir danken wollt, küßt euch noch einmal heut.»

Vier kurze Wochen drauf, als grad die Rosen blühten
in unserm Gärtchen, drin ich sie mit dir gepflanzt
– mein Herz, es wollte mehr als je zuvor dich hüten –,
ist deine Liebe jäh (warum?) davongetanzt.

Ach, wohin ging sie wohl? Ich denk', in alle Winde;
der Farben hat bald die, bald jene sie gesonnt –
voll Unrast flattert sie, auf daß sie niemand binde,
von des Pique-Buben Braun zu des Coeur-Buben Blond.

Du bist wohl glücklich jetzt; es fügt sich der Caprice
ein Hofstaat willig dir von Herrn beim Bacchanale,
du kannst nicht gehn, ohn' daß zu deinen Füßen sprieße
ein Teppich schimmernd und voll Duft der Madrigale.

Wenn in den Saal beim Ball du deinen Einzug hältst,
formt sich um dich ein Kreis, in Glut von Sehnsuchtsflammen;
die Meute, welcher du im Seidenkleid gefällst,
schließt sich bei dem Frou-Frou zum Lobeschor zusammen.

Wie fein dein Stiefel ist! Wie elegant genäht!
Zu enge wär' er wohl gar Aschenbrödels Fuß:
Doch deiner ist so klein, daß man es kaum errät,
wie dich fortwirbeln kann des lustigen Walzers Fluß.

Und deine kleine Hand, die einstmals braun und härtlich,
von Balsam nun, vom Öl des Müßiggangs gefeuchtet,
ist bleich wie Elfenbein, der Lilie gleich, die zärtlich
des Mondes Silberstrahl in dunkler Nacht beleuchtet.

Um deinen weißen Arm schließt sich ein goldner Reif,
erlesener Perlenschmuck, von Froment ziseliert;
um deine Schultern hängt ein Kaschmirschal, der steif,
doch äußerst künstlerisch in Falten ist drapiert.

Aus England und Brabant die schönste Spitzenware,
mattweiße Schleier, zart, entstammend got'scher Tracht,
Spinnweben-Meisterwerk, alt viele hundert Jahre –
mit Glanz vollenden sie dir der Gewänder Pracht.

Mir aber, liebes Kind, erschienst du ehmals freier
im Kleid aus Musselin, weiß oder auch Kattun,
frisch und kokett in schlichtem Hute ohne Schleier,
mit weißem Kragen, grauen oder schwarzen Schuhn.

Denn dieser neue Prunk, so hübsch er dich auch macht,
gemahnt mich dessen nicht, was ich einstmals empfand.
Mehr noch als tot, in ein noch tiefres Grab gebracht,
ganz herzlos scheinst im Bahrtuch du, aus Seidentand.

Als ich dies Carmen schrieb, ich armer Trauerdichter
– ein Klageseufzer ist's nach einem Glück, das war –,
trug ich 'nen schwarzen Rock als wie ein finstrer Richter
(zwar fehlen Brille und der faltige Talar).

Ein schwarzer Trauerflor vom Federhalter wallte,
ein schwarzer Trauerrand umrahmte das Papier,
darauf ich kummervoll hier diese Strophen malte:
Der letzten Liebe Hauch gilt, letzte Liebste, dir.

Indessen, ehe ich noch mein Gereim beendet,
war mir, als hätte ich mein Herz ins Grab gebracht
– ein Totengräber, der die eigne Gruft vollendet –:
Ja, so kam ich mir vor, und toll hab' ich gelacht!

Doch hat die Feder mir gezittert in der Hand,
und meine Heiterkeit, nun ja, sie war erlogen:
Wohl lachte ich, doch wie ein Regen strömt aufs Land,
löscht aus ein Tränenstrom die Worte auf dem Bogen.

2

Es war am 24. Dezember, und an diesem Abend hatte das Quartier latin ein ganz besonderes Aussehen. Seit vier Uhr nachmittags wurden die Leihhäuser, die Trödler- und Schmökerladen von einer lärmenden Menge bedrängt, die abends auf die Krämer- und Fleischerläden und die Bratküchen Sturm lief. Die Verkäufer hätten wie Briareus hundert Arme haben müssen, um die Kunden zufriedenzustellen, die sich die Waren aus den Händen rissen. Wie an den Tagen einer Hungersnot standen lange Reihen vor den Bäckerläden. Die Weinhändler setzten die Produkte dreier Ernten ab, und selbst ein geschickter Statistiker hätte Mühe gehabt, die Zahl der Schinken und Würste festzustellen, die der berühmte Borel in der Rue Dauphine verkaufte. An diesem Abend waren bei Vater Cretaine, genannt Petit-Pain, achtzehn Auflagen seiner Butterkuchen vergriffen. Während der ganzen Nacht drang lärmendes Geschrei aus den Logierhäusern, deren Fenster strahlten, und eine Kirmesatmosphäre erfüllte das ganze Viertel.

Man feierte das uralte Fest des Weihnachtsabends.

An diesem Abend gegen zehn Uhr zogen Marcel und Rodolphe traurig nach Hause. Als sie die Rue Dauphine hinaufgingen, sahen sie ein großes Gedränge im Laden eines Fleisch- und Delikateßwarenhändlers, und sie blieben einen Augenblick vor dem Fenster stehen und litten Tantalusqualen ob des Anblickes der duftenden gastronomischen Produkte; die beiden Bohemiens glichen in ihrer Versunkenheit jener Gestalt eines spanischen Romans, vor deren bloßem Blick die Schinken abmagerten.

«Das da nennt man einen getrüffelten Puter», sagte Marcel und zeigte auf einen prachtvollen Vogel, durch dessen rosige und durchsichtige Haut die Perigordknollen schimmerten, mit denen er gefüllt war. «Ich habe gottlose Leute so etwas essen sehen, ohne erst davor niederzuknien», fügte der Maler hinzu, wobei er dem Truthahn Blicke zuwarf, an deren Feuer man ihn hätte braten können.

«Und was sagst du zu dieser bescheidenen Hammelkeule?» meinte Rodolphe. «Was für schöne Farben sie hat, sie könnte eben aus dem Fleischerladen genommen sein, der auf einem Bild von Jordaens zu sehen ist. Die Hammelkeule ist das Lieblingsgericht der Götter und der Frau Chandelier, meiner Patin.»

«Sieh nur diese Fische», fuhr Marcel fort und zeigte auf einige Forellen, «das sind die geschicktesten Schwimmer unter den Wasserbewohnern. Diese kleinen Tiere, die aussehen, als machten sie gar keine Ansprüche, könnten sich Staatspapiere zulegen, wenn sie ihre Kunststücke zur Schau stellten; stell dir vor, die springen einen reißenden Gießbach so leicht hinauf, wie wir eine Einladung, oder zwei, zum Abendessen annehmen würden! Ich hätte fast einmal eine gegessen.»

«Und da unten die großen, goldfarbenen, konischen Früchte, deren Blätter aussehen wie eine Sammlung wilder Säbel, die nennt man Ananas; das sind die Reinetteäpfel der Tropen.»

«Das ist mir gleich», erwiderte Marcel, «von allen Früchten sind mir dies Stück Rindfleisch oder dieser Schinken die liebsten, ja sogar der einfache kleine da mit dem durchsichtigen Geleepanzer, der aussieht wie Bernstein.»

«Du hast recht», erwiderte Rodolphe, «der Schinken ist der Freund des Menschen, wenn er welchen hat. Aber diesen Fasan würde ich auch nicht ablehnen.»

«Das glaube ich gern; er ist die Speise der gekrönten Häupter.»

Und als sie weitergingen und unterwegs lustigen Prozessionen begegneten, die nach Hause zogen, um Momus, Bacchus, Komus und alle feinschmeckerischen Gottheiten auf «us» zu feiern, fragten sie einander, wer wohl der Gamacho wäre, dessen Hochzeit man mit solchen Vorräten an Lebensmitteln feiern wollte.

Marcel war der erste, der sich des Datums und des Festes erinnerte.

«Heute ist Weihnachtsabend», sagte er.

«Weißt du noch, wie es im vorigen Jahre war?» fragte Rodolphe.

«Ja», antwortete Marcel, «bei Momus. Barbemuche bezahlte. Ich hätte nie gedacht, daß ein so zartes Mädchen wie Phémie so viel Würstchen vertilgen könnte.»

«Schade, daß Momus uns sein Lokal verboten hat!» meinte Rodolphe.

«Ach», sagte Marcel, «die Tage folgen einander, aber sie gleichen einander nicht.»

«Möchtest du nicht auch Weihnachten feiern?» fragte Rodolphe.

«Mit wem und womit?» erwiderte der Maler.

«Mit mir natürlich.»

«Und das Geld?»

«Warte einmal», sagte Rodolphe, «ich will in dieses Café hier gehen; ich kenne da Leute, die hoch zu spielen pflegen. Ich borge von einem Günstling des Glücks ein paar Sesterzen und bringe etwas zum Anfeuchten einer Sardine oder einer Schweinshaxe mit.»

«Geh», erwiderte Marcel, «ich habe einen Bärenhunger! Ich warte hier.»

Rodolphe ging in das Café, wo seine Bekannten für gewöhnlich saßen. Ein Herr, der in zehn Runden dreihundert Francs gewonnen hatte, machte sich ein wahres Vergnügen daraus, dem Dichter vierzig Sous zu leihen, und er bot sie ihm im Umschlag jener schlechten Laune dar, die das Spielfieber mit sich bringt. In einem andern Augenblick und an einem andern Orte als am grünen Tisch hätte er ihm vielleicht vierzig Francs geliehen.

«Nun?» fragte Marcel, als er Rodolphe herauskommen sah.

«Hier die Einnahme», erwiderte der Dichter und zeigte die Münze.

«Eine Krume und eine Kruke», sagte Marcel.

Und doch trieben sie mit dieser mäßigen Summe Brot, Wein, Fleisch, Tabak, Licht und Feuer auf.

Sie kehrten in das Logierhaus zurück, wo sie jeder ein besonderes Zimmer innehatten. Das Gemach Marcels, das ihm zugleich als Atelier diente, war das größere und wurde demgemäß zum Festsaal gewählt, und die Freunde trafen gemeinsam die Vorbereitungen zu ihrem Gastmal ohne Gäste.

Doch an jenen kleinen Tisch, an dem sie saßen, an das Feuer, darin die feuchten Scheite schlechten Treibholzes flammen- und wärmelos verkohlten, setzte sich mit ihnen als melancholischer Gast das Phantom vergangener Zeiten.

Sie blieben zumindest eine Stunde lang schweigsam und nachdenklich, und vermutlich beschäftigte beide der gleiche Gedanke, und beide waren bemüht, ihn zu verbergen. Marcel brach als erster das Schweigen.

«Komm», sagte er zu Rodolphe, «das hatten wir uns doch nicht vorgenommen.»

«Was meinst du?» fragte Rodolphe.

«Mein Gott», erwiderte Marcel, «mir gegenüber willst du dich doch hoffentlich nicht verstellen! Du denkst an das, was wir vergessen müssen, und ich auch, weiß Gott ..., ich streite es gar nicht ab.»

«Nun, dann ...»

«Nun, es muß das letztemal sein. Zum Teufel mit den Erinnerungen, bei denen uns der Wein nicht schmeckt und die uns traurig machen, während alle andern sich amüsieren!» rief Marcel mit einer Anspielung auf die lustigen Rufe, die aus den Nachbarzimmern erklangen. «Komm, wir wollen an andere Dinge denken; es soll das letztemal gewesen sein.»

«Das sagen wir immer, und doch ...», erwiderte Rodolphe und versank abermals in seine Träumerei.

«Und doch kommen wir immer wieder darauf zurück», begann Marcel von neuem. «Der Grund ist, daß wir, anstatt ehrlich nach dem Vergessen zu suchen, die nichtigsten Dinge zum Vorwand nehmen, um die Erinnerung zu erwecken; der Grund ist vor allem der, daß wir hartnäckig in derselben Umgebung leben, in der die Geschöpfe gelebt haben, die so lange unsere Folter waren. Wir sind eher die Sklaven einer Gewohnheit als einer Leidenschaft. Diese Fesseln müssen wir brechen, oder wir erschöpfen uns in lächerlicher und schmachvoller Sklaverei. Also: hin ist hin, vergangen, wir müssen die Bande zerreißen, die uns noch daran knüpfen; die Stunde ist gekommen, vorwärts zu schreiten, ohne auch nur einen Blick nach rückwärts zu werfen. Die Zeit der Jugend, der Sorglosigkeit und der Paradoxe liegt hinter uns. All das war sehr schön, und man könnte einen hübschen Roman daraus machen; aber die Komödie verliebter Torheiten, die Vergeudung verlorener Tage, diese Verschwendungssucht von Leuten, die glauben, sie könnten die Ewigkeit ausgeben, all das muß jetzt ein Ende haben. Wenn die Verachtung, die uns treffen würde, nicht zu Recht bestehen soll, wenn wir uns nicht selber verachten wollen, dann können wir unmöglich noch lange so neben der Gesellschaft, beinahe neben dem Leben herleben. Denn führen wir im Grunde überhaupt ein Leben? Und die Unabhängigkeit, die Sittenfreiheit, mit denen wir uns so sehr brüsten, sind das nicht recht erbärmliche Vorzüge? Die wahre Freiheit besteht darin, daß man die andern entbehren kann und durch sich selber existiert; tun wir das? Nein! Der erste beste Lump, dessen Namen wir keine fünf Minuten tragen möchten, rächt sich an unserm Spott und wird unser Herr, sobald wir nur hundert Sous von ihm borgen; und er leiht sie uns erst, wenn wir für hundert Taler Listen oder Demut dafür vergeudet haben. Ich meinerseits habe genug davon. Die Poesie besteht nicht nur in einer ungeordneten Existenz, in unverhofften Glückszufällen, in Liebschaften, die so lange dauern wie eine Kerze, in mehr oder minder exzentrischen Rebellionen gegen Vorurteile, die ewig die Herrscher der Welt bleiben werden: Man stürzt leichter Dynastien als das Herkömmliche, und sei es noch so lächerlich. Wenn jemand im Dezember einen Sommerpaletot trägt, so braucht er darum noch lange kein Talent zu haben; es kann jemand ein wahrer Dichter oder Künstler sein, wenn er auch ganze Stiefel hat und dreimal am Tage ißt. Was man auch sagen und tun möchte, wer es zu etwas bringen will, der muß immer die Straße der andern einschlagen. Diese Rede wundert dich vielleicht, lieber Rodolphe, und du wirst sagen, ich stürzte meine Götterbilder; du wirst mich verderbt nennen, und doch ist, was ich sage, der Ausdruck meines aufrichtigen Wollens. Mir selber unbewußt hat sich in mir eine langsame und heilsame Wandlung vollzogen: Die Vernunft hat Zugang zu meinem Geist gefunden, sie ist eingebrochen, wenn du willst, und vielleicht gar wider meinen Willen; aber sie ist nun einmal da, und sie hat mir bewiesen, daß ich auf einem schlimmen Weg war und daß es zugleich lächerlich und gefährlich wäre, wenn ich auf ihm weiterschreiten wollte. Ja, wirklich, was würde denn geschehen, wenn wir dieses monotone und nutzlose Landstreicherleben fortsetzten? Wir würden unbekannt, vereinsamt, voll Ekel vor allem und auch vor uns, die Schwelle unseres dreißigsten Jahres betreten, voll Neid auf alle, die wir nur irgendein noch so niedriges Ziel erreichen sähen, und wenn wir auch nichts wollten als leben, müßten wir zu dem schmählichen Mittel des Schmarotzertums greifen, und glaube nicht etwa, das sei ein Phantasiebild, das ich eigens wecke, um dich zu erschrecken! Ich sehe die Zukunft nicht systematisch schwarz, aber ich sehe sie auch nicht systematisch rosig, ich sehe richtig. Bisher wurde uns das Leben, das wir geführt haben, aufgezwungen; wir hatten die Entschuldigung der Not. Heute wäre es nicht mehr entschuldbar, und wenn wir nicht in ein ordentliches Fahrwasser einlenken, so ist das einzig unsere Schuld, denn die Hindernisse, gegen die wir zu kämpfen hatten, existieren nicht mehr.»

«Ach», sagte Rodolphe, «worauf willst du hinaus? Was ist der langen Rede kurzer Sinn?»

«Du verstehst mich recht gut«, antwortete Marcel in

demselben ernsten Ton, »eben sah ich, daß dich genau wie mich die Erinnerung überkam und dich mit der Sehnsucht nach der Vergangenheit erfüllte: Du dachtest an Mimi, wie ich an Musette gedacht habe; du hättest gleich mir gern deine Geliebte neben dir gehabt. Nun, ich sage, wir dürfen beide nicht mehr an diese Geschöpfe denken; wir sind nicht nur dazu geschaffen und in die Welt gesetzt worden, unser Leben diesen vulgären Manons zu opfern; den Chevalier Desgrieux, der so schön, so wahr und so poetisch ist, schützen nur seine Jugend und die Illusionen, die er sich zu bewahren gewußt hat, vor der Lächerlichkeit. Mit zwanzig Jahren kann er seiner Geliebten nach Westindien folgen, ohne unsere Teilnahme zu verlieren, aber mit fünfundzwanzig Jahren hätte er Manon vor die Tür gesetzt, und das mit Recht. Wir können nicht so schöne Worte machen, es hilft uns nicht: Wir sind alt, siehst du, mein Lieber; wir haben zu viel und zu schnell gelebt; unser Herz hat Sprünge und gibt nur noch falsche Töne. Man ist nicht ungestraft drei Jahre lang in eine Musette oder Mimi verliebt. Für mich ist es aus; und da ich vollständig mit der Erinnerung an sie brechen will, werde ich jetzt ein paar Kleinigkeiten ins Feuer werfen, die sie mir bei ihren verschiedenen Etappen zurückgelassen hat und die mich an sie zu denken zwingen, sooft ich sie finde.»

Und Marcel, der aufgestanden war, holte aus einem Kommodenfach einen kleinen Kasten, in dem die Andenken an Musette verborgen lagen: ein welker Strauß, ein Gürtel, ein Endchen Band und ein paar Briefe.

«Vorwärts», sagte er zu dem Dichter, «folge meinem Beispiel, lieber Rodolphe!»

«Na ja, meinetwegen», rief dieser und raffte sich auf, «du hast recht, auch ich will ein Ende machen mit diesem Mädchen mit den bleichen Händen.»

Und jäh aufstehend, holte er ein kleines Paket mit seinen Andenken an Mimi herbei, Andenken ähnlicher Art wie die, deren Inventar Marcel stillschweigend aufgenommen hatte.

«Es trifft sich gut», murmelte der Maler. «Mit diesen Nippsachen können wir wenigstens das verlöschende Feuer neu entfachen.»

«Ja, wirklich», fügte Rodolphe hinzu, «hier herrscht eine Temperatur, daß einem Eisbären das Herz im Leibe lachen könnte.»

«Also», sagte Marcel, «verbrennen wir im Duett. Sieh, da flammt Musettes Prosa wie ein Punschfeuer auf! Punsch hatte sie verteufelt gern. Also, Rodolphe, paß auf!»

Und ein paar Minuten lang warfen sie abwechselnd die Reliquien ihrer vergangenen Liebe in das Feuer, das hell und knisternd aufloderte.

«Die arme Musette», sagte Marcel ganz leise und sah das letzte an, was in seiner Hand verblieb.

Es war ein kleiner verwelkter Feldblumenstrauß.

«Die arme Musette! Sie war doch recht hübsch, und lieb hat sie mich auch gehabt, nicht wahr, kleiner Strauß, ihr Herz hat es dir gesagt, an dem Tage, als sie deine Blumen in ihrem Gürtel trug? Armer kleiner Strauß, du siehst aus, als bätest du um Gnade; nun ja, aber nur unter der Bedingung, daß du mir nie wieder von ihr erzählst, nie, nie!»

Und er nahm einen Augenblick wahr, in dem er von Rodolphe nicht beachtet zu sein glaubte, und ließ den Strauß an seiner Brust verschwinden.

‹Es ist schauderhaft, aber es ist stärker als ich. Ich mogle›, dachte der Maler.

Und als er einen verstohlenen Blick auf Rodolphe warf, sah er, wie der Dichter, der gleichfalls mit seinem Autodafé zum Schluß gekommen war, heimlich eine kleine Nachthaube, die Mimi gehört hatte, erst zärtlich küßte und dann in die Tasche steckte.

«Na ja», murmelte Marcel, «er ist ebenso feige wie ich.»

Gerade als Rodolphe in sein Zimmer und zu Bett gehen wollte, klopfte es jedoch zweimal ganz leise an Marcels Tür.

«Wer zum Teufel mag um diese Zeit noch kommen?» fragte der Maler und stand auf, um zu öffnen.

Ein Ruf des Staunens entfuhr ihm, als die Tür sich auftat.

Es war Mimi.

Da es im Zimmer dunkel war, erkannte Rodolphe seine einstige Geliebte nicht auf den ersten Blick; er sah nur eine Dame, und so dachte er, es sei eine der flüchtigen Eroberungen seines Freundes, und er schickte sich zum Rückzug an.

«Störe ich?» fragte Mimi, die auf der Türschwelle stehenblieb.

Beim Klang dieser Stimme taumelte Rodolphe wie vom Blitz getroffen in seinen Stuhl.

«Guten Abend», sagte Mimi, trat zu ihm und drückte ihm die Hand, die er ihr mechanisch ließ.

«Was zum Teufel führt Sie her?» fragte Marcel. «Und noch dazu um diese Stunde?»

«Mich friert so sehr», erwiderte Mimi schauernd; «ich sah Licht bei Ihnen, als ich unten vorbeiging, und obwohl es schon spät ist, kam ich herauf.»

Und sie zitterte noch immer; ihre Stimme hatte kristallene Klänge, die Rodolphe wie Grabgeläut ins Herz drangen und es mit düsterem Grauen füllten; verstohlen sah er sie genauer an. Es war nicht mehr Mimi, es war ihr Gespenst.

Marcel hieß sie sich auf die Ofenbank setzen.

Mimi lächelte, als sie die schöne Flamme sah, die freudig im Kamin tanzte.

«Das tut gut», sagte sie und hielt ihre armen blauen Hände an das Feuer. «Ach, Herr Marcel, Sie wissen nicht, weshalb ich zu Ihnen komme?»

«Wahrhaftig nein», antwortete er.

«Nun», fuhr Mimi fort, «ich wollte Sie ganz einfach fragen, ob Sie mir nicht hier im Hause ein Zimmer verschaffen könnten. Aus meinem Logierhaus bin ich ausgesperrt worden, weil ich die Miete für vier Wochen schuldig bin, und ich weiß nicht, wohin.»

«Teufel noch mal», sagte Marcel achselzuckend, «wir stehen nicht gerade im besten Geruch bei unserm Hauswirt, und unsere Empfehlung wäre von kläglicher Wirkung, mein armes Kind.»

«Was soll ich nur anfangen?» sagte Mimi. «Ich weiß nicht aus noch ein.»

«Ach», fragte Marcel, «dann sind Sie also nicht mehr Vicomtesse?»

«Mein Gott, nein, längst nicht mehr.»

«Aber seit wann denn nicht mehr?»

«Seit zwei Monaten schon.»

«Sie haben den jungen Vicomte also zu sehr gequält?»

«Nein», sagte sie und warf einen verstohlenen Blick auf Rodolphe, der in den dunkelsten Winkel des Zimmers getreten war, «der Vicomte hat mir eine Szene gemacht wegen der Verse, die jemand auf mich gedichtet hat. Wir haben uns gezankt, und ich habe ihn zum Teufel geschickt. Er ist ein schöner Geizkragen, gehen Sie.»

«Immerhin», meinte Marcel, »hatte er Sie hübsch ausstaffiert, soweit ich es an dem Tage sah, als ich Sie traf.»

«Na ja», sagte Mimi, «stellen Sie sich vor: Er hat mir alles wieder abgenommen, als ich ging, und ich habe erfahren, daß er meine Sachen an einem minderwertigen Mittagstisch, wohin er mich immer zum Essen führte, meistbietend versteigert hat. Und dabei ist er reich, der Bursche, und trotz seines großen Vermögens ist er geizig wie ein Sparziegel und dumm wie eine Gans; ich sollte keinen reinen Wein trinken, und freitags mußte ich fasten. Wollen Sie glauben, daß ich schwarzwollene Strümpfe tragen sollte, weil die weniger schmutzen als weiße? Sie können sich so etwas kaum vorstellen; kurz, er langweilte mich, glauben Sie nur. Ich kann wohl sagen, daß ich mein Fegefeuer bei ihm durchgemacht habe.»

«Und kennt er Ihre Lage?» fragte Marcel.

«Ich habe ihn nicht wiedergesehen und will ihn auch nicht wiedersehen», antwortete Mimi; «wenn ich bloß an ihn denke, kriege ich die Seekrankheit. Lieber will ich Hungers sterben, als ihn um einen Sou bitten!»

«Aber», fuhr Marcel fort, «seit Sie ihn verlassen haben, sind Sie doch nicht allein geblieben?»

«Oh», rief Mimi lebhaft, «ganz sicher, doch, Herr Marcel! Ich habe gearbeitet, um zu leben; nur weil das Blumenmachen nicht mehr recht geht, habe ich einen andern Beruf ergriffen: Ich stehe Modell für Maler. Wenn Sie mir Arbeit geben können ...», fügte sie lustig hinzu.

Und da sie eine Bewegung bemerkte, die Rodolphe gemacht hatte – denn sie ließ ihn nicht aus den Augen, während sie mit seinem Freunde sprach –, fuhr Mimi fort: «Oh, ich stehe aber nur für den Kopf und die Hände. Ich habe viel zu tun, und an zwei oder drei Stellen kriege ich noch Geld; in zwei Tagen soll ich es bekommen; nur bis dahin möchte ich eine Unterkunft haben. Wenn ich Geld habe, gehe ich wieder in mein Logierhaus. Sieh da», sagte sie mit einem Blick auf den Tisch, auf dem noch die Vorbereitungen zu dem bescheidenen Festmahl standen, das die beiden Freunde kaum angerührt hatten. «Sie wollten gerade essen?»

«Nein», entgegnete Marcel, «wir haben keinen Hunger.»

«Da sind Sie glücklich dran», sagte Mimi naiv.

Bei diesen Worten krampfte sich Rodolphes Herz furchtbar zusammen; er gab Marcel einen Wink, und dieser verstand ihn.

«Ja», sagte der Künstler, «da Sie nun einmal da sind, Mimi, nehmen Sie nur teil an unserer Mahlzeit. Wir hatten uns vorgenommen, Weihnachten zu feiern, Rodolphe und ich, und dann ... ja, dann haben wir halt an etwas anderes gedacht.»

«Dann komme ich ja gerade recht», sagte Mimi und warf einen fast ausgehungerten Blick auf den Tisch mit den Speisen. «Ich habe heute noch nichts gegessen, mein Lieber», flüsterte sie dem Künstler so leise zu, daß Rodolphe es nicht hören konnte, der in sein Taschentuch biß, um nicht in Schluchzen auszubrechen.

«Komm doch, Rodolphe», sagte Marcel zu seinem Freund, «jetzt essen wir zu dritt.»

«Nein», sagte der Dichter und blieb in seiner Ecke sitzen.

«Sind Sie böse, Rodolphe, daß ich gekommen bin?» fragte Mimi sanft. «Wohin sollte ich sonst wohl gehen?»

«Nein, Mimi», erwiderte Rodolphe, «es tut mir nur weh, daß ich Sie so wiedersehe.»

«Es ist meine eigene Schuld, Rodolphe, ich will nicht jammern. Vergangen ist vergangen; denken Sie so wenig daran wie ich. Könnten Sie nicht mehr mein Freund sein, weil Sie früher einmal etwas anderes gewesen sind? Doch, trotzdem, nicht wahr? Also machen Sie kein so böses Gesicht, kommen Sie und setzen Sie sich zu uns an den Tisch!»

Sie stand auf, um ihn an der Hand zu fassen, aber sie war so schwach, daß sie keinen Schritt tun konnte und auf den Stuhl zurücksank.

«Die Wärme hat mich ganz betäubt», sagte sie, «ich kann mich nicht auf den Beinen halten.»

«Los», sagte Marcel zu Rodolphe, «komm und leiste uns Gesellschaft.»

Der Dichter trat an den Tisch und setzte sich mit ihnen zum Essen. Mimi war sehr lustig.

Als das frugale Nachtmahl beendet war, sagte Marcel zu Mimi: «Mein liebes Kind, es ist ganz unmöglich, Ihnen im Hause ein Zimmer zu verschaffen.»

«Dann muß ich also gehen», entgegnete sie und versuchte aufzustehen.

«Nein, nein», rief Marcel, «ich weiß ein Mittel, die Sache auf andere Weise einzurichten: Sie bleiben in meinem Zimmer, und ich werde bei Rodolphe schlafen.»

«Das wird für Sie recht unbequem sein», sagte Mimi; «aber es dauert nicht lange, nur zwei Tage.»

«Es ist uns gar nicht unbequem», erwiderte Marcel. «Also abgemacht, Sie sind hier zu Hause, und wir schlafen in Rodolphes Zimmer. Gute Nacht, Mimi, schlafen Sie gut!»

«Danke schön», sagte sie und hielt Marcel und Rodolphe, die schon gingen, die Hand hin.

«Wollen Sie sich einschließen?» fragte Marcel, als er an der Tür stand.

«Weshalb?» sagte Mimi mit einem Blick auf Rodolphe. «Ich habe keine Angst.»

Als die beiden Freunde allein im Nachbarzimmer waren, das am gleichen Flur lag, fragte Marcel plötzlich: «Nun? Was nun?»

«Oh», stammelte Rodolphe, «ich weiß nicht.»

«Also laß sehen, sei nicht dumm, geh zu Mimi! Wenn du hingehst, prophezeie ich dir, daß ihr morgen wieder zusammenzieht.»

«Wenn Musette zurückgekommen wäre, was tätest du?» fragte Rodolphe seinen Freund.

«Wenn Musette da im Nebenzimmer wäre», gab Marcel zur Antwort, «nun, offen gestanden, ich glaube, ich wäre seit einer Viertelstunde nicht mehr in diesem.»

«Hm», sagte Rodolphe, «ich werde mutiger sein als du, ich bleibe hier.»

«Das werden wir ja sehn, zum Donnerwetter! Schön!» sagte Marcel, der sich schon ins Bett gelegt hatte. «Willst du dich schlafen legen?»

«Ganz gewiß», erwiderte Rodolphe.

Aber als Marcel mitten in der Nacht erwachte, merkte er, daß Rodolphe fortgegangen war.

Am Morgen klopfte er vorsichtig an die Tür des Zimmers, in dem Mimi lag.

«Herein!» rief sie, und als sie ihn sah, gab sie ihm einen Wink, damit er leise spräche, um Rodolphe nicht zu wecken, der immer noch schlief. Er saß in einem Sessel, den er an das Bett gerückt hatte, und sein Kopf lag neben Mimis Kopf an dem Kissen.

«So haben Sie die ganze Nacht verbracht?» fragte Marcel erstaunt.

«Ja», erwiderte das junge Mädchen.

Rodolphe erwachte plötzlich, und nachdem er Mimi

geküßt hatte, reichte er Marcel die Hand, der vor einem Rätsel stand.

«Ich werde Geld zum Frühstück auftreiben», sagte er zu dem Maler, «leiste Mimi solange Gesellschaft.»

«Nun», fragte Marcel das junge Mädchen, als sie allein waren, «was ist in der Nacht geschehen?»

«Etwas sehr Trauriges», sagte Mimi, «Rodolphe liebt mich noch immer.»

«Das weiß ich sehr wohl.»

«Ja, Sie haben ihn von mir abbringen wollen, ich bin Ihnen deshalb nicht böse, Sie hatten ja recht. Ich habe ihm übel mitgespielt, dem armen Jungen.»

«Und Sie», fragte Marcel, »lieben Sie ihn auch noch?»

«Ach, ob ich ihn liebe!» sagte sie und schlug die Hände zusammen. «Das ist ja meine Folter! Ich habe mich recht verändert, armer Freund, und dazu hat wenig Zeit gehört.»

«Nun, da er Sie liebt, da Sie ihn lieben und da Sie sich nicht entbehren können, ziehen Sie doch wieder zusammen und versuchen Sie, endlich einmal auszuhalten.»

«Das ist unmöglich», sagte Mimi.

«Weshalb?» fragte Marcel. «Sicher wäre es vernünftiger, Sie trennten sich; aber wenn Sie sich nie wiedersehen wollen, müßten Sie tausend Meilen voneinander entfernt sein.»

«Ich werde bald noch weiter fort sein.»

«Nanu? Was meinen Sie damit?»

«Sagen Sie Rodolphe nichts davon, es würde ihm zu weh tun; ich gehe auf immer fort.»

«Wohin denn?»

«Sehen Sie, armer Marcel!», sagte Mimi schluchzend, «sehen Sie her!» Und sie hob ihre Bettdecke ein wenig auf und zeigte dem Künstler Schultern, Hals und Arme.

«Oh, mein Gott!» rief Marcel schmerzlich. «Sie armes Kind!»

«Nicht wahr, lieber Freund, ich täusche mich nicht? Ich werde bald sterben?»

«Aber wie konnte das in so kurzer Zeit geschehen?»

«Ach», erwiderte Mimi, «bei dem Leben, das ich seit zwei Monaten führe, ist das weiter kein Wunder; all die durchweinten Nächte, die Tage als Modell in den unbeheizten Ateliers, die schlechte Nahrung, der Kummer, den ich gehabt habe; und dann wissen Sie auch noch nicht alles: Ich wollte mich mit Eau de Javel vergiften; ich wurde zwar gerettet, aber nicht auf lange, wie Sie sehen. Und dabei bin ich nie sehr kräftig gewesen; schließlich ist es meine eigene Schuld: Wenn ich ruhig bei Rodolphe geblieben wäre, so wäre ich jetzt nicht so weit. Der arme Freund, da falle ich ihm wieder einmal zur Last, aber diesmal nicht auf lange; das letzte Kleid, das er mir schenkt, soll ganz weiß sein, armer Marcel, und darin will ich begraben werden. Ach, wenn Sie wüßten, wie ich unter dem Gedanken leide, daß ich sterben soll. Rodolphe weiß, daß ich krank bin; gestern sagte er länger als eine Stunde kein Wort, als er sah, wie mager meine Arme und meine Schultern sind; er erkannte seine Mimi nicht wieder, ach ... sogar mein Spiegel erkennt mich nicht wieder! Nun, einerlei, ich war einmal hübsch, und er hat mich sehr liebgehabt. Ach, mein Gott», rief sie und verbarg das Gesicht in Marcels Händen, «armer Freund, ich werde Sie verlassen und Rodolphe auch! Ach, mein Gott!» Und das Schluchzen erstickte ihre Stimme.

«Nun, Mimi», sagte Marcel, «verzweifeln Sie nicht, Sie werden schon wieder gesund werden! Sie brauchen nur viel Pflege und Ruhe.»

«O nein», entgegnete Mimi, «es ist aus, ich fühle es. Ich bin ganz kraftlos, und als ich gestern abend herkam, habe ich für die Treppe über eine Stunde gebraucht. Wenn ich hier bei ihm eine andere vorgefunden hätte, so wäre ich hübsch zum Fenster hinausgesprungen. Er war ja frei, da wir ja doch nicht mehr zusammen waren; aber sehen Sie, Marcel, ich wußte, daß er mich noch liebt. Deshalb», sagte sie und brach in Tränen aus, «deshalb wollte ich auch nicht gleich sterben: Aber es ist ganz aus! Sehen Sie Marcel, der arme Freund muß doch ein guter Mensch sein, wenn er mich noch aufnahm nach allem, was ich ihm angetan habe. Ach, der liebe Gott ist nicht gerecht, er läßt mir ja nicht einmal so viel Zeit, Rodolphe den Kummer wieder vergessen zu machen, den ich ihm bereitet habe. Er ahnt nicht, wie es um mich bestellt ist. Ich wollte nicht, daß er sich zu mir legte, sehen Sie; mir ist, als wären die Leichenwürmer schon hinter meinem Körper her. Wir haben die ganze Nacht geweint und von früher gesprochen. Ach, wie traurig es ist, lieber Freund, wenn man das Glück, an dem man früher vorbeigegangen ist, ohne es zu sehen, plötzlich hinter sich sieht! Es brennt wie Feuer in meiner Brust; und wenn ich meine Glieder bewege, so ist es mir, als wollten sie zerbrechen. Bitte», sagte sie zu Marcel, «geben Sie mir doch mein Kleid herüber. Ich will Karten legen, ob Rodolphe Geld mitbringen wird. Ich möchte so gern noch einmal recht gut mit Ihnen zusammen frühstücken, wie früher, das würde mir nicht schaden; Gott kann mich nicht kränker machen, als ich schon bin. Sehen Sie», fuhr sie fort, indem sie Marcel das Kartenspiel zeigte, das sie ausgebreitet hatte. «Pik. Das ist die Todesfarbe. Und da ist Treff», fügte sie lustig hinzu. «Ja, er bringt Geld mit!»

Marcel wußte nicht, was er zu dem hellseherischen Delirium dieses Wesens sagen sollte, das von sich selber behauptete, es spüre schon die Würmer des Grabes hinter sich.

Nach etwa einer Stunde kam Rodolphe zurück. Schaunard und Gustave Colline waren bei ihm. Der Musiker war im Sommerpaletot. Er hatte seine Winteranzüge verkauft, um Rodolphe Geld zu leihen, als er hörte, Mimi sei krank. Colline hatte Bücher geopfert. Hätte man ihm einen Arm oder ein Bein abkaufen wollen, er wäre lieber dazu bereit gewesen, als daß er sich von seinen teuren Schmökern trennte. Aber Schaunard hatte ihm zu bedenken gegeben, daß man mit seinem Arm oder Bein nichts anfangen könnte.

Mimi bemühte sich, beim Empfang ihrer alten Freunde möglichst heiter zu erscheinen.

«Ich bin nicht mehr schlecht», sagte sie, «und Rodolphe hat mir vergeben. Wenn er mich bei sich behalten will, so will ich gern Holzschuhe und Kopftuch tragen, das ist mir ganz gleich. Entschieden ist Seide meiner Gesundheit unzuträglich», fügte sie mit einem furchtbaren Lächeln hinzu.

Auf Marcels Vorstellungen hin hatte Rodolphe zu einem seiner Freunde geschickt, der gerade die ärztlichen Examina bestanden hatte. Es war der gleiche, der ehedem die kleine Francine behandelt hatte. Als er kam, wurde er mit Mimi allein gelassen.

Rodolphe, den Marcel im voraus gewarnt hatte, kannte bereits die Gefahr, in der seine Geliebte schwebte. Als der Arzt Mimi untersucht hatte, sagte er zu Rodolphe: «Sie kann nicht bei Ihnen bleiben. Wenn nicht ein Wunder geschieht, ist sie verloren. Sie müssen sie ins Hospital schicken. Ich werde Ihnen einen Empfehlungsbrief für die Pitié geben; ich kenne einen Assistenzarzt dort, so daß sie gut aufgehoben sein wird. Wenn sie den Frühling erlebt, bringen wir sie vielleicht noch durch; wenn sie jedoch hier bleibt, wird sie in acht Tagen nicht mehr sein.»

«Ich habe nicht den Mut, es ihr vorzuschlagen», sagte Rodolphe.

«Ich selbst habe es ihr schon gesagt», antwortete der Arzt, «und sie ist bereit. Morgen schicke ich Ihnen die Aufnahmekarte für die Pitié.»

«Lieber Freund», sagte Mimi zu Rodolphe, «der Arzt hat recht, ihr könntet mich hier nicht pflegen. Im Krankenhaus werde ich vielleicht gesund; du mußt mich hinbringen. Ach, siehst du, ich möchte jetzt so gern leben, daß ich bereit wäre, meine Tage mit einer Hand im Feuer und der anderen in der deinen zu beschließen. Übrigens kannst du mich besuchen. Du mußt dir keine Sorgen machen; ich werde gute Pflege haben, hat der junge Mann mir gesagt. Im Hospital gibt es Hühnersuppen, und es wird geheizt. Während ich mich erhole, arbeitest du und verdienst Geld, und wenn ich gesund bin, komme ich zurück und ziehe wieder zu dir. Ich habe jetzt große Hoffnungen. Ich werde ganz gewiß wieder so hübsch wie früher. Ich bin schon einmal krank gewesen, als ich dich noch nicht kannte, und da bin ich auch gerettet worden. Aber damals war ich nicht glücklich, ich hätte eigentlich sterben müssen. Nun ich dich wiedergefunden habe und wir glücklich sein können, muß ich noch einmal gesund werden, und ich will mich auch hübsch gegen die Krankheit wehren. Ich will all die scheußlichen Sachen schlucken, die mir verordnet werden, und wenn der Tod mich holen will, muß er es schon mit Gewalt tun. Gib mir den Spiegel, mir scheint, ich habe schon wieder etwas Farbe! Ja», sagte sie und schaute in den Spiegel, «da kommt meine gesunde Röte schon wieder; und meine Hände, sieh», sagte sie, «die sind immer noch zierlich; küsse sie noch einmal, es soll nicht das letztemal sein, armer Freund!» sagte sie und schlang die Arme um Rodolphes Hals und ertränkte sein Gesicht in ihrem gelösten Haar.

Ehe sie ins Krankenhaus kam, bat sie, ihre Freunde, dic Bohemiens, möchten einen Abend mit ihr verbringen. «Bringt mich zum Lachen», sagte sie, «die Lustigkeit ist meine Gesundheit! Die Nachtmütze, der Vicomte, hat mich krank gemacht. Er wollte mir die Orthographie beibringen, denkt euch nur! Was sollte ich damit anfangen? Und seine Freunde erst, was war das für eine Gesellschaft! Ein wahrer Geflügelhof, und der Vicomte war der Pfau! Seine Wäsche zeichnete er selbst. Wenn er sich einmal verheiratet, ich bin überzeugt, die Kinder kriegt er!»

Nichts konnte herzzerreißender sein als diese gleichsam postume Lustigkeit des unglücklichen Mädchens. Die Bohemiens mußten ihre Tränen mühsam niederkämpfen, während sie das Gespräch in dem scherzhaften Ton zu erhalten suchten, welchen das arme Kind angeschlagen hatte, dessen Schicksal so schnell das Leinen zum letzten Kleid wob.

Am folgenden Morgen erhielt Rodolphe den Krankenschein. Mimi konnte sich nicht mehr auf den Beinen halten; sie mußte in den Wagen hinuntergetragen werden. Während der Fahrt litt sie furchtbar unter den Stößen der Droschke. Doch unter all den Leiden lebte noch das, was in den Frauen zuletzt erstirbt: die Koketterie; zwei- oder dreimal ließ sie den Wagen vor Modemagazinen halten, um sich die Auslagen anzusehen.

Als sie in den durch ihren Schein bezeichneten Saal gebracht wurde, fiel ihr etwas mit Bergeslast aufs Herz; eine innere Stimme sagte ihr, daß zwischen diesen trostlosen und aussätzigen Mauern ihr Leben enden werde. Sie bot all ihre Willenskraft auf, um den düstern Eindruck zu verbergen, vor dem sie zu Eis erstarrte.

Als sie im Bett lag, umarmte sie Rodolphe zum letztenmal und sagte ihm Lebewohl; dabei bat sie ihn, er möge am nächsten Sonntag zu ihr kommen, denn dann war Besuchstag.

«Es riecht so schlecht hier», sagte sie, «bring Blumen mit, Veilchen, sie blühen schon!»

«Ja», sagte Rodolphe, «leb wohl, Sonntag also!»

Und er zog die Vorhänge ihres Bettes zu. Als jedoch Mimi die Schritte ihres Geliebten sich entfernen hörte, packte sie plötzlich ein fast an Wahnsinn grenzender Fieberanfall. Sie riß jäh die Vorhänge auf, neigte sich halb aus dem Bett und rief mit tränenerstickter Stimme: «Rodolphe, nimm mich mit, ich will fort hier!»

Die Schwester eilte herbei und suchte sie zu beschwichtigen.

«Oh», sagte Mimi, «hier muß ich nun sterben.»

Am Sonntagmorgen, dem Morgen des Tages, an dem er Mimi besuchen wollte, fiel Rodolphe ein, daß er ihr Veilchen versprochen habe. In poetischem Liebesaberglauben ging er trotz des furchtbaren Wetters zu Fuß in jene Wälder von Aulnay und Fontenay, wo er so oft mit ihr gewesen war, um die Blumen zu suchen, um die sie ihn gebeten hatte. Die unter der Sonne der Juni- und Augusttage so heitere, freudige Natur lag düster und eisig da. Zwei Stunden lang suchte er in den schneebedeckten Büschen, hob mit einem kleinen Stock Äste und Heidekraut hoch und brachte schließlich ein paar Blättchen zusammen, gerade in dem Teil des Waldes, der an den Teich von Le Plessis grenzt und durch den sie immer am liebsten nach Hause gingen, wenn sie auf dem Lande gewesen waren.

Als er auf dem Rückweg nach Paris durch das Dorf Châtillon kam, traf Rodolphe auf dem Kirchplatz einen Taufzug, und unter den Gästen gewahrte er einen seiner Freunde, der mit einer Sängerin von der Oper Gevatter stand.

«Was zum Teufel machen Sie denn hier?» fragte der Freund, der sehr erstaunt war, Rodolphe in dieser Gegend zu sehen.

Der Dichter erzählte ihm, was geschehen war.

Den jungen Mann, der Mimi gekannt hatte, bekümmerte dieser Bericht; er griff in die Tasche, zog eine Tüte Taufbonbons heraus und gab sie Rodolphe.

«Die arme Mimi! Geben Sie ihr das in meinem Namen und sagen Sie ihr, ich würde sie besuchen.»

«Kommen Sie bald, wenn Sie nicht zu spät kommen wollen!» sagte Rodolphe und verabschiedete sich.

Als Rodolphe im Hospital ankam, sprang Mimi, da sie sich nicht mehr rühren konnte, ihm mit einem Blick um den Hals.

«Ach, da sind meine Blumen!» rief sie mit dem Lächeln das erfüllten Wunsches.

Rodolphe erzählte ihr von seiner Pilgerfahrt durch die Gegend, die das Paradies ihrer Liebe gewesen war.

«Liebe Blumen!» sagte das arme Mädchen und küßte die Veilchen. Auch die Bonbons machten sie sehr glücklich. «Ich bin also noch nicht ganz vergessen! Wie gut seid ihr jungen Menschen. Ach, ich habe sie so gern, all die Freunde», sagte sie zu Rodolphe.

Der Besuch verlief beinahe lustig. Schaunard und Colline waren mit Rodolphe gekommen. Die Krankenwärter mußten sie schließlich fortschicken, denn sie waren schon über die Besuchszeit hinaus geblieben.

«Auf Wiedersehen!» sagte Mimi. «Am Donnerstag also, bestimmt, und kommt recht früh!»

Als Rodolphe am folgenden Abend nach Hause kam, fand er einen Brief von dem Assistenzarzt des Krankenhauses vor, dem er seine Kranke empfohlen hatte. Der Brief enthielt nur folgende Zeilen: «Lieber Freund, ich habe Ihnen eine recht schlimme Nachricht mitzuteilen: Nr. 8 ist tot. Heute morgen, als ich durch den Saal ging, fand ich das Bett schon leer.»

Rodolphe sank auf einen Stuhl und vergoß keine Träne. Als Marcel später nach Hause kam, fand er seinen Freund noch immer in der gleichen stumpfen Haltung. Der Dichter deutete mit einer Geste auf den Brief.

«Das arme Mädchen!» sagte Marcel.

«Sonderbar», erwiderte Rodolphe, «ich fühle nichts. War meine Liebe tot, als ich erfuhr, daß Mimi sterben solle?»

«Wer weiß!» murmelte der Maler vor sich hin.

Mimis Tod erweckte im Bohemebund große Trauer.

Acht Tage später traf Rodolphe auf der Straße den Assistenten, der ihm den Tod seiner Geliebten mitgeteilt hatte.

«Ach, lieber Rodolphe», sagte er und eilte dem Dichter entgegen, «verzeihen Sie mir den Schmerz, den ich Ihnen durch meine Übereilung bereitet habe.»

«Was wollen Sie damit sagen?» fragte Rodolphe erstaunt.

«Wie?» erwiderte der Assistenzarzt. «Sie wissen nicht, Sie haben sie nicht wiedergesehen?»

«Wen?» schrie Rodolphe.

«Mimi.»

«Was?» sagte der Dichter und wurde sehr blaß.

«Ich hatte mich geirrt. Als ich Ihnen die furchtbare Nachricht schrieb, war ich das Opfer einer Täuschung; hören Sie mich an. Ich war zwei Tage nicht im Krankenhaus gewesen. Als ich wieder hinkam, fand ich das Bett Ihrer Geliebten leer. Ich fragte die Schwester, wo die Kranke sei, und erhielt die Antwort, sie sei nachts gestorben. Die Sache war aber so: Während meiner Abwesenheit war Mimi in einen anderen Saal und in ein anderes Bett überführt worden. In die Nummer acht, die sie verlassen hatte, wurde eine andere Frau gelegt, die noch am selben Tage starb. Jetzt werden Sie den Irrtum begreifen, in den ich verfiel. Einen Tag, nachdem ich Ihnen geschrieben hatte, fand ich Mimi im Nachbarsaal. Ihr Fortbleiben hatte sie in einen furchtbaren Zustand versetzt; sie gab mir einen Brief für Sie. Ich habe ihn sofort in Ihr Haus gebracht.»

«O mein Gott», rief Rodolphe, «seit ich glaubte, Mimi sei tot, bin ich nicht mehr zu Hause gewesen. Ich habe bald hier, bald da bei Freunden übernachtet. Mimi lebt! O mein Gott! Was muß sie von meinem Ausbleiben denken! Die Arme! Die Arme! Wie geht es ihr? Wann haben Sie sie zuletzt gesehen?»

«Vorgestern morgen, es geht ihr nicht besser und nicht schlechter. Sie ist sehr unruhig, sie glaubt, Sie seien krank.»

«Kommen Sie gleich mit mir nach Pitié», rief Rodolphe, «damit ich sie sehe!»

«Warten Sie einen Augenblick», sagte der Assistent, als sie vor dem Portal des Krankenhauses ankamen, «ich will den Direktor um Erlaubnis bitten, daß Sie hinein können.»

Rodolphe wartete eine Viertelstunde im Vestibül. Als der Assistent zu ihm zurückkehrte, ergriff er seine Hand und sagte nur: «Lieber Freund, nehmen Sie an, der Brief, den ich Ihnen vor acht Tagen schrieb, habe wahr gesprochen.»

«Was!» stöhnte Rodolphe und stützte sich auf einen Prellstein. «Mimi ...»

«Heute morgen um vier Uhr.»

«Bringen Sie mich in den Sektionssaal», bat Rodolphe, «ich möchte sie noch einmal sehen!»

«Sie ist nicht mehr dort», erwiderte der Assistent. Und er deutete auf einen großen Leichenwagen, der auf dem Hof vor einem Nebengebäude stand, über dem man das Wort «Sektionssaal» las, und fügte hinzu: «Dort ist sie.»

Es war in der Tat der Wagen, der die Leichen, die nicht reklamiert werden, zum Sammelgrab fährt.

«Leben Sie wohl!» sagte Rodolphe zu dem Assistenzarzt.

«Soll ich Sie begleiten?» schlug dieser vor.

«Nein», entgegnete Rodolphe und ging fort. «Jetzt muß ich allein sein!»

XXIII

Man ist nur einmal jung

Ein Jahr nach Mimis Tod feierten Rodolphe und Marcel, die sich nicht mehr verlassen hatten, ihren Eintritt in die offizielle Welt durch ein Fest. Marcel, der endlich zum Salon zugelassen worden war, hatte zwei Bilder ausgestellt, deren eines ein reicher Engländer kaufte, ein ehemaliger Liebhaber Musettes. Mit dem Erlös dieses Verkaufs sowie mit dem eines Regierungsauftrages hatte Marcel einen Teil seiner Schulden bezahlt. Er hatte sich eine hübsche Wohnung eingerichtet und besaß ein ordentliches Atelier.

Fast zur gleichen Zeit traten auch Schaunard und Rodolphe vor das Publikum, von dem Ruf und Vermögen abhängen: der eine mit einem Liederalbum, das in allen Konzerten gesungen wurde und das seinen Ruhm begründete, der andere mit einem Buch, das die Kritik einen Monat lang beschäftigte. Barbemuche hatte seit langem der Boheme entsagt, Gustave Colline hatte eine Erbschaft gemacht und eine vorteilhafte Heirat geschlossen, er gab Musik- und Kuchensoireen.

Eines Abends, als Rodolphe in «seinem» Sessel saß, die Füße auf «seinem» Teppich, sah er Marcel ganz aufgeregt eintreten.

«Weißt du, was mir eben passiert ist?» fragte er.

«Nein», antwortete der Dichter. «Ich weiß, daß ich bei dir war und daß mir, obwohl du ganz sicher zu Hause warst, nicht aufgemacht wurde.»

«Ich habe dich sehr wohl gehört. Rate mal, wer bei mir war!»

«Was weiß ich!»

«Musette!! Sie fiel gestern abend im Maskenkostüm mit der Tür ins Haus.»

«Musette? Du hast Musette wiedergefunden?» fragte Rodolphe im Ton des Bedauerns.

«Keine Sorge, die Feindseligkeiten sind nicht wieder aufgenommen worden. Musette ist gekommen, um ihre letzte Bohemenacht mit mir zu verleben.»

«Wieso?»

«Sie heiratet.»

«Ach!» rief Rodolphe. «Wen denn, um Himmels willen?»

«Einen Postmeister, den Vormund ihres letzten Geliebten, einen komischen Kerl, anscheinend. Musette hat ihm gesagt: ‹Mein lieber Herr, ehe ich Ihnen definitiv die Hand reiche, will ich acht Tage der Freiheit. Ich habe meine Angelegenheiten zu ordnen, und ich will mein letztes Glas Champagner trinken, meine letzte Quadrille tanzen und Marcel umarmen, der, wie es scheint, ein Herr wie jeder andere geworden ist.› Und acht Tage lang hat das liebe Geschöpf nach mir gesucht. Gestern abend brach sie bei mir ein, gerade in dem Augenblick, als ich an sie dachte. Ach, lieber Kerl, wir haben schließlich eine traurige Nacht verlebt, es war gar nicht mehr so wie früher, ganz und gar nicht mehr. Wir sahen beide aus wie schlechte Kopien von Meisterwerken. Ich habe über diese letzte Trennung ein kleines Klagegedicht gemacht, das ich dir vorlamentieren will, wenn du erlaubst»; und Marcel begann folgende Strophen zu trällern:

«Die Schwalbe gestern war's! Sie brachte
den Frühling uns – er schien noch weit –,
sie gab, das ich der Schönen dachte,
die mich geliebt, falls dazu Zeit. –
Und dieses Tages lange Stunden
schaut ich nachdenklich, leis betrübt,
auf den Kalender, schlicht gebunden,
des Jahres, da wir uns geliebt.

Nein, meine Jugend, sie verdorrte
nicht, auch dein Bild nicht, liebes Kind;

und klopftest du an meine Pforte –
mein Herz, Musette, schlöss' auf geschwind.
Bei deines Namens Klang erschauert's –
du Muse der Treulosigkeit –
genieß mit mir – wie lange dauert's? –
das heil'ge Brot der Heiterkeit!

Die Möbel, schau, die guten, alten
Freunde der Liebe, wie sie stehn:
Ist's nicht, als ob sie festlich strahlten,
nur in der Hoffnung, dich zu sehn?
Komm, Lieb, du findest die Gemächer
und was in Trauer blieb zurück:
das kleine Bett, den großen Becher,
daraus du trankst auf unser Glück.

O komm zu mir im weißen Kleide,
wie leuchtetest du einst darin!
Und, ganz wie einst, durch Wald und Weide,
schlendern wir sonntags heiter hin.
Und abends sitzen wir am Hügel
und trinken jenen klaren Wein,
mit dem dein Lied benetzt' die Flügel,
eh' es sich aufschwang frei und rein.

Musette – die Erinnerung zog sie,
als nun verrauscht das Faschingsfest –
ja, wirklich, eines Morgens flog sie,
Zugvogel, heim zum alten Nest.
Doch als ich dann in meine Arme
sie schloß, da war mein Herz ganz leer –
sie, nicht wie einst, daß Gott erbarme,
sie schmollt, daß ich wie einst nicht wär' –!

Du starbst, mit unsrer Liebe, glaub' ich;
leb wohl, du Süße! Fahr nur ab!
Hier der Kalender, alt und staubig,
ist unsrer Jugend armes Grab.

Doch wenn wir an den Aschenherden
des Schönen stehn, das uns verließ,
dann wird Erinnrung Schlüssel werden
zu dem verlornen Paradies.

Nun», sagte Marcel, als er fertig war, «jetzt wirst du wohl beruhigt sein; meine Liebe zu Musette ist anscheinend wirklich tot, denn die Verse sind ‹traurig›», fügte er ironisch hinzu und zeigte auf das Manuskript seines Gedichtes.

«Armer Freund», sagte Rodolphe, «dein Geist ficht ein Duell mit deinem Herzen, nimm dich in acht, daß er es nicht töte.»

«Das ist schon geschehen», erwiderte der Maler. «Es ist aus mit uns, alter Junge, wir sind tot und begraben. Man ist nur einmal jung! Wo ißt du heute abend?»

«Wenn du willst», sagte Rodolphe, «so essen wir in unserm alten Restaurant in der Rue du Four für zwölf Sous, da, wo die Teller aus bäurischem Steingut sind und wo wir immer so großen Hunger hatten, wenn wir mit dem Essen fertig waren.»

«Wahrhaftig, nein, ich danke», rief Marcel, «ich will gern in die Vergangenheit blicken, aber durch eine gute Flasche Wein und von einem guten Sessel aus. Sag, was du willst, ich bin nun mal verdorben. Ich liebe nur noch das Gute!»

Inhalt

ISBN 3-379-00364-6

Titel des Originals:
Scènes de la Vie de Bohème

6. Auflage
Umschlag- und Einbandzeichnung:
Max Schwimmer
Gesetzt aus Garamond-Antiqua
Printed in the
German Democratic Republic
Lizenz Nr. 363. 340/159/88
LSV 7351 – Vbg. 21,0
Gesamtherstellung:
Karl-Marx-Werk
Graphischer Großbetrieb Pößneck V15/30
Bestellnummer: 664 033 7
01150

Das schöne Buch

Srečko Kosovel

Ahnung von Zukunft

Gedichte

Mit 18 Collagen, Linolschnitten und Kompositionen von August Černigoj und 1 Linolschnitt von Edvard Stepančič

Aus dem Slowenischen. Herausgegeben und mit einem Nachwort von Gerhard Schaumann. Mit einem Kommentar von Peter Krečič. Format 12,5 cm×21,5 cm. 129 Seiten. Pappband mit Schutzumschlag 14,– M

Srečko Kosovel (1904–1926), einer der bedeutendsten Lyriker Jugoslawiens im Jahrzehnt nach dem ersten Weltkrieg, war eine Persönlichkeit von großer Sensibilität, ungewöhnlicher Erlebnisfähigkeit und gedanklicher Tiefe. Er empfand sich selbst in einem Grenzbereich zwischen Realem und Irrealem stehend. Die antithetischen Paare Wirklichkeit und Dichter, Chaos und Kosmos bilden den inhaltlichen Schwerpunkt dieser hier ausgewählten, erstmalig ins Deutsche übertragenen Gedichte. Kosovel verwirklichte neue Visionen der künstlerischen Wortgestaltung, Collage-Elemente, eine avantgardistische Phraseologie, äußerste Verknappung in der Versform verleihen seinen Werken die Charakteristika konstruktivistischer Dichtung.
Die Linolschnitte, Collagen und Kompositionen stellen den bekanntesten Künstler des slowenischen Konstruktivismus vor. Černigoj, der sich nicht immer an die abstrakte Form hält, erzielt bildnerische Wirkungen, die auf der Höhe der avantgardistischen Bewegung der Epoche stehen.

Das schöne Buch

Michail Prischwin
Im Land der ungestörten Vögel
Skizzen aus der Wyg-Gegend

Mit 17 Aquarellen von Konstantin Sokolow

Aus dem Russischen übertragen, herausgegeben und mit einem Nachwort von Rainer Schwarz. Mit einer Kartenskizze. Format 18,7 cm × 27 cm. 2. Auflage. 198 Seiten. Leinen mit Schutzumschlag 22,– M

«Irgendwann einmal lebten im russischen Land die ‹ruhmvollen, mächtigen Recken›. Das mag wahr sein oder nicht, jedenfalls singt das altväterliche russische Volk im Norden Bylinen über sie, glaubt, daß es sie gegeben hat, und gibt seinen Glauben von Generation zu Generation weiter.»
Michail Prischwin (1873–1954) schrieb dieses Buch 1906 nach einer zweimonatigen Karelienreise. Hier hatte er Bekanntschaft geschlossen mit Jägern, Fischern, Holzflößern, mit Zauberern und Klageweibern, mit Altgläubigen der Wyg-Gegend, den letzten Zeugen einer fast versunkenen Welt.
Prischwin malt das Bild eines urtümlichen Karelien in der Zeit, da das Land noch nicht durch den Bau des Weißmeer-Ostsee-Kanals und der Eisenbahnlinie nach Murmansk erschlossen war und seine Bewohner «ein Leben fast wie in der Urzeit» führten.
Dem Buch sind bezaubernde Aquarelle von Konstantin Sokolow beigegeben, ihre atmosphärische Ausstrahlung gibt dem Band einen besonderen Reiz.